"十四五"职业教育国家规划教材

高等职业教育教学改革融合创新型教材 · 金融类

金融学基础

（第三版）

沈立君 梁云 主 编

欧捷 副主编

JINRONGXUE JICHU

东北财经大学出版社
Dongbei University of Finance & Economics Press
大连

图书在版编目（CIP）数据

金融学基础 / 沈立君，梁云主编. —3版. —大连：东北财经大学出版社，2023.8（2025.8重印）

（高等职业教育教学改革融合创新型教材·金融类）

ISBN 978-7-5654-4876-8

Ⅰ. 金… Ⅱ. ①沈… ②梁… Ⅲ. 金融学-高等职业教育-教材 Ⅳ. F830

中国国家版本馆CIP数据核字（2023）第134240号

东北财经大学出版社出版

（大连市黑石礁尖山街217号 邮政编码 116025）

网 址：http://www.dufep.cn

读者信箱：dufep@dufe.edu.cn

大连金华光彩色印刷有限公司印刷 东北财经大学出版社发行

幅面尺寸：185mm×260mm 字数：416千字 印张：18.25

2023年8月第3版 2025年8月第5次印刷

责任编辑：李丽娟 石建华 责任校对：刘 佳

封面设计：原 皓 版式设计：原 皓

定价：48.00元

教学支持 售后服务 联系电话：（0411）84710309

如有印装质量问题，请联系营销部：（0411）84710711

第三版前言

习近平总书记在2021年全国职业教育大会上做出重要指示并强调，在全面建设社会主义现代化国家新征程中，职业教育前途广阔、大有可为。2022年10月，中国共产党第二十次全国代表大会报告指出，“办好人民满意的教育”“全面贯彻党的教育方针，落实立德树人根本任务，培养德智体美劳全面发展的社会主义建设者和接班人”“加快建设高质量教育体系，发展素质教育，促进教育公平”。新时代的金融行业发展格局要求金融人才应具备优良的道德品质、扎实的专业知识、过硬的专业技能，并能适应岗位的新需求，其中，职业教育的专业教材是有效且有力的教育载体。在区块链、大数据、人工智能、云计算等科学技术强势渗透金融领域的今天，数字货币的使用、金融营业场景的转变、监管机构与监管方式的变革等等无不是顺应行业发展要求的结果。为此，编者对《金融学基础》第二版教材进行了修订。

《金融学基础》第三版教材具备以下特点：

1.对接行业最新动态

本教材与金融行业发展的最新动态相衔接，更新行业动态数据，以建设面向东盟的金融开放门户相关最新动向为代表介绍金融相关知识。

2.深化课程思政融入

本教材深化了课程思政融入，除了每个项目后的“金融微课堂”栏目外，“案例分析”等内容均融合专业知识与现实问题，引发学生思考，引导学生树立正确的价值观，打造专业知识与德育功能融合的新型教材。

3.增加数字化资源

本教材利用视频、动画、微课等形式，针对相对抽象或需要拓展的知识点进行信息化呈现，生动形象，娓娓道来，既可以满足信息化教学需求，也可以使学生更好地吸收专业知识，增强教学效果。

4.探索融合“岗课赛证”

本教材对接并融合金融行业基础岗位需求、全国职业院校技能大赛金融类“业务素养”赛题以及银行业专业人员职业资格证书考试内容，在内容和结构上进行了调整与升级，将以上相关内容有机融入教材，并根据近几年金融行业的变化，与时俱进，更新了部分内容，以及数据与案例，将学历教育与职业资格证书相结合，可以更好地满足金融行业应用型和技能型人才培养的需求。

5.联合打造校企双元教材

本教材强化“双师型”教材编写团队，联合商业银行、证券公司、保险公司、金融科技公司等企业进行内容深化与丰富，尤其注重真实案例的运用，将教材内容与真实工作岗位对接，使教材更具有实用性，为学生将来步入工作岗位打下坚实的专业基础。

本教材主要由广西金融职业技术学院（广西银行学校）教师与行业企业专家联合编

写。本教材由沈立君、梁云担任主编，欧捷担任副主编。具体修订分工为：梁云负责修订项目一，霍新宁负责修订项目二，沈立君负责修订项目三，施维负责修订项目四，韦柳玲负责修订项目五，徐珊负责修订项目六，欧捷负责修订项目七、项目八，韦雪凌负责修订项目九，廖玲玲负责修订项目十。沈立君、梁云、欧捷负责统稿。此外，交通银行股份有限公司南宁金融服务中心综合管理部高级经理、高级工程师苏飞负责提供教材案例；广西北部湾银行交易银行部总经理、国际金融贸易专家、银行间外汇交易员谢宇参与教材修订与内容审核。

编者悉心修订了第三版教材，如有不足之处，恳请广大读者批评指正，以便持续改进！

编　者

2023年5月

目录

数字化资源目录

项目一 货币

学习目标

1. 知识目标

掌握货币的起源、货币形式、货币的本质和职能、国家货币制度等基本知识以及各国货币与汇率的基本原理。

2. 能力目标

具备认识货币、了解货币本质的基本能力；具备分析商品价格变动与货币关系的能力；具备对各国货币与汇率变动及其经济影响进行分析的能力。

3. 素质目标

在教师的引导下完成一系列关于货币的基本认知，完成对货币本质进行剖析的知识阅读、视频欣赏、实践问题分析等学习任务。

思维导图

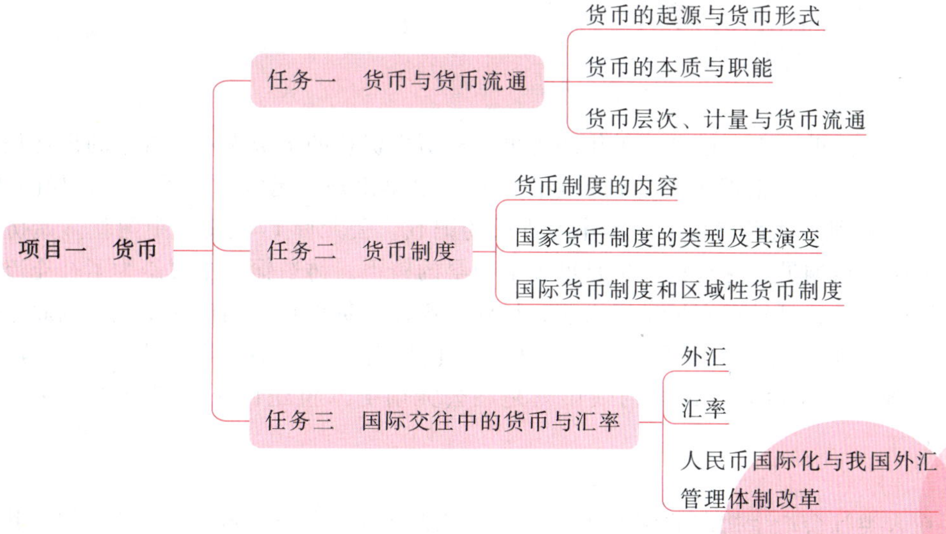

案例导入

她到底是什么？

她在今天人们的心中，仿佛是空气，是水，是阳光，是陪伴人一生的东西。那么，她到底是什么呢？地球的生命是45.6亿年，人类的生命是250多万年，她的生命是5 000多年。她在美索布达米亚平原的泥板上，她在亚细亚海边的贝壳里，她在太平洋岛的石头上，她在印第安人的珍珠项链里。她阳光，成就了一切的一切，让自由成为自由，让财富成为财富；她冰冷，定义了今天的格局，让欲望成为欲望，让战争成为战争。如果将人类的250万年压缩成24小时，那么她伴随人类的时间只有3分钟。人们知道她从哪里来，但不知道她到哪里去。

她，就是人们熟悉而又陌生的货币。

资料来源：根据中央电视台纪录片《货币》整理。

思考讨论：

1. 如何理解她“仿佛是空气，是水，是阳光，是陪伴人一生的东西”?

2. 如何理解她阳光和冰冷的两面性？

3. “如果将人类的250万年压缩成24小时，那么她伴随人类的时间只有3分钟”说明了什么？

实践操作 1-1

自行下载观看中央电视台纪录片《货币》第一集“有价星球”，并对本集内容做出简要说明。

任务一　货币与货币流通

一、货币的起源与货币形式

（一）货币的起源

1.货币出现的历史记载

货币自问世以来，已有几千年的历史。从历史资料的记载来看，货币的出现是和交换联系在一起的。根据历史记载和考古发现，最早出现的是实物货币，在古代的波斯、印度、意大利等地都有用牛、羊作为货币的记载。公元前11世纪，中国就开始仿照贝壳的形状铸造铜贝，这种铜贝也是世界上最早的铸币。铸造铜贝主要是为了补充流通中的贝币的不足，可见在铜贝出现之前，贝就已经作为货币在中国广为使用。因此，许多与货币或财富有关的中国文字都带有贝字，比如财、贫、贱、贮、贡、货、购、贷、贵、资等。而在西方，最早的钱币则是在公元前七八世纪由小亚细亚的吕底亚人铸造的。

2.货币的产生

在人类社会产生初期的原始社会中，人们结合为一个个共同体，在共同体内共同劳动、共同消费。当时，既不存在商品，也不存在货币。

随着社会生产力的发展，社会分工和私有制开始出现，人们需要相互交换劳动成果。在货币出现之前，也就是在最初的商品交换中，人们采用直接的物物交换的形式。在商品数量和品种有限的情况下，这种方式尚可以适应交换的需要。但是，随着社会生产力的发展和社会大分工的出现，商品日渐丰富，物物交换已无法适应商品交换的需要。在不断的交换中人们发现，有一些物品是人们普遍愿意接受的，买卖的双方自然或不自然地就会先将各自的商品与这种人们普遍愿意接受的物品相交换，然后再用这种中间商品（等价物）与自己所需要的商品进行最终交换，这样，直接的物物交换形式就转变成为利用中间物作媒介的间接交换形式。这种大家都愿意接受的中间商品就是交换的“等价物”，它的意义就是沟通买卖双方，使交换顺利完成，这种“等价物”就是充当交换媒介的商品。在人类发展的历史上，牛、羊、布帛、兽皮、贝壳、玉石、金、银等物品都充当过这种角色。随着商品交换的发展，交替地起一般等价物作用的几种商品中必然会分离出一种商品，经常地起一般等价物的作用，这种比较固定地充当一般等价物的商品就是货币。

货币是在商品交换过程中自发产生的，是商品交换发展的客观需要，是商品生产和商品交换的必然产物。货币是固定地充当一般等价物的特殊商品。

（二）货币形式

1.货币形式与币材

货币形式，是指以什么货币材料（币材）来充当货币。一般来说，充当货币的材料应具备以下性质：一是价值较高；二是易于分割；三是易于保存；四是便于携带。充当货币的材料价值较高，就可以用少量的货币完成大量的交易；易于分割是指货币材料品质均匀，可以自由分割，且分割后不影响其价值，以便为价值不等的商品交易服务；易于保存是指货币材料不会因保存而减少价值，不需要支付费用；便于携带可以使货币在较大区域内充当商品交换媒介。

从货币的发展来看，历史上曾经有许多种类不同的物品充当过货币。大致而论，货币材料的演变是从实物货币开始，发展到金属货币，再发展到货币商品的代表——纸币和其他信用货币。

虽然币材是沿着实物货币—金属货币—信用货币这样的历史顺序发展演变的，但这并不说明它们之间有严格的此生彼亡的界限。例如，金属货币产生后，在某些历史时期，仍有实物货币同时使用，中国唐代的钱帛兼行，就是金属货币和实物货币同时使用，当今纸币和电子货币同时在流通中发挥重要作用亦如此。

如按币材对货币形式进行划分，可用图1-1表示。

- 商品货币
  - 实物货币
  - 金属货币
- 信用货币
  - 纸质货币（纸币、银行券等）
  - 电子货币（存款货币、数字货币等）

图1-1　货币形式

2.货币形式的演进

（1）实物货币

实物货币是人类历史上最古老的货币，是指以自然界存在的某种物品或人们生产的某种物品来充当货币。在人类经济史上，许多商品曾在不同时期扮演过货币的角色，如牲畜、贝壳、布帛、粮食等都充当过货币。在中国使用时间较长、影响较大的实物货币有两类：一类是贝币，另一类是谷帛。

贝币是中国最早的货币之一，它以产生于南海海域的海贝为币材。这种海贝原来是用作饰物的，由于它坚固耐用，价值较高，携带方便，有天然单位，所以被当作货币使用。在中国，贝币的使用时间很长，从殷周时期开始，至秦始皇统一货币后废除贝币，使用了千余年时间。在中国云南一带，贝币一直使用到清朝初期。而在日本、东印度群岛以及美洲、非洲的一些地方，也有用贝作货币的历史。在古代欧洲的雅利安民族，在古波斯、印度、意大利等地，都有用牛、羊作为货币的记载；古代埃塞俄比亚曾用盐作货币；非洲和印度等地曾以象牙作为货币；在美洲，曾经充当古老货币的有烟草、可可豆等。

然而，实物货币不能很好地满足交换对货币的要求，因为许多实物货币都形体不一，不易分割、保存，不便携带，而且价值不稳定，所以不是理想的交易媒介。因此，随着商品交换的发展，实物形态的货币就逐渐由内在价值稳定、质地均匀、易于分割、便于携带的金属货币替代。

（2）金属货币

以金属如铜、银、金等作为材料的货币称为金属货币。与实物货币相比，金属货币具有价值高且稳定、易于分割、便于携带、易于储藏等优势，更适合充当货币。

世界各国货币发展的历史证明，金属作为币材，一般是从贱金属开始的。就金属货币本身的发展而言，以贵金属黄金作为货币材料的时期是金属货币发展史上的鼎盛时期。黄金作为货币材料的历史比较长，英国早在13世纪中叶就有铸造的金币，但是以黄金作为本位货币，则是在资本主义有了较大发展以后。历史上最早实行金本位制的国家是英国，开始于1816年。19世纪以后，其他欧洲国家和美国也相继实行了金本位制。1929—1933年的世界性经济危机，使欧美各国相继放弃了国内的金属本位制度，但是直到1971年黄金才正式非货币化，从货币流通领域中退出。

中国是最早使用金属货币的国家，自殷商时代开始，金属货币就成为中国货币的主要形式。但是在中国历史上，流通中的铸币主要由铁、铜等贱金属铸造，金、银主要作为衡量价值和贮藏财富的工具。

金属充当货币材料采用过两种形式：一是称量货币，二是铸币。

称量货币是指以金属条块的形式发挥货币作用的金属货币。金属货币出现后，最开始是以金属条块的形式流通，金属条块在使用时每次都要称重量，鉴定成色，所以称为称量货币。称量货币在中国历史上使用的时间很长，典型的形态是白银。从汉代开始使用的白银，一直是以两为计量单位，以银锭为主要形式。

铸币是铸成一定形状并由国家印记证明其重量和成色的金属货币。铸币的出现，克服了称量货币使用时的种种不便，便利了商品交易。铸币最初形态各异，如中国历史上铸币的形状有仿造贝币而铸造的铜贝、银贝、金贝，有仿造刀状而铸造的刀币，有仿造铲状而铸造的布币等。后来，铸币的形态逐渐过渡、统一为圆形，因为其便于携带，不易磨损。中国最早的圆形铸币是战国中期的圜钱（亦称环钱），流通全国的则是秦始皇为统一中国货币而铸造的秦半两。这种铸币为圆形，中间有方孔，一直沿用到清末。西方国家金属铸币采用的是圆形无孔的形式，币面通常铸有统治者头像。清朝末年，受流入我国的外国钱币的影响，方孔铸币被圆形无孔铸币替代。

金属作为货币材料，特别是当流通中的货币是十足的金属铸币时，货币的价值比较稳定，能够为交换和生产提供一个稳定的货币环境，有利于交换和借贷活动的发展。但是金属货币也有难以克服的弊端：面对不断增长的商品交换，货币的数量很难保持同步的增长，因此，在生产力快速发展时期，大量商品往往由于货币的短缺而难以实现销售，引发萧条；同时，金属货币在进行大额交易时不便携带，也影响了它的使用。

教学互动 1-1

列举实物货币和金属货币的优点、缺点并进行对比。

（3）纸币

纸币包括国家发行的纸制货币符号、商人发行的兑换券和银行发行的纸制信用货币。中国是世界上最早使用纸币的国家，公元10世纪，北宋就开始使用纸币——交子。交子最初是由商人发行的，可以兑现，后来由于商人破产，而改由官府发行。北宋以后，南宋、金、元、明等各朝代都有纸币流通，主要由官府发行。

资本主义银行体系产生以后，为了弥补流通中金属铸币的不足，商业银行开始发行纸制的信用货币——银行券。最初，银行券发行是通过银行的存贷款等信用业务进行的，并以随时兑现金属货币为保证。中央银行产生以后，银行券集中由中央银行垄断发行。由于金属货币制度的崩溃，中央银行的银行券不能与金属货币兑换，在现代中央银行体制下，大部分国家流通中使用的货币现钞几乎都是由国家授权的中央银行发行的。

案例探析 1-1

印度废除大额钞票 500卢比与1 000卢比纸币作废

在特朗普当选美国总统的同一天，印度总理莫迪宣布了一个惊人的决定，即日起原先使用的500卢比与1 000卢比纸币作废，同时推出面额为500卢比和2 000卢比的新版纸币，旧纸币可在一定时期内兑换或存到银行。

1卢比约等于0.1元人民币，莫迪的这一政策相当于中国废除50元和100元人民币钞票，这种做法的影响范围有多广、影响程度有多大可想而知。不少人猜想，莫迪刻意选择在美国大选出结果的时候公布这一政策，是为了降低关注，减少国际媒体的批评。

但废除大额钞票引发各种报道，还是很快传遍全世界了。比如，这造成了人民的财富损失，因为有太多的人想把手头的500卢比和1 000卢比纸币兑换出去，所以宁可用1张即将作废的500卢比向愿意的人兑换4张还可以用的100卢比；还引发了通货膨胀，许多物品价格立刻上涨了20%以上；甚至据路透社报道，在孟买仍然可以用旧版钞票买到盐，但是商家要价是原先的10倍。废钞政策还引发了一些更严重的事件。有报道称，一家医院因不接受旧版纸币而拒绝收治一名婴儿，结果婴儿夭折了。还有报道称，特兰加纳邦的一名妇女因政府突然宣布新政策而自杀，原因是她刚卖了房子，收到560万卢比的现钞，听到消息后以为全部作废了，所以寻了短见。

很多人嘲笑印度政府乱折腾，认为这肯定会失败。一些人则斥责印度政府的做法过于忽略底层人民，认为印度农村很多消息闭塞、受教育程度低的人会因此受到很大的损失。

不过，在印度国内，大部分网友都对这一政策表示了支持。他们认为混乱是短暂的，但长期来看会有很大好处。《印度时报》一位读者表示："莫迪出重拳打击黑钱，打击腐败，打击假币，打击犯罪，向莫迪致敬，我们支持你。"另一位读者则呼吁："大家别恐慌，这是开创性的改革，不是倒退。"在英文知识问答社区Quora上，更有许多网友表达了对这一政策的兴奋之情，认为这是莫迪的大手笔，是历史性的光辉决定。

这是38年来，印度首次废除流通中的纸币。在新旧交替期，印度法定货币的最高面值为100卢比，相当于10元人民币左右。印度当地时间2016年5月13日下午3点，在南亚次大陆的阳光炙烤下，HDFC银行位于古尔冈市的支行门外排着近30人的长队，陆陆续续有更多的人加入进来，等待将手中即将作废的旧钞换成新钞。

资料来源：陈月星. 印度废除大额钞票　500与1 000卢比纸币作废［EB/OL］.［2020-03-14］. http：//www.gxjrxy.com/__local/9/3F/9F/85C57A871A0720E105EA35B9956_CC1F209B_5FB51.pdf.

思考讨论：

纸币本身是否有价值？纸币在流通条件下，货币的价值是否具有客观保证？对比分析在不同的货币形式下，货币的职能作用。

（4）电子货币

上述所说的实物货币、金属货币、纸币都是有形的，但是随着人类信用制度的发展和科技进步，又出现了无形的可以执行货币职能的货币，包括存款货币、数字货币等电子货币形式。

存款货币是指能够发挥货币作用的银行存款，主要是能够通过签发支票办理转账结算的活期存款。现代银行的一项重要业务是为客户办理结算，充当支付中介。银行支付业务的发展是与社会经济生活节奏加快和大额交易的剧增分不开的。人们先把一部分款项存入银行，设立活期存款账户，当客户支付时，可根据交易额签发支票，将支票支付给收款人。收款人将这张支票交给其开户银行，付款人账户的存款额相应转为收款人账户的存款。这样，通过存款账户间存款的转移来完成支付行为。在这个过程中，可签发支票的存款同银行券一样发挥着货币的作用。以存款货币取代现金进行收付，具有快捷、安全、方便的优点，特别是在大额交易中的优势更为明显。

在现代经济生活中，人们可以使用带有微型芯片的各种"卡"来进行支付，如事先存入一定货币金额后可用于支付的储值卡，可通过POS机付款的借记卡，具有透支功能的信用卡等，这些都是电子货币。

电子货币，是指用一定金额的现金或存款从发行者处兑换并获得代表相同金额的数据，通过使用某些电子化方法将该数据直接转移给支付对象，从而能够清偿债务的货币。电子货币具有以下特点：以电子计算机技术为依托进行储存、支付和流通；可广泛应用于生产、交换、分配和消费领域；融储蓄、信贷和非现金结算等多种功能于一体；使用简便、安全、迅速、可靠。

电子货币的优点有：方便、安全、通用，增加社会效益等。电子货币的种类主要有储值卡、信用卡、电子支票、电子钱包等。

【案例探析 1-2】

比特币

比特币是如何产生的？

相信大部分人都听说过比特币，却一直不知道比特币是什么，又是怎么产生的。2009年，一个叫中本聪的黑客在网络上发布了开源的第一版比特币客户端，比特币由此产生了。它完全去中心化，没有服务器或者任何托管方。

比特币是什么？

比特币是基于一套密码编码、通过复杂算法产生的。比特币不依靠特定货币机构发行，它通过大量的计算产生，这一规则不受任何个人或组织干扰；任何人都可以下载并运行比特币客户端而参与制造比特币；比特币利用电子签名的方式来实现流通，通过P2P分布式网络来核查重复消费。每一个比特币的产生、消费都会通过P2P分布式网络记录并告知全网，不存在伪造的可能。

比特币是一种网络虚拟货币，数量有限，与腾讯公司的Q币类似，但是可以用来套现，可以兑换成大多数国家的货币。人们可以使用比特币购买一些虚拟的物品，比如网络游戏当中的衣服、帽子、装备等，只要有人接受，也可以使用比特币购买现实生活中的物品。比特币与其他虚拟货币最大的不同在于，其总量是非常有限的，具有极强的稀缺性。该货币在其产生的前4年内只有不超过1 050万个，之后的总数将被永久限制在2 100万个之内。

比特币有什么特点？

根据其算法本身的设计，任何人都可以用电脑生产比特币，称为“挖矿”。

比特币的特点是：它数量有限，极其稀缺，是一种网络虚拟货币；它可以在全世界范围内流通，没有中央银行，不用纳税；它被安全储存在用户的储存介质里，需要私钥，不能被冻结，无法跟踪；交易成本极低，知道对方的比特币地址就可以支付。

比特币如何获得？

比特币可以从别人那里购买得到，也可以自己“挖矿”获得。

自己“挖矿”就是通过运行比特币客户端，通过计算获得比特币奖励。首先，电脑需要安装最新版比特币客户端，打开客户端之后，它会自动将网络上的全部交易信息数据下载到本地，然后经过若干计算完成特定数学问题就能获得一定数量的比特币。

在其产生的前4年，平均每10分钟，全网络会有一个人获得50个比特币。网络中的电脑越多，速度越快，确认交易的数学问题难度会自动调高，以保证平均每10分钟只有一台电脑能算出来。4年之后减半，也就是每10分钟获得25个，最终减到0。其总量将在2033年达到最大值，约为2 100万个，之后不再变化。

比特币现在的价值是多少？

2020年7月26日，比特币涨超10 000美元大关，仅短短2日后又突破11 000美元，更高者突破12 000美元。很多投资比特币的人都不确定它到底能保值或维持多久，有的人出于投机心态，希望购入比特币等待将来升值卖出。但是也有很多坚定的货币数量论者认为，比特币建立了一种至今为止最为完美的货币数量控制机制，实现了诺贝尔经济学奖得主弗里德曼的伟大设想，有可能发展成为一种和现行法币体系并行的信用货币，并获得稳定的币值。

资料来源：佚名．比特币［EB/OL］．［2020-03-23］．http：//m.ebrun.com/art/212333.shtml.有修改。

思考讨论：

1.比特币是不是货币？

2.你认为人类货币以后会如何发展？

知识链接1-1　中国人民银行等五部委发布《关于防范比特币风险的通知》

为保护社会公众的财产权益，保障人民币的法定货币地位，防范洗钱风险，维护金融稳定，中国人民银行、工业和信息化部、中国银行业监督管理委员会、中国证券监督管理委员会、中国保险监督管理委员会联合印发了《中国人民银行 工业和信息化部 中国银行业监督管理委员会 中国证券监督管理委员会 中国保险监督管理委员会关于防范比特币风险的通知》（银发〔2013〕289号，以下简称《通知》）。

《通知》明确了比特币的性质，认为比特币不是由货币当局发行的，不具有法偿性与强制性等货币属性，并不是真正意义上的货币。从性质来看，比特币是一种特定的虚拟商品，不具有与货币等同的法律地位，不能且不应作为货币在市场上流通使用。但是，比特币交易作为一种互联网上的商品买卖行为，普通民众在自担风险的前提下拥有参与的自由。

《通知》要求，现阶段，各金融机构和支付机构不得以比特币为产品或服务定价，不得买卖或作为中央对手买卖比特币，不得承保与比特币相关的保险业务或将比特币纳入保险责任范围，不得直接或间接为客户提供其他与比特币相关的服务，包括：为客户提供比特币登记、交易、清算、结算等服务；接受比特币或以比特币作为支付结算工具；开展比特币与人民币及外币的兑换服务；开展比特币的储存、托管、抵押等业务；发行与比特币相关的金融产品；将比特币作为信托、基金等投资的投资标的等。

《通知》规定，作为比特币主要交易平台的比特币互联网站，应当根据《中华人民共和国电信条例》和《中华人民共和国互联网信息服务管理办法》的规定，依法在电信管理机构备案。同时，针对比特币具有较高的洗钱风险和被犯罪分子利用的风险，《通知》要求相关机构按照《中华人民共和国反洗钱法》的要求，切实履行客户身份识别、可疑交易报告等法定反洗钱义务，切实防范与比特币相关的洗钱风险。

为了避免因比特币等虚拟商品借“虚拟货币”之名过度炒作，损害公众利益和人民币的法定货币地位，《通知》要求金融机构、支付机构在日常工作中应当正确使用货币概念，注重加强对社会公众货币知识的教育，将正确认识货币、正确看待虚拟商品和虚拟货币、理性投资、合理控制投资风险、维护自身财产安全等观念纳入金融知识普及活动的内容中，引导公众树立正确的货币观念和投资理念。

今后，中国人民银行将基于自身职责，继续密切关注比特币的动向和相关风险。

资料来源：佚名．中国人民银行等五部委发布《关于防范比特币风险的通知》[EB/OL]．[2013-12-05]．http：//www.gov.cn/gzdt/2013-12/05/content_2542751.htm.

实践操作 1-2

请登录比特币中文网站，兴趣性地学习并了解关于比特币的最新知识及相关情况。

二、货币的本质与职能

（一）货币的本质

货币是商品交换的必然产物，是从商品世界中分离出来的。货币的本质表现在：货币是一般等价物，是固定地充当一般等价物的特殊商品，体现了商品生产者之间的社会关系。

（1）货币是固定地充当一般等价物的特殊商品。货币首先是商品，与其他商品一样，是人类劳动的产物，是价值与使用价值的统一体。但是，货币又有区别于普通商品的特殊性。这种特殊性表现在：货币具有衡量一切商品价值并直接与之相交换的能力。

（2）货币体现了一定的社会生产关系。因为价值是劳动的结晶，商品生产者通过货币互相交换商品，实际上是互相交换各自的劳动，所以货币作为一般等价物，使商品的不同所有者通过等价交换实现了他们之间的社会联系，这种联系就是人与人之间的一定的社会生产关系。

教学互动 1-2

货币是固定地充当一般等价物的特殊商品，具有衡量一切商品价值并与之直接交换的能力。试着用这个原理讨论分析“钱是万能的”这句俗语的合理性和缺陷。

（二）货币的职能

货币的职能是货币本质的具体体现，货币在与商品交换发展过程中，逐渐形成了价值尺度、流通手段、贮藏手段、支付手段、世界货币等职能。

1. 价值尺度

货币在表现商品价值并衡量商品价值量的大小时，执行价值尺度职能。这是货币首要的基本职能。

商品的内在价值取决于生产这种商品的社会必要劳动时间的多少。货币作为衡量商品外在价值的尺度，实质上是检验社会劳动，使商品的内在价值获得外在的表现。商品价值表现在货币上就是商品价格。与商品本身是一种物质形态不同，商品价格是一种观念形态。因此，货币在执行价值尺度职能时，只需要观念或想象的货币就可以了。

货币执行价值尺度职能，可以是本身有价值的特殊商品，也可以是不足值或本身没有价值的信用货币或价值符号。作为价值尺度，货币把一切商品的价值表现为同名的量，使商品在质的方面相同，在量的方面可以比较。

在供求关系平衡的条件下，商品价格主要取决于商品价值和货币价值两个因素，它与商品价值成正方向变化，与货币价值成反方向变化。在现实经济生活中，商品价格变化的原因则应从商品价值、货币价值和供求关系三个方面来分析。

在金属货币条件下，货币的价值取决于单位货币金属的含量和成色；在不兑现信用货币的制度下，货币本身只是一个价值符号，由国家发行，强制流通，其价值则取决于这个符号可以换取的商品的价值，即货币购买力。

案例探析 1-3

10年后，1万元人民币值多少钱？

1万元人民币是多还是少，取决于您如何定义它。对于北京、广州和深圳等一线城市的居民来说，2018年的人均月收入水平接近1万元，这意味着1万元只是他们一个月的工资；但是对于三线和四线城市的居民来说，也许他们6个月的收入才可能为1万元。

如果人民币贬值，10年后，现在的1万元值多少钱？

按照7%的通货膨胀率计算：

10 000 ×（1-7%）= 9 300（元）

一年后，假如银行存款利息增加了400元，通货膨胀减少了700元，那么，一年后10 000元变成了9 700元，减少了300元；按照10年计算，则减少了3 000元，所以10年后，10 000元只值7 000元。

资料来源：佚名. 人民币加速贬值！10年后，1万元还值多少钱？什么东西会最保值？［EB/OL］.［2019-06-03］. https：//baijiahao.baidu.com/s?id=1668466839554487514&wfr=spider&for=pc.有修改。

思考讨论：

我国近10年来物价水平变化如何？用你自己的感受来谈谈人民币购买力是否有变化。

2. 流通手段

在商品交换中，货币作为交换的媒介实现商品的价值时，就是在执行流通手段的职能。

物物交换是商品所有者拿自己的商品与持有自己需要的商品的所有者进行交换。有了货币，商品所有者就可以将买卖两个过程进行分离。货币执行流通手段职能，使商品生产和流通往前发展了一大步。

货币执行流通手段的特点：

第一，必须是现实的货币。只有商品生产者出卖商品所得到的货币是现实的货币，才证明他的私人劳动获得了社会认可，成为社会劳动的一部分，其劳动价值得到了实现。这里，货币充当商品交换的媒介不能是观念上的，必须是现实的货币。

第二，不需要具有十足的价值，可以用符号代替。货币流通是货币作为购买手段，不断地离开起点，从一个商品所有者手里转到另一个商品所有者手里的运动。在这里，商品生产者手中的货币只是转瞬即逝的东西，货币持有者所关心的不是货币本身，而是它是否能够最终换回与其代表的价值量相符的商品，所以只要有货币的象征存在就够了。

作为流通手段的货币，起初是贵金属条块，之后发展成铸币，后来又出现了纸币。纸币是从货币作为流通手段的职能中产生的。

3.贮藏手段

当货币暂时退出流通而处于静止状态且被当作独立的价值形态和社会财富而保存起来时，就是货币在执行贮藏手段职能。货币是价值的化身，可以交换任何商品，这使它成为财富的代表。人们为了积累和保存社会财富，便产生了保存货币的需求。

在足值的金属货币流通条件下，货币的贮藏手段职能具有自发地调节货币流通的作用。而在现代不兑现信用货币制度下，由于纸币本身没有价值，纸币能否发挥贮藏手段职能的关键在于它能否稳定地代表一定的价值，但自发调节货币流通的功能丧失殆尽。

货币执行贮藏手段的特点有：第一，必须是现实的、足值的货币；第二，货币必须退出流通领域处于静止状态。

教学互动 1–3

按照货币执行贮藏手段职能的两个特点，分析讨论当今各国纸币是否具有贮藏手段职能。

4.支付手段

货币在实现价值的单方面转移时，就是在执行支付手段职能，如偿还欠款、上缴税金、银行借贷、发放工资、捐款、赠予等。

由于商品经济的不断发展，商品生产和商品交换在时空上出现了差异，这就产生了商品的使用价值的让渡与商品价值的实现在时间上分离开来的客观必然性。某些商品生产者在需要购买商品时没有货币，只有到将来某一时间才有支付能力。同时，某些商品生产者又急于出售商品，于是就产生了赊购赊销。这种赊账买卖的商业信用就是货币支付手段的起源。

货币执行支付手段职能具有积极和消极两个方面的作用。其积极作用表现在：一是使商品生产和商品流通突破了现货交易的限制，促进了商品生产和流通的发展；二是借助货币的支付手段，一部分债权债务关系可以相互抵消，可以节约现金流通费用。其消极作用表现在：使商品生产者之间形成错综复杂的债权债务关系，扩大了商品经济的矛盾，存在支付危机和信用危机的可能性。

知识链接 1-2　　央行数字货币

这是实实在在的生活场景，你应该遇到过：在菜市场买菜，问多少钱，卖菜的阿姨给你指一下旁边放的二维码，报个数字，比如“3元钱”。这时候你拿5元或更大额纸币让她找零，她会怎么说？“可以用微信支付吗？支付宝也行。”她甚至可能同时给你投过来一个不耐烦的眼神。

数字支付的普及，在中国大江南北已经成为老百姓的生活习惯，甚至成为当下中国的一种骄傲，连西方先进国家也自愧不如，让他们的老百姓羡慕不已。“带什么钱包，有手机就行！”钱包，在中国正日渐过时。

在这样的大气候下，酝酿多年的央行数字货币真的要来了，已经可以听到它的脚步声：2020年4月17日，中国人民银行数字货币研究所负责人宣布，数字人民币研发工作正在稳步推进，数字人民币体系在坚持双层运营、流通中货币替代、可控匿名的前提下，基本完成顶层设计、标准制定、功能研发、联调测试等工作，并遵循稳步、安全、可控、创新、实用原则，先行在深圳、苏州、雄安新区、成都及冬奥会场景进行内部封闭试点测试。

2020年12月29日，北京市首个央行数字货币应用场景在丰台丽泽落地，当天上午，丽泽桥西的金唐大厦中，一家名为漫猫咖啡的咖啡店内启动了数字人民币应用场景测试；2021年12月，全国首笔数字人民币执行案款在雄安新区交付；2022年6月，全国首张数字人民币车险保单正式诞生；截至2022年年底，流通中数字人民币存量达到136.1亿元。

资料来源：金谷明．欢迎央行数字货币，拥抱货币新时代［EB/OL］．［2020-04-29］．https：//baijiahao.baidu.com/s？id=1665297109225046465&wfr=spider&for=pc．有修改。

教学互动 1-4

央行数字货币与比特币等虚拟货币有什么区别？

5.世界货币

当一国货币跨出国界，在不同的国家之间充当一般等价物的时候，我们称之为“世界货币”。它具有货币的衍生职能。

在金属货币流通条件下，世界货币职能往往通过国际交易中的支付、购买或者财富转移等方式体现。例如，作为国际上的一般支付手段用以平衡国际收支差额，购买国际市场上的商品，以及以战争赔款、货币资本等方式进行财富转移支付等。

在信用货币条件下，世界货币职能可以通过价值尺度、流通手段、贮藏手段、支付手段实现，以可自由兑换的货币为突出表现，例如美元、英镑等。

三、货币层次、计量与货币流通

（一）货币层次

当代信用货币制度下，各国货币几乎均由中央银行统一发行。在我国，中国人民银行作为掌管货币发行和实施货币政策的中央银行，会定期向社会发布货币量的统计数据，货币量的统计不只是一个总量指标，而是包括了若干口径或层次。中央银行将货币划分为不同的层次分别统计货币量，这是由当代信用货币的构成特点和中央银行宏观调控的需要决定的。

当代信用货币是由现金和存款货币构成的。现金包括中央银行发行的现钞与金属硬币，在商业银行支付业务十分发达的现代社会，现金的使用量在整个社会的交易额中所占份额很小，绝大部分交易都是由存款货币作为交易媒介来完成的。存款货币是指能够发挥货币交易媒介功能的银行存款，包括可以直接进行转账支付的活期存款和企业定期存款、居民储蓄存款等。各种存款代表了一定的购买力，都是信用货币的构成部分。但是各类存款在购买力上是有区别的，中央银行对现金、活期存款和其他存款的控制和影响能力也不同。因此，中央银行为了宏观调控的需要会对货币量进行分层次统计，以确保货币量统计的全面性、准确性和调控的适用性。

货币供给的层次划分，是指将流通中的各种货币形式按不同的统计口径划分为不同的层次。在实践中，各国中央银行对货币层次的划分不尽相同，但所依据的标准基本一致，即以货币的流动性作为划分的依据和标准。所谓流动性，是指其他货币形态转化为现金所需要的时间和成本的多少，即金融资产转化为货币而不受损失的能力。流动性越强的金融资产，现实购买力越强。例如，现金是流动性最强的金融资产，具有直接的现实购买力；而定期存款则需要经过提现或者转成活期支票存款才有现实购买力，故流动性较弱。按流动性的强弱对不同形式、不同特性的货币划分不同的层次，是科学计量货币数量、客观分析货币流通状况、正确制定实施货币政策、及时有效进行宏观调控的必要措施。

根据货币层次划分的一般原则，各国的做法略有不同，同一个国家，因时间不同，货币层次的划分也不一定相同。中国人民银行从1994年第三季度起正式推出货币供应量统计监测指标，并按季度公布。现阶段，我国按流动性不同将货币供应量划分为三个层次：

M0=流通中现金

M1=M0+企业单位活期存款+农村存款+机关团体部队存款+银行卡项下的个人人民币活期储蓄存款

M2=M1+城乡居民储蓄存款+企业单位定期存款+证券公司保证金存款+其他存款

其中，M1被称为狭义货币量，是现实购买力；M2被称为广义货币量；M2与M1之差被称为准货币，是潜在购买力。

由于M2通常反映社会总需求变化和未来通货膨胀的压力状况，因此，一般所说的货币供应量是指M2。在我国货币供应量统计中，货币供应量三个层次包含的具体内容会随着金融市场的发展和金融工具的创新进行修订和完善。

（二）货币计量

在进行货币统计分析的时候，常常会碰到这几个概念，即狭义货币量、广义货币量、货币存量、货币流量、货币总量与货币增量等。

1.狭义货币量与广义货币量

狭义货币量通常是指货币层次中的现金与银行活期存款，即M1。狭义货币量反映了整个社会对商品和劳务服务最直接的购买能力，它的增减变化对商品和劳务的供应会形成直接的影响，是中央银行制定和实施货币政策时监测和调控的主要指标。

广义货币量是指狭义货币量加准货币，即M2。准货币是可以随时转化成货币的信用工具或金融资产。准货币的流动性小于狭义货币，它反映的是整个社会潜在的购买能力。广义货币量所统计的货币的范围大于狭义货币量，它不仅包括了社会直接购买力，还包括了社会的潜在购买力。广义货币量指标可以更全面地反映货币流通状况。

2.货币存量与货币流量

货币存量是指一国在某一时点上各经济主体所持有的现金、存款货币的总量。我国中央银行公布的年度货币供应量就是货币存量。对货币存量的统计分析，还可以根据货币层次分为狭义货币存量和广义货币存量。

货币流量是指经济社会中一定时期内发生的货币的变动数值，表示货币在一定时期内的支出或流动数量，即货币存量与单位货币参加交易次数的乘积。例如，截至2022年12月31日，某国货币存量为100亿元，其中，每一货币在一年内平均参加交易的次数为5次，那么，该年内该国的货币流量就是500亿元。因此，在一个给定的考察期内，货币流量等于货币存量与货币流通速度的乘积。货币流量是一个动态的货币概念。

知识链接 1-3

2022年我国货币供应量见表1-1。

表1-1 2022年我国货币供应量 单位：亿元

时间 项目	2022.01	2022.02	2022.03	2022.04	2022.05	2022.06
货币和准货币（M2）	2 431 022.72	2 441 488.90	2 497 688.34	2 499 710.90	2 527 026.15	2 581 451.20
货币（M1）	613 859.35	621 612.11	645 063.80	636 139.01	645 107.52	674 374.81
流通中现金（M0）	106 188.87	97 227.70	95 141.92	95 626.49	95 546.86	96 011.17
时间 项目	2022.07	2022.08	2022.09	2022.10	2022.11	2022.12
货币和准货币（M2）	2 578 078.57	2 595 068.27	2 626 600.92	2 612 914.57	2 647 008.48	2 664 320.84
货币（M1）	661 832.33	664 604.85	664 535.17	662 140.99	667 042.61	671 674.76
流通中现金（M0）	96 509.19	97 231.03	98 672.06	98 416.71	99 740.12	104 706.03

注：自2011年10月起，货币供应量已包括住房公积金中心存款和非存款类金融机构在存款类金融机构的存款。2018年1月，中国人民银行完善货币供应量中货币市场基金部分的统计方法，用非存款机构部门持有的货币市场基金取代货币市场基金存款（含存单）。自2022年12月起，“流通中现金（M0）”含流通中数字人民币，12月末流通中数字人民币余额为136.1亿元。修订后，2022年各月月末M1、M2增速无明显变化。

数据来源：根据中国人民银行官网相关数据整理。

3.货币总量与货币增量

货币总量是指货币数量的总额，可以是某一时点上的存量，也可以是某一时期内的流量。

货币增量是指不同时点上的货币存量的差额，通常是指今年与上年相比的增加额。在我国，中国人民银行公布的货币量统计指标通常分为两部分：一部分是货币存量即货币总量指标；另一部分是货币增长率指标。货币增长率指标反映了货币供应的增长状况，通过对货币增量的统计分析，可以为中央银行掌握货币流动状况提供一个新的角度。

教学互动 1-5

观察分析2022年我国货币供应量表（见表1-1），进一步区分和理解狭义货币量与广义货币量、货币存量与流量、货币总量与增量的概念。

（三）货币流通

货币流通是指由商品流通和资金流动引起的、作为流通手段和支付手段的货币的运动。

货币流通的形式主要有现金流通和非现金流通两种。现金流通是直接以现金为流通手段和支付手段的货币运动，主要是同消费资料零售市场的商品流通、居民个人的小额支付相联系的货币流通。非现金流通或存款转账结算主要是同生产资料市场和消费资料批发市场的商品流通、企事业单位的大额支付以及与金融交易相联系的货币流通。

货币流通实质上是商品流通的实现形式，商品流通是货币流通的基础和实质内容。在商品流通和货币流通的关系上，商品流通始终是第一位的并且决定货币流通的规模、方向和速度。现实中商品流通和货币流通具有独立性，货币流通能够反作用于商品流通，两者之间存在差异。

尽管从本质上说，货币流通是由商品流通决定的，但在形式上，商品流通通过货币流通反映出来，并通过货币流通来实现。因此，货币流通是否正常和稳定，直接影响商品流通和国民经济运行。而在现代金融环境下，一国货币流通的正常稳定，不仅与该国货币本身的币值稳定、货币供给与货币需求均衡直接相关，还与世界各国货币稳定及资本流动等有关。因此，如何保证流通中的货币量真实反映经济活动的客观需要，将是一国开展金融宏观调控及一切金融活动的至关重要的问题。

知识链接 1-4　　《2022年人民币东盟国家使用报告》发布

2022年9月17日，在第14届中国-东盟金融合作与发展领袖论坛上，《2022年人民币东盟国家使用报告》（以下简称《报告》）发布，系统展示人民币在东盟国家使用的最新情况。

广西与东盟国家陆海相邻，具有“一湾相挽十一国”的独特区位优势。近年来，广西积极打造面向东盟的金融开放门户，跨境人民币结算量长期在9个边境省区、12个西部省区排名第一，其中，与东盟国家的结算量超60%，始终处于人民币国际化业务的第一方阵。在中国人民银行大力支持下，广西金融学会于2020年最早推出《人民币东盟国家使用报告》，这也是全国首个区域性人民币国际化报告。

《报告》显示：一是借区域全面经济伙伴关系协定（RCEP）经贸合作深化之力，人民币东盟使用逆势上扬。2021年，中国–东盟跨境人民币结算量4.8万亿元，同比增长16%，10年来增长近20倍。二是中国–东盟货币当局紧密联系，多元货币合作不断升级。截至2021年年末，中国分别与越南、印度尼西亚、柬埔寨签订了双边本币结算协议；与印度尼西亚、马来西亚、新加坡、泰国等签订了货币互换协议，金额约8 000亿元。三是东盟国家金融机构深耕人民币市场，支付清算网络不断健全。新加坡、马来西亚、泰国和菲律宾均设立了人民币清算行安排。2021年，新增16家东盟金融机构成为人民币跨境支付系统（CIPS）间接参与者，CIPS全年处理中国–东盟跨境人民币业务3.3万亿元，同比超50%。四是业务模式不断创新，市场主体需求得到有效满足。人民币对东盟国家货币银行间市场区域交易积极拓展，离岸市场人民币产品丰富升级，多项跨境人民币业务创新成功落地。广西壮族自治区、云南、重庆等地因地制宜，与东盟加强金融交流合作，提升市场主体使用人民币的便利度，优化边民互市跨境结算服务。

有关专家表示，《报告》相对全面地介绍了人民币在周边国家的使用情况，涵盖了人民币跨境使用的各个方面，反映了跨境人民币业务的最新实践成果，数据翔实、分析到位。中国和东盟互为第一大贸易伙伴，双边贸易和投资不断融合，中国逐步与东盟建立起多层次、宽领域的金融合作框架。人民币在这一区域经济合作发展中发挥了很大作用，需要抓住机遇进一步深化和优化人民币在东盟国家的使用。RCEP协定在2022年生效，中国与东盟的双向贸易投资将更加密切，中国–东盟区域产业链、供应链、价值链的融合发展，为人民币国际化带来新的契机。未来，要持续完善跨境人民币结算的配套基础设施，实现人民币在周边国家的国际化，助推人类命运共同体的构建。

从《报告》内容看，2022年人民币东盟跨区域使用继续呈增长态势，东盟国家对人民币的认可度持续提升。随着RCEP的签署，区域经济一体化水平的进一步提升，人民币在东盟国家的使用将迎来更加广阔的空间。

资料来源：徐友仁，彭鑫云.《2022年人民币东盟国家使用报告》发布［N］. 金融时报，2022-09-17.

任务二 货币制度

一、货币制度的内容

货币制度是国家对货币的有关要素、货币流通的组织与管理等加以规定所形成的制度，简称币制。其目的是保证货币和货币流通的稳定，使之能够正常地发挥各种职能。货币制度最早是伴随着国家统一铸造金属货币产生的，16世纪以后，随着工业革命和资本主义生产方式的确立，以国家为主体的货币制度日益明确和健全，各国货币制度的构成也基本趋于一致。随着贸易国际化、生产国际化和经济金融全球化的发展，各国之间的货币兑换和货币流通问题日益突出，在各国政府的协同安排下形成了国际货币制度和区域性货币制度。

无论是国家货币制度、国际货币制度，还是区域性货币制度，根据货币的不同特性，货币制度主要可分为两类：金属货币制度和不兑现的信用货币制度。这两类货币制度最主要的差别表现在币材和发行方面。但从总体上看，它们的构成大同小异，主要包括以下内容：

（一）规定货币材料

货币材料简称“币材”，是指用来充当货币的物质，确定不同的货币材料就构成不同的货币本位。确定用黄金充当货币材料就构成金本位，用白银充当货币材料就构成银本位。确定以哪一种物质作为币材，是一国建立货币制度的首要步骤。究竟选择哪一种币材虽然由国家确定，但这种选择受客观经济条件的制约，实际上国家只是对已经形成的客观现实从法律上加以肯定。

在很长的历史时期内，往往有两三种币材并行流通，反映在法令上，也往往是对几种币材同时予以承认。就中国来看，从先秦直到清代，铜一直是官方肯定的币材；而其他币材，依次有贝、金、帛、白银，与铜并行流通并大都为官方所认定。在西欧，则有很长一段金、银并行流通的时期。当政府明确金、银都是法定币材时，其货币制度称为金银复本位制。单由黄金垄断流通，在发达的工业化国家的历史也不长。最早的是英国，但它是直到1816年才正式宣布实行金本位制。

目前，世界各国都实行不兑现的信用货币制度，货币制度不再对币材做出规定。

（二）规定货币单位

货币单位是指货币本身的计量单位。货币单位的规定主要有两个方面：一是规定货币单位的名称；二是确定货币单位的值。

1.规定货币单位的名称

货币单位的名称最早与商品货币的自然单位或重量单位相一致，如两、镑。后来由于各种原因，货币单位日益与自然单位、重量单位相脱离。各国法律规定的名称，通常都以习惯形成的名称为基础。在国际习惯上，一国货币单位的名称，往往就是该国货币的名称，如美元、英镑、日元等。

实践操作 1–3

上网搜索并列举我国及周边几个主要的东盟国家的货币名称和货币单位。

2.规定货币单位的值

在金属货币条件下，货币单位的值就是每一货币单位所包含的货币金属重量和成色。例如，1870年英国法律规定1英镑的含金量为7.97克；1934年以前，1美元的含金量为1.504632克，1934年以后为0.888671克；中国1914年规定1银元的含银量为0.648两。

在不兑现的信用货币尚未完全脱离金属货币制度时，确定货币单位的值主要是确定货币单位的含金量；当黄金非货币化后，则主要表现为确定或维持本国货币与他国货币或世界主要货币的比价，即汇率。

（三）规定货币的铸造、发行和流通程序

一个国家的通货，通常分为主币和辅币，它们各有不同的铸造、发行和流通程序。

1.主币与辅币

主币就是本位币，是一个国家流通中的基本通货，一般作为该国法定的价格标准。主币的最小规格通常是1个货币单位，如1美元、1英镑等，也有少数国家规定为货币的整数倍，如10或100个货币单位。一个国家一般只有一种主币。在金属货币制度下，主币是指用金属货币材料按照国家规定的货币单位铸造的货币；在信用货币制度下，主币的发行权集中于中央银行或政府指定的发行机构。

辅币是本位货币单位以下的小面额货币，它是本位币的等分，其面额多为货币单位的1%、2%、5%、10%、20%、50%等，主要解决商品流通中不足1个货币单位的小额货币支付问题。在金属货币流通条件下，为节约流通费用，辅币多由贱金属铸造，是一种不足值的货币，铸造权由国家垄断并强制流通，但铸造数量一般都有限制，铸造收益归国家所有。由于辅币的实际价值低于名义价值，国家以法律形式规定其按名义价值流通，并规定其与主币的兑换比例。金属货币退出流通后，辅币制度仍然保留下来，在当代不兑现的信用货币制度下，辅币的发行权一般都集中在中央银行或政府机构。

2.货币法定支付偿还能力的规定

在国家干预货币发行和流通的情况下，都是通过法律对货币的支付偿还能力做出规定，即规定货币是无限法偿还是有限法偿。

无限法偿是指不论支付数额多大，不论属于何种性质的支付（买东西、还账、缴税等），对方都不能拒绝接受。在金属货币流通的相当长时间里，本位货币都是足值的，国家规定本位货币具有无限法偿的资格；后来不足值了，国家仍然规定其具有无限法偿的能力。在当代不兑现的信用货币制度下，中央银行发行的纸币具有无限法偿能力。

有限法偿是指在一次支付中，若超过规定的数额，收款人有权拒收，但在法定限额内不能拒收。有限法偿主要是针对辅币而言的，因为辅币一开始就是不足值的货币，国家为了使自己铸造或发行的辅币能够被人们接受并进入流通，就以法律形式规定其在一定金额内不能拒收，只有超过规定数额才能拒收。

在我国，目前仍然实行现金管理，国家对现金和非现金流通规定了适用范围和数量。对于本位币人民币“元”和辅币“角”“分”，《中华人民共和国中国人民银行法》第三章第十六条规定：“中华人民共和国的法定货币是人民币。以人民币支付中华人民共和国境内的一切公共的和私人的债务，任何单位和个人不得拒收。”

3.货币发行准备制度

为了稳定币制，各国货币制度中都有包含发行准备制度的内容。货币发行准备制度是指货币发行者在货币发行时须以某种金属或某几种形式的资产作为其发行货币的准备，从而使货币的发行与某种金属或某些资产建立起联系和制约关系。

在金属货币制度下，货币发行以法律规定的贵金属金或银作为准备。例如，在银本位制下，是以白银作为货币发行的准备，在金银复本位制下，是以黄金和白银同时作为

货币发行的准备；在金本位制下，则以黄金作为发行的准备。在早期的金属货币制度下，各国货币发行一般都采用百分之百的金属准备，金属货币和辅币、银行券之间可以自由兑换。随着商品经济的发展和信用货币流通的扩大，后期的金属货币制度下各国货币发行采用部分金属准备制度，货币发行准备金的比例主要通过货币的含金量加以确定。在货币制度演化过程中，这个比例逐步降低，直至金属货币制度崩溃。

在现代信用货币制度下，货币发行的准备制度已经与贵金属脱钩，多数国家采用以资产主要是外汇资产作准备，也有的国家以物资作准备，还有些国家的货币发行采取与某个国家的货币直接挂钩的方式，如钉住美元或英镑等。各国在准备比例和准备制度上也有差别。目前，各国货币发行准备的构成一般有：一是现金准备，包括黄金、外汇等具有极强流动性的资产；二是证券准备，包括短期商业票据、短期国库券、政府公债券等。在现金准备下，货币发行具有现实的价值基础，但缺乏弹性；在证券准备下，货币发行具有适应经济发展的弹性，但操作难度较大。

关于我国人民币的发行准备制度，虽然《中华人民共和国中国人民银行法》没有明确规定，但是，一直以来我国是以国家掌握的能够以稳定价格投入市场的商品作为货币发行的准备资产，同时，中国人民银行代表国家集中掌握黄金和外汇储备，用于人民币币值的稳定和国际清算。中国人民银行是人民币的唯一货币发行机关，发行数额须报经国务院批准，任何部门和单位都无权对市场增加货币发行；中国人民银行坚持经济发行原则，根据国民经济发展和商品流通的实际需要发行货币。

二、国家货币制度的类型及其演变

国家货币制度是指一国政府以法令的形式对本国货币的有关要素、货币流通的组织与调节等加以规定所形成的法规体系。国家货币制度是一国货币主权的体现，由本国政府或司法机构独立制定实施，其有效范围一般仅限于国内。

（一）银本位制

银本位制是以白银作为本位货币的一种货币制度，它是最早的金属货币制度。在银本位制中，白银是本位币的币材，银币具有无限法偿能力，可以自由铸造和融化，其名义价值与本位币所含的一定成色、重量的白银相等，银行券可以自由兑现银币或白银，白银和银币可以自由输出或输入。

银本位制在16世纪以后开始盛行，但随着资本主义的发展，贸易大规模增长，白银体积大但价值低，不能适应经济发展的客观需要，到19世纪末期被大部分国家放弃。我国用白银作为货币的时间很长，唐宋时期白银已普遍流通，宋仁宗景佑年间（1034—1038年）银锭正式取得货币地位。金、元、明时期确立了银两制度，白银是法定的主币。清宣统二年（1910年）4月，当时的政府颁布了《币制则例》，宣布实行银本位制，实际是银元和银两并行。1933年4月，国民党政府“废两改元”，颁布《银本位铸造条例》，同年11月实行法币改革，在我国废止了银本位制。

（二）金银复本位制

金银复本位制是指金、银同时作为币材的货币制度。在这种制度下，金银两种铸币都是本位币，均可以自由铸造，两种货币可以自由兑换，并且两种货币都是无限法偿货币。金银复本位制按照金银两种货币的不同关系又可分为平行本位制、双本位制和跛行本位制。

实行金银复本位制后，大量金属铸币进入流通，满足了经济迅速发展的需要，但不久就暴露了这种货币制度的不稳定性。在初期金银币之间不规定法定比价而各自按其实际价值流通的“平行本位制”下，即金银币各按其自身所包含的价值并行流通时，市场上的商品就出现了金价、银价两种价格，而且这两种价格随着金银市场比价的不断变化而变动，引起价格的混乱，给商品流通带来许多困难。

为了克服由此造成的混乱，许多国家将“平行本位制”改为“双本位制”，即用法律规定金和银的比价，规定金币和银币都按法定比价流通。双本位制试图克服平行本位制下金币和银币比率频繁变动的缺陷，但实际上事与愿违。这样反过来形成了国家官方金银比价与市场自发金银比价平行存在的局面，而国家官方比价较市场自发比价显然缺乏弹性，不能快速依照金银实际价值比进行调整。因此，当金币与银币的实际价值与名义价值相背离时，实际价值高于名义价值的货币（即良币）通常被贮藏起来，而实际价值低于名义价值的货币（即劣币）充斥市场，这种劣币驱逐良币的规律又被称为“格雷欣法则”。因此，在某一时期，市场上实际上只有一种货币在流通，很难有两种货币同时流通的情况，这也成了许多国家向金本位制转变的动因。

跛行本位制是指国家规定金币可自由铸造而银币不允许自由铸造，并且金币与银币可以按规定比例兑换。实际上，银币已经降到金币的附属地位，因为银币的价值通过固定的比例与金币挂钩，而金币是可以自由铸造的，其价值与本身的金属价值是一致的。因此，从严格意义上讲，跛行本位制只是金银复本位制向金本位制的过渡形式。

（三）金本位制

18世纪末到19世纪初，主要资本主义国家先后从金银复本位制过渡到金本位制。最早实行金本位制的是英国。金本位制包括金币本位制、金块本位制和金汇兑本位制三种形态。

1.金币本位制

金币本位制是典型的金本位制。其基本特点是：只有金币可以自由铸造，有无限法偿能力；辅币和银行券与金币同时流通，并可按其面值自由兑换为金币；黄金可以自由输出或输入；货币发行准备全部都是黄金。

在金币本位制下，银行券的发行制度日趋完善，中央银行垄断发行后，银行券的发行准备和自由兑换曾一度得到保证，从而使银行券能稳定地代表金币流通。金币本位制被认为是一种稳定有效的货币制度，因为它保证了本位币的名义价值与实际价值相一致，国内价值与国外价值相一致，价值符号所代表的价值与本位币价值相一致，并具有货币流通自动调节的机制，对资本主义经济发展和国际贸易的发展起到了积极作用。但是随着资本主义社会固有矛盾的加深和世界市场的进一步形成，金币流通的基础不断削弱。在第一次世界大战期间，各国停止了金币流通、自由兑换和黄金的自由输出和输入。第一次世界大战之后，没有一个国家能够恢复金币流通，只能选择残缺不全的金本位制，即金块本位制和金汇兑本位制。

2.金块本位制

金块本位制又称生金本位制，是不铸造、不流通金币，银行券只有达到一定数量后才能兑换金块的货币制度。英国于1925年率先实行此制度，规定银行券兑换金块的最低限是1 700英镑，法国1928年规定至少21.5万法郎才能兑换金块，这种兑换能力显然不是一般公众所具备的。金块本位制实行的条件是保持国际收支平衡和拥有大量的平衡国际收支的黄金储备。一旦国际收支失衡，大量黄金外流或黄金储备不够支付时，这种虚弱的黄金本位制就难以维持。1930年以后，英国、法国、比利时、荷兰、瑞士等国在世界性经济危机的冲击下，先后放弃了这一制度。

3.金汇兑本位制

金汇兑本位制又称“虚金本位制”，是指本国货币虽然仍有含金量，但国内不铸造也不使用金币，而是流通银币或银行券，银币或银行券不能在国内兑换黄金，只能兑换本国在该国存有黄金并与其货币保持固定比价的国家的外汇，然后用外汇在该国兑换黄金。这种制度的实质是把本国的黄金存于国外的银行，换取国外的货币，用国外的货币作为本国纸币的发行准备。国内居民可以购买外汇，并在理论上可以把外汇拿到国外换取黄金。实行金汇兑本位制的多为殖民地半殖民地国家。

然而，金块本位制和金汇兑本位制也没维持几年，经过1929—1933年世界经济危机后，各国的金本位制事实上已经不存在，继之而起的是不兑现的信用货币制度。

（四）不兑现的信用货币制度

不兑现的信用货币制度是指以不兑换黄金的纸币或银行券为本位币的货币制度。它的特点是：现实经济中的货币都是信用货币，主要是现金和银行存款；货币的发行不受黄金储备的限制，其发行量完全取决于实现货币政策的需要；货币的价值取决于它的购买力，货币的购买力与发行量成反比，与商品供应量成正比；货币的流通完全取决于发行者的信用；政府通过法律手段保证纸币具有一定的强制接受性，国家对信用货币的管理、调控成为经济正常发展的必要条件。因此，大多数国家都是由中央银行来管理信用货币的发行与流通，运用货币政策工具来调控信用货币的总量均衡。

由于历史的原因，我国目前实行“一国两制”方针，从而形成了我国特殊的现行货币制度：人民币是我国大陆地区的法定货币；港币是我国香港地区的法定货币；澳门元是我国澳门地区的法定货币；新台币是我国台湾地区的法定货币。

人民币主币“元”是我国经济生活中用于法定计价、结算的货币单位，具有无限法偿能力；人民币辅币有“角”和“分”两种，均为十进制，辅币和主币一样具有无限法偿能力。人民币由国家授权中国人民银行统一发行和管理。国家规定，人民币是信用货币，人民币不规定含金量，是不兑现的信用货币。人民币以现金和存款两种形式存在，现金由中国人民银行统一发行，存款货币由银行体系通过业务活动进入流通，中国人民银行依法实施货币政策，对人民币总量和结构进行管理和调控。人民币的发行坚持经济发行和集中统一的原则，中国人民银行是管理、经营国家黄金、外汇储备的唯一机关，黄金外汇储备不仅用于国际结算，同时也关系到人民币的发行、流通及在国际上的信誉。中国人民银行对人民币发行的管理，技术上主要通过对货币发行基金和业务库的管理来实现。

三、国际货币制度和区域性货币制度

（一）国际货币制度及其演变

国际货币制度亦称国际货币体系，是指在国际经济关系中，为满足国际上各类交易的需要，各国政府对货币在国际上的职能作用及其他相关国际货币金融问题所制定的协定、规则和建立的相关组织机构的总和。它包括以下几个方面的内容：一是各国货币比价即汇率的确定；二是各国货币的兑换性和对国际支付所采取的措施，包括对经常项目、资本金融项目管制与否的规定，对国际结算原则的规定；三是国际收支的调节；四是国际储备资产的确定；五是黄金外汇的流动与转移是否自由等。

国际货币体系经历了从国际金本位制到布雷顿森林体系再到牙买加体系的发展演变过程。

1.国际金本位制

世界上首次出现的国际货币制度是国际金本位制，1880—1914年的35年间是国际金本位制的黄金时代。在这种制度下，黄金充当国际货币，各国货币之间的汇率由它们各自的含金量比例决定，黄金可以在各国间自由输出或输入，在“黄金输送点”的作用下，汇率相对平稳，国际收支具有自动调节的机制。但由于1914年第一次世界大战爆发，各参战国纷纷禁止黄金输出，纸币停止兑换黄金，国际金本位制受到严重削弱，之后虽改为金块本位制和金汇兑本位制，但因其自身的不稳定性都未能持久。在1929—1933年的经济危机冲击下，国际金本位制终于瓦解。随后，国际货币制度一片混乱，直至1944年重建新的国际货币体系——布雷顿森林体系。

2.布雷顿森林体系

1944年7月，在美国新罕布什尔州的布雷顿森林召开由44国参加的联合国国际货币金融会议，通过了以“怀特计划”为基础的《国际货币基金协定》和《国际复兴开发银行协定》，总称“布雷顿森林协定”。《国际货币基金协定》确立了美元与黄金挂钩、各国货币与美元挂钩并建立固定比价关系的、以美元为中心的国际金汇兑本位制。

布雷顿森林体系的具体内容包括：

（1）以黄金为基础，以美元作为最主要的国际储备货币，实行“双挂钩”的国际货币体系，即美元与黄金挂钩，其他货币与美元挂钩；

（2）实行固定汇率制；

（3）建立永久性国际货币金融机构——国际货币基金组织（IMF），该组织通过预先安排的资金融通措施，保证向会员方提供辅助性储备供应；

（4）会员方不得限制经常性项目支付，不得采取歧视性的货币措施。

以美元为中心的国际货币制度是在美国经济实力雄厚、国际收支保有大量顺差、黄金外汇储备比较充足，而其他国家普遍存在“美元荒”的情况下建立的。布雷顿森林体系的运转必须具备三个基本条件：一是美国国际收支必须顺差，美元对外价值才能稳定；二是美国的黄金储备充足；三是黄金必须维持在官价水平。这三个条件实际上不可能同时具备。这说明布雷顿森林体系存在不可克服的内在矛盾——“特里芬难题”：如果美国国际收支保持顺差，则国际储备资产不能满足国际贸易发展的需要，形成“美元荒”；如果美国国际收支逆差，则容易引起美元贬值，发生美元危机，形成“美元灾”。事实上，美国从20世纪50年代起国际收支开始出现逆差，国际市场上美元大量过剩，从60年代到70年代曾发生多次美元危机。

知识链接 1-5　　特里芬难题（特里芬悖论）

1960年，美国经济学家罗伯特·特里芬（Robert Triffin）在其《黄金与美元危机——自由兑换的未来》一书中提出，布雷顿森林体系存在着其自身无法克服的内在矛盾：“由于美元与黄金挂钩，而其他国家的货币与美元挂钩，美元虽然因此取得了国际核心货币的地位，但是各国为了发展国际贸易，必须用美元作为结算与储备货币，这样就会导致流出美国的货币在海外不断沉淀，对美国来说就会发生长期贸易逆差；而美元作为国际货币核心的前提是必须保持美元币值稳定与坚挺，这又要求美国必须是一个长期贸易顺差的国家。这两个要求互相矛盾，因此是一个悖论。”这一内在矛盾在国际经济学界被称为“特里芬难题（Triffin Dilemma）”或“特里芬悖论”。正是这个“难题”决定了布雷顿森林体系的不稳定性和垮台的必然性。

动画微课 1-1

特里芬难题

3.现行国际货币体系

现行国际货币体系是布雷顿森林体系20世纪70年代崩溃后不断演化的产物。布雷顿森林体系瓦解后，国际货币体系改革步入漫漫长路。1976年，IMF通过《牙买加协议》，确认了布雷顿森林体系崩溃后浮动汇率制的合法性，继续维持全球多边自由支付原则，从而形成了新的国际货币体系——牙买加体系。

牙买加体系的主要内容包括：

（1）多元化的国际储备体系。在国际储备体系中，包括美元、英镑、日元等在内的自由外汇占主要地位，特别提款权以及在基金组织的储备头寸占有一定比例，而黄金仍然在国际货币体系中占有一席之地。

（2）多元化的汇率制度。IMF成员方可以自行安排汇率制度。2005年，国际货币基金组织将汇率制度细分调整为无独立法偿货币的汇率制（可以认为是完全的固定汇率制）、货币局制度、传统的钉住汇率制、钉住水平带的汇率制、爬行钉住汇率制、爬行带内浮动汇率制、不事先公布干预方式的管理浮动制以及独立的浮动制共八类。

（3）多种国际收支的调节手段。牙买加体系允许会员国通过汇率、利率、国际金融市场以及IMF的协调作用等多种手段来调节国际收支，试图建立一个灵活有效的国际收支调节机制。

虽然美元的国际本位和国际储备货币地位遭到削弱，但其在国际货币体系中的领导地位和国际储备货币的职能仍得以延续，IMF原组织机构和职能也得以存续。但是国际货币体系的五项基本内容所决定的布雷顿森林体系下的准则与规范却支离破碎。因此，现行国际货币体系被人们戏称为“无体系的体系”，规则弱化导致重重矛盾。特别是经济全球化引发的金融市场全球化趋势在20世纪90年代进一步加强时，该体系所固有的诸多矛盾日益凸显，人们普遍认为它是一种过渡性的不健全的体系，需要进行进一步的改革。

知识链接 1-6　　人民币正式纳入 SDR

美国东部时间2015年11月30日（北京时间2015年12月1日），国际货币基金组织总裁拉加德宣布，将人民币纳入“特别提款权”篮子，自2016年10月1日起正式生效，成为可自由使用的货币。这标志着人民币成为第一个被纳入SDR篮子的新兴市场国家货币。

SDR诞生于1969年，是IMF创造了它。它的英文全称为Special Drawing Right，译为“特别提款权”。它是IMF成员方对可自由使用货币配额的潜在债权。创立时，SDR直接同美元挂钩，1单位SDR等值于1美元。1973年布雷顿森林体系解体后，SDR的价值开始由一篮子货币决定。

其实，SDR就是一种补充性的国际储备资产，是IMF和其他一些国际组织的记账单位，也称“纸黄金”。也就是说，特别提款权并不是一种权利，而是一种储备货币，它和黄金、美元差不多，可作为一国的外汇储备。

一国货币成为特别提款权构成货币，就将被认为是世界货币，具备世界范围的储藏功能。SDR的篮子货币最初有16种。1980年，IMF将SDR篮子货币确定为5种——美元、英镑、日元、马克和法郎。IMF每5年评估一次SDR货币篮子。一般来说，它会调整篮子中的货币权重，并考虑纳入其他货币。到目前为止，SDR货币篮子中仅有的一次货币替换出现在1999年，当时是用欧元取代了德国马克和法国法郎。将人民币纳入SDR货币篮子，相当于国际社会给人民币打了个“3A”。

资料来源：岳小乔，尚丹. 人民币正式纳入SDR　你我的钱包将受何影响［N］. 人民日报，2016-10-01.有改动。

实践操作 1-4

习近平总书记在中国共产党第二十次全国代表大会上提出，“中国国际地位和影响进一步提高，在全球治理中发挥更大作用。”请收集相关信息，了解人民币自加入SDR以来，其份额是否有变化？变化趋势是什么？这个变化趋势意味着什么？

（二）区域性货币制度

区域性货币制度是指由某个区域内的有关国家（地区）通过协调形成一个货币区，由联合组建的一家中央银行来发行与管理区域内的统一货币的制度。区域性货币制度一般与区域性多国经济的相对一致性和货币联盟体制相对应。20世纪60年代后，一些地域相邻的欠发达国家首先建立了货币联盟，并在联盟内成立了由参加方共同组建的中央银行，这种跨国的中央银行为成员方发行共同使用的货币和制定统一的货币金融政策。20世纪70年代末，欧洲开始了货币一体化进程。目前，区域性货币制度主要有欧洲货币联盟制度（欧元）、西非货币联盟制度（西非法郎）、中非货币联盟制度（中非法郎）、东加勒比海货币联盟制度（东加勒比元）、太平洋货币联盟制度（太平洋结算法郎）等。

区域性货币制度的建立，是以货币一体化理论为依据的的。“区域”是有特定含义的最适度货币区，这个区域是由一些彼此间商品、劳动力、资本等生产要素可以自由流动，经济发展水平和通货膨胀比较接近，经济政策比较协调的国家（地区）组成的一个独立货币区，在货币区内通过协调的货币、财政和汇率政策来达到充分就业、物价稳定和国际收支平衡。

欧元是最适度货币区理论的良好实践。由于欧洲各国小而多，它们的经济发展水平接近，它们有相同的历史文化背景。欧洲货币制度的建立和欧元的正式启动，标志着现代货币制度又有了新的内容并进入了一个新的发展阶段。

实践操作 1–5

通过网络搜索并了解欧元及欧元区的基本知识，并讨论分析其发展前景。

任务三　国际交往中的货币与汇率

在开放经济运行中，一国与其他国家之间发生着频繁且复杂的国际交往活动，货币在其中发挥着重要作用。因此，在开放经济条件下，我们不仅需要了解本国货币的运行情况，还要了解其他国家货币特别是国际货币的相关知识及基本运行情况。

一、外汇

动画微课 1–2

外汇及主要外币

外汇是指以外币表示的可用作国际结算的支付手段和资产。按国际货币基金组织的定义，外汇是货币行政当局（中央银行、货币机构、外汇平准基金和财政部）以银行存款、财政部国库券、长短期政府证券等形式所保有的在国际收支逆差时可以使用的债权，包括外国货币、外币存款、外币有价证券（政府公债、国库券、公司债券、股票等）、外币支付凭证（票据、银行存款凭证、邮政储蓄凭证等）。

我国2008年8月修订的《中华人民共和国外汇管理条例》（以下简称《外汇管理条例》）明确规定：“本条例所称外汇，是指下列以外币表示的可以用作国际清偿的支付手段和资产：（一）外币现钞，包括纸币、铸币；（二）外币支付凭证或者支付工具，包括票据、银行存款凭证、银行卡等；（三）外币有价证券，包括债券、股票等；（四）特别提款权；（五）其他外汇资产。”

二、汇率

（一）汇率的定义

汇率是指两种货币的折算比率，是以一国货币来表示的另一国货币的价格。

理解这一定义时，应注意：

第一，汇率是一种相对价格，反映了两种货币之间的价格对比。

第二，汇率表示两种货币的相对价格时，总有一种货币是被表示的，而另一种货币是用来表示其相对价格的，因此，现实中汇率有不同的标价方法。

第三，汇率反映的是货币的对外价值。在信用货币制度的条件下，一国货币的对内价值就是该国货币的对内购买力。其大小由单位货币所能购买的商品和劳务决定，因此，货币的对内购买力通常与一国国内物价水平呈反向相关关系。然而在开放经济的条件下，一国货币的价值还可以用另一国货币表示，即通常所说的货币对外价值。货币对内价值是决定其对外价值的基本依据，但二者之间经常发生较大幅度的偏离。这主要是因为货币的对外价值还要受到外汇市场上货币供求状况变化的影响。

（二）汇率的标价方法

在确定两种不同的货币之间的兑换比率时，由于两种货币都可以作为计算对方货币价格的标准，一个国家的外汇汇率，是以外国货币表示本国货币的价格，还是用本国货币表示外国货币的价格，就涉及外汇汇率的标价方法问题。根据以哪种货币作为标准的不同，汇率有不同的标价方法，最常使用的是直接标价法和间接标价法。

直接标价法是以一定单位的外币作为标准，来计算应付多少本币的标价方法，又称应付标价法。在直接标价法下，外币的数额作为标准保持固定不变，应付本币金额随着外币和本币币值的变化而变动。一定单位的外币折算成的本国货币数量比原来增多，说明外币汇率上升或本币汇率下跌，即外币币值上升或本币币值下跌；反之，一定单位的外币折算成的本国货币数量比原来减少，说明外币汇率下降或本币汇率上升，即外币贬值或本币升值。目前，世界上绝大多数国家都采用直接标价法，我国人民币汇率也采用这种标价方法。

间接标价法是以一定单位的本币作为标准，来计算应付多少外币的标价方法，又称应收标价法。在间接标价法下，本币的数额作为标准保持固定不变，应收外币金额随着本币和外币币值的变化而变动。一定单位的本币折算成的外币数额比原来增多，说明本币汇率上升或外币汇率下跌，即本币升值或者外币贬值；反之，一定单位的本币折算成的外币数额比原来减少，说明本币汇率下降或者外币汇率上升，即本币贬值或者外币升值。目前，只有少数国家如英国和美国等的汇率采用间接标价法。

知识链接 1-7

中国银行外汇牌价见表1-2。

表1-2 **中国银行外汇牌价**

货币名称	现汇买入价	现钞买入价	现汇卖出价	现钞卖出价	中行折算价	发布日期
美元	703.77	698.05	706.76	706.76	695.36	2022-09-21
欧元	696.11	674.48	701.24	703.50	696.41	2022-09-21
英镑	797.03	772.26	802.90	806.45	795.75	2022-09-21
印度尼西亚卢比	0.0468	0.0454	0.0473	0.049	0.0469	2022-09-21
马来西亚林吉特	153.94		155.33		153.27	2022-09-21
菲律宾比索	12.13	11.71	12.27	12.82	12.15	2022-09-21
新加坡元	496.87	481.54	500.37	502.86	495.81	2022-09-21
泰国铢	18.91	18.33	19.07	19.67	18.91	2022-09-21
⋮	⋮	⋮	⋮	⋮	⋮	⋮

数据来源：根据中国银行网站相关资料整理。

（三）汇率的种类

动画微课1-3

外汇牌价

按照不同的标准，汇率可以分为不同的种类。

1.固定汇率和浮动汇率

固定汇率是指本国货币与其他国家货币之间维持一个固定比率，汇率波动只能限制在一定范围内，由官方干预来保证汇率的稳定。浮动汇率是指本国货币与其他国家货币之间的汇率不由官方制定，而是由外汇市场供求关系决定的，可以自由浮动，官方在汇率出现过度波动时才干预市场。这是布雷顿森林体系瓦解后西方国家普遍实行的汇率制度。浮动汇率又可进一步分为自由浮动汇率、管理浮动汇率、联合浮动汇率、钉住浮动汇率等。

2.即期汇率和远期汇率

即期汇率也称现汇汇率，是指买卖外汇双方在成交当天或两天以内进行交割的汇率。远期汇率是在未来一定时期进行交割，而事先由买卖双方签订合同、达成协议的汇率。到了交割日期，由协议双方按预定的汇率、金额进行交割，钱汇两清。

3.官方汇率和市场汇率

官方汇率是外汇管制较严格的国家授权其外汇管理当局制定并公布的本国货币与其他各种货币之间的外汇牌价。市场汇率是外汇管制较松的国家在自由外汇市场上进行外汇交易的汇率。

4.名义汇率和实际汇率

名义汇率是由官方公布的或在市场上通行、没有剔除通货膨胀因素的汇率。实际汇率是在名义汇率的基础上剔除了通货膨胀因素的汇率。

（四）影响汇率变动的因素

在金本位制度下，各国的货币在国际结算和国际汇兑领域中都可以按不同货币各自的含金量加以对比，从而确定货币比价，即铸币平价。在当今不规定含金量的信用货币制度下，货币购买力的对比是两国汇率决定的基础，即货币购买力平价。在信用货币制度下影响汇率变动的因素主要有以下几个方面：

1.国际收支

国际收支是影响汇率变动的最重要的因素。当一国存在较大的国际收支逆差时，说明本国外汇收入比外汇支出少，对外汇的需求大于外汇供给，会造成外汇汇率上涨，本币对外贬值；反之，当一国存在国际收支顺差时，说明本国出口增加、外汇收入增加，而进口减少、外汇支付减少，这时，外汇供给大于支出，从而造成本币对外升值，外汇汇率下跌。

2.利率水平

当一国提高利率水平或本国利率高于外国利率时，会引起资本流入，由此对本国货币需求增大，使本币升值，外币贬值；反之，当一国降低利率或本国利率低于外国利率时，会使资本从本国流出，由此对外汇需求增大，外汇升值，本币贬值。

3.通货膨胀

在信用货币制度下，两国货币之间的比率，是根据各自货币所代表的价值量的对比关系决定的，因此，在一国发生通货膨胀的情况下，该国货币所代表的价值量就会减少，其实际购买力也随之下降，于是其对外币比价同样趋于下跌。

4.政府干预

各国政府为了稳定外汇市场，或者使汇率的变动控制在一定范围内，通常要对外汇市场进行干预。这种干预的形式主要是直接在外汇市场上买进或卖出外汇，以改变外汇供求关系，促使汇率发生变化。其影响汇率变动的能力，取决于该国金融当局持有的外汇储备的多少。

5.一国经济实力

一国经济实力的强弱是奠定其货币汇率高低的基础。如果一国经济增长率稳定、通货膨胀水平低、国际收支平衡状况良好、外汇储备充足、经济结构和贸易结构合理，则标志着一国具有较强的经济实力。这既形成本币币值稳定和坚挺的物质基础，也会增强外汇市场对该国货币的信心，从而导致本币对外币不断升值。反之，如果一国经济增长缓慢，通货膨胀率高，国际收支存在巨额逆差，外汇储备短缺，经济结构和贸易结构失衡，则往往标志着一国经济实力比较弱，本币失去稳定的物质基础，人们对其信心下降，从而导致本币对外不断贬值。与其他因素相比较，一国经济实力的强弱对汇率变化的影响是长期的。

6.其他因素

一些非经济因素、非市场因素的变化往往也会波及外汇市场。比如，一国政局不稳、有关国家领导人更替、战争爆发等，都会不同程度地影响有关国家的经济政策、经济秩序和经济前景，从而造成外汇市场上人们的心理恐慌。人们或者寻求资金安全保值，或者进行投机获利，都会引起外汇市场行情的波动。另外，黄金市场、股票市场、石油市场等其他投资品市场价格发生变化也会引起外汇市场汇率波动。

三、人民币国际化与我国外汇管理体制改革

（一）人民币国际化

拓展阅读1-1

十年磨一剑 细数人民币国际化的“酸甜苦辣”

人民币国际化，最简单的表述就是人民币跨境被广泛使用。较为完整的定义是：人民币在国际范围内行使货币职能，逐步成为主要的贸易计价结算货币、金融交易货币和国际储备货币。2009年6月，我国开始人民币跨境贸易和投资结算的试点，扩大与人民币直接交易的外币品种，发展香港等人民币离岸中心，人民币国际化步伐明显加快。

近几年人民币国际化的进程加快，主要表现在以下几个方面：人民币跨境贸易投资结算规模迅速扩大；资本与金融项下人民币业务不断突破；人民币资本项目可兑换步伐加快，人民币外汇市场交易已经初具规模；外经贸领域人民币计价范围扩大；货币互换协议规模持续扩大；人民币离岸市场快速发展；人民币与外币直接交易范围扩大；人民币开始进入一些国家的外汇储备；人民币正式被纳入SDR。

案例探析 1-4

中国-东盟人民币跨境使用与金融合作展望

习近平主席于2013年提出，愿同东盟国家共建“21世纪海上丝绸之路”，携手共建更为紧密的中国-东盟命运共同体。经过7年的发展，东盟于2020年超过欧盟历史性地

成为中国第一大贸易伙伴，同时中国连续12年保持东盟第一大贸易伙伴地位。中国与东盟国家在互联互通、经济融合、经贸合作和人文交往等方面不断发展，双方关系成为亚太区域合作中最成功、最具活力的典范，是推动构建人类命运共同体的生动例证。

2020年，一场突如其来的疫情重创全球经济，各国封控措施一度使全球贸易投资停摆。广西与东盟人民币跨境使用在疫情冲击下仍呈稳步增长态势。全年广西与东盟跨境人民币结算量681.3亿元，同比增长0.7%，在同期本外币跨境收支中占比59.9%。人民币继续保持为广西与东盟第一大跨境支付货币。2020年，云南与东盟国家人民币跨境收付合计470.9亿元，同比增长7.7%，在同口径本外币跨境收支中占比近六成；与毗邻的缅甸、越南、老挝三国跨境人民币结算量分别为182.1亿元、172.9亿元、44.9亿元，其中老挝、越南两国均实现较快增长。

随着区域全面经济伙伴关系协定（RCEP）正式签署并陆续生效，中国-东盟双边经贸联系将更加紧密，在《中国-东盟战略伙伴关系2030年愿景》指导下，中国和东盟将推进各领域合作，人民币在东盟国家的使用也将迎来新的发展机遇。

一是人民币计价结算货币功能将进一步增强。RCEP将推动中国-东盟实现更高程度的贸易投资自由化，进一步促进双边贸易投资发展，中国-东盟货币合作持续深化，人民币在东盟国家使用环境不断优化，将促进更多的东盟市场主体使用人民币进行跨境支付结算。

二是人民币投融资货币功能将进一步提升。随着中国金融市场双向开放步伐不断加快，金融基础设施建设不断完善，以及境外投资者境内投资政策和流程的不断优化，境外投资者投资人民币资产的便利度大幅提升，将推动更多的境外投资者投资人民币金融产品。

三是人民币储备货币功能将进一步显现。随着国内国际双循环新发展格局加快构建，世界各国对中国经济增长的信心增强，人民币储备资产的吸引力将进一步提升，东盟各国央行和货币当局持有人民币储备资产的意愿有望进一步提升。

四是双边货币合作将进一步深化。随着东盟各国开展本币结算意愿的逐步提升，中国-东盟货币合作空间更加广阔。中国-东盟将通过深化货币合作，优化双边本币使用环境，扩大本币在双边贸易投资往来中的使用。

资料来源：广西金融学会研究分析小组．2021年人民币东盟国家使用分析报告［EB/OL］．［2022-01-24］．https：//www.financialnews.com.cn/ll/sx/202201/t20220124_238076.html.

思考讨论：

人民币跨境使用有着怎样的意义？

（二）我国的外汇管理体制改革

改革开放以来，随着对外经济快速发展，我国外汇管理体制经历了多次重大改革，逐步从计划与市场相结合的双轨制的外汇管理体制发展为以市场调节为主的外汇管理体制。

改革开放以前，我国实行严格的外汇集中计划管理，国家对外贸和外汇实行统一经营，外汇收支实行指令性计划管理。改革开放后，我国外汇管理体制沿着逐步缩小指令性计划、不断培育和增强市场机制在配置外汇资源中的基础性作用的方向转变。1978

年以来，我国外汇管理体制改革大致经历了以下三个重要阶段：

（1）第一阶段（1978—1993年），外汇体制改革起步。这一阶段以增强企业外汇自主权、实行汇率双轨制为特征。在这一阶段，外汇管理体制处于由计划体制向市场调节转变的过程，计划配置外汇资源仍居于主导地位，但市场机制萌生和不断发育，对于吸引外资、鼓励出口创汇、支持国内经济建设发挥了积极的作用。1993年11月，党的十四届三中全会通过的《中共中央关于建立社会主义市场经济体制若干问题的决定》中提出“建立以市场为基础的有管理的浮动汇率制度”的改革方向。此后，中国始终坚持这个方向，不断完善有管理的浮动汇率制度。

（2）第二阶段（1994—2000年），社会主义市场经济条件下的外汇管理体制框架初步确定。1994年年初，国家对外汇体制进行了重大改革，取消外汇留成制度，实行银行结售汇制度，从1994年1月1日起，实行以市场供求为基础的、单一的、有管理的浮动汇率制度，建立统一规范的外汇市场。并轨后的人民币汇率变动主要根据外汇市场的供求关系来决定。此后不断改进外汇管理体制。这一阶段，我国初步确定了与市场经济体制相适应的外汇管理制度框架。

（3）第三阶段（2001年至今），以市场调节为主的外汇管理体制进一步完善。自2001年年底加入世界贸易组织以来，我国加速融入全球经济，对外开放进一步扩大，国际收支持续大额顺差，对国民经济的影响日益增强。为了适应我国加入世贸组织、融入全球经济的新形势，外汇管理体制改革向纵深推进，积极促进贸易投资便利化，稳步推进资本项目可兑换，加强跨境资金流动管理，健全国际收支统计监测，完善外汇储备经营管理。2005年7月21日，为建立和完善我国社会主义市场经济体制，充分发挥市场在资源配置中的基础性作用，进一步改革人民币汇率形成机制，我国开始实行以市场供求为基础、参考一篮子货币进行调节、有管理的浮动汇率制，人民币汇率不再钉住单一美元，形成更富弹性的人民币汇率机制。市场对汇率形成的决定性作用进一步加强，这为深化外汇管理体制改革注入了新的活力。企业和个人持有和使用外汇的政策更加便利，外汇市场发展加快。与此同时，外汇管理方式加快从重点管理外汇流出转为流出流入均衡管理，逐步建立起资本流动双向均衡管理的制度框架。2008年修订的《外汇管理条例》确立了均衡监管思路，并在行政法规层面明确取消了强制结售汇制度。

经过40多年的努力，我国初步建立起了适应社会主义市场经济要求的外汇管理体制，外汇管理服务实体经济和防范风险冲击的能力进一步增强。

目前，我国实行以市场供求为基础、参考一篮子货币进行调节、有管理的浮动汇率制度。这主要包括三个方面的内容：一是以市场供求为基础的汇率浮动，发挥汇率的价格信号作用；二是根据经常项目主要是贸易平衡状况动态调节汇率浮动幅度，发挥“有管理”的优势；三是参考一篮子货币，即从一篮子货币的角度看汇率，不片面地关注人民币与某个单一货币的双边汇率。

2014年以来，我国发布了《中国人民银行关于银行间外汇市场交易汇价和银行挂牌汇价管理有关事项的通知》《国家外汇管理局关于调整金融机构进入银行间外汇市场有关管理政策的通知》《银行办理结售汇业务管理办法》《国家外汇管理局关于开展支付机构跨境外汇支付业务试点的通知》等外汇管理相关文件，不断规范外汇管理，推进外汇管理改革。

【金融微课堂】

中央银行数字货币是如今大家热议的话题之一。当货币都以数字化呈现的时候，是否会影响国家对货币发行的控制权呢？中央银行与商业银行原来日常的“反假货币”将会面临怎样的挑战?

项目小结

1.货币是固定地充当一般等价物的特殊商品。货币是在商品交换过程中自发产生的，是商品交换发展的客观需要，是商品生产和商品交换的必然产物。

2.货币的形式按币材可分为：实物货币、金属货币、电子货币等。货币形式的发展与人类商品生产的发展和科学技术的进步紧密联系。

3.货币本质是固定地充当一般等价物的特殊商品，反映一定的社会生产关系。货币具有价值尺度、流通手段、贮藏手段、支付手段和世界货币的职能。

4.货币供给的层次划分，是指将流通中的各种货币形式按不同的统计口径划分为不同的层次。现阶段，我国按流动性不同将货币供应量划分为M0、M1、M2三个层次。

5.在进行货币统计分析的时候，会有狭义货币量、广义货币量、货币存量、货币流量、货币总量和货币增量等常用的概念。我们日常所说的货币供应量是指广义的货币量(M2)，即一定时期国民经济中的货币存量。我国中央银行公布的年度货币供应量就是货币存量。

6.国家货币制度是国家对货币的有关要素、货币流通的组织与管理等加以规定所形成的制度，简称币制。其目的是保证货币和货币流通的稳定，使之能够正常地发挥各种职能。国家货币制度的类型主要有银本位制、金银复本位制、金本位制和不兑现的信用货币制度。

7.国际货币制度亦称国际货币体系，是指在国际经济关系中，为满足国际上各类交易的需要，各国政府对货币在国际上的职能作用及其他相关国际货币金融问题所制定的协定、规则和建立的相关组织机构的总和。现行的国际货币制度是牙买加体系。其主要内容有：多元化的国际储备体系、多元化的汇率制度、多种国际收支的调节手段。

8.区域性货币制度是指由某个区域内的有关国家（地区）通过协调形成一个货币区，由联合组建的一家中央银行来发行与管理区域内的统一货币的制度。区域性货币制度一般与区域性多国经济的相对一致性和货币联盟体制相对应。欧洲货币制度的建立和欧元的正式启动，标志着现代货币制度又有了新的内容并进入了一个新的发展阶段。

9.外汇是指以外币表示的可用作国际结算的支付手段和资产。我国2008年8月修订的《外汇管理条例》明确规定：“本条例所称外汇，是指下列以外币表示的可以用作国际清偿的支付手段和资产：（一）外币现钞，包括纸币、铸币；（二）外币支付凭证或者支付工具，包括票据、银行存款凭证、银行卡等；（三）外币有价证券，包括债券、股票等；（四）特别提款权；（五）其他外汇资产。”

10. 汇率是指两种货币的折算比率，是以一国货币来表示的另一国货币的价格。最常使用的汇率标价法有直接标价法和间接标价法。目前，世界上绝大多数国家都采用直接标价法，我国人民币汇率也采用直接标价法。

11. 近几年，人民币国际化的进程加快，主要表现在以下几个方面：人民币跨境贸易投资结算规模迅速扩大；资本与金融项下人民币业务不断突破，人民币资本项目可兑换步伐加快，人民币外汇市场交易已经初具规模；外经贸领域人民币计价范围扩大；货币互换协议规模持续扩大；人民币离岸市场快速发展；人民币与外币直接交易范围扩大；人民币开始进入一些国家的外汇储备；人民币正式被纳入SDR。

12. 目前，我国实行以市场供求为基础、参考一篮子货币进行调节、有管理的浮动汇率制度。这主要包括三个方面的内容：一是以市场供求为基础的汇率浮动，发挥汇率的价格信号作用；二是根据经常项目主要是贸易平衡状况动态调节汇率浮动幅度，发挥“有管理”的优势；三是参考一篮子货币，即从一篮子货币的角度看汇率，不片面地关注人民币与某个单一货币的双边汇率。

关键概念

货币　货币制度　主币　国家货币制度　格雷欣法则　国际货币制度　区域性货币制度　外汇　汇率

项目训练

一、单项选择题

1. 货币是（　　）的必然产物。

A. 商品交换　B. 人口增长　C. 文明进步　D. 人类进化

2. 货币的本质是（　　）。

A. 商品　B. 固定地充当一般等价物的特殊商品

C. 交换关系　D. 财富

3. 人类历史上最早的货币形式是（　　）。

A. 金属货币　B. 实物货币　C. 信用货币　D. 纸币

4. 货币最基本的职能是（　　）。

A. 价值尺度　B. 流通手段　C. 支付手段　D. 贮藏手段

5.（　　）是一个国家的基本通货，是法定的计价、结算货币。

A. 纸币　B. 主币（本位币）　C. 辅币　D. 人民币

6. “双挂钩”即美元与黄金挂钩、各国货币与美元挂钩，这是（　　）国际货币制度下的主要内容。

A. 布雷顿森林体系　B. 国际金本位制　C. 牙买加体系　D. 信用货币制度

7. 汇率有直接标价法和间接标价法两种。目前，世界上绝大多数国家包括我国都采用（ ）。

A.直接标价法 B.间接标价法 C.两种都用 D.两种都不用

8.当前国际货币制度又称（ ）。

A.国际金本位制度 B.布雷顿森林体系 C.牙买加体系 D.信用货币制度

二、多项选择题

1.货币形式的演进经历了（ ）等形式。

A.实物货币 B.金属货币 C.纸币

D.存款货币 E.电子货币

2.信用货币的主要形态有（ ）。

A.银两 B.纸币 C.银行存款

D.电子货币 E.辅币

3.国家货币制度经历了（ ）。

A.银本位制 B.金银复本位制 C.金本位制

D.金币本位制 E.不兑现的信用货币

4.2016年10月，人民币被正式纳入SDR。到目前为止，SDR一篮子货币中还包含（ ）货币。

A.美元 B.英镑 C.日元

D.欧元 E.港币

5.我国2008年8月修订的《外汇管理条例》中明确规定外汇包括（ ）。

A.外币现钞，包括纸币、铸币

B.外币支付凭证或者支付工具，包括票据、银行存款凭证、银行卡等

C.外币有价证券，包括债券、股票等

D.特别提款权

E.其他外汇资产

三、判断题

1.货币是固定地充当一般等价物的特殊商品，所以货币与普通商品一样具有价值和使用价值。（ ）

2.货币执行贮藏手段必须是现实的、足值的货币。（ ）

3.现阶段，我国按流动性不同将货币供应量划分为三个层次：M0、M1、M2。（ ）

4.由于M1通常反映社会总需求变化和未来通货膨胀的压力状况，因此，一般所说的货币供应量是指M1。（ ）

5.我国中央银行公布的年度货币供应量是货币流量。（ ）

6.无限法偿是指不论支付数额多大，不论属于何种性质的支付（买东西、还账、缴税等），对方都不能拒绝接受。（ ）

7.特里芬难题决定了布雷顿森林体系的不稳定性和崩溃的必然性。（ ）

8.目前，我国实行以市场供求为基础、参考一篮子货币进行调节、有管理的浮动汇

率制度。 ( )

四、简答题

1.简述货币的本质和职能。

2.简述我国现行的外汇管理体制。

五、实践应用题

老人37年前存银行200元，你猜他如今能取多少？

2016年4月21日，有媒体报道，陕西省商洛市商州区张老先生37年前在银行存了200元，随后老人将此事忘记了，如今在家中无意间翻出存折。经银行辨认，存折确实是真的，200元存款“沉睡”37年后，张老先生领到本息共计465.12元。

4月25日上午，张老先生特地从老家赶到商洛市区。在中国农业银行商洛分行商州支行，老人从银行工作人员手中领到了本息共计465.12元。“银行工作人员非常热情，也将计息过程进行了详细讲解，我感到非常满意、高兴。”

之前，中国农业银行商洛分行工作人员曾表示，张老先生在银行存的200元钱，按照存折上的5年利率计算下来，利息也就50多块钱，而后来32年的本金按照国家公布的活期利率标准计算只有20多元利息，本息累计270多元。

那么，为何张老先生实际领到的却是465.12元？这又是怎么计算出来的呢？

4月25日，中国农业银行商洛分行商州支行运营财会部的一位工作人员介绍，之所以有出入是因为当时匡算并没有考虑利率调整，也没有参照储蓄条例。

该工作人员称，1979年7月9日，张老先生存了200元，期限为5年，1984年到期，约定利率按4厘2毫计息，但这期间利率两次上调，按照利率调整后计息，算下来是70.69元。张老先生存款到期后，从1984年到1993年，这期间按照再次调整后的利率计息，算下来是178.23元。按照新的储蓄条例，1993年至今按国家公布的活期利率标准计算，利息是16.2元，利息总共为265.12元，本息合计为465.12元。

资料来源：佚名．老人37年前存银行200元，你猜他如今能取多少？[EB/OL]．[2020-04-02]．http：//news.qq.com/a/20160428/061866.htm.

要求：

1.阅读并讨论以上案例。

2.通过分析以上案例，你是否明确货币发挥贮藏手段职能的条件或要求？

3.通过对货币执行贮藏手段职能的学习和理解，你认为这一职能对自己的现实生活有什么指导意义？

项目二 信用

学习目标

1. 知识目标

了解信用的演进，明确信用的含义、信用形式和信用工具；明确利息的本质与来源、利率的种类，了解利率的影响因素；掌握利息的计算方法。

2. 能力目标

具有对货币信用经济的基本分析能力；能正确计算各类信用经济业务的利息。

3. 素质目标

能熟练运用几种主要信用形式及工具；能熟练计算利息，分析和运用利率杠杆。

思维导图

- 项目二 信用
  - 任务一 信用概述
    - 信用的含义
    - 信用的演进
    - 信用形式
    - 信用工具
  - 任务二 利息与利息率
    - 利息的本质
    - 利息的计算方法
    - 利率的定义和种类
    - 影响利率变化的因素
    - 利率体系和利率结构
    - 我国利率市场化

案例导入

富人赚钱的智慧——信用

一位名叫 J.P. 摩根的人曾经主宰着美国华尔街的金融帝国，而他的祖父，也就是美国亿万富翁、摩根家族的创始人老摩根，当年却是一个一无所有的人。

1835 年，当时的老摩根还是一个普普通通的公司职员，他没有想过发大财，只要能在稳定的收入之余得到一笔小小的外快就足以让他心满意足。

一个偶然的机会，老摩根成为一家名叫"伊特纳火灾保险公司"的小保险公司的股东，因为这家公司不用马上拿出现金，只需在股东名册上签字就可成为股东。这正符合当时老摩根没有现金却想获得收益的情况。

然而在老摩根成为这家保险公司的股东没多久，一家在伊特纳火灾保险公司投保的客户发生了火灾。如果按照规定完全付清赔偿金，保险公司就会破产。股东们一个个惊慌失措，纷纷要求退股。

这个时候，老摩根斟酌再三，认为公司的信誉比金钱更重要，于是他便四处筹款并卖掉了自己的住房，低价收购了所有要求退股的股份，然后他将赔偿金如数付给了投保的客户。

一时间，伊特纳火灾保险公司声名大噪。

身无分文的老摩根成为保险公司的所有者，但是保险公司资金严重短缺，濒临破产。无奈之中他打出广告：凡是再到伊特纳火灾保险公司投保的客户，理赔金一律加倍给付。

他没有料到的是，没多久，指名投保火灾险的客户蜂拥而至。原来在很多人的心目中，伊特纳火灾保险公司是最讲信用的保险公司，这一点使它比许多有名的大保险公司更受欢迎。伊特纳火灾保险公司从此崛起。

结果，老摩根不仅为公司赚取了利润，也赢得了信用资产。信用资产不仅让他自己终身受用，还让他的子孙后代受益。

J.P. 摩根主宰了美国华尔街金融帝国后，他的大女婿沙特利在日记中记载了 J.P. 摩根生前最后一次为众议院银行货币委员会所做的证词，他的核心证词只有两个字——信用。

资料来源：张卉妍. 每天读点金融学［M］. 北京：中国华侨出版社，2015.

思考讨论：

想一想，信用为何在金融领域至关重要？

信用不仅是个人获得财富的智慧，更是现代经济生活的基石，无论个人还是现代经济社会，都在遵循着一个重要的法则——无信不立。在财富的世界里，还有什么比信用更宝贵的吗？只有真正理解了信用的价值所在，才能创造财富。

知识链接 2-1　　中国人民银行征信中心

2006年3月，经批准，中国人民银行设立中国人民银行征信中心，作为直属事业单位专门负责企业和个人征信系统（即金融信用信息基础数据库，又称企业和个人信用信息基础数据库）的建设、运行和维护。2013年3月15日施行的《征信业管理条例》，明确了征信系统是由国家设立的金融信用信息基础数据库的定位。目前，征信中心在全国31个省、自治区、直辖市和5个计划单列市设有征信分中心。

建成全球规模最大的征信系统。1997年，中国人民银行开始筹建银行信贷登记咨询系统（企业征信系统的前身）。2004—2006年，中国人民银行组织金融机构建成全国集中统一的企业和个人征信系统。今天的征信系统，已经建设成世界规模最大、收录人数最多、收集信息全面、覆盖范围和使用广泛的信用信息基础数据库，基本上为国内每一个有信用活动的企业和个人建立了信用档案。根据中国人民银行征信中心发布的数据，截至2022年年底，征信系统收录了11.6亿自然人、1亿户企业和其他组织信息。征信系统全面收集企业和个人的信息，其中，以银行信贷信息为核心，还包括社保、公积金、环保、欠税、民事裁决与执行等公共信息。征信系统还接入了商业银行、农村信用社、信托公司、财务公司、汽车金融公司、小额贷款公司等各类放贷机构；征信系统的信息查询端口遍布全国各地的金融机构网点，信用信息服务网络覆盖全国。目前，我国已形成了以企业和个人信用报告为核心的征信产品体系，征信中心出具的信用报告已经成为国内企业和个人的“经济身份证”。

征信系统应用广泛，成效显著。征信系统已经在金融机构信用风险管理中得到广泛应用，有效解决了信息不对称问题，提高了社会公众融资的便利性，创造了更多的融资机会，促进了信贷市场发展。征信系统的广泛应用，显著提高了社会信用意识，在全社会形成“守信激励、失信惩戒”的激励约束机制。

今后，征信中心将继续深化服务转型，全面提升可持续发展的能力和水平，把征信系统建设好，努力为全社会提供更加优质、高效的征信产品和服务，继续为我国金融体系的稳定、社会信用环境的改善发挥积极的作用。

资料来源：、根据中国人民银行征信中心网站内容整理。

任务一　信用概述

从一般意义上说，信用包括信任、诚实守信、遵守诺言等内容。从经济学意义上说，信用指的就是借贷行为。信用是商品经济发展到一定阶段的产物。早期社会信用的主要形式是高利贷信用。到了资本主义社会，信用形式多样化，各种信用工具被广泛利用，信用得到了充分的发展，促进了社会经济的迅速发展。本任务就是从经济学意义上来理解信用。

教学互动 2-1

诚信是金融从业人员最基本的素养。请寻找身边的事例，说一说为何金融领域会特别强调诚信。

一、信用的含义

信用是指以偿还和付息为条件的商品或货币的借贷行为。商品或货币的所有者，把商品或货币暂时让渡出去，根据约定的时间，到期由借入者如数归还并给付一定利息。信用是价值运动的特殊形式，体现了一定的生产关系。信用是一种借贷行为，反映借贷双方的债权债务关系。信用有以下三层含义：

1.以信任为基础

借贷行为发生的基础是贷者信任借者。若无信任，则无借贷。

2.以让渡商品或货币为内容

贷者首先自己要有商品或货币，才能让渡给他人。如果贷者没有商品或货币，也就没有了借贷的内容。信用关系下，贷者让渡的是商品或货币的使用权。

3.以偿还和付息为条件

无条件的让渡为“赠送（给予）”，以互换为条件的让渡为“交换”，仅以偿还为条件的让渡为“借给”，这些都不是经济学意义上的信用，只有以偿还和付息为条件的借贷行为才是经济学意义上的信用。

二、信用的演进

信用源于原始社会末期。随着生产力的发展，剩余产品的出现，私有制的形成，贫富不均状况严重，贫困家族向富裕家族借粮食、种子、牲畜等实物，按约定的时间偿还并给付一定利息，这种借贷行为便是最早的信用。

奴隶社会和封建社会时期，随着商品生产和商品交换的发展，以及货币的产生和发展，信用形式由单纯的实物借贷演变为实物借贷与货币借贷共存。此阶段主要采取高利贷的形式。高利贷的特点有：一是利息特别高。年利率多在50%以上，甚至100%以上。二是一般用于生活消费。由于利息太高，其不适用于生产和经营，因此，高利贷信用发展缓慢。

到了资本主义社会，社会经济迅猛发展。大批新兴产业的发展需要大量的货币资本，单靠资本家的个人财力远远不够，利率过高的高利贷也不适应其对信贷的迫切需要，于是便产生了资本主义银行，形成借贷资本，新兴的资产阶级战胜顽固的高利贷者，生息资本才从属于产业资本，满足了产业发展的需要。借贷资本的来源有：①产业资本循环过程中暂时分离出来的闲置的货币资本；②社会各阶层的私人储蓄；③政府的货币积累。由于借贷资本来源广泛，随着社会经济的不断发展，借贷资本规模得到迅猛发展，信用形式和信用工具日益多样化，因此，在资本主义社会，信用得到了飞速发展，对社会经济的发展起到了极大的促进作用。

在社会主义初级阶段，还存在商品经济，仍然存在商品流通、货币流通以及货币资本的运动。发展社会主义市场经济，信用的存在是必然的，信用形式和信用工具更为普遍化。

案例探析 2-1

信用卡透支数万元后……

“根据110指挥中心的信息，酒店客房有涉嫌诈骗的网上通缉人员，派出所于是出警抓获你，清楚了吗？”小李住进外地酒店还没收拾妥当，就被带到派出所接受讯问。他不知道自己怎么就成了网上追逃的诈骗分子。警察问起信用卡透支的事情，小李才渐渐有了头绪。

原来，2015年4月，小李申请了一张信用卡，本来额度是5 000元，后来提升到1万元，小李零零散散买了几次东西，就透支了1万元。2017年5月，小李又在另外一家银行申请了一张信用卡，这次额度更大，不到半年时间又透支了3万余元。

小李说，一旦信用卡透支没有还款，银行第二个月就会打电话催款，而且每个月都会邮寄账单。后来，小李换了电话号码，外出打工，银行就联系不上小李了。小李和家人联系时，家人好几次转告他银行催款的事情，但是小李一拖再拖。家人也曾经帮忙还款，但是两张信用卡的本金没还清，利息追加起来越来越多，小李干脆就说没钱还，不理会银行的催款。

2019年6月，银行以小李涉嫌信用卡诈骗报警，警方随即展开网上追逃。8月22日，小李到外地一家酒店住宿，拿出身份证登记信息，结果自动报警信息很快就锁定了小李，于是有了开头的一幕。小李到案后，才知道事情的严重性，家人也赶紧凑了钱将透支的款项还上。但是为时已晚，小李的行为已经触犯法律。

小李因涉嫌信用卡诈骗罪被法院判处有期徒刑1年3个月，缓刑2年。

资料来源：作者根据相关资料编写。

思考讨论：

1. 小李涉嫌的信用卡诈骗属于利用了哪种信用形式？

2. 应如何防范信用卡诈骗？谁应该负有责任？

三、信用形式

现代信用，作为一种借贷行为，是通过一定形式表现出来的。随着商品货币关系的发展，信用形式日趋多样化和复杂化，信用工具也不断地发展和创新，信用体系日趋完善。按发出信用的主体和表现形式，信用可分为：商业信用、银行信用、国家信用、消费信用等。

（一）商业信用

商业信用是指企业与企业之间以赊销商品和预付货款等形式提供的信用。这种信用的具体形式很多，如赊销商品、委托代销、分期付款、预付定金、预付货款、延期付款等。

商业信用具有以下特点：

1. 商业信用的主体是企业或厂商

商业信用是企业与企业之间以商品形式提供的直接信用。

2.商业信用的规模和数量有局限性

商业信用是经营者以自己现有的商品和资本提供的，受经营者现有商品和资本总额的限制。

3.商业信用具有分散性，且期限较短

经营者根据自己的经营情况随时可以发生信用关系，信用行为分散，而且受经营者资金周转的限制，提供信用的期限通常是短期的。

在市场经济条件下，企业之间存在着密切的联系，它们在生产时间和流通时间上往往存在不一致的现象，有些企业商品积压待售，而需要这些商品的企业又暂时缺乏资金，为了克服这种矛盾，便出现了赊销或分期付款等信用形式。这种企业之间相互提供的商业信用，可以使整个社会的再生产得以正常进行，促进了社会经济的迅速发展，这也是商业信用得以迅速发展的主要原因。

（二）银行信用

银行信用是指银行等金融机构以存款、贷款等业务形式向社会各界提供信用的形式。存款和贷款是其最基本的表现形式。

银行信用是在商业信用发展到一定程度以后产生的，银行信用调动了社会各界闲置资金，打破了商业信用的局限，它范围广、规模大、期限长，对商品经济的发展起着巨大的推动作用，标志着信用制度更加完善。

银行信用具有以下特点：

1.银行信用是由银行等金融机构提供的信用

银行信用发生在银行等金融机构与企业、政府、其他机构及家庭或个人之间，其中一方必然是银行等金融机构。

2.银行信用是以货币形态提供的信用

银行放贷的是从产业资本循环过程中分离出来的暂时闲置的货币资本，以及社会各阶层的货币收入和储蓄，是货币形态，不是商品形态。

3.银行信用是一种间接信用

在银行信用活动中，银行等金融机构充当的是信用中介。银行等金融机构通过存款等方式将社会闲散资金集聚起来，再通过贷款等方式向社会提供货币资金。

（三）国家信用

国家信用是以国家（政府）作为债务人，以借债的方式向国内外企事业单位、社会团体、居民个人等筹集资金的一种信用形式。国家信用是国家按照信用原则，以发行债券等方式，从国内外货币持有者手中借入货币资金，因此，国家信用是一种国家负债，是指以国家为一方所取得或提供的信用。它包括国内信用和国际信用。国内信用是国家以债务人身份向国内居民、企业、团体取得的信用，形成国家的内债。国际信用是国家以债务人身份向国外居民、企业、团体和政府取得的信用，形成国家的外债。

国家信用既是国家为弥补收支不平衡、建设资金不足而采取的一种筹集资金的方式，同时也是实施财政政策、进行宏观调控的一种措施与手段。

国家信用风险小，安全性高。国家信用的财务基础是国家将来偿还债务的能力，这种偿债能力源于属于国家（全体人民）的财务资源，它的现金流来源于三个方面：

国家的税收收入、政府有偿转让国有资产（包括土地）获得的收入以及国家发行货币的专有权力。国家信用是一种特殊资源，政府享有支配此种资源的特权，负责任的政府绝不能滥用国家信用资源。政府利用国家信用负债获得的资金应该主要用于加快公共基础设施的建设，以及保障经济社会顺利发展并促进社会公平的重要事项，以向社会公众提供更多的公共物品服务，并实现社会的和谐与安宁。国家信用应当由国家的法律予以保障。

（四）消费信用

消费信用是指工商企业、银行和其他金融机构提供给消费者用于消费支出的信用。随着生产力的发展，人民生活水平的提高，市场消费总的供给结构不断发生变化，价格昂贵的耐用消费品及住房建设等迅速发展，促使消费信用产生和发展。

消费信用从银行或其他金融机构角度而言，通常被称为消费信贷，是指商业银行对消费者个人发放的、用于购买耐用消费品或支付其他费用的贷款方式。它以刺激消费、扩大商品销售和加速资金周转为目的。也有许多人将其理解为“用明天的钱，圆今天的梦”。目前，消费信贷在世界范围内快速发展。从各国信用消费的构成来看，住房信用消费、汽车信用消费和信用卡消费所占比例在90%以上，是信用消费的主体部分。

消费信用快速发展的原因如下：

1.对高档耐用消费品的需求增加

随着消费水平的提高，消费结构中满足生存需要的消费所占比重降低，满足发展和享受需要的消费所占比重提高，对耐用消费品的需求提高。高档耐用消费品通常价值较高，使用年限较长，完全依靠家庭和个人的资金来满足对这类消费品的需求，一般需要较长时间的积累，客观上要求消费者通过消费信贷来提前满足其消费需要。

2.解决家庭收支在时间上不匹配的需要

家庭的生命周期可分为若干阶段，在不同的阶段有不同的收入和消费特征。经济学家认为，消费者通常追求其一生效用最大化，也就是说，消费者会通过年轻时的提前消费（贷款）和年老时的推迟消费（储蓄）来实现一生中消费的大体平衡。因此，为实现一生的平衡消费，年轻时和年老后均存在收支不匹配的问题。年老后的消费通过提取储蓄来实现，年轻时的消费则是通过消费信贷将未来收入提前使用来实现。从经济学上分析，这种方式使消费者一生的效用得以实现最大化。

3.消费观念的转变

儒家文化提倡节俭，鼓励储蓄，而年轻的一代推崇“及时享乐”的消费观念，“花明天的钱，享受今天的快乐”被越来越多的人所接受。同时，国家制定鼓励政策，取消福利分房制度，也对改变居民消费观念产生了一定的影响。居民融资需求的增长，推动了消费信贷业务的发展及金融机构资产结构的变化。

教学互动 2-2

小张现有资金60 000元，想购买下列三种投资品种，正举棋不定。请你帮小张出出主意，说说你的选择及理由。

投资品种1：3年期国家债券，年利率3%，到期还本付息。

投资品种2：3年期国家开发银行发行的金融债券，年利率3.2%，到期还本付息。

投资品种3：3年期S公司发行的公司债券，年利率3.5%，到期还本付息。

四、信用工具

信用工具是指以书面形式发行和流通、借以保证债权人或投资人权利的凭证，是资金供应者和需求者之间进行资金融通时签发的用来证明债权的各种合法凭证。信用工具也叫金融工具、融资工具，是重要的金融资产，是金融市场上重要的交易对象。

（一）信用工具的特征

1.偿还性

这是指信用工具的发行者或债务人按期归还全部本金和利息的特性。信用工具一般都注明期限，债务人到期必须偿还信用凭证上所记载的应偿付的债务。

2.流动性

金融工具可以买卖和交易，可以换得货币，即具有变现力或流通性。在短期内，在不遭受损失的情况下，金融工具能够迅速出卖并换回货币，称为流动性强；反之，则称为流动性差。

3.风险性

提供信用可以获得收益，同时必须承担风险。风险是相对于安全而言的，所以风险性从另一个角度讲就是安全性。信用工具的风险性是指投入的本金和利息收入遭到损失的可能性。任何信用工具都有风险，只是程度不同而已。其风险主要有违约风险、市场风险、政治风险及流动性风险。违约风险一般称为信用风险，是指发行者不按合同履约或是公司破产等因素造成信用凭证持有者遭受损失的可能性。市场风险是指由于市场各种经济因素发生变化，例如市场利率变动、汇率变动、物价波动等各种情况造成信用凭证价格下跌，遭受损失的可能性。政治风险是指由于政策变化、战争、社会环境变化等直接或间接引起的信用凭证遭受损失的可能性。流动性风险是指由于金融资产的不确定性变动而遭受经济损失的可能性，即持有人想出售持有的金融资产获取现金时，金融资产却不能按公正价格立即变现的风险。

4.收益性

信用工具能定期或不定期带来收益，这是信用的目的。信用工具的收益有三种：第一种为固定收益，是投资者按事先规定好的利息率获得的收益，如债券和存单到期时，投资者即可领取约定利息。固定收益在一定程度上就是名义收益，是信用工具票面收益与本金的比率。第二种是即期收益，又叫当期收益，就是按市场价格出卖时所获得的收益，如股票买卖价格之差即为一种即期收益。第三种是实际收益，指名义收益或当期收益扣除因物价变动而引起的货币购买力下降部分后的真实收益。在现实生活中，实际收益并不真实存在，而必须通过再计算。投资者所能接触到的是名义收益和当期收益。

知识链接 2-2 信用等级

一、企业信用等级

在中国，不同的管理机构根据自身业务的特性及目的不同，采取不同的企业信用等级划分标准。目前，较为流行的是三级十等信用等级标准，它被大多数银行和评级机构所认可。

中国信用协会信用标准化技术委员会对企业信用等级作了如下标识与释义（见表2-1）。

表2-1 企业信用等级标识与释义

等级	释义
AAA	信用极好，履约能力极强，几乎无风险；经营处于良性循环状态，不确定因素对经营与发展的影响极小
AA	信用很好，履约能力很强，基本无风险；经营处于良性循环状态，不确定因素对经营与发展的影响很小
A	信用较好，履约能力较强，风险较小；经营处于良性循环状态，不确定因素对经营与发展的影响较小
BBB	信用尚可，具备一定履约能力，有一定风险；不确定因素对其经营与发展有一定影响
BB	信用欠佳，履约能力不稳定，有较大风险；不确定因素对其经营与发展有较大影响
B	信用较差，履约能力较差，有很大风险；不确定因素对其经营与发展有很大影响
CCC	信用很差，履约能力很差，违约可能性很大
CC	信用极差，履约能力极差，违约可能性极大
C	完全丧失履约能力，企业濒临破产
NR	信用评价关键资料显著缺失；为非法人企业或停业、歇业的；符合上述任一条件的原则上不予评价

资料来源：中国信用协会信用标准化技术委员会.中国信用行业标准——企业信用评价规范（GB/T CCA9002—2009）[S]. 北京：中国标准出版社，2009.

二、个人信用等级

在市场经济条件下，个人信用制度非常重要。个人如何有效地利用信用产品，维护良好的信用记录，显得更为重要。一个人到底能得到多少信用额度，最关键在于他能得到多少“个人信用分”。

目前，国内的个人信用等级都是在借鉴国内外先进的信用管理经验的基础上，结合受评人主观诚信愿望、自然事件、客观条件、教育经历、职业经历、资产状况、法律意识、社会价值等相关情况划分积分项目，综合积分项目确定的分值，评定个人信用等级。

个人信用在中国人民银行查询。

银行个人信用等级一般分为：

1.诚信：AAA 级、AA 级、A 级。

2.守信：BBB 级、BB 级、B 级。

3.信用警示：CCC 级、CC 级、C 级。

资料来源：作者根据相关资料编写整理。

（二）信用工具的构成要素

一般来说，信用工具由以下五大要素构成：

（1）面值，即凭证的票面价格，包括面值币种和金额；

（2）到期日，即债务人必须向债权人偿还本金的最后日期；

（3）期限，即债权债务关系持续的时间；

（4）利率，即债权人获得的收益水平；

（5）利息的支付方式，即分期付息或到期一次性付息。

（三）信用工具的种类

随着信用在现代经济生活中的不断深化和扩展，信用工具的种类越来越多，信用工具可以从不同的角度进行不同的划分。

1.按信用形式划分

按信用形式划分，信用工具可分为商业信用工具、银行信用工具和国家信用工具。

（1）商业信用工具，包括各种商业票据，如商业汇票、商业本票、公司股票、公司债券等；

（2）银行信用工具，包括银行券和银行票据，如银行汇票、银行本票、支票等；

（3）国家信用工具，包括国库券等各种政府债券。

2.按融资期限划分

按融资期限划分，信用工具可分为短期信用工具和长期信用工具。

（1）短期信用工具。

短期信用工具是指融资期限在一年及一年以内的信用工具。西方国家一般把短期信用工具称为“准货币”，这是由于其偿还期短、流动性强，随时可以变现，近似于货币，如国库券、大额可转让定期存单、银行票据、商业票据等。

①国库券。国库券是指国家财政当局为弥补国库收支不平衡而发行的一种短期政府债券。因国库券的债务人是国家，其还款保证是国家财政收入，所以它几乎不存在信用违约风险，是金融市场风险最小的信用工具。国库券具有风险低、流动性强、收入免税等特点。

②大额可转让定期存单。大额可转让定期存单是银行印发的一种定期存款凭证，凭证上印有一定的票面金额、存入日、到期日以及利率，到期后可按票面金额和利息提取全部本息，存款逾期不计息。大额可转让定期存单不能提前支取，可流通转让，自由买卖。

③银行票据。银行票据是指由银行签发或由银行承担付款义务的票据，主要包括银行本票、银行汇票、支票等。

银行汇票是指由出票银行签发的，由其在见票时按照实际结算金额无条件付给收款人或者持票人的票据。银行汇票的出票银行为银行汇票的付款人。银行汇票多用于办理异地转账结算和支取现金。银行汇票有使用灵活、票随人到、兑现性强等特点，适用于先收款后发货或钱货两清的商品交易。

银行本票是申请人将款项交存银行，由银行签发的承诺自己在见票时无条件支付确定的金额给收款人或者持票人的票据。银行本票按照其金额是否固定，可分为不定额和定额两种。不定额银行本票是指凭证上金额栏是空白的，签发时根据实际需要填写金额，并用压数机压印金额的银行本票。定额银行本票是指凭证上预先印有固定面额的银行本票。银行本票见票即付，当场抵用，付款保证程度较高。

支票是以银行为付款人的即期票据。支票出票人签发的支票金额，不得超出其在付款人处的存款金额。如果存款低于支票金额，银行将拒绝付给持票人，这种支票称为空头支票，出票人要负法律上的责任。

④商业票据。商业票据是指由银行以外的出票人签发，约定自己或要求他人无条件支付一定金额的票据。商业票据主要包括商业本票和商业汇票，可流通转让，持有人具有一定的权利。

商业本票是指出票人签发的、承诺自己在见票时无条件支付确定的金额给收款人或者持票人的票据。《中华人民共和国票据法》规定，本票是指银行本票，不包括商业本票。

商业汇票是出票人签发的、委托付款人在指定日期无条件支付确定的金额给收款人或者持票人的票据。商业汇票按承兑人不同，可分为商业承兑汇票和银行承兑汇票。商业承兑汇票由银行以外的付款人承兑，银行承兑汇票则由银行承兑。

（2）长期信用工具。

长期信用工具是指融资期限在一年以上的信用工具，通常是指有价证券，主要包括股票和债券。

① 股票。股票是股份公司发行的所有权凭证，是股份公司为筹集资金而发行给各个股东作为持股凭证并借以取得股息和红利的一种有价证券。股票是资本市场的主要长期信用工具。持股人可以转让、买卖股票，但不能要求公司返还其出资。

② 债券。债券是一种金融契约，是政府、金融机构、工商企业等直接向社会借债筹措资金时，向投资者发行，同时承诺按约定利率支付利息并按约定条件偿还本金的债权债务凭证。债券的本质是债的证明书，具有法律效力。债券购买者或投资者与发行者之间是一种债权债务关系，债券发行人为债务人，债券购买者（投资者）为债权人。债券按发行主体不同，可分为政府债券、金融债券和公司（企业）债券。

政府债券是政府为筹集资金而发行的债券，主要包括国债、地方政府债券等，其中最主要的是国债。国债因其信誉好、利率稳定、风险小而被称为“金边债券”。除了政府部门直接发行的债券外，有些国家把政府担保的债券也划归为政府债券体系，称为政府保证债券。这种债券由一些与政府有直接关系的公司或金融机构发行，并由政府提供担保。

我国发行的国债主要品种有国库券和国家债券。其中，国库券自1981年起基本上每年都发行，主要对企业、个人等发行。我国曾经发行过的国家债券包括国家重点建设债券、国家建设债券、财政债券、特种债券、保值债券、基本建设债券等，这些债券大多对银行、非银行金融机构、企业、基金等定向发行，部分也对个人投资者发行。向个人发行的国库券利率基本上根据银行利率制定，一般比银行同期存款利率高一些。在通货膨胀率较高时，国库券也采用保值办法。

金融债券是由银行和非银行金融机构发行的债券。金融机构一般有雄厚的资金实力，信用度较高，因此金融债券往往有良好的信誉。

公司（企业）债券是由公司（企业）发行的债券。在国外，没有企业债和公司债的划分，统称为公司债券。在我国，企业债券的发债主体为中央政府部门所属机构、国有独资企业或国有控股企业，因此，它在很大程度上体现了政府信用。公司债券管理机构为中国证券监督管理委员会，发债主体为按照《中华人民共和国公司法》（以下简称《公司法》）设立的公司法人。在实践中，其发行主体为上市公司，其信用保障是发债公司的资产质量、经营状况、盈利水平和持续盈利能力等。公司债券在中国证券登记结算有限责任公司统一登记托管，可申请在证券交易所上市交易，其信用风险一般高于企业债券。

动画微课 2-1

债券与股票的区别

3.按是否与直接信用活动相关划分

按是否与直接信用活动相关划分，信用工具可分为原生金融工具和衍生金融工具。

（1）原生金融工具。

原生金融工具是指在实际信用活动中出具的能证明债权债务关系或所有权关系的合法凭证，包括商业票据、银行票据、股票和债券等。

（2）衍生金融工具。

衍生金融工具是指在原生金融工具基础上派生出来的各种金融合约及其组合形式的总称，包括金融远期合约、金融期货合约、金融期权合约、金融互换合约。

①金融远期合约。金融远期合约是指交易双方在场外市场上通过协议，按照约定价格在约定的未来的日期买卖某种标的的金融资产的合约。由于金融远期合约采用了一对一的交易方式，交易事项可以协商确定，较为灵活，因此金融机构或大型工商企业通常利用金融远期合约作为风险管理的手段；但是非集中交易同时也带来了搜索困难、交易成本较高、存在对手违约风险等缺点。

②金融期货合约。金融期货合约是指由交易双方订立的、约定在未来某个日期以成交时所约定的价格交割一定数量的某种金融商品的标准化契约。金融期货合约的特征有：合约标准化；流动性强；在交易所内进行交易；期货价格由交易所中众多买家和卖家公开竞价确定；买卖双方都必须缴纳保证金，合约履行由交易所或清算公司提供担保，违约风险低等。交易双方的权利和义务是平等的，但交易双方所承担的盈亏风险是无限的。

③金融期权合约。金融期权合约是指合约买方向卖方支付一定费用（称为期权费或期权价格），在约定日期内（或约定日期）享有按事先确定的价格向合约卖方买卖某种金融工具的权利的契约。对于金融期权的买入者来说，在支付了期权费以后，就有权在合约所规定的某一特定时间或一段时间内，以事先确定的价格向期权卖出者买进或卖出一定数量的某种金融商品。当然，也可以不行使这一权利，最多损失已支付了的期权费。对于金融期权的卖出方来说，期权是一种义务，卖方必须承担，但由于很多情况下买方放弃执行，这样卖方收取的期权费就成了净收益。

动画微课 2-2

期货与远期、期权、互换的联系与区别

④金融互换合约。金融互换合约是两个或两个以上的当事人按照商定条件，在约定

的时间内，交换一系列现金流的合约。互换一般包括：利率互换、货币互换、交叉利率货币互换。

案例探析 2-2

中国–东盟跨境征信平台“征信惠实体　赋能再起航”专项行动启动

2022年5月26日，中国人民银行南宁中心支行牵头组织，依托广西首家备案企业征信机构广西联合征信有限公司，在中国–东盟信息港股份有限公司（以下简称“中国东信”）举行中国–东盟跨境征信平台“征信惠实体 赋能再起航”专项行动启动仪式。

启动仪式后，广西联合征信有限公司负责人就广西联合征信有限公司运营情况及中国–东盟跨境征信平台建设情况做专题汇报。中国东信执行总裁表示，中国东信将在场景、数据、技术和海外资源等方面全力支持广西联合征信有限公司发展，推动中国–东盟跨境征信平台在东盟国家业务落地。

资料来源：佚名. 中国–东盟跨境征信平台“征信惠实体　赋能再起航”专项行动启动［EB/OL］.［2022-05-27］. http：//www.gx.chinanews.com.cn/jr/2022-05-27/detail-ihaysxqf0563764.shtml.

思考讨论：

跨境征信平台的建设能够带来什么影响？

任务二　利息与利息率

一、利息的本质

利息是借贷资金的价格，是从属于信用的一个经济范畴。对于债权人来说，利息是债权人因借出货币资金而从借款者手中获得的报酬（收益）；对于债务人来说，利息是债务人使用货币资金必须支付的代价（成本）。利息实质上是利润的一部分，是利润的特殊转化形式。

马克思揭示，利息是贷出资本的资本家从借入资本的资本家那里分割出来的一部分剩余价值，而利润是剩余价值的转化形式。因此，利息量的多少取决于利润总额，利息率的高低则取决于平均利润率。

二、利息的计算方法

利息的计算方法分为单利法和复利法两种。

（一）单利法

单利法是指在计算利息额时，只按本金计算利息，不将所生利息额加入本金重复计算利息的计息方法。

设P为本金，r为利率，n为期限，I为利息，S为本利和，计息公式如下：

$I=P\cdot r\cdot n$

$S=P(1+r\cdot n)$

例如：一笔期限为3年、年利率为6%的10万元的贷款，到期一次性还本付息，按单利法计息。按单利法计算，到期利息总额和本利和分别为：

$I=100\ 000\times 6\%\times 3=18\ 000$（元）

$S=100\ 000\times(1+3\times6\%)=118\ 000$（元）

（二）复利法

复利法是指在计算利息时，要按一定期限（如1年或半年等），将所生利息加入本金再计算利息，逐期滚算，利上加利的计息方法。

设P为本金，r为利率，n为期数，I为利息，S为本利和，计息公式如下：

$I=P[(1+r)^n-1]$

$S=P(1+r)^n$

例如：一笔期限为3年、年利率为6%的10万元的贷款，到期一次性还本付息，按年复利计息。按复利法计算，到期利息总额和本利和分别为：

$I=100\ 000\times[(1+6\%)^3-1]=19\ 101.60$（元）

$S=100\ 000\times(1+6\%)^3=119\ 101.60$（元）

目前，我国银行采用单利法计算定期存款利息，但在确定不同期限存款利率时也考虑了复利因素，期限越长，利率相应越高。中国工商银行2023年6月8日人民币存款利率见表2-2。

表2-2 中国工商银行人民币存款利率表

2023年6月8日

项目	年利率（%）
一、城乡居民及单位存款	
（一）活期	0.2
（二）定期	
1.整存整取	
三个月	1.25
半年	1.45
一年	1.65
二年	2.05
三年	2.45
五年	2.5
2.零存整取、整存零取、存本取息	
一年	1.25
三年	1.45
五年	1.45
3.定活两便	按一年以内定期整存整取同档次利率打6折
二、协定存款	0.9
三、通知存款	
一天	0.45
七天	1

资料来源：根据中国工商银行网站相关资料整理。

教学互动 2-3

根据表2-2利率表和银行计息规定计算：

1.储户王华于2023年6月18日来银行存入一年期整存整取定期储蓄存款30 000元，于2024年6月18日到期支取，请计算应付王华的利息。

2.储户张伟于2019年8月10日来银行存入半年期整存整取定期储蓄存款5 000元，于2020年2月10日到期支取，请计算应付张伟的利息。

3.储户黄亮于2019年6月20日来银行存入三年期整存整取定期储蓄存款20 000元，请计算存款到期应付黄亮的利息。

三、利率的定义和种类

（一）利率的定义及表示方法

利息率简称利率，是指一定时期内的利息额与所贷出的本金额的比率。利率体现着借贷资本或生息资本增值的程度，是衡量利息数量的尺度，也称回报率、报酬率、收益率等。

利率的表示方法有：

1.年利率

年利率是以年为时间单位计算利息，用“%”表示。

2.月利率

月利率是以月为时间单位计算利息，用“‰”表示。

3.日利率

日利率是以日为时间单位计算利息，用“‱”表示。

利率换算基本公式：

年利率÷12=月利率

年利率÷360=日利率

月利率÷30=日利率

例如，日利率2‱，用月利率表示为6‰，用年利率表示为7.2%，实际上是同一利率档次的三种不同表示方法。

（二）利率的种类

1.名义利率与实际利率

名义利率是以名义货币表示的利率，如银行的挂牌利率。

实际利率是名义利率剔除通货膨胀因素以后的真实利率，指在物价不变条件下的利率。

实际利率=名义利率-物价上涨率

2.短期利率与长期利率

短期利率一般指融资期限在一年（含）以内的利率，短期利率变动风险小，利率水平相对较低。

长期利率一般指融资期限在一年以上的利率，长期利率变动风险较大，利率水平相对较高。

3.固定利率与浮动利率

固定利率是指在整个借贷期限内固定不变的利率。在整个借贷期限内，均按借贷双方事先约定的利率计算利息，不随市场资金供求的变动而变动。其优点是利于计算成本收益，但对于借贷双方来说存在利率风险，即在借贷期内如果市场利率提高了，借方获益，贷方损失；反之，在借贷期内如果市场利率降低了，则借方损失，贷方获益。

浮动利率是指借贷期限内，随市场利率变化而定期进行调整的利率。其优点是减少市场变化的利率风险，但计算成本收益相对复杂。

4.市场利率与官定利率

市场利率是在借贷资金市场上由货币资金供求关系决定的利率。

官定利率是指一国政府金融管理部门或中央银行确定的，要求强制执行的各种名义利率。

市场利率随市场上资金供求等因素的变动而变动，资金供不应求时利率上升，资金供大于求时利率下降。在现代经济中，利率作为国家调节经济的重要杠杆，国家也会通过中央银行确定官定利率影响市场利率的水平。

5.基准利率、普通利率和优惠利率

基准利率是指在整个金融市场上和整个利率体系中处于关键地位、起决定性作用的利率。当它变动时，其他利率也相应发生变动。在西方国家，一般以中央银行的再贴现率为基准利率。

普通利率是指商业银行在经营存贷款业务过程中，对一般客户采用的利率。其水平由一般因素决定，不附加特殊条件，也称一般利率。它是使用最为广泛的利率。

优惠利率是指商业银行对某些客户采用的比普通利率低的利率。银行通常对信用高的客户或政策扶持的客户采用优惠利率。

四、影响利率变化的因素

一定时期的利率水平是由若干因素综合作用的结果。影响利率变化的因素很多，有经济方面、政治方面，以及制度方面的因素，具体来说，主要有以下几个方面：

1.平均利润率

利息是利润的一部分，平均利润率是决定利率水平最基本、最重要的因素。如果大多数行业的平均利润率上升，全社会的平均利润率也会呈上升趋势，在这种情况下，利率水平应相应提高；反之，则相应降低。

2.资金供求状况

利率是借贷资金的价格，也会受资金供求关系的影响。一般情况下，当借贷资金供不应求时，将促使利率上升；当借贷资金供过于求时，必然导致利率下降。

3.物价水平

在现代信用货币流通的条件下，利率的变动与物价的变动有着非常密切的联系。在信用货币流通的条件下，当一般物价水平持续上升，即发生通货膨胀时，存款人所得的实际利率低于名义利率，经济利益遭受损失，从而影响其存款积极性。因此，为了维持吸收社会存款的规模，名义利率也需要随着物价上涨而上调。相反，当一般物价水平持续下跌，即发生通货紧缩时，实际利率升高，这将有利于债权人而损害债务人的利益，而社会上的债务人大多是生产者，为了避免对经济增长带来负面影响，名义利率也需要随着物价下跌而下调。由此可见，名义利率与物价水平一般具有同向变动的趋势。

4.国家经济政策

当今世界，任何国家的经济都不同程度地受制于政府，利率也成为国家重要的货币政策工具之一。国家可以通过调整利率来调节货币供求，实现社会总供求的均衡。因此，利率水平和结构变化在很大程度上反映了国家调控宏观经济的政策和意图。

5.国际利率水平

现代经济的一个重要特征就是世界经济日益国际化、一体化。在开放经济体系中，各国间的经济联系使国内市场利率受到国际市场利率的深刻影响。这种影响是通过资金在各国间的流动来实现的。当国际市场利率高于国内市场利率时，国内货币资本流向国外，使国内货币资本供应减少，利率上升；反之，当国际市场利率低于国内市场利率时，则国外货币资本流进国内，使国内货币资本供应增多，利率下降。不论国内市场利率水平是高于还是低于国际市场利率水平，在资本自由流动的条件下，都会引起国内货币市场上资金供求状况的变动，从而引起国内市场利率变动。

此外，借贷期限、借款人的信用等级和风险程度以及银行的经营成本等因素也会影响利率的变化。

实践操作 2-1

利用网络、专业图书报刊等渠道了解我国近年来利率的变化情况，分小组交流讨论：利率变化对企业发展和老百姓生活的影响，并以小组为单位完成作业“我国近年来利率变化情况及其影响”报告（可以纸质形式提交或制作PPT）。

五、利率体系和利率结构

（一）利率体系

利率体系是指一个国家在一定时期内各类利率按一定的规则所构成的系统。利率体系的划分方式有两种：一是按所依附的经济关系，划分为存款利率和贷款利率；二是按借贷主体，划分为银行利率（中央银行利率和商业银行利率）、非银行金融机构利率、有价证券利率和市场利率。各种不同的利率均按期限划分为不同的档次。利率体系的简单与复杂，主要取决于经济金融发展的需要。中国自改革开放以来，逐步建立起较为合理的完备的利率体系，并且随着经济、金融市场化的发展，不断地趋于完善。

利率体系主要包括以下内容：

1.中央银行再贴现率与商业银行存贷利率

中央银行再贴现率是中央银行对商业银行和其他金融机构短期融通资金的基准利率。它在利率体系中占有特殊重要的地位，发挥着核心和主导作用，反映全社会的一般利率水平，体现一个国家在一定时期内的经济政策目标和货币政策方向。商业银行利率又称市场利率，是商业银行及其他存款机构吸收存款和发放贷款时所使用的利率。它在利率体系中发挥着基础性作用。

2.拆借利率与国债利率

拆借利率是银行及其他金融机构之间的短期资金借贷利率，主要用于弥补临时头寸的不足，期限较短。拆借利率是短期金融市场中具有代表性的利率。国债利率通常是指一年期以上的政府债券利率，它是长期金融市场中具有代表性的利率。

3.一级市场利率与二级市场利率

一级市场利率是指债券发行时的利率或收益率，它是衡量债券收益的基础，同时也是计算债券发行价格的依据。二级市场利率是指债券流通转让时的利率或收益率，它真实地反映了市场中金融资产的损益状况。

我国在金融市场发展以前，官定利率与民间利率曾长期并存。官定利率就是由中国人民银行制定并公布强制执行的人民币存贷款利率，民间利率在操作的过程中，常伴随违法行为的发生。

改革开放以来，利率体系随着金融市场的发展和金融机构体系的改革而朝着多元化、多层次方向发展，形成了中央银行存贷款基准利率、银行间同业拆借市场利率、商业银行等金融机构的存贷款利率和市场利率并存的格局。

我国当前的利率体系可分为四个层次：

（1）中央银行存贷款基准利率：包括存款准备金利率、中央银行再贷款利率、再贴现利率。

（2）银行间同业拆借市场利率：包括全国银行间拆借市场利率（CIBOR）、银行间国债市场利率。

（3）商业银行等金融机构的存贷款利率。

（4）市场利率：包括深沪证券交易所债券市场利率、民间借贷利率。

我国利率体系未来发展的目标，是要形成一套以中央银行基准利率为核心的、中央银行可以有效控制的、多层次的、有弹性的、能够充分反映市场资金供求的利率体系。

（二）利率结构

利率结构是指利率体系中各种利率的组合情况。利率结构包括风险结构和期限结构。

1.利率风险结构

利率风险结构是指期限相同的各种证券在违约风险、流动性和所得税规定等因素作用下各不相同的利率间的关系。

（1）违约风险。债权债务型信用工具往往会使投资者面临发行人不能按期支付利息和到期偿还的风险，这种风险被称为违约风险。

（2）流动性风险。证券的流动性是指证券能够迅速、低成本地变现的能力。流动性差的证券使其持有者很难在不遭受损失的情况下把它转让出去以获得现金，因而缺乏对投资者的吸引力，发行人必须为投资者提供较高的利息补偿。

（3）税收风险。相同期限的证券之间的利率差异，不仅反映了证券之间的违约风险和流动性风险的不同，还会受到税收因素的影响。投资者真正关心的是税收后的实际利率。

2.利率期限结构

利率期限结构是指债券的到期收益率与到期期限之间的关系。

利率与期限的关系有三种类型：

（1）水平型：说明利率与期限没有关系。

（2）渐升型：说明利率是期限的增函数，期限越长，利率越高；期限越短，利率越低。

（3）渐降型：说明利率是期限的减函数，期限越长，利率越低；期限越短，利率越高。

经济学家对利率的期限结构形成的内在机理进行分析，形成了期限结构理论，其中最主要的理论是预期理论。它对不同期限债券利率不同的原因的解释是，不同期限债券对未来短期利率的预期值不同。

六、我国利率市场化

利率市场化是指在市场经济中，利率水平及其结构由经济主体自主决定的过程。利率市场化的实质是通过市场机制的作用，使反映资金价格的利率在供求关系的影响下达到均衡，以期实现对资金资源的有效配置。推进利率市场化改革，有利于优化资源配置，促进经济结构调整和转型升级；有利于提升金融机构可持续发展能力；有利于推动金融市场深化发展；有利于完善金融调控体系；有利于促进相关改革协调推进。目前，全球除了少数国家和地区外，绝大部分都已经基本实现利率市场化。

拓展阅读2-1
我国利率市场化改革进程

利率市场化形成机制至少应包括以下相互联系的组成部分：一是市场基准利率体系；二是以中央银行政策利率为核心的利率调控机制；三是金融机构和企业的市场定价能力和利率风险的管理能力。

我国利率市场化进程已有20多年。改革的总体思路为：先放开货币市场利率和债券市场利率，再逐步推进存贷款利率的市场化。存贷款利率市场化按照“先外币，后本币；先贷款，后存款；先长期、大额，后短期、小额”的顺序进行。

我国利率市场化改革的进程，大体上分为三个阶段：一是银行间同业拆借利率和债券利率的市场化；二是贷款与贴现利率的市场化；三是存款利率的市场化。当前，我国利率市场化的推进已接近尾声，进入存款利率的全面放开阶段。

【金融微课堂】

请查一查，现在已纳入官方征信范畴的经济行为包括哪些？

对于暂未纳入征信范畴的经济行为，我们能否随意对待，无所谓讲不讲信用呢？

项目小结

1.信用是指以偿还和付息为条件的商品或货币的借贷行为，反映借贷双方的债权债务关系。信用形式有商业信用、银行信用、国家信用、消费信用等。

2.信用工具是指以书面形式发行和流通、借以保证债权人或投资人权利的凭证。它具有偿还性、流动性、风险性、收益性等特征。随着信用在现代经济生活中的不断深化和扩展，信用工具种类越来越多。短期信用工具包括国库券、大额可转让定期存单、银行票据、商业票据等；长期信用工具主要包括股票和债券。

3.利息是借贷资金的“价格”，实质上是利润的一部分，是利润的特殊转化形式。

4.利息计算方法有两种：单利法和复利法。

5.利率是指一定时期内的利息额与所贷出的本金额的比率，也称回报率、报酬率、收益率等。利率的表示方法有：年利率（%）、月利率（‰）和日利率（‱）。

6.利率的种类很多，有名义利率与实际利率，短期利率与长期利率，固定利率与浮动利率，市场利率与官定利率，基准利率、普通利率和优惠利率等。

7.影响利率变化的因素有平均利润率、资金供求状况、物价水平、国家经济政策、国际利率水平等。

8.利率作为国家重要的经济杠杆之一，对调节宏观经济规模、优化产业结构、稳定货币流通、促进国际收支平衡等具有重要作用。

关键概念

信用　商业信用　银行信用　国家信用　消费信用　信用工具　利息　利率　名义利率　实际利率　固定利率　浮动利率　市场利率　基准利率

项目训练

一、单项选择题

1.银行信用的主体是（　　）。

A.国家　B.银行　C.厂商　D.消费者

2.消费信用过度膨胀会引起（　　）。

A.入不敷出　B.变卖抵押品　C.通货膨胀　D.通货紧缩

3.企业与企业之间以商品形式提供的直接信用是（　　）。

A.国家信用　B.银行信用　C.商业信用　D.消费信用

4.一般情况下，下列信用形式中风险最小的是（　　）。

A.国家信用　B.银行信用　C.商业信用　D.消费信用

5.下列属于长期信用工具的是（　　）。

A.商业票据　B.银行票据

C.大额可转让定期存单　D.股票

6.西方国家的基准利率是（　　）。

A.银行间的拆借利率　B.再贴现率

C.活期存款利率　D.一年期定期存款利率

7.负利率是指（　　）。

A.名义利率低于零　B.实际利率低于零

C.基准利率低于零　D.活期利率低于零

8.提高本国市场利率水平，使其高于国际市场利率，可以（　　）。

A.吸引本国资本外流　B.阻止本国资本和外国资本流入

C.阻止外国资本流入　D.阻止本国资本外流，吸引外国资本流入

9.同时提高存款和贷款利率，可以（　　）。

A.增加存款和贷款规模　B.增加存款规模，减少贷款规模

C.减少存款和贷款规模　D.减少存款规模，增加贷款规模

10.下列说法错误的是（　　）。

A.信用是以偿还和付息为条件的商品或货币的借贷行为

B.高利贷不适用于扩大生产经营

C.商业信用有规模和数量的局限性

D.银行信用是以商品形态和货币形态提供的信用

二、多项选择题

1.信用是（　　）。

A.借贷行为　B.商品交换行为

C.反映债权债务关系　D.特殊的价值运动形式

2.根据信用主体不同，信用形式主要有（　　）。

A.商业信用　B.银行信用　C.国家信用　D.消费信用

3.商业信用的主要表现形式有（　　）。

A.商品赊销　B.分期付款　C.预付定金　D.延期付款

4.下列属于短期信用工具的有（　　）。

A.商业汇票　B.国库券

C.大额可转让定期存单　D.公司股票

5.下列说法正确的有（　　）。

A.社会平均利润率上升，利率水平也会随着上升

B.当借贷资金供不应求时，会促使利率上升

C.一般情况下，名义利率会随着物价上涨而上调

D.当国内市场利率低于国际市场利率时，会吸引国外货币资本流入国内

6.利率作为调节宏观经济的杠杆之一，通过调整利率起到（　　）的作用。

A.聚集社会闲散资金　B.调节宏观经济规模，优化产业结构

C.稳定货币流通　D.促进国际收支平衡

三、判断题

1.信用关系下的价值运动只是让渡了商品或货币的使用权。（　　）

2.银行信用是一种直接信用，存款和贷款是其最基本的表现形式。（　　）

3.一般情况下，当借贷资金供不应求时，会促使利率下降；当借贷资金供过于求

时，必然导致利率上升。（ ）

4.国家信用既是国家为弥补收支不平衡、建设资金不足的一种筹集资金的方式，同时也是实施财政政策、进行宏观调控的一种措施与手段。（ ）

5.长期信用工具是指融资期限在五年以上的信用工具。（ ）

6.一般而言，信用度越高则风险越大，利率要求就越低。（ ）

7.名义利率是实际利率剔除物价上涨因素以后的真实利率，是指在物价不变条件下的利率。（ ）

8.当一般物价水平持续下跌，发生通货紧缩时，实际利率减少，此时应提高名义利率，刺激经济增长。（ ）

9.提高存款利率可增加银行存款总额，减少市场上的即期购买力。（ ）

10.提高基准利率，其他利率也会随之相应提高。（ ）

四、简答题

1.请列举在日常生活中遇到的信用问题，并分析它属于哪种信用形式。

2.谈一谈信用对你和你身边人们的影响。

3.试分析高利贷信用与现代信用的区别。

4.试比较商业信用与银行信用的特点，并说明两者之间的相互联系。

5.利率的主要种类有哪些？

五、实践应用题

1.某公司发行公司债券8 000万元，期限3年，年利率6%，到期一次性还本付息，按规定每半年计复利一次，请计算到期本息和。

2.某客户在银行存入50 000元，定期3年，年利率2.75%，请用单利法计算到期利息。

项目三 金融机构体系

学习目标

1.知识目标

掌握金融机构体系的构成及分类，各金融机构的职能及差异；了解银行和非银行金融机构的主要业务。

2.能力目标

具备识别各类金融机构的能力；具备从金融机构获得相应服务并引导周围群体获得金融服务的能力。

3.素质目标

具备能够区分各类金融机构，并根据自身业务需要，选择相应金融机构获得其服务支持的操作能力；具备引导周围群体获得相应金融服务的操作能力。

思维导图

- 项目三　金融机构体系
  - 任务一　金融机构概述
    - 金融机构及金融机构体系
    - 金融机构的分类
  - 任务二　银行金融机构
    - 中央银行
    - 商业银行
    - 政策性银行
    - 专业银行
    - 外资银行
  - 任务三　非银行金融机构
    - 保险公司
    - 证券公司
    - 信托投资公司
    - 基金管理公司
    - 企业集团财务公司
    - 金融租赁公司
  - 任务四　金融监管机构
    - 国家金融监督管理总局
    - 中国证券监督管理委员会

案例导入

认识金融机构

金融机构又称金融中介或金融中介机构，是专门从事货币信用活动的经济组织。图3-1是一张在360搜索引擎上截取的各金融机构名称、标识图，从图中可以明显地看到这些金融机构的名称、标识及热线电话，其中还有大多数人非常熟悉的支付宝及其热线电话。

图3-1 各金融机构名称、标识图

思考讨论：

什么是金融机构？阿里巴巴集团旗下的支付宝是不是金融机构？

任务一 金融机构概述

一、金融机构及金融机构体系

理论界对金融机构的定义有狭义和广义之分。狭义的金融机构是指专门从事货币信用活动的中介组织，是能够提供特定金融产品和服务的金融企业。广义的金融机构不仅包括所有从事金融活动的中介组织，还包括金融市场的监管者。在本项目中，编者采用广义的概念，将金融机构定义为从事金融业务、协调金融关系、维护金融体系正常运行的机构。本项目将介绍金融机构体系的构成及分类，重点学习银行和非银行金融机构的主要业务。

教学互动 3-1

根据定义，列举出你所知道的金融机构的名称。

知识链接 3-1　　非金融机构支付服务管理办法

根据《中华人民共和国中国人民银行法》等法律法规，中国人民银行制定了《非金融机构支付服务管理办法》，经2010年5月19日第7次行长办公会议通过，自2010年9月1日起施行（2020年4月29日，中国人民银行令〔2020〕第2号公布，将第十一条第十项进行了修订）。其部分内容如下：

第一章　总　则

第一条　为促进支付服务市场健康发展，规范非金融机构支付服务行为，防范支付风险，保护当事人的合法权益，根据《中华人民共和国中国人民银行法》等法律法规，制定本办法。

第二条　本办法所称非金融机构支付服务，是指非金融机构在收付款人之间作为中介机构提供下列部分或全部货币资金转移服务：

（一）网络支付；

（二）预付卡的发行与受理；

（三）银行卡收单；

（四）中国人民银行确定的其他支付服务。

本办法所称网络支付，是指依托公共网络或专用网络在收付款人之间转移货币资金的行为，包括货币汇兑、互联网支付、移动电话支付、固定电话支付、数字电视支付等。

本办法所称预付卡，是指以营利为目的发行的、在发行机构之外购买商品或服务的预付价值，包括采取磁条、芯片等技术以卡片、密码等形式发行的预付卡。

本办法所称银行卡收单，是指通过销售点（POS）终端等为银行卡特约商户代收货币资金的行为。

第三条　非金融机构提供支付服务，应当依据本办法规定取得“支付业务许可证”，成为支付机构。

支付机构依法接受中国人民银行的监督管理。

未经中国人民银行批准，任何非金融机构和个人不得从事或变相从事支付业务。

第四条　支付机构之间的货币资金转移应当委托银行业金融机构办理，不得通过支付机构相互存放货币资金或委托其他支付机构等形式办理。

支付机构不得办理银行业金融机构之间的货币资金转移，经特别许可的除外。

第五条　支付机构应当遵循安全、效率、诚信和公平竞争的原则，不得损害国家利益、社会公共利益和客户合法权益。

第六条　支付机构应当遵守反洗钱的有关规定，履行反洗钱义务。

……

资料来源：根据中国人民银行官网相关资料整理。

二、金融机构的分类

按照不同的分类标准，金融机构可以分成以下几类：

（一）按照金融机构的管理地位划分

按照金融机构的管理地位划分，金融机构可分为金融监管机构与接受监管的金融企业。例如，中国人民银行、国家金融监督管理总局（在原中国银行保险监督管理委员会基础上组建）、中国证券监督管理委员会等是代表国家行使金融监管权力的机构，其他的所有银行、证券公司和保险公司等金融企业都必须接受其监督和管理。

（二）按照是否能够接受公众存款划分

按照是否能够接受公众存款划分，金融机构可分为存款性金融机构与非存款性金融机构。存款性金融机构主要通过存款形式向公众举债而获得其资金来源，如商业银行、合作储蓄银行和信用合作社等；非存款性金融机构则不得吸收公众的储蓄存款，如保险公司、信托公司、政策性银行以及各类证券公司、财务公司等。

（三）按照是否担负国家政策性融资任务划分

按照是否担负国家政策性融资任务划分，金融机构可分为政策性金融机构和非政策性金融机构。政策性金融机构是指由政府投资创办、按照政府意图与计划从事金融活动的机构，如中国进出口银行、中国农业发展银行等。非政策性金融机构则不承担国家的政策性融资任务，各大商业银行即属于此类。

案例探析 3–1

中国–东盟金融城吸引近万家企业机构入驻

据中国（广西）自由贸易试验区南宁片区管理委员会介绍，近年来，该片区加快建设中国–东盟金融城，吸引近万家各类企业和机构入驻，成为引领区域金融发展的核心增长极。

中国–东盟金融城线上服务平台当天正式运营，该平台将为中国–东盟企业提供政策查询、服务预约、企业宣传、楼宇展示、入驻选址、投融资需求登记等服务，助力南宁市打造面向东盟的金融开放门户。

据悉，中国–东盟金融城设立以来，南宁市官方推动金融大厦、中银香港东南亚业务营运中心、深交所广西服务基地、上交所资本市场服务广西基地等一批重大平台入驻。同时，对优质金融要素、跨境金融服务创新、优秀金融人才实施奖补，已兑现奖补资金超 3 600 万元人民币。

中国太平保险集团在此设立东盟保险服务中心，成为该集团海外业务的两大主渠道之一，已为中资企业在东盟投资的 16 个重大项目提供风险保障额 242 亿元。

跨境金融创新方面，2021 年上半年，中国–东盟金融城跨境人民币结算量同比增长 211.5%，“中国–东盟跨境金融改革创新”入选“2019—2020 年度中国自由贸易试验区制度创新十佳案例”。

中国（广西）自由贸易试验区南宁片区管委会表示，下一步将持续推进中国–东盟金融城提质升级，推动富邦华一银行、交银人寿保险有限公司等设立分支机构，加快中国–东盟金融合作学院五象校区、保险创新产业园等项目建设，搭建人民币清算结算网络，推进跨境金融创新。

资料来源：佚名．中国–东盟金融城吸引近万家企业机构入驻［EB/OL］．［2022-10-15］．https：//baijiahao.baidu.com/s?id=1713471067684593512&wfr=spider&for=pc.

思考讨论：

金融企业入驻中国-东盟金融城有着怎样的意义？

（四）按照其他标准划分

按照是否属于银行系统划分，金融机构可分为银行金融机构和非银行金融机构；按照出资的国别属性划分，金融机构又可划分为内资金融机构、外资金融机构和合资金融机构；按照所属的国家划分，金融机构还可划分为本国金融机构、外国金融机构和国际金融机构。

2014年9月，中国人民银行发布了《金融机构编码规范》（JR/T 0124—2014），从宏观层面统一了中国金融机构分类标准，首次明确了中国金融机构涵盖的范围，界定了各类金融机构的具体组成，规范了金融机构统计编码方式与方法。根据《金融机构编码规范》，我国将金融机构分为货币当局、监管当局、银行业金融机构、证券业金融机构、保险业金融机构、交易结算类金融机构、金融控股公司、其他金融机构等八大类，见表3-1。

表3-1 我国金融机构的类型及组成

类型		组成
货币当局		中国人民银行，国家外汇管理局
监管当局		国家金融监督管理总局，中国证券监督管理委员会
银行业金融机构	银行业存款类金融机构	银行（商业银行、政策性银行、开发性金融机构等），城市信用合作社（含联社），农村信用合作社（含联社），农村资金互助社等
	银行业非存款类金融机构	信托公司，金融租赁公司，汽车金融公司，消费金融公司，贷款公司，货币经纪公司等
证券业金融机构		证券公司，证券投资基金管理公司，期货公司，投资咨询公司等
保险业金融机构		人身保险公司，财产保险公司，再保险公司，保险资产管理公司，保险经纪公司，保险代理公司，保险公估公司，企业年金等
交易结算类金融机构		各类金融资产交易所，登记结算类公司
金融控股公司		中央金融控股公司，其他金融控股公司
其他金融机构		小额贷款公司，理财公司等

资料来源：根据《金融机构编码规范》（JR/T 0124—2014）整理。

教学互动 3-2

现在，支付宝、微信支付已成为我国老百姓日常资金往来特别是小额支付的便捷手段。请讨论随着信息技术的进一步发展，新型支付方式带来的资金流转便利和存在的问题。

任务二 银行金融机构

一、中央银行

中央银行是一国金融机构体系的核心和主导环节，是专门从事货币发行，负责制定和执行国家货币金融政策，调节货币供给、货币流通与信用活动，实行金融监管的特殊金融部门。中央银行是国家最高的货币金融管理组织机构，在各国金融体系中居于主导地位。国家赋予其制定和执行货币政策，对国民经济进行宏观调控，对其他金融机构乃至金融业进行监督管理的权限，地位非常特殊。因此，中央银行也被称为发行的银行、银行的银行、政府的银行。

（一）发行的银行

发行的银行职能是指中央银行垄断货币发行权，是一国或某一货币联盟唯一授权的货币发行机构。

（二）银行的银行

银行的银行职能是指中央银行充当商业银行和其他金融机构的最后贷款人。银行的银行这一职能体现了中央银行是特殊金融机构的性质，是中央银行作为金融体系核心的基本条件。中央银行通过这一职能对商业银行和其他金融机构的活动施加影响，以达到调控宏观经济的目的。这一职能具体体现在集中管理商业银行存款准备金、充当银行业最后贷款人、创建银行间清算平台等方面。

（三）政府的银行

政府的银行职能是指中央银行为政府提供服务，是政府管理国家金融的专门机构。其具体体现在为政府代理国库、代理政府债券发行、为政府融通资金、为国家持有和经营国际外汇储备并调节外汇头寸等方面。

中央银行的主要业务有：货币发行、集中存款准备金、贷款、再贴现、证券、黄金占款和外汇占款、为商业银行和其他金融机构办理资金的划拨清算和资金转移的业务等。

中国人民银行（The People’s Bank of China，PBC），是中华人民共和国的中央银行，是中华人民共和国国务院组成部门。中国人民银行在国务院领导下，制定和执行货币政策，防范和化解金融风险，维护金融稳定。

1948年12月1日，中国人民银行在石家庄宣告成立。1998年10月，中国人民银行及其分支机构在全国范围内进行改组，撤销中国人民银行省级分行，在全国设立9个跨省、自治区、直辖市的一级分行，重点加强对辖区内金融业的监督管理。根据新修订的《中华人民共和国中国人民银行法》，中国人民银行被重新定位为国家的中央银行和宏观调控部门，肩负“制定和执行货币政策，维护金融稳定，提供金融服务”三大支柱职能，担负十四项主要职责。

二、商业银行

商业银行是金融机构体系中的骨干和核心，在银行体系乃至金融体系中具有其他金融机构所不能替代的基础和主体地位。在我国，商业银行是指以办理存贷款和转账结算为主要业务，以营利为主要经营目标，经营货币的金融企业。

与其他金融机构相比，商业银行最明显的特征是能够吸收活期存款、创造货币。《中华人民共和国商业银行法》规定，商业银行以“安全性、流动性、效益性”为经营原则，实行自主经营，自担风险，自负盈亏，自我约束。

我国银行业的商业化改革兴起于1994年的金融体制改革。中国工商银行、中国农业银行、中国银行、中国建设银行等大型商业银行是主体，1986年后成立的股份制商业银行是我国商业银行体系的重要组成部分，众多外资银行也相继进入我国开展业务。商业银行相关内容将在项目六中进行详细介绍。

教学互动 3-3

请搜索中国银行业协会网站等相关资源，按类别将表3-2“我国的商业银行机构”填写完整。

表 3-2　**我国的商业银行机构**

我国的商业银行机构	大型商业银行	
	全国性股份制商业银行	
	城市商业银行	
	农村中小金融机构	
	外资银行	

三、政策性银行

政策性银行主要是指由政府设立、不以营利为目的，专门为贯彻并配合政府社会经济政策或意图，在特定的业务领域内从事政策性融资活动，协助政府发展经济，进行宏观经济管理的金融机构。一般来说，政策性银行具有特殊的融资原则，坚持经济效益而不以营利为目的。大多数国家成立的政策性银行主要有开发银行、农业政策性银行、进出口政策性银行等。

我国于1994年相继成立了三家政策性银行，即国家开发银行、中国进出口银行、中国农业发展银行，均直属国务院领导。2015年3月，国务院将国家开发银行定位为开发性金融机构，从政策银行序列中剥离。

（一）国家开发银行

国家开发银行是国家出资设立、直属国务院领导、支持中国经济重点领域和薄弱环节发展、具有独立法人地位的国有开发性金融机构。1994年3月批准设立，同年7月1日正式开业。2008年2月，国家开发银行改革方案获国务院批准。2008年12月，国家开发银行整体改制为国家开发银行股份有限公司。2015年3月20日，国务院批复国家开发银行深化改革方案，建立市场化运行、约束机制，进一步发挥开发性金融在重点领域、薄弱环节、关键时期的功能和作用。

国家开发银行主要通过开展中长期信贷与投资等金融业务，为国民经济重大中长期发展战略服务；是全球最大的开发性金融机构，中国最大的对外投融资合作银行、中长期信贷银行和债券银行。

国家开发银行以“增强国力、改善民生”为使命，紧紧围绕服务国家经济重大中长期发展战略，坚持凝聚共识、合力共建、合作共赢的开发性金融方法，筹集、引导社会资金。其支持的领域主要包括：（1）基础设施、基础产业、支柱产业、公共服务和管理等经济社会发展领域；（2）新型城镇化、城乡一体化及区域协调发展领域；（3）传统产业转型升级和结构调整，以及节能环保、高端装备制造等提升国家竞争力领域；（4）保障性安居工程、扶贫开发、助学贷款、普惠金融等增进人民福祉领域；（5）科技、人文交流等国家战略需要领域；（6）“一带一路”建设、国际产能合作和装备制造合作、基础设施互联互通、能源资源、中资企业“走出去”等国际合作领域；（7）配合国家发展需要和国家经济金融改革的相关领域；（8）符合国家发展战略和政策导向的其他领域。

（二）中国农业发展银行

中国农业发展银行成立于1994年11月，主要职责是：以国家信用为基础，通过向中国人民银行借款和向境内金融机构发债等方式筹措农业政策性借贷资金，承担国家规定的农业政策性金融服务，代理财政性支农资金的拨付，为农业和农村经济发展服务。

中国农业发展银行的主要业务包括：办理由国务院确定的粮食、油料、棉花收购、储备、调销贷款；办理肉类、食糖、烟叶、羊毛等国家专项储备贷款；办理中央财政对上述主要农产品补贴资金的拨付，为中央和省级政府共同建立的粮食风险基金开立专户并办理拨付；办理粮食、棉花、油料加工企业收购资金贷款；办理粮食、棉花、油料产业化龙头企业收购资金贷款；办理业务范围内开户企事业单位的存款；办理开户企事业单位的结算；发行金融债券；办理保险代理等中间业务；办理粮食、棉花、油料政策性贷款企业进出口贸易项下的国际结算业务以及与国际业务相配套的外汇存款、外汇汇款、同业外汇拆借、代客外汇买卖和结汇售汇业务；办理经国务院批准的其他业务。

（三）中国进出口银行

进出口银行是为配合国家经济政策、促进对外贸易发展而设立的专门性银行，承担商业性金融机构和普通出口商不愿或无力承担的高风险，弥补商业性金融机构和普通出口商无力或不愿承担的高风险，弥补商业性金融机构的不足，改善本国出口融资的条件，增强本国商品出口的竞争力。

中国进出口银行成立于1994年，主要职责是为扩大我国机电产品、成套设备和高新技术产品进出口，推动有比较优势的企业开展对外承包工程和境外投资，促进对外关系发展和国际经贸合作等提供金融服务。

中国进出口银行的主要业务范围包括：办理出口信贷和进口信贷；办理对外承包工程和境外投资贷款；办理中国政府对外优惠贷款；提供对外担保；转贷外国政府和金融机构提供的贷款；办理本行贷款项下国际国内结算业务和企业存款业务；在境内外资本市场、货币市场筹集资金；办理国际银行间贷款，组织或参与国际、国内银团贷款；从事人民币同业拆借和债券回购；从事自营外汇资金交易和经批准的代客外汇资金交易；办理与本行业务相关的资信调查、咨询、评估和鉴证业务；经批准或受委托的其他业务。

四、专业银行

专业银行是指专门经营指定范围内业务和提供专门性金融服务的银行，是社会分工在金融业的表现，是市场经济发展的产物。

我国的经营性专业银行较少，业务范围也有较大局限，在国民经济中的作用很有限，主要分为住房储蓄银行和投资银行。

（一）住房储蓄银行

在20世纪90年代以后，我国住房储蓄银行基本被住房公积金管理中心取代。

（二）投资银行

投资银行是指专门对工商企业进行投资和长期信贷业务的银行，其充当企业并购的媒介和操作者角色，是资本市场上的核心和关键环节，为筹资者与投资者之间建立了一个直接通道。中国建设银行1995年与美国投资银行摩根士丹利等机构合资创办了中国境内首家中外合资投资银行机构——中国国际金融股份有限公司。中国银行于1998年在香港地区成立了全资附属区域性投资银行——中银国际控股有限公司。目前，我国各大商业银行都开展了投资银行业务，证券公司也具有部分投资银行功能，开展投资银行业务。

知识链接 3-2　　中国国际金融股份有限公司

中国国际金融股份有限公司（中金，3908.HK）是由国内外著名金融机构和公司基于战略合作关系共同投资组建的中国第一家中外合资投资银行。

自1995年成立以来，中金一直致力于为客户提供高质量金融增值服务，建立了以研究为基础，投资银行、股票业务、固定收益、财富管理和投资管理全方位发展的业务结构。凭借深厚的经济、行业、法律法规等专业知识和优质的客户服务，中金在海内外媒体评选中屡获“中国最佳投资银行”“最佳销售服务团队”“最具影响力研究机构”等殊荣。

中金一直以高标准开展业务，并始终坚守以下核心价值：以人为本，以国为怀，勤奋专业，积极进取，客户至上，至诚至信，植根中国，融通世界。

中金总部设在北京，在境内设有多家子公司，在上海和深圳设有分公司，在北京、上海、深圳等19个城市设有21家证券营业部。公司亦积极开拓海外市场，在中国香港、纽约、伦敦、新加坡四个国际金融中心设有子公司。凭借广泛的业务网络及杰出的跨境能力，中金能够为客户提供全方位的金融服务。

2015年，中金在中国香港联交所主板成功挂牌上市。秉承“植根中国，融通世界”的理念，通过境内外业务的无缝对接，中金将持续为客户提供一流的金融服务，协助客户实现其战略发展目标。

2022年6月，中国国际金融（英国）有限公司（中金英国）加入瑞士证券交易所，成为首位中国会员。

资料来源：作者根据相关资料整理。

五、外资银行

外资银行是指在本国境内由外国独资创办的银行。外资银行的经营范围根据各国银行法律和管理制度的不同而有所不同。

境内开展业务较多的外资银行主要有以下几家：

1. 花旗银行

花旗银行作为第一家来华的美资银行，于1902年在上海设立了在中国的第一家分行，这也是花旗银行在亚洲运营的第一家海外分行。2007年4月，花旗银行（中国）有限公司在上海正式成立，作为在中国的总部。花旗银行是一家在全球近150个国家和地区设有分支机构的国际大银行，现已成为中国最大的外资银行之一。花旗集团在全球为上亿客户提供服务，包括个人、机构、企业和政府部门。花旗银行提供广泛的金融产品服务，包括消费银行服务，信贷、企业、投资银行服务，以及经纪、保险和资产管理等。2022年的数据显示，花旗银行资产规模达2.2万亿美元。在中国，花旗银行为客户处理的付款中，有近70%是通过阿里巴巴产生的支付业务，且是通过支付宝完成支付的。

拓展阅读3-1

中华人民共和国成立后第一家内地经营的外资银行——南洋商业银行

2.渣打银行

渣打银行作为第一家来华的英国银行，于1858年在上海成立第一家分行，总部在伦敦。渣打银行的母公司渣打集团有限公司于伦敦证券交易所及中国香港交易所上市，亦是伦敦金融时报100指数成分股之一。2022年的数据显示，渣打银行的业务网络遍及全球59个最有活力的市场，为来自144个市场的客户提供服务。渣打的文化传承、企业价值与品牌承诺皆为“一心做好，始终如一（Here for good）”。作为扎根中国历史最悠久的外资银行之一，渣打银行在华业务从未间断。2007年4月，渣打银行（中国）有限公司成为第一批本地法人银行之一。目前，渣打银行在中国的营业网点已覆盖近30个城市。

3.汇丰银行

香港上海汇丰银行有限公司于1865年在香港和上海成立，是汇丰集团的创始成员。汇丰银行（中国）有限公司（以下简称汇丰中国）于2007年4月2日正式开业，是一家本地注册的外资法人银行，由香港上海汇丰银行有限公司全资拥有。汇丰中国前身是香港上海汇丰银行有限公司的内地分支机构。汇丰中国是在内地投资最多的外资银行之一，在投资自身发展的同时，也入股内地金融机构，包括交通银行。汇丰中国目前拥有员工约8 000人，其中约99%是本地人。汇丰中国已在内地50多个城市设立了约170个服务网点，是内地网点最多、地域覆盖最广的外资银行。凭借其对内地市场的深入了解和国际金融服务专业经验，汇丰中国在内地为客户提供广泛的金融和银行服务，包括财富管理及个人银行业务、企业金融业务、环球银行和资本市场业务。

任务三　非银行金融机构

非银行金融机构是指不以吸收存款为主要资金来源，一般通过发行证券或以契约的方式筹集资金，主要从事投资和提供特色金融服务的金融机构。

一、保险公司

（一）保险公司的定义

根据《中华人民共和国保险法》（以下简称《保险法》）的规定，保险是指投保人根据合同约定，向保险人支付保险费，保险人对于合同约定的可能发生的事故因其发生所造成的财产损失承担赔偿保险金的责任，或者当被保险人死亡、伤残、疾病或者达到约定年龄、期限等条件时，承担给付保险金责任的商业保险行为。根据《保险公司管理规定》，保险公司是指经保险监督管理机构批准设立，并依法登记注册的商业保险公司。具体而言，保险公司是收取保险费，建立保险基金，并对发生的保险事故进行经济补偿的金融机构。

保险公司一般有以下两种不同的分类方法：

（1）根据保险公司的风险转移层次，保险公司可分为原保险公司和再保险公司。原保险公司为普通公众提供保险服务，接受投保人转移的风险，属于风险的初次转移；再保险公司则承保原保险公司出于监管或经营需要而转移的那部分保险业务，即再保险公司的客户一般是原保险公司。再保险公司接受原保险公司转移的风险，属于风险的再次转移。

（2）根据保险公司的业务类型，保险公司可分为人身保险公司和财产保险公司。人身保险公司通常经营人寿保险、健康保险以及意外伤害保险。一旦被保险人遭受伤害或死亡，或者生存到合同约定期满后，人身保险公司须承担给付保险金的责任。而财产保险公司通常经营财产保险和意外伤害保险。其中，财产保险保障的对象是被保险人的财产。财产保险承保的内容包括与事故相关的人身伤害，以及债务、盗窃、火灾或者其他灾害。

（二）保险公司的业务

保险公司的业务范围包括：

（1）人身保险业务，包括人寿保险、健康保险、意外伤害保险等保险业务；

（2）财产保险业务，包括财产损失保险、责任保险、信用保险、保证保险等保险业务；

（3）国务院金融监督管理机构批准的与保险有关的其他业务。

保险人不得兼营人身保险业务和财产保险业务。但是，经营财产保险业务的保险公司经国务院金融监督管理机构批准，可以经营短期健康保险业务和意外伤害保险业务。

（三）我国保险公司现状

动画微课 3-1
证券登记结算公司

根据中国保险行业协会官网数据，2021年，全国共有保险法人机构235家。其中：保险集团和控股公司13家，财产险公司88家，人身险公司91家，保险资产管理公司33家，再保险公司7家，农村保险互助社3家。从保险公司资本国别属性看，中资保险公司173家，外资保险公司62家。

2021年，我国保险业实现原保险保费收入4.49万亿元，同比增长4.05%。其中，产险业务原保险保费收入11 671亿元，产险业务赔款7 688亿元；寿险业务原保险保费收入23 572亿元，寿险业务给付3 540亿元；健康险业务原保险保费收入8 447亿元，健康险业务赔款与给付4 029亿元；意外险业务原保险保费收入1 210亿元，意外险业务赔款352亿元。保险业总资产24.89万亿元，同比增长11.5%；累计赔付支出1.56万亿元，同比增长14.12%；保险资金运用余额23.23万亿元。保险密度为3 179元/人，保险深度为3.93%。

二、证券公司

我国的证券机构主要包括证券公司、证券交易所、证券登记结算公司、证券投资咨询和评估公司等。我国的证券公司是在经济体制和金融体制改革的推动下建立和发展起来的，是与金融市场的建立和发展同步进行的。

（一）证券公司的定义

证券公司是指依照《中华人民共和国公司法》和《中华人民共和国证券法》的规定设立并经国务院金融监督管理机构审查批准而成立的专门经营证券业务，具有独立法人地位的有限责任公司或者股份有限公司。证券公司（Securities Company）是专门从事有价证券买卖的法人企业，分为证券经营公司和证券登记公司。狭义的证券公司是指证券经营公司，是经主管机关批准并到市场监督管理部门领取营业执照后专门经营证券业务的机构。它具有证券交易所的会员资格，可以承销发行、自营买卖或自营兼代理买卖证券。普通投资人的证券投资业务都要通过证券公司来进行。

（二）证券公司的主要业务

1.证券经纪业务

证券公司接受客户委托，为客户代理买卖有价证券，业务收入来源是从中收取一定比例的佣金。证券可通过柜台或者证券交易所代理买卖，在我国以后者为主。

2.证券投资咨询业务

证券投资咨询业务是指证券公司及其咨询人员为证券投资人或者客户提供证券投资分析、预测或者建议等直接或间接的有偿咨询服务。

3.财务顾问业务

财务顾问业务是与证券交易、证券投资活动有关的咨询、建议、策划业务。

4.证券承销与保荐业务

证券承销是指证券公司代理证券发行人发行证券，有代销和包销两种方式。二者的区别主要在承销期结束后，代销会把未售出的证券退还给发行人，而包销则不然，是由证券公司购入剩下的部分。证券保荐是发行人申请公开发行股票、可转换为股票的公司债券，依法采取承销方式的，或者公开发行法律、行政法规规定实行保荐制度的其他证券的，应当聘请具有保荐资格的机构担任保荐机构。

5.证券自营业务

证券公司以自己的名义，以自有资金或依法筹集的资金，为本公司买卖证券，获取利润。证券公司开展自营业务，或者设立子公司开展自营业务，都需要取得金融监管部门的业务许可，证券公司不得为从事自营业务的子公司提供融资和担保。

动画微课3-2

融资融券

6.证券资产管理业务

证券公司作为资产管理人，为投资者提供证券及其他金融产品的投资管理服务，以实现资产收益最大化。

7.融资融券业务

该业务是指证券公司向客户出借资金，使它们得以用资金购买上市证券或者出借上市证券供它们卖出，而证券公司则收取担保物。

8.中间介绍业务

从事该业务的机构或者个人，在接受了来自期货经纪商的委托后，可以把客户介绍给期货经纪商，并从中收取一定的佣金。该业务起源于美国。

9.直接投资业务

证券公司必须设立直接投资业务子公司，简称直投子公司，而不得以其他形式开展该业务，且应当遵循公平、公正的原则，合法合规，诚实守信，审慎尽责。

三、信托投资公司

（一）信托的定义

信托，是指委托人基于对受托人的信任，将其财产权委托给受托人，由受托人按委托人的意愿以自己的名义，为受益人的利益或者特定目的，进行管理或者处分的行为。信托投资公司也称信托公司，是以资金及其他财产为信托标的，根据委托者的意愿，以受托人的身份管理及运用信托资产的金融机构。我国的信托投资公司是伴随经济体制和金融体制改革而产生的。

信托业务的关系人有委托人、受托人和受益人。转移财产权的人，即原财产的所有者是委托人；接受委托代为管理和经营财产的人是受托人；享受财产所带来的利益的人是受益人。信托的种类很多，主要包括个人信托、法人信托、任意信托、特约信托、公益信托、私益信托、自益信托、他益信托、资金信托、动产信托、不动产信托、营业信托、非营业信托、民事信托和商事信托等。

（二）信托的主要特征

（1）信托是以信任为基础，受托人应具有良好的信誉。

（2）信托成立的前提是委托人要将自有财产委托给受托人。

（3）信托财产具有独立性，信托依法成立后，信托财产即从委托人、受托人以及受益人的自有财产中分离出来，成为独立运作的财产。

（4）受托人为受益人的最大利益管理信托事务。

（三）我国信托公司现状

根据中国信托业协会公布的官方数据，截至2022年4季度末，信托资产规模为21.14万亿元，同比增长5 893.44亿元，增幅为2.87%；环比增长649.67亿元，增幅为0.31%；相较于2017年4季度的历史峰值，2022年4季度信托资产规模下降19.46%。2022年信托业务收入722.72亿元；2022年4季度末，信托业累计实现利润总额362.43亿元。

四、基金管理公司

（一）基金管理公司的定义

基金管理公司是指通过发行基金股票或基金受益凭证将众多投资者的资金集中起来，直接或委托他人将集中起来的资金投资于各类有价证券或其他金融商品，并将投资收益按原始投资者的基金股份或基金收益凭证的份额进行分配的一种金融中介机构，是一种广泛吸收社会资金并将其投资于有价证券和股权的专业金融机构。证券投资基金的依法募集由基金管理人承担。基金管理人由依法设立的基金管理公司担任。担任基金管理人，应当经国务院金融监督管理机构核准。本书所指的基金管理公司特指证券投资基金管理公司。根据《中华人民共和国证券投资基金法》（以下简称《证券投资基金法》）的规定，设立基金管理公司，应当具备下列条件：

（1）有符合《证券投资基金法》和《公司法》规定的章程；

（2）注册资本不低于1亿元人民币，且必须为实缴货币资本；

（3）主要股东应当具有经营金融业务或者管理金融机构的良好业绩、良好的财务状况和社会信誉，资产规模达到国务院规定的标准，最近3年没有违法记录；

（4）取得基金从业资格的人员达到法定人数；

（5）董事、监事、高级管理人员具备相应的任职条件；

（6）有符合要求的营业场所、安全防范设施和与基金管理业务有关的其他设施；

（7）有良好的内部治理结构、完善的内部稽核监控制度、风险控制制度；

（8）法律、行政法规规定的和国务院金融监督管理机构规定的其他条件。

（二）基金管理公司的经营范围

（1）管理型企业的经营范围可以核定为：非证券业务的投资管理、咨询；参与设立投资型企业与管理型企业。不得从事证券类投资、担保，不得以公开方式募集资金。

（2）投资型企业的经营范围除了以上范围外，还可以核定为：非证券业务的投资；代理其他投资企业或个人的投资。其不得从事证券类投资、担保，不得以公开方式募集资金。

（3）管理型企业和投资型企业均可申请从事上述经营范围以外的其他经营项目，但不得从事证券类投资、担保，不得以公开方式募集资金。投资型企业不得成为上市公司的股东，但是所投资的未上市企业上市后，投资型企业所持股份的未转让部分及其配售部分不受此限定。

（三）我国基金管理公司现状

中国证券投资基金业协会网站发布的统计数据显示，截至2023年1季度末，基金管理公司及其子公司、证券公司、期货公司、私募基金管理机构资产管理业务总规模为672 787.00亿元，产品数量197 989只。其中，公募基金规模为266 779.52亿元，证券公司及其子公司私募资管计划（含大集合、私募子公司私募基金）规模为64 516.06亿元，基金管理公司私募资管计划规模为50 884.19亿元，基金子公司私募资管计划规模为17 262.91亿元，基金管理公司管理的养老金规模为44 324.64亿元，期货公司及其资管子公司私募资管计划规模为2 933.72亿元，私募基金规模为206 992.92亿元，企业资产证券化业务规模为20 031.86亿元。

截至2023年5月底，中国证券投资基金业协会共有会员4 995家；其中，作为普通会员的公墓基金管理公司143家，公募基金管理公司子公司（公募专户和私募子公司）73家，作为联席会员的公募基金管理公司子公司（公募销售）3家，作为观察会员的公募基金管理公司子公司（公募专户和私募子公司）15家。

五、企业集团财务公司

（一）企业集团财务公司的定义

企业集团财务公司简称财务公司，是指以加强企业集团资金集中管理和提高企业集团资金使用效率为目的，为企业集团成员单位提供金融服务的非银行金融机构。

（二）企业集团财务公司的业务范围

我国的财务公司往往是隶属于大型集团公司的非银行金融机构，向社会筹集中长期资金，为企业技术进步服务，实行自主经营、自负盈亏、自求平衡、自担风险，是独立核算的企业法人。财务公司背靠的企业集团资产总额达万亿元，几乎覆盖了从石油化工、能源电力到煤炭钢铁、冶金制造，从航空航天、军工运输到建材电子、服务贸易在内的事关国计民生的基础产业和各个重要领域。根据《企业集团财务公司管理办法》，财务公司可从事下列部分或全部本外币业务：

（1）吸收成员单位存款；

（2）办理成员单位贷款；

（3）办理成员单位票据贴现；

（4）办理成员单位资金结算与收付；

（5）提供成员单位委托贷款、债券承销、非融资性保函、财务顾问、信用鉴证及咨询代理业务。

此外，符合条件的财务公司，可以向金融监管部门申请经营下列本外币业务：

（1）从事同业拆借；

（2）办理成员单位票据承兑；

（3）办理成员单位产品买方信贷和消费信贷；

（4）从事固定收益类有价证券投资；

（5）从事套期保值类衍生产品交易；

（6）经金融监管部门批准的其他业务。

在服务对象上，由于我国的财务公司都是企业附属财务公司，因此其一般都是以母公司、股东单位为服务重点。财务公司不得从事除中国人民银行或国家外汇管理局政策规定之外的离岸业务或资金跨境业务；不得发行金融债券，不得向金融机构和企业投资。

（三）我国企业集团财务公司现状

中国财务公司协会对外发布的《中国企业集团财务公司行业发展报告（2021）》显示，2020年财务公司行业积极应对新冠疫情全球大流行的多种不利因素，助力企业集团防控疫情与复工复产，助力企业集团和成员单位降本增效，继续加快业务结构转型，不断提升服务实体经济的能力和水平。截至2020年年末，财务公司行业机构数量257家，从业人员14 019人，表内外资产规模11.34万亿元，同比增长9.83%，其中，表内资产总额7.82万亿元，同比增长11.41%。2020年，财务公司行业营业净收入1 373.81亿元，全行业实现利润总额1 106.93亿元；2020年年末，财务公司行业信贷规模达3.68万亿元，同比增长10.97%，不良贷款率0.50%，低于商业银行1.34个百分点，资本充足率19.53%，高于商业银行4.83个百分点。财务公司通过产业链金融服务更好地服务集团主业，修复疫情冲击下的产业链，2020年度行业合计服务产业链小微企业客户数达22 134家，小微企业境内贷款余额为4 189.87亿元，较2019年上涨24.16%。

六、金融租赁公司

金融租赁公司是以资金融通为目的，以租赁业务为载体的非银行金融机构。与之相对应的实物租赁公司，主要从事的业务是经营性租赁业务。根据2014年发布的《金融租赁公司管理办法》，金融租赁公司是指经银监会（现“国家金融监督管理总局”）批准，以经营融资租赁业务为主的非银行金融机构。经营融资租赁业务的金融机构，通过融物的形式发挥融资的作用，实现了融资与融物的有效结合。租赁公司所经营的租赁业务可划分为融资租赁、经营租赁和综合租赁三大类，当前以融资租赁为主。

根据中国银行业协会发布的《中国金融租赁行业发展报告（2022）》，截至2022年年末，金融租赁公司总资产规模达3.78万亿元，同比增长5.60%；租赁资产余额3.64万亿元，同比增长9.27%。其中，经营租赁资产余额6 656.94亿元，同比增长20.16%。

实践操作 3-1

利用业余时间走访不少于三家商业银行、非银行金融机构，留下影像资料，并完成对走访的非银行金融机构基本业务的介绍和说明。

任务四　金融监管机构

金融监管机构是根据法律规定对一国的金融体系进行监督管理的机构。其职责包括：按照规定监督管理金融市场；发布有关金融监督管理和业务的命令和规章；监督管理金融机构的合法合规运作等。目前，我国金融业实行分业经营、分业监管。金融监管机构包括“一行一总局一会”，即中国人民银行、国家金融监督管理总局、中国证券监督管理委员会。

一、国家金融监督管理总局

2023年3月，中共中央、国务院印发了《党和国家机构改革方案》，决定在中国银行保险监督管理委员会基础上组建国家金融监督管理总局。国家金融监督管理总局统一负责除证券业之外的金融业监管，强化机构监管、行为监管、功能监管、穿透式监管、持续监管，统筹负责金融消费者权益保护，加强风险管理和防范处置，依法查处违法违规行为；中国人民银行对金融控股公司等金融集团的日常监管职责、有关金融消费者保护职责，中国证券监督管理委员会的投资者保护职责划入国家金融监督管理总局。国家金融监督管理总局是国务院直属机构。

在此之前，经历了中国银行业监督管理委员会、中国银行保险监督管理委员会两个历史时期。

（一）中国银行业监督管理委员会时期

2003年3月，为统一监督管理银行业金融机构，维护银行业的合法、稳健运行，第十届全国人民代表大会第一次会议批准了《国务院机构改革方案》，设立中国银行业监督管理委员会。中国银行业监督管理委员会是国务院直属正部级事业单位。

根据《国务院办公厅关于印发中国银行业监督管理委员会主要职责内设机构和人员编制规定的通知》（国办发〔2003〕30号），中国银行业监督管理委员会的主要职责是：

（1）制定有关银行业金融机构监管的规章制度和办法；起草有关法律和行政法规，提出制定和修改的建议。

（2）审批银行业金融机构及其分支机构的设立、变更、终止及其业务范围。

（3）对银行业金融机构实行现场和非现场监管，依法对违法违规行为进行查处。

（4）审查银行业金融机构高级管理人员任职资格。

（5）负责统一编制全国银行业金融机构数据、报表，抄送中国人民银行，并按照国家有关规定予以公布。

（6）会同财政部、中国人民银行等部门提出存款类金融机构紧急风险处置的意见和建议。

（7）负责国有重点银行业金融机构监事会的日常管理工作。

（8）承办国务院交办的其他事项。

2018年3月，第十三届全国人民代表大会第一次会议批准了《国务院机构改革方案》，不再保留中国银行业监督管理委员会。

（二）中国银行保险监督管理委员会时期

2018年3月13日，在中国共产党第十三届全国人大一次会议中通过的国务院机构改革方案中，将中国银行业监督管理委员会、中国保险监督管理委员会合并，组建中国银行保险监督管理委员会，2018年4月8日正式挂牌，是国务院正部级直属事业单位。机构改革方案说明如下：金融是现代经济的核心，必须高度重视防控金融风险、保障国家金融安全。为深化金融监管体制改革，解决现行体制存在的监管职责不清晰、交叉监管和监管空白等问题，强化综合监管，优化监管资源配置，更好地统筹系统重要性金融机构监管，逐步建立符合现代金融特点、统筹协调监管、有力有效的现代金融监管框架，守住不发生系统性金融风险的底线。方案提出，将中国银行业监督管理委员会和中国保险监督管理委员会的职责整合，组建中国银行保险监督管理委员会，作为国务院直属事业单位。其主要职责是，依照法律法规统一监督管理银行业和保险业，维护银行业和保险业合法、稳健运行，防范和化解金融风险，保护金融消费者合法权益，维护金融稳定。将中国银行业监督管理委员会和中国保险监督管理委员会拟订银行业、保险业重要法律法规草案和审慎监管基本制度的职责划入中国人民银行。不再保留中国银行业监督管理委员会、中国保险监督管理委员会。

中国银行保险监督管理委员会的主要职责包括以下15条：

（1）依法依规对全国银行业和保险业实行统一监督管理，维护银行业和保险业合法、稳健运行，对派出机构实行垂直领导。

（2）对银行业和保险业改革开放和监管有效性开展系统性研究。参与拟订金融业改革发展战略规划，参与起草银行业和保险业重要法律法规草案以及审慎监管和金融消费者保护基本制度。起草银行业和保险业其他法律法规草案，提出制定和修改建议。

（3）依据审慎监管和金融消费者保护基本制度，制定银行业和保险业审慎监管与行为监管规则。制定小额贷款公司、融资性担保公司、典当行、融资租赁公司、商业保理公司、地方资产管理公司等其他类型机构的经营规则和监管规则。制定网络借贷信息中介机构业务活动的监管制度。

（4）依法依规对银行业和保险业机构及其业务范围实行准入管理，审查高级管理人员任职资格。制定银行业和保险业从业人员行为管理规范。

（5）对银行业和保险业机构的公司治理、风险管理、内部控制、资本充足状况、偿付能力、经营行为和信息披露等实施监管。

（6）对银行业和保险业机构实行现场检查与非现场监管，开展风险与合规评估，保护金融消费者合法权益，依法查处违法违规行为。

（7）负责统一编制全国银行业和保险业监管数据报表，按照国家有关规定予以发布，履行金融业综合统计相关工作职责。

（8）建立银行业和保险业风险监控、评价和预警体系，跟踪分析、监测、预测银行业和保险业运行状况。

（9）会同有关部门提出存款类金融机构和保险业机构紧急风险处置的意见和建议并组织实施。

（10）依法依规打击非法金融活动，负责非法集资的认定、查处和取缔以及相关组织协调工作。

（11）根据职责分工，负责指导和监督地方金融监管部门相关业务工作。

（12）参加银行业和保险业国际组织与国际监管规则制定，开展银行业和保险业的对外交流与国际合作事务。

（13）负责国有重点银行业金融机构监事会的日常管理工作。

（14）完成党中央、国务院交办的其他任务。

（15）职能转变。围绕国家金融工作的指导方针和任务，进一步明确职能定位，强化监管职责，加强微观审慎监管、行为监管与金融消费者保护，守住不发生系统性金融风险的底线。按照简政放权要求，逐步减少并依法规范事前审批，加强事中事后监管，优化金融服务，向派出机构适当转移监管和服务职能，推动银行业和保险业机构业务和服务下沉，更好地发挥金融服务实体经济功能。

二、中国证券监督管理委员会

1992年10月，国务院证券委员会（简称国务院证券委）和中国证券监督管理委员会（简称“中国证监会”）宣告成立，标志着中国证券市场统一监管体制开始形成。1997年11月，中央召开全国金融工作会议，决定对全国证券管理体制进行改革，将原来由中国人民银行监管的证券经营机构划归中国证监会统一监管。1998年4月，根据国务院机构改革方案，决定将国务院证券委与中国证监会合并。经过这些改革，基本形成了集中统一的全国证券监管体制。1999年7月1日，《中华人民共和国证券法》（以下简称《证券法》）正式实施。

中国证监会现为国务院直属机构，依照法律、法规和国务院授权，统一监督管理全国证券期货市场，维护证券期货市场秩序，保障其合法运行。

中国证监会设在北京，现设主席1名，纪检组长1名，副主席4名，主席助理2名；机关内设21个职能部门，1个稽查总队，3个中心；根据《证券法》的规定，中国证监会还设有股票发行审核委员会，委员由中国证监会专业人员和所聘请的会外有关专家担任。中国证监会在省、自治区、直辖市和计划单列市设立36个证券监管局，以及上海、深圳证券监管专员办事处。

2004年8月修订的《证券法》规定，证监会的职责是依法对证券市场实行监督管理，维护证券市场秩序，保障其合法运行。具体来说，证监会的职责主要包括：制定有关证券市场监督管理的规章、规则，并依法行使审批或者核准权；对证券的发行、交易、登记、托管、结算进行监督管理；对证券发行人、上市公司、证券交易所、证券公司以及中介公司等机构的证券业务活动进行监督管理；制定从事证券业务人员的资格标准和行为准则，并监督实施；监督检查证券发行和交易的信息公开情况；对违反证券市场监督管理法律、行政法规的行为进行查处等。

案例探析 3-2

丝路基金和亚投行助力“一带一路”

做大工程项目的，要在两方面打好基础：“资”和“知”，“资”是指资金，“知”是指知识。在“一带一路”建设上，中国在“资”和“知”这两方面已经做好充足准备，丝路基金和亚投行就是“资”的重要来源。

从“一带一路”沿线国家发展情况来看，大多数为发展中国家，这也意味着前期需要围绕基础设施进行建设，资金短缺、融资难等方面的问题就此出现。作为“一带一路”建设的重要资金来源，丝路基金和亚投行可谓是黄金搭档。从两者的性质来看，它们能够为不同的项目方提供不同的资金组合方式。从字面上看，基金通常会通过股权形式参与重要项目，银行更多会采用债权模式，两者同时还会衍生出更多的资金募集方式，为“一带一路”的项目建设揽到更多资金。

从整体来看，亚投行的资金来源主要是各国政府出资，是一种政府行为；丝路基金相比之下更显民间化。

丝路基金以中国国有资本为主导，主要业务是股权投资。丝路基金以“一带一路”为契机盘活民间资本参与国际合作。也就是说，丝路基金是一个重要杠杆，能够撬动大量的民间资本，让民间资本有机会参与分享“一带一路”带来的收益。

在2017年5月14日至15日举办的“一带一路”国际合作高峰论坛上，国家主席习近平宣布中国将加大对“一带一路”建设的资金支持，向丝路基金新增资金1 000亿元人民币。一方面，这意味着丝路基金的前期工作取得进展，需要吸收更多的资金为未来的项目提供融资服务。从2014年建立到2017年第一季度，丝路基金已签约15个项目，承诺投资金额累计约60亿美元。随着“一带一路”后期的继续发展，丝路基金的投资金额将继续增加，1 000亿元的人民币资金将有助于基金寻找、投向更多的国际优质项目，同时撬动更多的民间资源。根据有关数据，丝路基金参与项目涉及总投资额已达800亿美元，这显示出丝路基金的强大影响力。另一方面，新增1 000亿元人民币而非美元，意味着丝路基金未来很有可能减少对外汇的依赖，直接使用人民币投资，借助“一带一路”的契机推动人民币国际化。

可见丝路基金不仅是为“一带一路”提供融资的工具，而且是能够盘活民间资本、提升人民币国际化水平、撬动相关产业的重要金融工具。

相比丝路基金为民服务的作用，亚投行扮演的角色是一座拉近各国之间距离的桥梁。除了许多“一带一路”沿线国家共同参与亚投行建设外，还有包括南美洲、非洲等国家的参与。通过这种方式，亚投行在参与“一带一路”项目时，所属成员方为了自身利益最大化，自然会在其国内排除一切障碍，提供相应的支撑、协助，以便于亚投行在项目中的运作。

如今，丝路基金和亚投行共同在“一带一路”的建设上发挥积极作用，我国未来还很有可能设立新的机构、金融工具来应对相关国家在“一带一路”建设中投融资供给能力不足的难题。这些新的机构、金融工具也将会和丝路基金、亚投行合作，发挥更大作用。

资料来源：宋清辉．丝路基金和亚投行助力“一带一路”[N]．证券日报，2017-05-20.

思考讨论：

通过网络搜索等手段了解“亚投行”和“丝路基金”两个机构的基本情况，并分小组完成对两个机构建立的意义以及发展最新情况的说明。

【金融微课堂】

金融机构是一种相对特殊的社会组织，与普通企业随着经营发展情况而设立、倒闭不同，金融机构不能随意设立，更不能随意倒闭。这是为什么呢？

项目小结

1.金融机构的定义有狭义和广义之分。狭义的金融机构是指专门从事货币信用活动的中介组织，能够提供特定金融产品和服务。广义的金融机构则不仅包括所有从事金融活动的中介组织，还包括金融市场的监管者。

2.金融机构分类：按照金融机构的管理地位，可划分为金融监管机构与接受监管的金融企业；按照是否能够接受公众存款，可划分为存款性金融机构与非存款性金融机构，存款性金融机构主要通过存款形式向公众举债而获得其资金来源，非存款性金融机构则不得吸收公众的储蓄存款；按照是否担负国家政策性融资任务，可划分为政策性金融机构和非政策性金融机构；按照是否属于银行系统，可划分为银行金融机构和非银行金融机构。

3.中央银行是一国金融机构体系的核心和主导环节，是专门从事货币发行，负责制定和执行国家货币金融政策，调节货币供给、货币流通与信用活动，实行金融监管的特殊金融部门。中央银行是国家最高的货币金融管理组织机构，在各国金融体系中居于主导地位。中央银行是发行的银行、银行的银行、政府的银行。

4.商业银行是金融机构体系中的骨干和核心，在银行体系乃至金融体系中具有其他金融机构所不能替代的基础和主体地位。我国商业银行是以办理存贷款和转账结算为主要业务，以营利为主要经营目标，经营货币的金融企业。

5.政策性银行主要是指由政府设立、不以营利为目标，专门为贯彻并配合政府社会经济政策或意图，在特定的业务领域内，从事政策性融资活动，协助政府发展经济，进行宏观经济管理的金融机构。我国于1994年相继成立了三家政策性银行，即国家开发银行、中国进出口银行、中国农业发展银行，均直属国务院领导。

6.专业银行是指专门经营指定范围内业务和提供专门性金融服务的银行，是社会分工在金融业的表现，是市场经济发展的产物。

7.非银行金融机构是指不以吸收存款为主要资金来源，一般通过发行证券或以契约的方式筹集资金，主要从事投资和提供特色金融服务的金融机构。我国的非银行金融机构主要有保险公司、证券公司、信托投资公司、基金管理公司、企业集团财务公司、金融租赁公司等。

8.金融监管机构是根据法律规定对一国的金融体系进行监督管理的机构。其职责包括：按照规定监督管理金融市场；发布有关金融监督管理和业务的命令和规章；监督管理金融机构的合法合规运作等。目前，我国金融业实行分业经营、分业监管。金融监管机构包括“一行一总局一会”，即中国人民银行、国家金融监督管理总局、中国证券监督管理委员会。

关键概念

金融机构　中央银行　商业银行　政策性银行　保险公司　证券公司　基金管理公司　金融监管机构

项目训练

一、单项选择题

1.以下不属于金融机构的是（　　）。

A.信托投资公司　B.汽车金融公司　C.企业集团财务公司

D.支付宝（中国）网络技术有限公司　E.基金管理公司

2.以下属于银行业存款类金融机构的是（　　）。

A.证券公司　B.保险公司　C.农村信用合作社

D.基金管理公司　E.贷款公司

3.（　　）垄断货币发行权。

A.中央银行　B.商业银行　C.国务院　D.财政部

4.我国的中央银行是（　　），肩负“制定和执行货币政策，维护金融稳定，提供金融服务”三大支柱职能。

A.中国银行　B.中国人民银行　C.国家开发银行　D.中国进出口银行

5.（　　）是金融机构体系中的骨干和核心，在银行体系乃至金融体系中具有其他金融机构所不能替代的基础和主体地位。

A.中央银行　B.政策性银行　C.商业银行　D.金融监管机构

二、多项选择题

1.以下属于我国大型商业银行的有（　　）。

A.中国银行　B.中国农业银行　C.中国建设银行

D.中国工商银行　E.交通银行　F.中国光大银行

2.目前，我国农村中小金融机构主要有（　　）。

A.农村信用社　　B.农村商业银行　　C.农村合作银行　　D.村镇银行

3.我国于1994年相继成立了三家政策性银行，即（　　）。

A.中国农业银行　　B.中国农业发展银行

C.中国进出口银行　　D.国家开发银行

4.按保险公司业务类型分类，可以分为（　　）。

A.人身保险公司　　B.财产保险公司　　C.原保险公司　　D.再保险公司

5.证券公司的主要业务包括（　　）。

A.证券经纪业务　　B.证券投资咨询业务

C.证券承销与保荐业务　　D.证券自营业务

三、判断题

1.非金融机构提供支付服务，应当依据相关规定取得“支付业务许可证”，成为支付机构。（　　）

2.商业银行以“安全性、流动性、效益性”为经营原则，实行自主经营，自担风险，自负盈亏，自我约束。（　　）

3.保险人可以兼营人身保险业务和财产保险业务。（　　）

4.融资融券业务是指证券公司向客户出借资金，使它们得以用资金购买上市证券或者出借上市证券供它们卖出，而证券公司则收取担保物。（　　）

5.企业集团财务公司可以吸收活期存款、发行债券，开展同业拆借。（　　）

四、简答题

1.我国的非银行金融机构包括哪些？

2.请以身边的金融机构为例，列举哪些属于银行金融机构。

3.我国的金融监管机构包括哪些？

五、实践应用题

张家港市举行金融机构优秀案例评选活动

2017年7月8日下午，由市政府主办、市金融办承办的“苏州综合金融服务平台”张家港市金融机构优秀案例评选现场评比活动在星海剧场举行。苏州市相关领导出席活动。

自“苏州综合金融服务平台”2015年10月上线以来，张家港市共有2 130家企业登录该平台，累计发布融资需求2 799项，已解决2 252项，需求解决率超过80%，张家港市平台授信总规模累计达461.43亿元，放款累计达329.59亿元，均列苏州大市第一，平台特色“信保贷”产品已累计发放7.68亿元，平台的良好口碑和影响力逐步扩大。

参加优秀案例评选的张家港市16家金融单位围绕“苏州综合金融服务平台”，创新产品、创新服务，充分展示了金融人为企业贴心服务的风采。经过激烈的角逐，张家港农商银行等5家银行获得金奖。

“6月下旬，市金融办启动了‘苏州综合金融服务平台’张家港市金融机构优秀案例评选活动，经过自主申报、微信投票等环节，共有16个优秀案例脱颖而出，参加了这次展示。”市金融办主任李秋菊说，希望通过评选进一步扩大平台的知名度和品牌效应，让更多的企业主动加入平台，享受到平台的政策红利；同时，也引导金融机构全面提升服务意识和专业水平，用更优质的产品、更优惠的利率、更到位的服务，全力助推张家港市企业转型升级、创新发展。

资料来源：佚名. 张家港市举行金融机构优秀案例评选活动［EB/OL］.［2017-07-10］. https：//www.zjg.gov.cn/zjg/gcyw/201707/d9301bc2134f45ea9051feba3a230b86.shtml.

要求：阅读讨论以上案例，分析金融机构优秀案例评选的利弊各有哪些。

项目四 金融市场

学习目标

1.知识目标

了解金融市场的各个组成要素和金融市场的分类；熟练掌握金融市场的基本概念、功能与作用；掌握货币市场、资本市场的内涵及主要金融工具等。

2.能力目标

具备辨析各类金融市场的能力；具备掌握金融市场运行和风险自我管理的能力；具备基本的理财能力。

3.素质目标

具备按照各类市场规则进入市场交易（或是模拟交易）的操作能力；具备对各类市场风险的防范和自我管理的操作能力；具备现代国民应有的基本理财操作能力和技巧。

思维导图

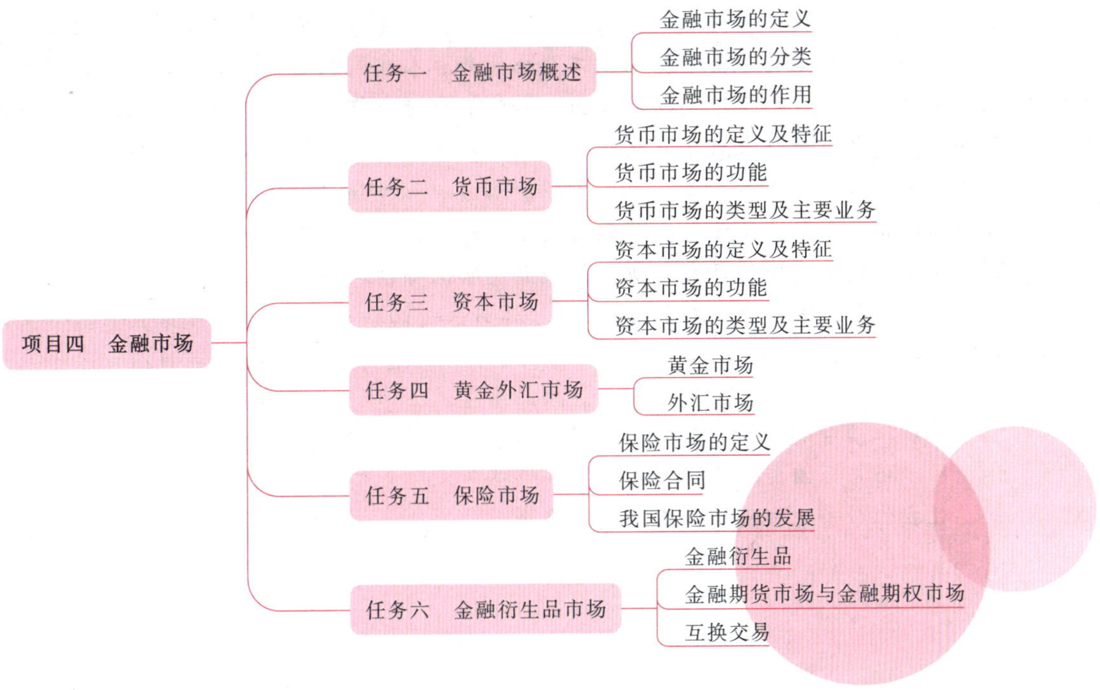

案例导入

国际金融中心——纽约

纽约是最重要的国际金融中心之一。纽约金融市场在国际金融领域中的地位在第二次世界大战以后进一步加强。美国凭借其在战争时期发展起来的强大经济和金融实力，建立了以美元为中心的资本主义货币体系，使美元成为世界上最主要的储备货币和国际清算货币。西方资本主义国家和发展中国家的外汇储备中大部分是美元资产，这些资产存放在美国，由纽约联邦储备银行代为保管。一些外国官方机构持有的部分黄金也存放在纽约联邦储备银行。纽约联邦储备银行作为贯彻执行美国货币政策及外汇政策的主要机构，在金融市场的活动直接影响到市场利率和汇率的变化，对国际市场利率和汇率的变化有着重要影响。世界各地的美元买卖，包括欧洲美元、亚洲美元市场的交易，特别是通过纽约的商业银行办理收付、清算和划拨，都必须在美国，因此，纽约成为世界美元交易的清算中心。此外，美国外汇管制较松，资金调动比较自由。在纽约，不仅有许多大银行，而且商业银行、储蓄银行、投资银行、证券交易所及保险公司等金融机构云集，许多外国银行也在纽约设有分支机构。这些都为纽约金融市场的进一步发展创造了条件，强化了它在国际金融领域的地位。

纽约金融市场按交易对象划分，主要分为外汇市场、货币市场和资本市场。纽约外汇市场是美国也是世界上最主要的外汇市场之一。纽约外汇市场并无固定的交易场所，所有的外汇交易都是通过电话、电报和电传等通信设备，在纽约的商业银行与外汇市场经纪人之间进行。这种联络就组成了纽约银行间的外汇市场。此外，各大商业银行都有自己的通信系统，与该行在世界各地的分行外汇部门保持联系，又构成了世界性的外汇市场。由于世界各地的时差关系，各外汇市场开市时间不同，纽约大银行与世界各地外汇市场可以昼夜保持联系，因此，它在各国间的套汇活动几乎可以立即完成。

纽约货币市场即纽约短期资金的借贷市场，是资本主义世界主要货币市场中交易量最大的一个。除纽约市金融机构、工商企业和私人在这里进行交易外，每天还有大量短期资金从美国和世界各地涌入和流出。和外汇市场一样，纽约货币市场也没有一个固定的场所，交易都是供求双方直接或通过经纪人进行的。纽约资本市场是世界上最大的经营中、长期借贷资金的资本市场，可分为债券市场和股票市场。在美国，有 10 多家证券交易所按证券交易法注册，被列为全国性的交易所。其中，纽约证券交易所、纳斯达克证券交易所和美国证券交易所规模较大，它们都设在纽约。

资料来源：佚名．纽约金融市场［EB/OL］．［2020-03-20］．https：//www.taodocs.com/p-345121824.html.

思考讨论：

对比纽约金融市场，我国上海建立国际金融中心的过程中有哪些方面可以借鉴？我国金融市场与美国金融市场相比还存在哪些不足？

让我们带着这些问题，走进金融市场。

任务一 金融市场概述

能够实现高效配置资源是一个国家经济发展的重要保证，而在所有资源中，资金的地位最为重要，因此，高效、合理地配置资金对一国经济的发展具有十分重要的意义。金融市场是实现资金融通的场所，通过参与金融市场活动，各经济主体能够实现调剂资金余缺的目的，也使资金配置更趋合理化。

一、金融市场的定义

市场，是提供资源流动和资源配置的场所。在市场中，依靠价格的信号，引领资源在不同部门之间流动并实现高效的资源配置。一个好的市场可以帮助社会资源实现最佳配置。

金融市场是资金供求双方借助金融工具进行各种货币资金交易活动的市场，是以金融资产为交易对象而形成的供求关系及其机制的总和。具体来说，金融市场包含了以下三个层次：第一，金融市场分为有形市场和无形市场两种形态。有形的市场如证券交易所，无形的市场即交易者分散在不同地点（机构）或采用电信手段进行交易的市场，如外汇交易员通过网络构成的看不见的市场进行资金的调拨。第二，金融市场反映了金融资产的投资者和筹资者之间所形成的供求关系，揭示了资金从集中到传递的过程。第三，金融市场包含了金融资产交易过程中所产生的各种运行机制，其中最主要的是价格（包括利率、汇率及各种证券的价格）机制，它揭示了金融资产的定价过程，说明了如何通过这些定价过程在市场的各个参与者之间合理地分配风险和收益。

总的来说，金融市场将投资者和筹资者联系起来，投融资双方因此扩大了接触机会，增加了投融资途径，降低了融资成本，提高了资金使用率。可以说，金融市场的存在极大地促进了社会生产的发展。更为重要的是，通过金融资产的交易，金融市场的定价功能会自然地将资金导向效率更高的领域，最终可以起到优化资源配置的作用。

教学互动 4-1

金融工具，又称交易工具，是指在金融市场中可交易的金融资产。它可以分为两大类：一类是现金等价物，其特点是高流动性，主要包括银行存款、货币市场基金等；另一类是其他金融资产，主要包括股票、债券、金融衍生品等，它们是由于投资者的投资行为而产生的资产。

根据上述概念，请说说你或你的家庭拥有哪些金融资产。

二、金融市场的分类

金融市场是一个大系统，包罗了许多具体的、相互独立但又紧密联系的市场，根据金融交易的对象、方式、条件、期限等要素的不同，可将金融市场作如下分类：

（一）按融资交易期限的长短划分

按融资交易期限的长短划分，金融市场可以分为短期金融市场（即货币市场）和长期金融市场（即资本市场）。

货币市场，是指期限在一年以内的短期资金的融通市场，包括短期存单、短期债券、票据贴现等。这类金融工具主要用于短期周转，解决市场主体的临时性、短期性资金需求，具有期限短、流动性强和风险小的特点。

资本市场，则主要指供应期限在一年以上的中长期资金市场，包括股票、债券、长期资金借贷等。长期资金大都参与社会再生产过程，主要满足企业的中长期资金需求和政府弥补财政赤字的资金需要。这类金融资产的偿还期长、风险大、流动性较低，但可以给持有者带来长期较稳定的收入。

（二）按金融交易标的物的不同划分

按金融交易标的物的不同划分，金融市场可分为货币市场、资本市场、外汇市场、黄金市场和保险市场等。

外汇市场是指专门买卖外汇的场所，从事各种外币或以外币计价的票据及有价证券的交易。外汇市场按其含义有广义和狭义之分。狭义的外汇市场指的是银行间的外汇交易，广义的外汇市场是指由各国中央银行、外汇银行、外汇经纪人及客户组成的外汇买卖、经营活动的总和。

黄金市场是专门集中进行黄金等贵金属买卖的交易中心或场所。和货币不同的是，黄金是一种独立的资源而不受限于任何国家，因其价值高，长久以来一直是热门的投资工具。在通货膨胀时期，人们通常会储备黄金，社会动荡或发生战争也会促使人们储备黄金。

保险市场是一种特殊形式的金融市场，它以保险单的发行和转让为交易对象，实现因意外灾害事故所造成的财产和人身损失的补偿。

（三）按证券交易的程序划分

按证券交易的程序划分，金融市场可以分为发行市场和流通市场。

发行市场，也称一级市场、初级市场，是新证券发行的市场。初级市场是二级市场的基础和前提，没有初级市场就没有二级市场。

流通市场，也称二级市场，是已经发行、处在流通中的证券的买卖市场。二级市场是初级市场存在与发展的重要条件之一，在二级市场上买卖双方的交易活动使得金融资产的流动性大大增强，促进了经济的繁荣。

（四）其他形式的划分

按照融资方式的不同，金融市场可划分为直接金融市场与间接金融市场。直接金融市场是指资金供给者直接向资金需求者进行融资的市场。间接金融市场是指以银行等信用中介金融机构为媒介，来进行资金融通的市场。

按金融交易中交割的期限不同，金融市场可以划分为现货市场和期货市场。在现货市场中，买卖活动成交后的若干个交易日（一般为3天）立即付款交割。而在期货市场，则买卖活动成交后按合约规定在指定日期付款交割。

按金融市场发挥作用的地域范围来划分，金融市场又可分为国际金融市场和国内金融市场。国际金融市场，由经营国际货币业务的金融机构组成，是金融资产的交易跨越国界而形成的市场，其经营内容包括资金借贷、外汇买卖、证券买卖、资金交易等。国内金融市场，由国内金融机构组成，金融交易的作用范围仅限于一国之内。

实践操作 4-1

请通过查找资料，了解中国和东盟在金融合作方面开辟了哪些市场，并在课堂上进行分享和讨论。

三、金融市场的作用

金融市场与技术市场、信息市场、房地产市场、旅游服务市场、消费品市场、生产资料市场、劳动力市场等各类市场相互联系，相互依存，共同形成了统一市场的有机整体。金融市场在整个市场相互依存体系中具有特殊的地位，是联系其他市场的纽带。因为在现代市场经济中，无论是消费资料、生产资料的买卖，还是技术和劳动力的流动等，各种市场的交易活动都要通过货币的流通和资金的运动来实现，都离不开金融市场的密切配合。从这个意义上说，金融市场的发展对整个市场体系的发展起着举足轻重的作用。这种作用主要表现在以下四个方面：

（一）资金集聚的作用

在社会总储蓄向总投资的转化过程中，金融市场充当了资金供给者和需求者之间的中介。金融市场进行资金集聚有两种途径：一是将分散、沉淀于居民手中的消费性货币聚集起来转化为生产性货币，为经济发展提供资金来源；二是把分散、闲置于各企业的不能形成投资规模的小额生产资金聚集起来，形成具有一定投资能力的巨额资金，促进经济发展。

（二）资源配置的作用

金融市场通过严格监管、规范运作，提供相对充分的信息，有利于及时发现公正的市场价格，在竞争的基础上，一方面把资金配置给效率高的企业和经营能力强的经理层，另一方面淘汰那些劣质企业和能力差的经营者，最终使有限的社会资金流向使用效率最大化的方向，真正实现资源的优化配置。

（三）风险分散的作用

在市场中，各种风险无时无处不在，使投资者遭受经济损失。由于未来总是不确定的，人们无法消除风险，只能尽量分散风险。而金融市场多种商品和投资形式，使投资者有了更多的选择余地，能满足不同的投资需求，以便控制风险，获取相应的收益。

（四）宏观调控的作用

金融市场对宏观经济具有重要的调节作用，中央银行通过金融市场，运用存款准备金制度、再贴现政策和公开市场业务三大货币政策工具，向金融市场注入资金或从中抽回资金，其直接的作用结果是引起货币流量和流向的变动，从而影响国民经济的各个部门，导致国民经济局部或整体变动，达到国家宏观调控经济的目的。此外，财政政策的实施也和金融市场紧密相联，政府通过国债的发行与运用，对宏观经济进行引导和调节。

教学互动 4-2

假如你有一笔闲钱，你会将钱存入银行还是进行股票投资呢？说说你的选择及理由。

任务二 货币市场

一、货币市场的定义及特征

货币市场又称短期金融市场，是指以期限在一年以内的金融工具为媒介进行短期资金融通的市场。与资本市场相比较，货币市场具有以下明显的特征：

第一，交易期限短。在货币市场上交易的金融工具，一般期限较短，最短的交易期限只有半天，大多在3~6个月，最长的不超过一年。交易期限短是货币市场交易对象最基本的特征。这是因为货币市场资金来源于暂时闲置资金，一般用于弥补流动性资金的临时不足，交易的主要目的是满足短期资金周转的需要，不需要很长的交易期限。

第二，流动性强。由于货币市场上的金融工具交易期限短，交易的金融工具有较强的流动性，交易对象随时都可以在市场上转换成现金或其他更接近于货币的金融工具。

第三，风险相对较小。货币市场交易对象的期限短、流动性强，不确定因素相对较少，参与交易的各方遭受损失的可能性很小，所以风险较小。

二、货币市场的功能

货币市场在经济生活中发挥的功能主要体现在三个方面：

（一）短期资金融通功能

任何个人、机构及政府的资金流入和流出在时间和数量上不可能恰好完全一致。无论是居民个人、工商企业、金融机构，还是政府，其收入和支出在时间和数量上的不一致，都会导致其在短时期内存在货币资金的盈余或短缺。对暂时性资金短缺者来说，货币市场为其融入短期资金提供了融资渠道；对暂时性资金盈余者而言，货币市场为其暂时闲置的资金提供了获利渠道；对整个社会再生产过程来说，货币市场调剂了资金供求，提高了经济的效率。短期资金融通功能是货币市场最基本的功能。

（二）管理功能

货币市场的管理功能主要是指通过其业务活动的开展，促使微观经济行为主体加强自身管理，提高经营水平和盈利能力。

首先，同业拆借市场、证券回购市场等有利于商业银行业务经营水平的提高和利润最大化目标的实现。同业拆借和证券回购是商业银行在货币市场上融通短期资金的主渠道。充分发达的同业拆借市场和证券回购市场可以适时有度地调节商业银行准备金的盈余和亏缺，使商业银行无须为了应付提取或兑现而保有大量的超额准备金，从而将各种可以用于高收益的资产得以充分运用，可谓“一举两得”。为此，商业银行要运用科学的方法进行资金的流动性管理，这使商业银行资产负债管理跃上一个新的台阶。

其次，票据市场有利于以营利为目的的企业加强经营管理，提高自身信用水平。只有信誉优良、经营业绩良好的主体才有资格签发票据并在发行、承兑、贴现各环节得到社会的认可和接受，所以，试图从票据市场上获得短期资金来源的企业必须是信誉优良的企业，而只有管理科学、效益优良的企业才符合这样的条件。

（三）政策传导功能

政府参与货币市场运作，经常以双重身份出现，既是货币市场上重要的交易主体，又是监管者和调节者。例如，一国中央银行运用再贴现、法定存款准备金、公开市场业务等货币政策工具来影响市场利率和调节货币供应量以实现宏观经济调控目标。当然，政府通过货币市场进行调控是否有效，关键还要看市场传导过程是否完整。

三、货币市场的类型及主要业务

根据交易对象的不同，货币市场可分为同业拆借市场、票据市场、短期债券市场、大额可转让定期存单市场、回购协议市场等。

（一）同业拆借市场

同业拆借是指具有法人资格的金融机构及经法人授权的非法人金融机构、分支机构之间进行短期资金融通的行为，目的在于弥补银行短期资金的不足、票据清算的差额以及解决临时性资金短缺需要。同业拆借市场，是指金融机构之间以货币借贷方式进行短期资金融通的市场。

同业拆借的市场要素主要包括以下几种：

（1）交易内容。随着金融市场的发展，同业拆借市场的参与者也开始呈现出多样化的格局，交易对象不仅限于商业银行的准备金，还包括商业银行相互间的存款以及证券交易商和政府拥有的活期存款。拆借的目的除满足准备金要求外，还包括轧平票据交换的差额，解决临时性、季节性的资金要求等。但它们的交易过程都是相同的。

（2）市场的主体。同业拆借市场的参与者主要是商业银行，非银行金融机构也是同业拆借市场上的参与者。在同业拆借市场中，既可以通过市场中介交易，也可以直接联系交易。

（3）拆借期限与利率。同业拆借市场的拆借期限短至隔夜或1～2天，最长不超过1个月。同业拆借交易的利率为“拆息率”，拆息率每天不同，甚至每时每刻都有变化，其高低灵敏地反映着货币市场资金的供求状况。所以，该利率又称基础利率。

（二）票据市场

票据市场指的是在商品交易和资金往来过程中产生的以票据作为金融工具，通过汇票、本票和支票的发行、担保、承兑、贴现、转贴现、再贴现等方式进行融资活动的一种短期资金市场。根据票据发行人的不同，票据市场主要可分为商业票据市场和银行承兑汇票市场。商业票据市场是指买卖业绩卓著而极有信誉的工商企业所发出的期票的市场；银行承兑汇票市场是专门交易银行承兑汇票的市场，因票据经银行承兑，其信用风险较小。

（三）短期债券市场

短期债券市场是以短期债券作为金融工具，通过短期债券的发行和流通转让进行融资活动的一种短期资金市场。短期债券市场的金融工具主要有短期政府债券、短期金融债券和企业短期融资债券。但一般来说，短期债券市场主要指的是国库券市场。

知识链接 4-1　　国库券

国库券（Treasury Securities）是国债的一种，又称短期国债（期限在1年以内），是指国家财政当局为弥补国库收支不平衡而发行的一种政府债券。因国库券的债务人是国家，其还款保证是国家财政收入，所以它几乎不存在信用违约风险，是金融市场风险最小的信用工具。国库券品种较多，一般可分为3个月、6个月、9个月、1年期4种，其面额起点各国不一。

国库券采用不记名形式，无须经过背书就可以流通转让。国库券是由英国经济学家、作家沃尔特·巴杰特于1877年发明的，并首次在英国发行。沃尔特认为，政府短期资金的筹措应采用与金融界早已熟悉的商业票据相似的工具。后来，许多国家都依照英国的做法，以发行国库券的方式来满足政府对短期资金的需要。在美国，国库券已成为货币市场上最重要的信用工具。

资料来源：佚名．国库券［EB/OL］．［2020-03-23］．https：//www.taodocs.com/p-345121824.html.

（四）大额可转让定期存单市场

大额可转让定期存单，是银行和储蓄机构给存款人按一定期限和约定利率计息，到期前可以流通转让和证券化的存款凭证。大额可转让定期存单产生于20世纪60年代，美国花旗银行推出第一张大额可转让定期存单，这标志着全球金融创新浪潮的开始。

与传统的定期存单相比，大额可转让定期存单具有以下特征：①定期存单记名，不可流通转让；大额可转让定期存单则不记名，可以流通转让。②定期存单金额不固定，可大可小；大额可转让定期存单金额较大，如在美国最少为10万美元，在二级市场交易单位为100万美元，在中国香港最小面额为10万港元。③定期存单利率固定；大额可转让定期存单利率既有固定的，也有浮动的，且一般来说比同期限的定期存单利率高。④定期存单可以提前支取，支取时要损失一部分贴现的利息；大额可转让定期存单不能提前支取，但是可以在二级市场流通转让。

（五）回购协议市场

回购是交易双方进行的以有价证券为权利质押的一种短期资金融通业务，也就是证券卖方在将证券出质给证券买方融入资金的同时，双方约定在将来某日期由证券卖方按约定回购利率计算的资金额向证券买方返还资金，证券买方则返还原出质证券的融资行为。这样，证券卖方便暂时获得了一笔可支配的资金，证券买方则从证券的买卖差价或利息支付中获得一笔收入。

回购协议市场的参与者主要有资金供给方、资金需求方及中介服务机构。中央银行、金融机构及非金融机构是参与回购协议市场操作的主要机构，它们既可以是资金的供应者又可以是资金的需求者。中介服务机构是指在证券回购市场中，办理交易结算和证券托管的机构。回购协议的期限大多很短，很多只有一个营业日，但是由于数额巨大，购买者的收入也很可观。

案例探析 4-1

货币市场

某证券公司刚刚用手头可以动用的全部资金购买了面值5 000万元的国债，却面临这样的状况：一家收益前景十分看好的公司将于次日上市，这家证券公司也打算以不多于5 000万元的资金购入这种股票。虽然2天后这家证券公司将有现款收入足以支付购买这种股票的款项，但次日手头上却无现钱。这时，证券公司将手中持有的5 000万元国债售出，并承诺在第三天如数购回，利率4%。此时，市场上有愿意做这笔交易的商业银行。那么，这家证券公司即可取得为期2天、利率为4%的借款。在这笔交易中，证券公司以5 000万元的总额出售国债，2天后，向该商业银行支付5 001.0958万元再把国债购回。

思考讨论：

以上交易属于货币市场的哪种类型？证券公司属于该市场的哪类参与者？

任务三 资本市场

一、资本市场的定义及特征

资本市场又称长期金融市场，是指融资期限在一年以上的中长期资金交易市场。因为在长期金融活动中，涉及资金期限长、风险大，具有长期较稳定收入，类似于资本投入，故称为资本市场。资本市场的基本功能是促进资本的形成，它有效地动员民众的储蓄，将其合理地分配于经济部门。资本市场的完善与否，影响到一国的投资水平、资源的合理分配和使用，从而影响到国民经济的协调发展。

与货币市场相比，资本市场有以下四个特点：

（1）融资期限长。资本市场上的金融工具期限为一年以上，最长的可达数十年，甚至无限期。例如，中长期债券的期限都在一年以上；封闭式基金存续期限一般都在15～30年；股票属于永久性证券，无到期日。

（2）市场交易的目的主要是解决长期投资性资金的供求需要。在资本市场上所筹措的长期资金主要用于补充固定资本，扩大生产能力，如开设新企业、扩充厂房设备及国家长期建设性项目的投资等。

（3）资金借贷量大而流动性较差。巨额的资金主要用于满足长期投资项目的需要，故流动性和变现性相对较弱。

（4）风险大而收益较高。由于融资期限较长，发生重大变故的可能性也大，市场价格容易波动，投资者需承受较大风险。同时，作为对风险的报酬，其收益也较高。

二、资本市场的功能

在现代市场经济中，资本市场之所以具有重要的地位与作用，是因为它具备并发挥着重要的功能。资本市场的主要功能体现在以下几个方面：

（一）筹资和投资功能

筹资和投资是资本市场的基本功能。一方面，对于证券发行者来说，通过资本市场发行证券可以筹集到所需的长期资金，用这些资金或补充自有资金的不足，或开发新产品、上新项目，迅速增强公司实力。另一方面，在资本市场上进行证券投资，一般都能获得较高的收益，而且各国一般都建立起了比较发达的股票债券二级流通市场。有价证券的顺利转让，提高了其流动性，所以能吸引众多的投资者，他们在踊跃购买证券的同时，向市场提供了源源不断的巨额长期资金。

（二）资本配置功能

资本市场是资源合理配置的有效场所。资本市场的产生与发展适应了社会化商品经济发展的需要，同时也促进了社会化大生产的发展。

资本市场存在强大的评价、选择和监督机制，而投资主体作为理性经济人，具有明确的逐利动机，这促使资金流向高效益部门。效益好、有发展前途的企业可根据社会需要，通过控股参股方式实行兼并和重组，发展资产一体化企业集团，开辟新的经营领域。另外，在资本市场上，通过发行债券和股票广泛吸收社会资金，其资金来源不受个别资本数额的限制，这就打破了个别资本有限、难以进入一些产业部门的障碍，从而有助于生产要素在部门间的转移和重组，实现资源的有效配置。

（三）产权功能

产权功能是资本市场的派生功能。企业介入资本市场，从各方筹集资金，必然会触及企业的产权关系，企业可以通过发行股票组建股份公司，也可以通过股份转让实现公司的重组以调整公司的经营结构和治理结构。现代企业的兼并重组离不开资本市场，各种形式的兼并重组都是通过资本市场完成的。

三、资本市场的主要业务

（一）股票市场及其业务

在资本市场上，股票是投资和投机的对象。那么，什么是股票呢？股票是股份公司在筹集资本时向出资人（投资人）公开或私下发行的、用以证明出资人的股东身份和权利，并根据持有人所持有的股份数享有权益和承担义务的凭证。股票是种有价证券，代表着其持有人（股东）对股份公司的所有权，每一股同类型股票所代表的公司所有权是相等的，即“同股同权”。与股票相关的几个概念为：股本、股份、股权、股利、股息等。

股票市场一般分为一级市场和二级市场两部分。两个市场既有区别又有联系。

1.一级市场

一级市场（Primary Market）也称发行市场（Issuance Market），是指公司直接或通过中介机构向投资者出售新发行的股票的市场。新发行的股票包括初次发行和再发行的股票，前者是公司第一次向投资者出售的原始股，后者是在原始股的基础上增加新的份额。

发行市场的交易规模反映一国资本形成的规模。股票发行的目的一是为新设立的公司筹措资金，二是为已有的公司扩充资本。发行方式有两种：①由新建企业自己发行，或要求投资公司、信托公司以及其他承销商给予适当协助。②由证券承销商承包发售。两种方式各有利弊，前者发行费用较低，但筹资时间较长。后者筹资时间较短，但费用较高，需要付给投资公司、信托公司或承销商一定的手续费。

2.二级市场

二级市场（Secondary Market）也称交易市场，是投资者之间买卖已发行股票的场所。这一市场为股票创造流动性，即随时根据自身需要，将股票变为现金资产。二级市场通常可分为有组织的证券交易所市场和场外交易市场，但也出现了具有混合特性的第三市场（The Third Market）和第四市场（The Fourth Market）。

①证券交易所市场，是专门经营股票、债券交易的有组织的市场。根据规定，只有交易所的会员、经纪人、证券商才有资格进入交易大厅从事交易活动。进入交易的股票必须是在证券交易所登记并获准上市的股票。

②场外交易市场，又称证券商柜台市场或店头市场，主要交易对象是未在交易所上市的股票。店头市场股票行市价格由交易双方协商决定。店头市场都有固定的场所，一般只做即期交易，不做期货交易。

③第三市场，是指原来在证交所上市的股票移到场外进行交易而形成的市场，即非交易所会员在交易所以外从事大笔的在交易所上市的股票交易而形成的市场。应当指出，第三市场交易属于场外市场交易，但与其他场外市场交易的主要区别是：第三市场的交易对象是在交易所上市的股票，而其他场外市场交易则是未上市的股票在交易所以外的交易。

④第四市场，是指投资者完全绕过股票经纪人，相互之间直接进行股票交易而形成的市场。由于科技迅速发展，特别是计算机和通信技术日益发达，买卖双方只需通过计算机系统终端设备就可进行交易。第四市场交易成本低、成交快、保密性好，因而具有很大的潜力。

知识链接 4-2　　我国股票发行的具体方法

一、通过发售认购证发行股票

这是指向投资人先发售认购证（或认购表），然后摇号抽签，投资人凭中签的认购证再去认购股票的方法。

1.限量发售认购证

在发售认购证之前，事先公布认购证发售的总数量，并规定每张居民身份证可购买认购证的数量，投资者排队购买。这种方式在股票严重供不应求的情况下通过时间优先原则缓解了供求矛盾。但这种发行方式也存在很多缺陷。

2.无限量发售认购证

原国家经济体制改革委员会于1993年规定的新股发行方法解决了限量发行认购证所产生的严重的供求矛盾问题。在最初的几年中，上证指数虽有所起伏，但走势疲软，市场交易清淡。

二、通过发行专项储蓄存单发行股票

我国从1993年下半年开始采用专项储蓄存单发行股票的方法。其基本程序如下：①公布股票认购办法。②公布储蓄存单与股票发售网点一览表。③公布发行股票工作有关问题的规定。④公布认购专项储蓄存单须知，进行存单认购工作。⑤公布股票专项储蓄存单发售结果。⑥公布专项储蓄存单摇号抽签办法。⑦公开进行摇号抽签工作。⑧公布中签号，中签者交款认股。

三、全额预缴、比例配售、余款即退

这种方法的具体步骤如下：①投资者按发行价格和投资者标购数量缴足所需款项。②由主承销商汇总申购总量，按发行数量与有效申购总量的比例在投资者之间进行分配。③未购股数多余款项立即退还投资者。

四、上网发行

上网发行是指投资者通过证交所计算机交易网络系统进行股票发行。

1. 上网竞价发行

由股票的购买者通过集合竞价的方式决定股票的发行价格。

2. 上网定价发行

在上网发行之前由上市公司与承销商来确定股票的发行价格。

资料来源：作者根据相关资料整理。

（二）债券市场及其业务

债券市场是资本市场的另一基本形态，其发行和交易的债务工具与权益工具有着本质的区别，因而债券市场的特点也与股票市场有所不同。

1. 债券一级市场

在一级市场上，债券的发行与股票类似，不同之处主要有发行合同书和债券评级两个方面。同时，由于债券是有期限的，因而其二级市场多了一个偿还环节。

2. 债券二级市场

债券二级市场与股票类似，也可分为证券交易所、场外交易市场、第三市场和第四市场几个层次。证券交易所是债券二级市场的重要组成部分，在证券交易所申请上市的债券主要是公司债券，但国债一般不用申请即可上市，享有上市豁免权。然而，上市债券与非上市债券相比，它在债券总量中所占的比重很小，大多数债券的交易是在场外市场进行的，场外交易市场是债券二级市场的主要形态。债券二级市场的交易机制，与股票并无差别，只是由于债券的风险小于股票，其交易价格的波动幅度也较小。

知识链接 4-3　　绿色债券在中国

在G20和其他国家的共同推动下，全球绿色债券发展迅速。2017年，绿色债券发行总量增长40%左右，达1 200亿美元，并将在未来多年保持高速增长态势。

绿色发展是“一带一路”建设的战略方向，绿色金融可充分发挥网点产品、信息和环境风险管理等优势，支持“一带一路”建设的绿色、协调、可持续发展，同时促进国内经济绿色转型。由清华大学国家金融研究院金融与发展研究中心和保尔森基金会共同主办的“一带一路与绿色金融”研讨会在北京举行。会议讨论了如何提升“一带一路”投资的绿色水平和如何促进国际资本参与“一带一路”投资等议题。“近年来，中国在金融科技和绿色金融方面的发展处于全球领先地位。中国提出的‘一带一路’倡议，通过推动投资沿线国家和地区大量基础设施项目建设，将成为未来几十年全球经济、贸易和投资增长的重要引擎之一。”清华大学副校长杨斌在会议致辞中坦言。

当前，在绿色金融领域，中国建立了比较完整的绿色金融政策体系，制定了包括绿色信贷、绿色债券、环境压力测试和环境信息披露等宏伟路线图。

资料来源：余幼婷．我国绿色债券市场全球最大 潜在市场规模将达5.4万亿元［N］．金融时报，2017-11-15.

任务四 黄金外汇市场

一、黄金市场

（一）黄金市场的定义

黄金市场是集中进行黄金买卖的交易场所。

各国对黄金的需求主要有三个方面：一是用作官方储备资产；二是用作工业原料；三是用作价值储藏。在黄金市场上买卖的黄金形式多种多样，主要有各种成色和重量的金条、金币、金丝和金叶等，其中最重要的是金条。

（二）国际黄金市场的参与者

国际黄金市场的参与者主要有国际金商，银行、对冲基金公司等金融机构，各种法人机构、私人投资者，以及在黄金期货交易中有很大作用的经纪公司。

（三）黄金市场的交易方式

1.黄金现货交易

黄金现货交易是指交易双方成交后在两个营业日内交割的一种交易方式。

2.黄金期货交易

黄金期货交易是指买卖双方按签订的合约在未来某一时间交割的一种交易方式。它又可分为套期保值交易和投机交易两种类型，前者旨在减少因金价变动带来的风险，后者则是利用金价变动来获取利益。无论采用何种交易方式，都必须通过黄金经纪人成交。

3.黄金期权交易

黄金期权是指规定按事先商定的价格、期限买卖数量标准化的黄金的权利。如果价格走势对期权买者有利，则会行使其权利而获利；如果价格走势对其不利，则放弃购买的权利，损失只有当时购买期权时的费用。

（四）世界黄金市场的分布与交易服务模式

世界黄金市场主要分布在欧、亚、北美三个区域，主要有欧洲的伦敦黄金市场、苏黎世黄金市场，亚洲的东京、中国香港和新加坡黄金市场，北美的纽约、芝加哥黄金市场。

世界各大黄金市场的交易时间，以伦敦时间为准，形成伦敦、纽约（芝加哥）、东京连续不断的黄金交易。各大黄金市场为黄金交易提供服务的机构和场所也各不相同，可分为欧式黄金交易、美式黄金交易和亚式黄金交易。

知识链接 4-4　　上海黄金交易所

上海黄金交易所（以下简称“金交所”）是经国务院批准，由中国人民银行组建，中国唯一的、专门从事黄金交易的市场，于2002年10月正式运行。

成立多年来，金交所始终坚持服务实体经济和金融市场的产业发展原则，努力为投资者提供多元化的投资渠道和丰富的产品，已逐步发展成为中国黄金市场的核心、枢纽以及全球重要的黄金、白银等贵金属交易市场。自2007年起，金交所连续9年位居全球场内黄金现货场所交易量第一。截至2019年年底，金交所会员总数为270家，其中，普通会员共计157家，包括金融类会员30家，综合类会员127家；特别会员共计113家，包括外资金融类会员8家，国际会员79家和券商、信托、中小银行等机构类的特别会员26家。国内会员单位年产金、用金量占全国的90%，冶炼能力占全国的95%；国际会员均为国际知名银行、黄金集团及投资机构。截至2019年年底，金交所机构客户有11 460户，个人客户有1 010.8万户。

近年来，金交所积极落实国家战略，服务市场需求，不断推进业务创新。2014年9月，金交所推出了“国际板”，使全球投资者可使用离岸人民币参与金交所交易，实现了国内黄金市场和国际黄金市场的有效联通。2016年1月，金交所推出国家级市场首款移动互联交易终端“易金通”，打造惠及群众的“百姓金”平台，推动黄金投资，实现便利普惠。2016年4月，交易所发布了全球首个以人民币计价的黄金基准价格——“上海金”，为黄金市场参与者提供了良好的风险管理和创新工具，加快了中国黄金市场的国际化进程。2017年3月10日，迪拜黄金与商品交易所正式挂牌以“上海金”基准价作为现金结算价的“上海金”期货合约，实现了“上海金”基准价在国际金融市场的首次应用。

资料来源：佚名. 上海黄金交易所［EB/OL］.［2020-03-10］. http：//www.sge.com.cn/jjsjs.

（五）黄金市场的职能

黄金市场不但为广大投资者增加了一种投资渠道，而且为中央银行提供了一个新的货币政策操作的工具。

1. 保值增值功能

黄金具有很好的保值增值功能，所以黄金可以作为一种规避风险的工具。其在很大程度上可分散投资风险，并为广大投资者增加一种投资渠道。

2. 货币政策功能

黄金市场为中央银行提供了一种新的货币政策操作工具，也就是说，央行可以通过买卖黄金来调节国际储备构成以及数量，从而控制货币供给。虽然黄金市场的这个作用是有限的，但是由于其对利率和汇率的敏感性不同于其他手段，从而可以作为货币政策操作的一种对冲工具。

案例探析 4-2

黄金货币金融属性的变迁

中国是最早将黄金作为货币的国家之一，最早在公元前21世纪的夏朝就将黄金作为货币使用了。殷商及西周时期，黄金作为制造装饰品的贵金属很早就为人们所喜爱。根据《春秋》《管子》等文献记载，到了春秋战国时期黄金已经具备了以下功能：第一，交换手段；第二，价值尺度；第三，国际货币（“国际”是指当时的诸侯国之间）；第四，大量用于赏赐、馈赠、贿赂。秦朝至西汉时期，黄金货币开始盛行。秦始皇统一六国以后，颁布了中国最早的货币立法，规定黄金为“上币”。西汉交易中盛行使用黄金，小宗买卖都使用铜钱，价值大的均以黄金计算，关系重大的活动都使用黄金。在此阶段，黄金充分履行着赏赐、贮藏财富以及价值尺度的职能。东汉至隋朝时期，黄金的流通作用减退，黄金愈加贵重，黄金的用途有了很大改变，用于大额支付和商品交易的情况锐减。黄金主要用于贮藏和装饰。南北朝时期，黄金制的钱币开始出现。唐宋时期，黄金货币的作用上升，唐代金银仍被视为财富宝藏，用于赏赐和馈赠、贿赂等。元朝以后，黄金货币的作用消失，纸币逐渐流行，黄金进一步淡出流通领域。尤其是明朝，曾明令禁止民间用金银交易，黄金的货币地位正式被取消，黄金主要起贮藏作用。

历史上第一个金币本位制国际货币体系是以黄金为核心本位货币。到1914年已有59个国家实行了金本位制。黄金是货币历史上第一个国际性也是最后一个本身拥有价值而又固定充当一般等价物与价值尺度的实质性货币。黄金是本位货币，是国际硬通货，可自由进出口，可支付贸易赤字，可作国内货币流通。黄金可以自由铸造、自由兑换、自由输出。第一次世界大战对金本位制带来冲击，1933年世界性经济危机时，黄金紧缺并且受到官方控制，“金本位制”彻底崩溃。各国纷纷加强了贸易管制，禁止黄金自由买卖和进出口，公开的黄金市场失去了存在的基础，伦敦黄金市场关闭。

在布雷顿森林体系中，黄金的金融属性主要体现在其货币职能方面：第一，美元与黄金直接挂钩。第二，其他会员方货币与美元挂钩，即同美元保持固定汇率关系。由于美元的逆差、黄金储备的减少以及美元过剩等原因，布雷顿森林体系暴露了其致命弱点，即“特里芬难题”。美国于1971年宣布实行“新经济政策”，使各国政府停止用美元向美国兑换黄金。

1978年4月1日，《牙买加协议》生效，协定规定黄金非货币化，黄金既不再是各国货币的评价基础，也不能用于官方之间的国际清算。《牙买加协议》使黄金失去了其最直接的金融属性——货币职能。尽管黄金不再在货币体系中发挥作用，但其仍可作为一种能突破地域限制和时空阻隔的国际公认资产。黄金具有其独特的流通性和变现性，仍是重要的国家储备资产和战备资源。作为投资载体，黄金仍与金融活动保持着联系。在信用货币缺乏的情况下，变现黄金是最后的支付手段。

尽管黄金逐渐被非货币化，但黄金的金融属性仍然在多次事件中凸显：例如，在1997年亚洲金融风暴中东南亚多国货币汇价急跌时，2001年美国“9·11”事件后全球金融市场一片混乱时，2002年全球反恐和印巴局势紧张以及2003年一意孤行的美国对伊拉克战局中，黄金价格上升，成为瞩目的焦点。

在当代，黄金仍然是各国外汇储备的重要组成部分。欧洲央行认为，不管黄金的价格如何变化，它仍然是全球货币的重要组成部分。欧洲央行目前拥有黄金储备875.6吨，占外汇储备总量的50%。近年来，虽然一些发达国家央行试图减少部分黄金储备，也有发展中国家在增加外汇储备，但是从总体情况来看，黄金储备的地位仍然非常重要。

黄金成为新的融资方式。一般黄金融资包括黄金股票、黄金债券、黄金借贷、黄金租赁等。例如，黄金借贷就是商业银行以黄金作为贷款（只收取利息），客户用黄金偿还的一种融资方式，俗称“借金还金”。

黄金还成为新的投资工具，如电子黄金E-gold。1996年，美国一家公司推出电子黄金E-gold，利用网上支付平台，彻底粉碎地域概念，使电子黄金步入流通领域，在短短两三年的时间里，电子黄金得到了迅猛的发展。电子黄金其实是一种服务，当客户开立了一个电子黄金账户并注入资金后，就可以买入包括黄金在内的贵金属，之后他们就拥有了以这种金属为基础的货币，承受黄金价格涨落所带来的风险和收益。投资者一旦购买了电子黄金，就同时获得了投资和信用的双重功能，不使用时等于是储存了黄金，从而起到回避风险的保值作用，而这笔资金又可随时用来支付使用。我国国内银行所涉及的黄金零售业务品种总体分为两类：一类是用于实物交易的条块金、金币；另一类是“纸黄金”，以记账方式来表明黄金买卖的黄金存折，适合个人投资者利用金价波动入市交易，赚取利润。

资料来源：佚名．黄金货币金融属性的变迁［EB/OL］．［2020-03-06］．http：//www.doc88.com/p-9764151656334.html.

思考讨论：

在不同的历史阶段，黄金起到了什么样的作用？当代，黄金仍然具有货币金融属性吗？

二、外汇市场

（一）外汇市场的定义

外汇市场的定义有广义和狭义之分。狭义的外汇市场是指进行外汇交易的有形的固定场所，即由一些指定外汇银行、外汇经纪人和客户组成的外汇交易所。其一般是采取“交易中心方式”，由交易各方于每个营业日的规定时间，汇集在交易所内进行交易。广义的外汇市场则是指有形和无形外汇买卖市场的总和，它不仅包括封闭式外汇交易所交易，还包括没有特定交易场所，通过电话、电报、电传等方式进行的外汇交易。因此，广义的外汇市场实际上是指由各国中央银行、外汇银行、外汇经纪人和客户等外汇经营主体以及由其形成的外汇供求买卖关系的总和。

（二）外汇市场的功能

外汇市场的功能主要表现在三个方面：一是实现购买力的国际转移；二是提供资金融通；三是提供外汇保值和投机的市场机制。

1.实现购买力的国际转移

国际贸易和国际资金融通至少涉及两种货币，而不同的货币对不同的国家形成购买力，这就要求将该国货币兑换成外币来清理债权债务关系，使购买行为得以实现。这种兑换就是在外汇市场上进行的。外汇市场所提供的就是这种购买力转移交易得以顺利进行的经济机制，它的存在使各种潜在的外汇售出者和外汇购买者的意愿能联系起来。当外汇市场汇率变动使外汇供应量正好等于外汇需求量时，所有潜在的出售和购买愿望都得到了满足，外汇市场处于平衡状态之中。这样，外汇市场提供了一种购买力国际转移机制。同时，由于发达的通信工具已将外汇市场在世界范围内联成一个整体，货币兑换和资金汇付能够在极短的时间内完成，购买力的这种转移变得迅速和方便。

2.提供资金融通

外汇市场向国际交易者提供了资金融通的便利。外汇的存贷款业务集中了各国的社会闲置资金，从而能够调剂余缺，加快资金周转。外汇市场为国际贸易的顺利进行提供了保证，当进口商没有足够的现款提货时，出口商可以向进口商开出汇票，允许延期付款，同时以贴现票据的方式将汇票出售，拿回货款。外汇市场便利的资金融通功能也促进了国际借贷和国际投资活动的顺利进行。美国发行的国库券和政府债券中很大一部分是由外国官方机构和企业购买并持有的，这种证券投资在脱离外汇市场的情况下是不可想象的。

3.提供外汇保值和投机的市场机制

在以外汇计价成交的国际经济交易中，交易双方都面临着外汇风险。由于市场参与者对外汇风险的判断和偏好的不同，有的参与者宁可花费一定的成本来转移风险，而有的参与者则愿意承担风险以实现预期利润，由此产生了外汇保值和外汇投机两种不同的行为。在金本位和固定汇率制下，外汇汇率基本上是平稳的，因而就不会形成外汇保值和投机的需要及可能。而在浮动汇率制下，外汇市场的功能得到了进一步的发展，外汇市场的存在既为套期保值者提供了规避外汇风险的场所，又为投机者提供了承担风险、获取利润的机会。

（三）外汇市场的类型

从组织形式看，国际上外汇市场的形式大体可分为两类：一类是有固定交易场所的有形外汇市场，如法国的巴黎、德国的法兰克福、比利时的布鲁塞尔等外汇市场。在这种市场上，外汇交易者均按规定时间到交易场所进行交易，但许多交易也可在商业银行之间进行。另一类是没有具体交易场所的无形外汇市场，外汇交易完全由交易者通过电话、电报、电传等通信工具进行。世界上大多数外汇市场，如伦敦、纽约、东京、新加坡、中国香港等外汇市场，都没有固定交易场所。即使在有固定交易场所的外汇市场中，许多交易也是通过各种通信工具进行的，这样可以随时向世界各地通报市场行情，并随时承接来自世界各地的交易。因此，现代的国际外汇市场实际上已成为交易者之间进行外汇交易的一个遍及全世界的电信网络。

（四）影响汇率变动的因素

外汇市场汇率是由现实的外汇供求状况所决定的，而影响外汇供求的因素错综复杂，既包括经济因素，又包括政治因素和心理因素，并且各种因素之间又相互联系、相互制约。

1. 国际收支状况

当一国国际收支逆差时，在外汇市场表现为外汇需求大于供给，从而引起外汇升值，本币贬值；反之，当一国国际收支顺差时，外汇贬值，本币升值。

2. 通货膨胀率差异

当一国通货膨胀率高于其他国家时，这意味着该国货币的对内贬值和对外贬值。这种传导机制主要是通过以下三种途径实现的：一是通货膨胀使得本国物价上涨，从而导致出口减少、进口增加，外汇供不应求，进而引起贸易收支逆差，导致本币贬值；二是通货膨胀使得本币的实际利率降低和本币的国际地位下降，导致本国资金外流，这使本国对外汇的需求增加，国际市场对本币的需求减少，引起资本项目逆差、本币贬值；三是通货膨胀表明该国货币内在价值减少，人们会预期该国货币将趋于疲软，出于保值的目的，交易者将抛售该国货币，从而造成该国货币的贬值。

3. 利率差异

若一国经济基本正常，当本国利率高于外国利率时，将导致资本流入，外汇供过于求，本币升值；当本国利率低于外国利率时，将导致资本流出，外汇供不应求，本币贬值。

4. 政府干预

拓展阅读4-1

我国外汇市场

当中央银行买入某种货币时，将使该货币在短期内需求增加，从而升值；当中央银行卖出某种货币时，将使该货币在短期内供应增加，从而贬值。中央银行进行外汇干预前应建立外汇平准基金，并储备一定规模的外汇。当中央银行的外汇交易难以实现政府汇率政策目标时，政府还可以借助外汇管制来影响汇率。当然，政府的其他经济政策也会间接影响汇率。

5. 重大国际事件

当重大国际事件发生后，若对一国有利，则该国的货币会升值；若对一国不利，则该国的货币会贬值。

6. 心理预期

当人们心理上普遍认为某种货币将要升值时，即使这种货币在此之前并没有升值的迹象，出于投机的需要，人们也会在外汇市场上大量买入该种货币，人为地导致该种货币供不应求，从而升值；相反，当人们心理上普遍认为某种货币将要贬值时，则可能人为地导致该种货币供过于求，从而贬值。

任务五　保险市场

一、保险市场的定义

保险市场是金融市场中一个非常重要的子市场。一般而言，对保险市场的定义可以分别从狭义和广义的角度来理解：狭义的保险市场是保险商品交换的场所；广义的保险市场则是指保险商品交换关系的总和，既是各种保险商品交换的场所，又是与保险商品交换有关的需求与供给关系和活动的场所。

保险是一种特殊的无形商品，保险价格是指某种保险的单位保险金额的保险费。所谓单位保险金额，就是以一定数额的货币量作为该种保险的一个计量单位，每一个计量单位的保险费，就是保险费率，如每1 000元保险金额需要缴纳的保险费。

保险价格的具体形式是保险费。保险费一般指毛保费，由纯保费和附加保费两部分组成。纯保费用于保险事故发生后对被保险人进行赔偿和给付，附加保费用于保险人的业务费用支出、手续费支出以及提供部分保险利润。保险费的计算基础是保险费率，相应地，保险费率由纯费率和附加费率组成。

毛保费=纯保费+附加保费

毛费率=纯费率+附加费率

纯保费与保险事故发生的概率有极大关系，目前世界各国普遍把以往若干年的平均保额损失率加上一定数量的危险附加率之和作为纯费率，而附加保费通常包括营业费用、预期利润和异常风险费用三项内容，附加费率为三项之和与保险金额总和的比率。

二、保险合同

（一）保险合同的定义

合同（也称“契约”）是平等主体的当事人为了实现一定的目的，以双方或多方意思表示一致设立、变更和终止权利义务关系的协议。

《保险法》第十条规定：“保险合同是投保人与保险人约定保险权利义务关系的协议。”根据保险合同的约定收取保险费是保险人的基本权利，赔偿或给付保险金是保险人的基本义务；与此相对应，交付保险费是投保人的基本义务，请求赔偿或给付保险金是被保险人的基本权利。

（二）保险合同的主体

保险合同的主体是保险合同的参加者，是在保险合同中享有权利并承担相应义务的人。保险合同的主体包括保险合同的当事人和关系人。

1.保险合同的当事人

保险合同的当事人包括保险人和投保人。

（1）保险人。保险人又称“承保人”，是指经营保险业务，与投保人订立保险合同，享有收取保险费的权利，并对被保险人承担损失赔偿或给付保险金义务的保险合同的一方当事人。对于保险人在法律上的资格，各国保险法都有严格规定。一般来说，保险人经营保险业务必须经过国家有关部门审查认可。

《保险法》第十条明确规定：“保险人是指与投保人订立保险合同，并按照合同约定承担赔偿或者给付保险金责任的保险公司。”《保险法》第六十七条至第九十四条，又从保险公司的组织形式、设立条件与程序，保险公司高管人员的资格，保险公司的变更，保险公司的经营，保险公司的整顿、接管与破产等方面对保险公司作了具体规定。在国际上，保险公司的组织形式主要是股份有限公司和相互保险公司。

（2）投保人。投保人又称“要保人”，是指与保险人订立保险合同并负有交付保险费义务的保险合同的另一方当事人。《保险法》第十条规定：“投保人是指与保险人订立保险合同，并按照合同约定负有支付保险费义务的人。”就法律条件而言，投保人可以是法人，也可以是自然人，但必须具有民事行为能力；就经济条件而言，投保人必须具有交付保险费的能力；就特殊条件而言，投保人应当对保险标的具有保险利益。

根据《中华人民共和国民法典》的有关规定，不同投保人的民事行为能力有不同的具体规定。就自然人而言，必须年满18周岁或16周岁但以自己的劳动收入为主要生活来源，并且无精神性疾病；就法人而言，必须依法成立，有必要的财产或经费、名称、组织机构和场所，并能独立承担民事责任。

2.保险合同的关系人

保险合同的关系人是指在保险事故或者保险合同约定的条件满足时，对保险人享有保险金给付请求权的人。

（1）被保险人。被保险人是受保险合同保障的人，是在保险标的遭受保险事故后发生损害，有权按照保险合同向保险人请求赔偿的人。被保险人若不是投保人，则不一定需要具有行为能力。

（2）保险代理人。保险代理人是指根据保险人的委托，在保险人授权的范围内代为办理保险业务，并依法向保险人收取代理手续费的单位或者个人。在现代保险市场上，保险代理人制度已成为世界各国保险企业开发保险业务的主要形式和途径之一。

（3）保险公证人。保险公证人是为投保人、被保险人或保险人办理对保险标的的查勘、鉴定、估价和保险赔款理算提供证明的人。不论是哪一方当事人，都有权委托保险公证人办理公证。保险公证人对由于自己工作的过失给当事人造成的损失承担赔偿责任。保险公证与司法公证不同，保险公证不具有法律上的效力，仅使当事人双方以此为依据确定赔偿金额。在各国保险业法规中对保险公证人同样进行行政管理，只有取得经营资格者才可开展公证业务。保险公证人制度的建立可以保证保险赔偿案的处理做到科学性、规范性、专业性和公正性，有利于保护被保险人的合法权益。目前，我国保险公证人制度正在恢复中。

（三）保险合同的客体

1.保险利益是保险合同的客体

客体是指在民事法律关系中主体享受权利和履行义务时共同指向的对象。客体在一般合同中被称为标的，即物、行为、智力成果等。保险合同虽属民事法律关系范畴，但它的客体不是保险标的本身，而是投保人或者被保险人对保险标的具有的法律上承认的利益，即保险利益。

《保险法》第十二条规定：“人身保险的投保人在保险合同订立时，对被保险人应当具有保险利益。财产保险的被保险人在保险事故发生时，对保险标的应当具有保险利益。”通常，投保人必须凭借保险利益投保，而保险人必须凭借投保人对保险标的的保险利益才可以接受投保人的投保申请，并以保险利益作为保险金额的确定依据和赔偿依据。此外，保险合同不能保障保险标的不受损失，而只能保障投保人的利益不变。一般而言，保险合同成立后，因某种原因保险利益消失，保险合同也随之失效。所以，保险利益是保险合同的客体，是保险合同成立的要素之一，如果缺少了这一要素，保险合同就不能成立。

动画微课4-1

可保利益原则

2.保险标的是保险利益的载体

保险标的是投保人申请投保的财产及其有关利益或者人的寿命和身体，是确定保险合同关系和保险责任的依据。在不同的保险合同中，保险人对保险标的的范围都有明确规定，即哪些可以承保，哪些不予承保，哪些在一定条件下可以特约承保等，因为不同的保险标的能体现不同的保险利益。而且，保险合同双方当事人订约的目的是实现保险保障，合同双方当事人共同关心的也是基于保险标的的保险利益。所以，在保险合同中，客体是保险利益，保险标的则是保险利益的载体。

（四）保险合同的内容

保险合同的内容是指保险合同当事人之间由法律确认的权利和义务及相关事项。其中，保险合同双方的权利和义务通常通过保险合同条款的形式反映出来。保险条款是记载保险合同内容的条文、款目，是保险合同双方享受权利与承担义务的主要依据，一般事先印制在保险单上。

1.按照保险条款的性质不同划分

按照保险条款的性质不同，保险条款可分为基本条款和附加条款两大类。

（1）基本条款。基本条款是指保险人事先拟定并印在保险单上的有关保险合同双方当事人权利和义务的基本事项。基本条款构成保险合同的基本内容，是投保人与保险人签订保险合同的依据，不能随投保人的意愿而变更。

（2）附加条款。附加条款是指保险合同双方当事人在基本条款的基础上，根据需要另行约定或附加的、用以扩大或限制基本条款中所规定的权利和义务的补充条款。附加条款通常也由保险人事先印就一定的格式，待保险人与投保人特别约定填好后附贴在保险单上，故又称附贴条款。

在保险实务中，一般把基本条款规定的保险人承担的责任称为基本险，附加条款所规定的保险人所承担的责任称为附加险。投保人不能单独投保附加险，必须在投保基本险的基础上才能投保附加险。

2.按照保险条款对当事人的约束程度不同划分

按照保险条款对当事人的约束程度不同，保险条款可分为法定条款与任意条款。

（1）法定条款。法定条款是指由法律规定的保险双方权利和义务的保险条款。

（2）任意条款。任意条款是相对于法定条款而言的，它是指由保险合同当事人在法律规定的保险合同事项之外，就与保险有关的其他事项所做的约定，保险双方当事人可以自由选择任意条款，故又称任选条款。

实践操作 4-2

请同学们课后将家庭购买的保险合同文本拿出来认真研究，或是搜索一份保险合同文本，并指出该保险合同中的主体、客体以及内容。

三、我国保险市场的发展

（一）我国现代保险的形成

我国现代保险是伴随着外国资本输入而传入的。19世纪初，外商保险公司作为保险资本输出与经济侵略的工具进入中国。1805年，英国保险商在广州设立广州保险公司（又译为“广州保险社”）。这是外商在中国开设的第一家保险机构，也是近代中国第一家保险公司。1865年，中国第一家民族保险企业——上海华商义和公司保险行创立，打破了外商保险公司在中国保险市场的垄断局面，中国近代民族保险业正式诞生。之后，以1875年保险招商局的创办为契机，相继成立了20多家水火保险公司，并在民族资本主义工商业的大发展中得以迅速成长。

1931年抗日战争爆发后，民族保险业的发展遭到沉重的打击。中华人民共和国成立后，1949年10月20日中国人民保险公司正式挂牌开业，这标志着中国现代保险事业的创立，开创了中国保险的新纪元。但是，由于“左”的错误思想影响，1958年10月，国内保险业务被迫停办，中断了20多年，直到1980年才得以恢复。

（二）我国保险市场的现状

1.保险市场主体不断增加，有竞争的市场格局已经形成

1988年以前，我国保险市场上只有中国人民保险公司独家经营。1988年以来，随着平安保险公司、太平洋保险公司的相继成立，保险市场独家垄断的格局被打破。截至2020年6月，中国保险行业协会共有会员331家，其中，保险集团（控股）公司13家，财产保险公司86家，人身保险公司89家，再保险公司12家，资产管理公司14家，保险中介机构56家，地方保险协会（含中介协会）44家，保险相关机构17家。目前，我国保险行业形成了较成熟的国有控股（集团）公司、股份制公司、政策性公司、专业性公司和外资保险公司等多种组织形式、多种所有制并存及公平竞争、共同发展的市场格局。保险中介机构也不断发展，目前我国保险市场上专业保险代理公司、保险经纪公司和保险公估公司已经达到3 000多家，保险中介市场不断发展壮大。保险市场主体的多元化，有力地促进了保险公司经营观念的转变，使之逐步确立了服务意识、竞争意识、效益意识和发展意识，保险市场开始由量的扩张走向质的提高。

2.保险业务持续发展，市场潜力巨大

从保费收入的规模和增长速度来看，截至2020年6月底，财产险业务原保险保费收入27 186亿元，同比增长5.53％；人身险业务原保险保费收入20 979亿元，同比增长24.52%。多年来，这些保险保费收入年平均增长速度均高于同期国内生产总值的年平均增长速度。但是，就保险密度和保险深度而言，我国与发达国家相比仍存在较大差距。

3.保险法规体系逐步完善，保险监管不断创新

1995年，第一部《中华人民共和国保险法》（以下简称《保险法》）颁布。2002年，根据我国加入世贸组织的承诺，对《保险法》进行首次修改，并于2009年、2014年、2015年分别进行了三次修正。2009年9月25日，中国保险监督管理委员会发布《保险公司管理规定》，并于2015年修订。《保险专业代理机构监管规定》也于2009年10月1日起施行。为进一步规范保险“触网”，保监会于2015年9月公布《互联网保险业务监管暂行办法》，细则于2015年10月1日起正式施行，有效期为3年，一度“野蛮生长”的互联网保险进入监管时代。2020年8月，中国银保监会、中国人民银行就《保险公司偿付能力管理规定（征求意见稿）》（以下简称《征求意见稿》）公开向社会征

求意见。从文件出台的目的来看，《征求意见稿》是中国银保监会和中国人民银行贯彻落实第五次全国金融工作会议精神、防范化解金融风险、补齐监管制度短板的重要举措。我国保险法规体系不断完善，为保险业的健康发展创造了良好的法治环境。

4.保险市场全面对外开放，国际交流与合作不断加强

保险市场的开放，一方面允许外国公司进来，另一方面意味着国内的公司可以走出去。从1992年美国友邦成为第一家获准在华营业的外资保险公司开始，一批批国际保险商拿到了进入中国市场的许可证。2004年12月11日，我国保险业加入世贸组织的过渡期已结束，保险业进入了全面对外开放的新时期。截至2022年年底，在我国保险市场上有22家外资财产险公司、28家人身险公司，像韦莱保险经纪这样的外资保险经纪公司也已进入中国。活跃在中国保险市场的外资保险公司大多实力雄厚，具有丰富和悠久的经营管理经验和较高的投资水平，在与这些保险公司的竞争和学习中，我国的保险企业在管理和技术方面得到了提升，同时也加快了我国保险业国际化的进程。在引入外资的同时，中资保险公司纷纷加快了改革的步伐，2003年以来，中国人保、中国人寿和中国平安3家公司相继在境外上市，实现了我国保险业境外上市零的突破。

（三）我国保险业的发展趋势

1.经营主体数量进一步增加

随着我国保险市场准入机制的不断完善，新的市场主体相继产生，不仅不断有新的保险公司进入市场，而且在保险公司的专业化经营和组织形式创新方面取得了新的突破，如成立了专业性的农业保险公司、养老保险公司、健康险保险公司、汽车保险公司等。从趋势上看，各种类型的市场经营主体的数量还将进一步增加。

2.行业发展国际化

随着越来越多外资保险公司进入我国保险市场，外资公司在我国保险市场扮演着越来越重要的角色。随着保险公司境外融资，以及保险、外汇资金的境外运用，国际金融市场对我国保险市场的影响越来越大。随着我国保险市场对外开放的进一步扩大，国内保险业务将逐步融入国际保险市场，国际化程度不断加深，这就要求中国保险业的经营管理要更符合国际惯例。

3.保险市场自由化

保险市场自由化是为了适应市场经济的发展，满足投保人或被保险人的客观要求而采取的必要政策。保险市场自由化主要体现在以下几个方面：第一，放宽费率管制。除了具有地域性的业务或特殊的业务仍采用管制费率外，其他业务的费率厘定应尽可能自由化，适度放宽费率管制，对于保险企业的竞争十分有利。第二，保险服务自由化。随着社会的发展和民众保险意识的增强，消费者对保险产品的需求会发生很大变化，因此，必须放宽对保险产品的管制，准许保险企业开辟新的服务领域。第三，放宽保险公司设立的限制。根据保险业法律的规定，只要符合设立条件的申请者，就能成立保险公司。增加保险市场主体，有利于改变保险市场卖方垄断的局面，形成竞争态势。

4. 从业人员专业化

保险业是专业性和技术性很强的行业，因此，保险公司业务人员必须具有较高的专业技术和知识水平。保险公司高级管理人员以及核保、理赔和财务人员要经常进行专业训练，保险代理人和保险经纪人要经过专业考试并取得执业资格后才能销售保险产品。

5. 互联网对保险业的影响将进一步深化

2013年被称为互联网金融元年，余额宝的诞生迅速掀起互联网金融的浪潮。2015年3月5日，李克强总理在政府工作报告中首次提出“互联网+”行动计划，推动移动互联网、云计算、大数据、物联网等与现代制造业的结合，促进电子商务、工业互联网、互联网金融健康发展，引导互联网产业拓展国际市场。“互联网+”代表的是一种新的经济形态，是互联网与传统行业的深度融合，而互联网保险则是借助互联网技术对传统保险行业进行创新、升级、改造。

2018年，互联网保险业务收入为1 889亿元，同比增长108%；2021年，互联网财产保险累计实现保费收入862亿元，同比增长8%。互联网保险产品已从最初的车险、意外险等条款，费率标准化程度较高的险种，逐步扩展到货运险、信用险、万能险、健康险等一些条款相对复杂的险种。从经营模式来看，互联网保险有自建网站平台、第三方网站平台、保险中介公司平台等多种形式，包括淘宝、苏宁易购、京东、携程在内的多家电商平台，凭借其庞大的客户资源和大数据分析能力，相较于保险公司自办网站具有较大的优势，是目前各大保险公司进行互联网保险销售的重要平台。

国家鼓励、促进互联网经济创新发展，为互联网经济快速发展创造了良好的政策环境，而在我国保险费率市场化改革进程中，互联网技术带来的产业融合、客户的全新定位、互联网金融的异军突起，为互联网保险的发展提供了前所未有的历史机遇。

案例探析 4-3

外资保险的进入和中国保险业的发展

自加入世贸组织以来，中国认真履行承诺，逐步取消了对外资保险公司的限制，中国保险业对外开放呈现出新形势。截至2020年年末，境外保险机构在华共设立了66家外资保险机构、117家代表处和17家保险专业中介机构，下设分支机构1 800多家，世界上主要的跨国保险金融集团和发达国家的保险公司基本都已经进入我国。在营业成长方面，外资保险公司总资产1.71万亿元，与加入世贸组织前对比翻了数百倍。在经营地域方面，外资保险也由东部、大城市向中西部和中小城市延伸，为保险业促进协调社会成长做出了积极贡献。在我国，中外资保险机构正呈现出合作共赢、优势互补、相辅相成、协调成长的新局面。

资料来源：作者根据相关资料整理。

思考讨论：

保险市场对外开放对提高中国保险行业整体水平、加速保险业成长起到了积极作用，请谈谈影响保险市场供给和需求的因素，并对其进行弹性分析。

任务六 金融衍生品市场

一、金融衍生品

（一）金融衍生品的定义

在国际金融危机中，经常能听到一些国际上知名公司因为参与金融衍生品交易遭受巨额损失而倒闭的案例。那么，究竟什么是金融衍生品呢？

衍生产品（derivative）通常是指从原生资产派生出来的交易工具。金融衍生品是指从货币、利率、股票等传统的、较为常见的基础型金融工具的交易过程中衍生而来的新型金融产品，也称金融衍生工具或金融衍生物。其主要形式有远期、期货、期权、掉期等，它是金融创新以及金融自由化的产物。

金融衍生品是市场经济和金融市场发展到相当程度的产物，集中体现了当代金融创新的理念和方法。目前，在金融市场上，金融衍生品已经越来越多地被用于规避和对冲风险、增加金融市场的流通性、促进国际资金的交易、提高投资效率、优化资金配置等方面，并越发展现出其作为金融创新型工具所特有的规避风险、风险投资、价格发现等功能。

（二）金融衍生品的特点

相对于基础金融资产，金融衍生品具有以下几个特点：

1.零和博弈

零和博弈即合约交易双方盈亏完全负相关，并且净损益为零，因此称为“零和”。

2.跨期性

金融衍生工具是交易双方通过对利率、汇率、股价等因素的变动趋势的预测，约定在未来某一时间按一定的条件进行交易的合约。无论是哪一种金融衍生品，都会影响交易者在未来一段时间内或未来某时间点上的现金流，跨期交易的特点十分突出。这就要求交易的双方对利率、汇率、股价等价格因素的未来变动趋势做出判断，而判断的准确与否直接决定了交易者的盈亏情况。

3.联动性

联动性是指金融衍生品的价值与基础产品或基础变量紧密联系，规则变动。其联动关系多以简单的线性关系为主，如期货与现货的价格联系（期货价格=现货价格+持仓成本）。

4.不确定性或高风险性

金融衍生品的交易结果取决于交易者对基础工具未来价格的预测和判断的准确程度。金融衍生品价格的变幻莫测决定了其交易盈亏的不稳定性，这是金融衍生品具有高风险的重要原因。

5.高杠杆性

衍生产品的交易采用保证金制度，即交易所需的最低资金只需满足基础资产价值的一定百分比。保证金可以分为初始保证金和维持保证金，并且在交易所交易时采取盯市制度。如果交易过程中的保证金比例低于维持保证金比例，那么将收到追加保证金通知，如果投资者没有及时追加保证金，其将被强行平仓。可见，金融衍生品交易具有高风险、高收益的特点。

6.交易对象的虚拟性

金融衍生品合约交易的对象是对基础金融工具在未来各种条件下处置的权利和义务，如期权的买权或卖权、互换的债务交换义务等构成的所谓“产品”，表现出一定的虚拟性。

7.交易目的的多重性

金融衍生品交易通常有套期保值、投机、套利和资产负债管理这四大目的。其交易的主要目的并不在于所涉及的基础金融产品所有权的转移，而在于转移与该金融产品相关的价值变化的风险或通过风险投资获取经济利益。

（三）金融衍生品的类型

国际上金融衍生品种类繁多，活跃的金融创新活动接连不断地推出新的衍生产品。根据金融衍生品的形态，其主要有远期合约、期货合约、掉期合约和期权合约四大类。

远期合约和期货合约都是交易双方约定在未来某一特定时间、以某一特定价格买卖某一特定数量和质量资产的交易形式。期货合约是期货交易所制定的标准化合约，对合约到期日及其买卖的资产的种类、数量、质量做出了统一规定。远期合约是根据买卖双方的特殊需求由买卖双方自行签订的合约。因此，期货交易流动性较高，远期交易流动性较低。

掉期合约是一种交易双方签订的在未来某一时期相互交换某种资产的合约。更为准确地说，掉期合约是当事人之间签订的在未来某一期间内相互交换他们认为具有相等经济价值的现金流的合约。较为常见的是利率掉期合约和货币掉期合约。掉期合约中规定的交换货币是同种货币，则为利率掉期；是异种货币，则为货币掉期期权交易，是买卖权利的交易。

期权合约规定了在某一特定时间、以某一特定价格买卖某一特定种类、数量、质量原生资产的权利。期权合约有在交易所上市的标准化合约，也有在柜台交易的非标准化合约。

知识链接 4-5 《中华人民共和国期货和衍生品法》开启期市高质量服务实体经济新篇章

2022年8月1日，《中华人民共和国期货和衍生品法》（以下简称《期货和衍生品法》）作为我国期货和衍生品领域的首部法律，正式落地施行。《期货和衍生品法》的出台，是贯彻习近平法治思想和落实党中央、国务院资本市场相关战略部署的重要举措，揭开了期货市场发展新篇章，为期货市场高质量服务实体经济指明了方向。

《期货和衍生品法》兼具规范法与行业促进法功能：第一条提出立法目的在于“促进期货市场和衍生品市场服务国民经济，防范化解系统性金融风险，维护国家经济安全”，进一步明确服务实体经济的根本导向；第四条规定“国家支持期货市场健康发展，发挥发现价格、管理风险、配置资源的功能”，既明确国家支持态度，又指明期货市场具有的具体经济功能。

明确期货市场服务实体经济的根本导向

习近平总书记多次强调，为实体经济服务是金融的天职，是金融的宗旨，也是防范金融风险和维护国家经济安全的根本举措。以期货和衍生品为代表的风险管理市场与资本市场直接融资市场、商业银行间接融资市场共同构成现代金融体系，国家建立和发展期货市场，根本目的是服务实体经济，如果不坚持依靠实体、服务实体，期货市场发展就容易脱实向虚，扰乱现货市场，甚至与实体经济争夺资源，不仅发挥不好应有的经济功能，还可能引发风险。

明确国家对发展期货市场的支持态度

我国期货市场在20世纪90年代初由政府推动建立，目前期货市场影响力日益提升，场外衍生品市场初具规模，品种工具涵盖农业、金属、能源化工、金融等国民经济重要领域，部分品种已成为产业定价和风险管理重要工具，2021年期货市场成交额581.20万亿元，是GDP的5.08倍，其中商品期货成交量连续13年居世界首位，已具备更高层次服务国民经济的条件。《期货和衍生品法》在总则层面支持期货市场健康发展，是对期货市场历史发展成绩的高度肯定。发展期货市场，对经济金融大国至关重要。期货市场由于功能隐性，又有一定风险，容易引起社会争议，即便在发达国家，对其肯定支持也经历了较长时间。我国仍属于发展中国家，金融市场化深度有待提升，现阶段国家出台法律明确对期货市场发展的支持，实属难得。这将极大增强期货行业的自信心和期货行业服务实体经济的自觉性。

明确期货市场具有配置资源的功能

《期货和衍生品法》在传统的发现价格和管理风险两大基础功能之上，明确指出期货市场具备配置资源的作用。期货市场作为资本市场的一部分，虽与证券市场有很大不同，但也能够配置资源，在商品领域主要体现为各类商品提供公开、权威的近、中、远期价格，为宏观管理部门所用，作为预判经济发展走势、制定宏观调控有关政策的一个重要方式，优化政府治理经济的模式、增强经济的稳定性。同时，从微观角度引导企业合理安排、动态调节经营管理，优化资金在各商品领域、各产业链和各地区之间的流向和配置，对生产加工、库存流通、分配、投融资产生积极影响，推动要素资源流动实现高水平动态平衡。

资料来源：冉华．期货市场更好服务实体经济［J］.中国金融，2022（17）．

二、金融期货市场与金融期权市场

（一）金融期货市场

1.金融期货市场的定义

期货的英文为futures，是从“未来”一词演化而来的，其含义是交易双方不必在买卖发生的初期就交收实货，而是共同约定在未来的某一时候交收，所以，被称为“期货”。比如，某钢厂3个月后要购买一批铁矿石，但预计2个月后铁矿石的价格会上涨，于是该钢厂就和铁矿石供货商签订了一份合约，约定在3个月后以某固定价格进行交易，这就是期货。期货与现货完全不同。现货是实实在在可以交易的货（商品）；期货主要不是货，而是以某种资产为标的的标准化可交易合约。买卖期货的合同或协议叫作期货合约。

期货市场是进行期货交易的场所，是多种期货交易关系的总和。它是按照“公开、公平、公正”的原则，在现货市场基础上发展起来的高度组织化和高度规范化的市场形式。它既是现货市场的延伸，又是市场的一个高级发展阶段。从组织结构上看，广义的期货市场包括期货交易所、结算所或结算公司、经纪公司和期货交易者；狭义的期货市场仅指期货交易所。期货交易所是买卖期货合约的场所，是期货市场的核心。比较成熟的期货市场在一定程度上相当于一种完全竞争的市场，是经济学中最理想的市场形式。所以，期货市场被认为是一种较高级的市场组织形式，是市场经济发展到一定阶段的必然产物。

2.期货的类型

根据期货合约标的物的不同，期货可分为商品期货和金融期货。若标的物为大宗产品，如棉花、大豆、石油等，则称为商品期货。商品期货历史悠久，种类繁多，主要包括农副产品、金属产品、能源产品等几大类，是关于买卖双方在未来某个约定的日期以签约时约定的价格买卖某一数量的实物商品的标准化协议。商品期货交易，是在期货交易所内买卖特定商品的标准化合同的交易方式。

以金融工具为标的物的期货合约称为金融期货。金融期货作为期货交易中的一种，具有期货交易的一般特点，但与商品期货相比较，其合约标的物不是实物商品，而是传统的金融商品。金融期货大致可分为三类：利率期货、货币期货和股票指数期货。

利率期货，是指以利率为标的物的期货合约。利率期货主要包括以长期国债为标的物的长期利率期货和以2个月短期存款利率为标的物的短期利率期货。世界上最先推出的利率期货是1975年由美国芝加哥商业交易所推出的美国国民抵押协会的抵押证期货。

动画微课4-2

你了解期货交易所吗?

货币期货是适应各国从事对外贸易和金融业务的需要而产生的，目的是借此规避汇率风险。1972年，美国芝加哥商业交易所的国际货币市场推出第一张货币期货合约并获得成功。其后，英国、澳大利亚等国相继建立货币期货的交易市场，货币期货交易成为一种世界性的交易品种。

股票指数期货，是指以股票指数为标的物的期货合约。股票指数期货是目前金融期货市场最热门和发展最快的期货交易。股票指数期货不涉及股票本身的交割，其价格根据股票指数计算，合约以现金清算形式进行交割。

3.期货市场的组织结构

期货市场基本上由以下四个部分组成：

（1）期货交易所

期货交易所是为期货交易提供场所、设施、服务和交易规则的非营利机构。交易所一般采用会员制。交易所的入会条件是很严格的，各交易所都有具体规定。首先要向交易所提出入会申请，由交易所调查申请者的财务资信状况，通过考核，符合条件的经理事会批准方可入会。交易所的会员席位一般可以转让。交易所的最高权力机构是会员大会。会员大会下设董事会或理事会，一般由会员大会选举产生，董事会聘任交易所总裁，负责交易所的日常行政和管理工作。

（2）期货结算所

期货结算所的功能和作用主要是：负责期货合约买卖的结算；承担期货交易的担保；监督实物交割；公布市场信息。

（3）期货经纪公司

期货经纪公司（或称经纪所）是代理客户进行期货交易，并提供有关期货交易服务的企业法人。在代理客户期货交易时，期货经纪公司会收取一定的佣金。作为期货交易活动的中介组织，期货经纪公司在期货市场构成中具有十分重要的作用，它是交易所与众多交易者之间的桥梁，可以拓宽和完善交易所的服务功能。

（4）期货交易者

根据参与期货交易的目的划分，期货交易者可分为两类：套期保值者和投机者。

案例探析 4-4

2020年中行“原油宝”事件

美国东部时间2020年4月20日，是美国WTI原油期货5月合约到期日，收盘出现罕见暴跌，跌出史上第一个负数结算价-37.63美元。受其影响，中行原油宝美国原油5月合约发生“穿仓”：投资人不仅血本无归，还倒欠银行1～2倍的钱。此后，大量投资者纷纷维权，向中国银行讨要说法。据报道，中国银行原油宝有6万余客户，此次“穿仓”事件造成的总体损失规模不低于90亿元人民币。

4月22日晚间，中国银行发布了《关于“原油宝”产品情况的说明》，第一次就原油宝“穿仓”事件做出回应。但在这次回应中，中国银行未就投资者关心的产品设计缺陷、风控未尽责等问题做出解释。

4月29日晚中国银行第二次发布了《关于“原油宝”产品情况的说明》。在此次声明中，中国银行态度有所转变，在解决方案上新增了“本着法治化、市场化和实事求是、客观公正的原则，目前中行正积极研究并争取尽快拿出回应客户合理诉求的意见”的内容，但在是否承担责任上口径并未改变，即“在法律框架下承担应有责任”。

5月4日，国务院金融稳定发展委员会召开第二十八次会议。会议指出，要高度重视当前国际商品市场价格波动所带来的部分金融产品的风险问题，加强风险意识，强化风险管控；要控制外溢性，把握适度性，提高专业性，尊重契约，厘清责任，保护投资者的合法利益。可以这么理解，这次会议告诉中国银行，要把控风险，不能将风险扩散到其他领域；银行是专业的金融机构，给客户推荐产品要适度，要提示风险；出现损失按协议规定处理，同时考虑银行自身产品设计、风险防控等方面存在的问题，厘清责任，该中行承担的责任中行承担，该投资者自己承担的损失投资者自己承担，但总体上要保护投资者的合法权益。可以说，这次会议回应了中国银行原油宝“穿仓”事件，为解决纠纷提供了方向。

5月11日，部分原油宝投资者发现，中行手机银行上已显示“原油宝和解协议”。通过比对线上线下的和解协议发现，中行提供的补偿方案并无差异，均为中行承担负价亏损、归还扣划保证金、补偿20%持仓本金。

资料来源：佚名．“原油宝”事件始末及三点提示［EB/OL］．［2020-05-12］．https：//baijiahao.baidu.com/s?id=1666407807946190822&wfr=spider&for=pc.

思考讨论：

1.中国银行“原油宝”为什么会出现“穿仓”？

2.该事件给你带来哪些启示？

（二）金融期权市场

1.金融期权市场的定义

动画微课4-3

空头和多头

期权市场（Option Market，Options Exchange）是进行期权合约交易的市场，是现代金融市场的重要组成部分。期权交易是指对特定时间内以约定价格购买特定商品的权利进行的交易，最常见的期权交易有外汇、指数、商品期权合约。

期权交易不同于现货交易。现货交易完成后，所交易的证券的价格就与卖方无关，因价格变动而产生损失或收益都是买方的事情。而期权交易在买卖双方之间建立了一种权利和义务关系，即一种权利由买方单独享有，义务由卖方单独承担的关系。期权交易赋予买方单方面的选择权，在期权交易合同有效期内，当证券价格波动出现使买方有利可图的局势时，买方可买入期权或卖出期权，合同为买入期权的内容，卖方必须按合同价格收购证券。期权交易在合同到期前，买方可以随时行使期权，实现交割，而期货交易的交割日期是固定的。期权交易合同的权利和义务划分属于买卖的单方，只对卖方具有强制力，而期货交易合同的买卖双方权利和义务是对等的，合同对于买卖双方都具有强制力，双方必须在期货交易的交割日按合同规定的价格进行交易。

2.期权的类型

动画微课4-4

期权的特点和基本类型

按期权的权利划分，期权有看涨期权和看跌期权两种类型。看涨期权，也称买进期权，是指看涨期权的买主可以在期权有效期内的任何时候按协定价格向期权的卖主购买事先规定数量的某种证券。看跌期权，也称卖出期权，是指看跌期权的买主可以在期权有效期内的任何时候按协定价格向卖主出售事先规定数量的某种证券。

按期权的交割时间划分，有美式期权和欧式期权两种类型。美式期权是指在期权合约规定的有效期内的任何时候都可以行使权利；欧式期权是指在期权合约规定的到期日方可行使权利，期权的买方在合约到期日之前不能行使权利，过了期限，合约则自动作废。

3.期权交易与期货交易的区别

（1）标的物不同

期货交易的标的物是标准的期货合约；期权交易的标的物则是一种买卖的权利。期权的买方在买入权利后，便取得了选择权。在约定的期限内既可以行权买入或卖出标的资产，也可以放弃行使权利；当买方选择行权时，卖方必须履约。

（2）投资者权利与义务不同

期权是单向合约，期权的买方在支付权利金后即取得履行或不履行买卖期权合约的权利，而不必承担义务；期货合同则是双向合约，交易双方都要承担期货合约到期交割的义务，如果不愿实际交割，则必须在有效期内对冲。

（3）履约保证不同

在期权交易中，买方最大的风险限于已经支付的权利金，故不需要支付履约保证金，而卖方面临较大风险，因而必须缴纳保证金作为履约担保。而在期货交易中，期货合约的买卖双方都要缴纳一定比例的保证金。

（4）盈亏的特点不同

期权交易是非线性盈亏状态，买方的收益随市场价格的波动而波动，其最大亏损只限于购买期权的权利金；卖方的亏损随着市场价格的波动而波动，最大收益（即买方的最大损失）是权利金。期货的交易是线性盈亏状态，交易双方都面临着无限的盈利和无止境的亏损。

（5）作用与效果不同

期货的套期保值不是对期货而是对期货合约的标的金融工具的实物（现货）进行保值，由于期货和现货价格的运动方向会最终趋同，故套期保值能收到保护现货价格和边际利润的效果。期权也能套期保值，对于买方来说，即使放弃履约，也只损失保险费，对其购买资金进行了保值；对于卖方来说，要么按原价出售商品，要么得到保险费，也同样得到保值。

三、互换交易

（一）互换交易的定义

互换交易是指对相同货币的债务和不同货币的债务通过金融中介进行互换的一种行为。互换交易是继20世纪70年代初出现金融期货后又一典型的金融市场创新业务。目前，互换交易已经从量向质的方面发展，甚至还形成了互换市场同业交易市场。在这个市场上，互换交易的一方当事人提出一定的互换条件，另一方就能立即以相应的条件承接下来。利用互换交易，可依据不同时期的不同利率、外汇或资本市场的限制动向筹措到理想的资金，因此，从某个角度来说，互换市场是最佳筹资市场。互换交易不但为金融市场增添了新的保值工具，也为金融市场的运作开辟了新境地。

具体来说，互换交易有两层含义：其一是互换交易，主要指对相同货币的债务和不同货币的债务通过金融中介进行互换的一种行为。其二是掉期交易，指交易双方约定在未来某一时期相互交换某种资产的交易形式。更为准确地说，掉期交易是当事人之间约定在未来某一期间内相互交换他们认为具有同等经济价值的现金流的交易。

（二）互换交易的种类

1.利率互换

利率互换是指双方同意在未来的一定期限内根据同种货币的同样的名义本金交换现金流，其中一方的现金流根据浮动利率计算，而另一方的现金流根据固定利率计算。

2.货币互换

货币互换是指将一种货币的本金和固定利息与另一种货币的等价本金和固定利息进行交换。

3.商品互换

商品互换是一种特殊类型的金融交易，交易双方为了管理商品价格风险，同意交换与商品价格有关的现金流。它包括固定价格及浮动价格的商品价格互换和商品价格与利率的互换。

4.其他互换

其他互换包括股权互换、信用互换、期货互换和互换期权等。

（三）互换交易的优缺点

1.互换交易的优点

互换与其他衍生工具相比有着自身的优点：

第一，互换交易集外汇市场、证券市场、短期货币市场和长期资本市场业务于一身，既是融资的创新工具，又可运用于金融管理。

第二，互换能满足交易者对非标准化交易的要求，运用面广。

第三，用互换套期保值可以省去对其他金融衍生工具所需头寸的日常管理，使用简便且风险转移较快。

第四，互换交易期限灵活，长短随意，最长可达几十年。

第五，互换仓库的产生使银行成为互换的主体，所以互换市场的流动性较强。

2.互换交易的缺点

互换交易本身也存在许多风险，信用风险是互换交易所面临的主要风险，也是互换方及中介机构因种种原因发生的违约拒付等不能履行合同的风险。另外，由于互换期限通常多达数年之久，对于买卖双方来说，还存在着互换利率的风险。

教学互动 4-3

叮叮与咚咚的互换交易

互换之所以能够达成是因为交易双方拥有不同的相对优势，下面以生活中的例子来说明。

假设叮叮住在海边，那里的鱼价格为40元，奶酪卖100元，但是叮叮喜欢吃奶酪；咚咚住在草原，那里的鱼价格为100元，奶酪卖60元，而咚咚喜欢吃鱼。原本叮叮需要花100元买奶酪，而咚咚需要花100元买鱼，可是当他们决定互换时，如不计入其他成本，叮叮则可以先花40元买鱼，咚咚花60元买奶酪，然后两人互换。

这样，叮叮和咚咚都以更低的价格买到了自己喜欢的食物。算算看，叮叮吃奶酪的花费和咚咚吃鱼的花费分别比原来少了多少？

【金融微课堂】

中国共产党第二十次全国代表大会报告提出，“健全资本市场功能，提高直接融资比重”。设想一下，在健全的资本市场，是否投入就能获得收益？

人们常说“股市有风险，入市需谨慎”，请问该如何辨析巨大收益与风险的关系？

项目小结

1.金融市场是资金供求双方借助金融工具进行各种货币资金交易活动的市场，是以金融资产为交易对象而形成的供求关系及其机制的总和。

2.金融市场在整个市场相互依存体系中具有特殊的地位，是联结其他市场的纽带，金融市场的发展对整个市场体系的发展起着举足轻重的作用，主要表现在资金集聚、资源配置、风险分散、宏观调控四个方面。

3.货币市场又称短期金融市场，是指以期限在一年以内的金融工具为媒介进行短期资金融通的市场。

4.货币市场的功能主要包括：短期资金融通功能、管理功能和政策传导功能。

5.资本市场又称长期金融市场，是指融资期限在一年以上的中长期资金交易市场。因为在长期金融活动中，其涉及资金期限长、风险大，具有长期较稳定收入，类似于资本投入，故称资本市场。

6.资本市场的功能主要包括：筹资投资功能、资本配置功能和产权功能。

7.黄金市场的功能包括：一是保值增值功能。黄金具有很好的保值增值功能，所以黄金可以作为一种规避风险的工具，在很大程度上可分散投资风险，并为广大投资者增加了一种投资渠道。二是货币政策功能。黄金市场为中央银行提供了新的货币政策操作工具，也就是说，央行可以通过买卖黄金来调节国际储备构成以及数量，从而控制货币供给。

8.外汇市场的功能主要表现在三个方面：一是实现购买力的国际转移；二是提供资金融通；三是提供外汇保值和投机的市场机制。

9.外汇市场汇率是由现实的外汇供求状况所决定的，而影响外汇供求的因素错综复杂，既包括经济因素，又包括政治因素和心理因素，并且各种因素之间又相互联系相互制约，主要包括国际收支状况、通货膨胀率差异、利率差异、政府干预、重大国际事件和心理预期等方面。

10.保险合同的内容是指保险合同当事人之间由法律确认的权利和义务及相关事项。

11.金融衍生品是指从货币、利率、股票等传统的、较为常见的基础型金融工具的交易过程中衍生而来的新型金融产品，也称金融衍生工具或金融衍生物。其主要形式有远期、期货、期权、掉期等，它是金融创新以及金融自由化的产物。

12.国际上金融衍生品种类繁多，活跃的金融创新活动接连不断地推出新的衍生产品。根据金融衍生品的形态，其主要有远期合约、期货合约、掉期合约和期权交易四大类。

13.期货市场是进行期货交易的场所，是多种期货交易关系的总和。期货的英文为futures，是从“未来”一词演化而来的。其含义是交易双方不必在买卖发生的初期就交收实货，而是共同约定在未来的某一时候交收，所以，我们称其为“期货”。

14.期权市场是进行期权合约交易的市场，是现代金融市场的重要组成部分。期权交易是指对特定时间内以约定价格购买特定商品的权利进行的交易，最常见的期权交易有外汇、指数、商品期权合约。

15.期权交易与期货交易的区别：①标的物不同。期货交易的标的物是标准的期货合约；期权交易的标的物是一种买卖的权利。②投资者权利与义务不同。期权是单向合约，期权的买方在支付权利金后即取得履行或不履行买卖期权合约的权利，而不必承担义务；期货合同则是双向合约，交易双方都要承担期货合约到期交割的义务。③履约保证不同。在期权交易中，买方不需要支付履约保证金，而卖方面临较大风险，因而必须缴纳保证金作为履约担保。而期货合约的买卖双方都要缴纳一定比例的保证金。④盈亏的特点不同。期权交易是非线性盈亏状态，其最大亏损只限于购买期权的权利金；期货的交易是线性盈亏状态，交易双方都面临着无限的盈利和无止境的亏损。⑤作用与效果不同。期货的套期保值是对期货合约的标的金融工具的实物（现货）进行保值。期权也能套期保值，对于买方来说，即使放弃履约，也只损失保险费，对其购买资金保了值；对于卖方来说，要么按原价出售商品，要么得到保险费，也同样保了值。

关键概念

金融市场　货币市场　资本市场　外汇市场　金融衍生品　金融期货

项目训练

一、不定项选择题

1.按资金的偿还期限，金融市场可分为（　　）。

A.一级市场和二级市场　　B.同业拆借市场和长期债券市场

C.货币市场和资本市场　　D.股票市场和债券市场

2.长期资金融通市场又称为（　　）。

A.货币市场　　B.资本市场　　C.初级市场　　D.次级市场

3.下列金融工具中，无偿还期限的有（　　）。

A.商业票据　　B.CD存单　　C.股票　　D.债券

4.金融工具的流动性与偿还期限成（　　）关系。

A.正比　　B.反比　　C.倒数　　D.不相关

5.金融市场有（　　）的作用。

A.资金集聚　　B.资源配置　　C.风险分散　　D.宏观调控

6.金融衍生品的类型主要有（　　）。

A.远期合约　　B.期货合约　　C.掉期合约　　D.期权交易

二、判断题

1.从整个金融市场行为主体来看，大多数国家的政府部门属于金融市场的净借入者。（　　）

2.某公司通过承销商发行债券，从金融市场筹集资金，这种融资为直接融资。（　　）

3.在金融市场中，金融工具价格是市场各种相关信息的集中反映。（　　）

4.金融工具品种和数量的多少，是衡量金融市场发达程度的主要标志之一。（　　）

5.央行运用货币政策调控宏观经济时，完全可以避开金融市场。（　　）

三、简答题

1.简述货币市场的风险特征。

2.金融期货合约的组成要素有哪些？

3.举例说明为什么以期货为代表的衍生交易具有高风险性。

四、实践应用题

1.通过调研，把相关知识和业务流程做成PPT，展示分享。具体包括：说说你周围有哪些金融机构，金融市场的参与者有哪些，货币市场和资本市场的区别与联系等。

2.在本地金融市场中选取一家金融企业，了解该企业在各金融市场中的产品分布和实际工作流程，设计并完成调查问卷。

项目五 中央银行

学习目标

1. 知识目标

掌握中央银行的性质与职能；掌握中央银行业务基本内容；了解我国中央银行的发展与现状。

2. 能力目标

具备了解人类经济发展、社会进步和货币发展的共生关系的能力；明确中央银行的地位，具备政策理解能力和服从国家大局的基本素质；学会分析中央银行变动货币政策传导的信号；明确中国人民银行的宏观调控地位，学会分析领会各个时期央行的货币政策。

3. 素质目标

在学习货币、信用、金融市场及金融体系的基础上，学会观察社会经济现象，联系中央银行的性质、职能，分析中央银行的货币政策变化，提高政策分析能力。

思维导图

- 项目五　中央银行
  - 任务一　中央银行的产生、发展与类型
    - 中央银行产生的经济基础
    - 中央银行的类型
  - 任务二　中央银行的性质与职能
    - 中央银行的性质
    - 中央银行的职能
  - 任务三　中央银行的业务
    - 负债业务
    - 资产业务
    - 清算业务
  - 任务四　我国中央银行的发展与现状
    - 我国中央银行的发展历程及各阶段使命
    - 中国人民银行的组织机构及内部设置
    - 中国人民银行的宏观调控

案例导入

易纲：降准和再贷款都是央行扩张性货币政策

2020 年 6 月 18 日，在第十二届陆家嘴论坛上，中国人民银行行长易纲表示，央行的降准和增加再贷款都是央行的扩张性货币政策，前者表现为央行资产负债表缩表，后者表现为扩表。这几年，我国央行扩表和缩表的规模大体相当，所以央行资产负债表的规模基本稳定在 36 万亿元左右。这与目前国际上主要经济体的央行资产负债表大幅扩张的机理是不同的。

易纲表示，相比之下，我国商业银行的资产负债表表现为持续合理扩张，贷款保持较快增长，反映了货币政策传导效率不断提高，市场机制运行良好。

易纲指出，央行在保持央行资产负债表基本稳定的同时，实现了有效的货币信贷增长。2018 年以来，央行 10 次降准，释放流动性约 8 万多亿元，平均法定存款准备金率从 15% 降至 9% 左右。在法定存款准备金率下降以后，商业银行可以自主使用的钱相应增加了，货币乘数也上升了。降准的过程，一方面体现为央行资产负债表的缩表；另一方面体现为商业银行通过发放更多贷款形成的货币扩张效应。与此同时，央行通过增加再贷款、再贴现等货币政策工具，又会相应扩表。

资料来源：孟凡霞，吴限．易纲：降准和再贷款都是央行扩张性货币政策［N］．北京商报，2020-06-18.

思考讨论：

中央银行的职能和作用是什么？

任务一　中央银行的产生、发展与类型

银行作为经营货币商品的特殊组织，迄今已有几千年的历史。在公元前500年的希腊，公元前400年的雅典和公元前200年的罗马帝国，都可以找到原始银行的雏形。在我国古代银行的雏形出现于唐朝，专为富商大贾、贵族官僚、高利贷者储存金银财务。然而，从世界上开始出现中央银行到现在，只有300多年的历史，并且在这300多年中，前200多年，人们对中央银行还很陌生。20世纪以后，人们才逐渐从实践中认识到中央银行在稳定一国货币及金融市场中的重要作用。而中央银行真正地被人们所认识，并日益成为各国政府调控宏观经济、控制金融的重要工具，则是在第二次世界大战以后。

一、中央银行产生的经济基础

中央银行的产生有其历史的必然性，是商品经济发展到一定阶段的产物。从历史的角度看，中央银行的产生有以下几个方面的原因：

（一）银行券集中统一发行的需要

在银行业发展初期，许多商业银行都有银行券的发行权。随着资本主义经济的发展，这种情况已不适应资本主义经济发展的要求：一是小的商业银行信用能力薄弱，如果爆发经济危机或银行经营不善，会使银行券不能兑现，无法保证银行券的信誉及其流通的稳定性；二是许多小的商业银行信用活动的领域受到限制，它们发行的银行券只能在国内有限的地区流通，这与商品经济的发展和统一市场的形成产生了矛盾，从而给生产流通造成了许多困难。这些都要求建立专门的发行银行来集中发行银行券，把银行券的发行权由分散转变为集中。于是，国家以法律形式，将银行券的发行权集中到几家甚至最终集中到一家大银行，这些资金力量雄厚并且在全国范围内具有权威的大银行在享有国家授予的银行券发行权以后，就逐渐成为发行银行。

（二）集中票据交换和资金清算的需要

随着银行业的发展，银行业务不断扩大，银行每天收受票据的数量也逐渐增多，各个银行之间的债权债务关系日益复杂，不仅异地清算变得困难，同城结算也很困难。因此，在客观上要求建立一个全国统一、权威、公正的清算中心，以集中结算全国债务和票据交换，这只能由中央银行来办理，使其成为清算银行。这是中央银行产生的又一经济原因。

（三）保证银行支付能力的需要

商业银行经常会发生营运资金不足、头寸调度不灵、兑现困难等问题，为保证金融稳定，客观上要求建立能够集中保管商业银行准备金、具有提供协调银行体系资金安全营运能力的最后贷款的银行，以创造降低风险、提高安全性、增强金融稳定性的条件。中央银行正是为了保证其他银行的支付能力，充当“最后贷款人”，作为“银行的银行”而出现的。

（四）加强金融监管的需要

为了追求利润最大化，银行业竞争加剧，促使一些银行铤而走险，或者选择一些风险高的贷款项目，或者保留的头寸不足。为了保证银行和金融业的公平有序竞争，减少金融运行风险，政府对金融业进行监督管理是极其必要的，而且必须依靠专门机构来完成。中央银行隶属政府机构，由它来实施政府对银行业和金融市场的监督管理成为必要。

（五）政府融通资金的需要

资本主义制度建立以后，政府职能得到加强，政府开支迅猛增加，政府融资需求日益迫切。为了保证和方便政府融资，发展或建立一个与政府有密切联系、能够直接或者变相为政府筹资、融资的银行机构，逐步成为政府要着力解决的重要问题。中央银行逐渐承担起了为政府融资的责任。

拓展阅读5-1

中央银行的产生与发展

由此可见，商品经济和金融业自身的发展为中央银行的产生提供了客观的内在要求，而国家对经济、金融管理的加强又为中央银行的产生提供了外在压力，中央银行的产生是这两种力量共同作用的结果。当国家通过法律或者特殊规定对某家银行或者新建的一家银行赋予某些特权并要求其他银行和金融机构以及整个经济、社会体系接受该银行的这些特权时，中央银行制度便形成了。享有特定授权并承担特定责任的银行便成为中央银行。

二、中央银行的类型

由于各国社会制度、政治制度、经济金融发展水平不同，世界各国的中央银行制度各不相同，但是从组织形式上大致可分为四种类型，即单一型中央银行制、复合型中央银行制、准中央银行制、跨国中央银行制。

（一）单一型中央银行制

单一型中央银行制是指国家单独建立中央银行机构，使之全面行使中央银行职能的制度。单一型中央银行制具体又可以分为以下两种形式。

1.一元制

所谓一元制，即在一个国家之内只建立一家统一的中央银行，其机构设置一般采取总分行制度。总行拥有绝对的权力，地方一级中央银行只是执行机构，不拥有独立权力。目前，世界上大部分国家的中央银行都实行这种体制，我国也实行这种体制。

2.二元制

所谓二元制，是在一国建立中央和地方两级中央银行机构。中央一级机构是最高权力机构或者管理机构，地方一级机构也有一定的独立权。中央和地方两级机构按照规定分别行使职权，这是联邦制的中央银行制度。实行这种制度的国家有美国、德国等。

（二）复合型中央银行制

复合型中央银行制是指一个国家或地区没有专门设立行使中央银行职能的机构，而由一家大银行行使中央银行职能，同时又经营普通商业银行的业务。这种制度曾经存在于苏联和东欧一些国家。我国在1983年之前也实行过这种制度。

（三）准中央银行制

准中央银行制是指有些国家和地区不设中央银行，只设置类似中央银行的机构，由政府授权某个或某几个商业银行来行使部分中央银行职能的制度，如新加坡采用的就是这种制度。新加坡通过金融管理局和货币委员会这两个机构来行使中央银行的职能，前者负责制定货币政策和金融业发展政策，执行除货币发行外的一切中央银行职能；后者则主要负责发行货币和保管货币发行准备金。除此之外，马尔代夫、斐济、利比里亚等国家和中国香港地区也实行类似的准中央银行制度。

（四）跨国中央银行制

跨国中央银行制是指参与某一货币联盟的所有成员方联合组成中央银行的制度。第二次世界大战后，一些地域相邻的欠发达国家建立了货币联盟，并在联盟内部成立参与国共同的中央银行。这种中央银行发行共同的货币，为成员方制定统一的货币金融政策，以推进联盟内各成员方的经济发展和货币稳定。例如，由贝宁、尼日尔、塞内加尔、多哥等国组成的西非货币联盟所设立的中央银行，由喀麦隆、乍得、刚果、加蓬和中非共和国组成的中非货币联盟所设立的中非国家银行，以及东加勒比海货币管理局等都属于完全的或者不完全的跨国中央银行。最具有代表性的是欧洲中央银行，2002年7月1日，欧元作为唯一的法定货币取代欧盟区国家使用的货币。

知识链接 5-1 **欧洲中央银行与欧元**

欧洲中央银行（European Central Bank，ECB），简称欧洲央行，总部位于德国法兰克福，成立于1998年6月1日，负责制定并执行欧盟欧元区的金融及货币政策。它是根据1992年《马斯特里赫特条约》的规定成立的，是为了适应欧元发行流通而设立的金融机构，同时也是欧洲经济一体化的产物。

欧洲央行的职能是维护货币的稳定，管理主导利率、货币的储备和发行以及制定欧洲货币政策。其职责和结构以德国联邦银行为模式，独立于欧盟机构和各国政府之外。欧洲中央银行具有法人资格，可在各成员国以独立的法人资格处理其动产和不动产，并参与有关的法律事务活动。欧洲央行的决策机构是管理委员会和执行委员会，管理委员会由执行委员会所有成员和参加欧元区的成员国中央银行行长组成。管理委员会实行一人一票制，一般实行简单多数表决制。当表决时赞成和反对票数相等时，管理委员会主席（由欧洲中央银行行长担任）可投出决定性的一票。管理委员会每年至少开会10次。欧洲中央银行的资本为50亿欧元，各成员国中央银行是唯一的认购和持有者。资本认购的数量依据各成员国的GDP和人口分别占欧盟的比例为基础来确定。各成员国缴纳资本的数量不得超过其份额。各成员国认购的份额每5年调整一次，份额调整后的下一年生效。显然在组织结构上，其类似美国联邦储备体系，欧盟成员国央行类似美联储中的12家联邦储备银行。管理委员会是欧洲中央银行的最高决策机构，负责制定欧元区的货币政策，并且就涉及货币政策的中介目标、指导利率以及法定准备金等做出决策，同时确定其实施的行动指南。

欧元（Euro）是欧盟中20个国家的货币。截至2023年1月，欧元区的20个成员国是德国、法国、意大利、荷兰、比利时、卢森堡、爱尔兰、西班牙、葡萄牙、奥地利、芬兰、立陶宛、拉脱维亚、爱沙尼亚、斯洛伐克、斯洛文尼亚、希腊、马耳他、塞浦路斯、克罗地亚。1999年1月1日，在实行欧元的欧盟国家中实行统一货币政策（Single Monetary Act），2002年7月，欧元成为欧元区唯一合法货币。欧元由欧洲中央银行和欧元区各国家的中央银行组成的欧洲中央银行系统（European System of Central Banks，ESCB）负责管理。另外，欧元也是非欧盟中的6个国家（地区）的货币，它们分别是：摩纳哥、圣马力诺、梵蒂冈、安道尔、黑山和科索沃地区。其中，前4个袖珍国根据与欧盟的协议使用欧元，而后两个国家（地区）则是单方面使用欧元。

欧元是自罗马帝国以来欧洲货币改革最为重大的结果。欧元不仅仅使欧洲单一市场得以完善，欧元区国家间自由贸易更加方便，而且更是欧盟一体化进程的重要组成部分。欧元使欧盟获得了走向更紧密联合发展的基础，欧元的意义不仅仅是一种货币单位，其重要性在于它淡化了欧洲地区的疆域和国别概念，是欧洲各国团结的标志。

资料来源：作者根据百度百科等相关资料整理。

任务二 中央银行的性质与职能

中央银行是一种特殊的金融机构。它在一个国家金融体系中居于核心地位，负责制定和执行国家的金融政策、法令，实行金融管理和监督，控制货币流通与信用活动。它是发行的银行、政府的银行、银行的银行，主要通过制定和执行货币政策，维持币值稳定，促进国家宏观经济目标的实现。世界各国中央银行的性质基本相同，但其组织制度却不完全一样。

一、中央银行的性质

中央银行的性质是中央银行自身具有的特有属性，是由其业务活动的特点和所发挥的作用决定的，总的来说，中央银行是一种特殊的金融机构，是具有银行特征的国家机关。

（一）中央银行是特殊的金融机构

中央银行首先是银行，具有银行固有的“存、贷、汇”业务的基本特征。但它不是一般的银行，而是一种特殊金融机构，具有自身的特殊性，主要表现在以下几个方面：

（1）中央银行不经营普通银行业务，不与工商企业与居民个人有业务往来，一般中央银行的业务对象是政府、商业银行及其他金融机构。

（2）中央银行不以营利为目的。中央银行虽然也从事货币信用业务，但它的宗旨是维护国家正常的金融活动，稳定币值，以调节宏观经济为己任，执行国家经济政策。

（3）中央银行资产流动性较大。中央银行的主要业务就是控制信用，调节货币供应量，这就需要持有流动性较强的资产，以便通过金融市场的公开市场业务操作来影响信用的扩张和收缩，因此，中央银行不宜保存长期资产，所持资产具有较高流动性。

（4）中央银行具有国家授予的一系列业务经营活动的特权，如垄断货币发行、管理货币流通、集中存款准备金、代理国库等，这是一般金融机构所不具有的。

（5）中央银行主要管理国内金融活动，不在国外设立分支机构，在国际上主要是加强双边或者多边合作，定期公布业务状况。这样做有利于国内外有关方面了解中央银行的货币与金融政策，以便分析这些政策对经济可能带来的影响，有利于企业或者个人预测经济发展趋势，确定经营方针战略。

（二）中央银行是特殊的国家机关

中央银行通过国家授权，承担着监管普通金融机构和金融市场的使命，是保障金融稳健运行、调控宏观经济的国家行政机构。因此，中央银行具有一定的国家机关属性，随着国家对经济调控的加强，中央银行的国家机关性质也趋于强化。但是，中央银行毕竟是具有银行特征的国家机关，与一般的行政机关又有很大的区别：

（1）中央银行从事货币信用业务，实行资产负债管理，有资本、有收益，与完全依靠财政拨付经费的政府机构显然不同。

（2）中央银行主要运用经济手段执行宏观管理职能，而不是凭借政治权力执行。中央银行是货币供给的源头，中央银行保证货币的供给在质上统一标准，在量上调节控制；商业银行和其他金融机构也只有在取得中央银行授予的信用后，才有条件授予客户信用，中央银行通过货币政策工具的运用，进而影响商业银行等其他金融机构的信用，来实现经济调控的目的。

（3）中央银行宏观管理的目的就是稳定币值，具有特殊的社会责任，央行的货币供给有一个特殊的传导过程，其具有较强的技术性和专业性，这也是其他政府机构所不能比拟的。

综上所述，中央银行既是为商业银行等普通金融机构和政府提供金融服务的特殊金融机构，又是制定和实施货币政策、监督管理金融业、规范与维护金融秩序、调控金融和经济运行的宏观管理部门。

二、中央银行的职能

中央银行的职能是中央银行性质的具体体现，是中央银行本身所具有的功能。按承担的任务来划分，中央银行的职能可概括为发行的银行、政府的银行和银行的银行。

（一）中央银行是发行的银行

所谓发行的银行，是指中央银行集中与垄断货币发行的特权，是国家唯一的货币发行机构。世界各国建立中央银行以后，货币的发行权一般都集中于中央银行，发行货币已成为其特权和基本职能。目前，除个别国家外，货币基本上都是由中央银行发行的。作为发行的银行，首先要保证币值的稳定。在信用货币流通的情况下，中央银行根据一定时期内的经济发展需要，以及物价水平等诸多因素，制定与实施货币政策，运用多种手段有效调控货币供给量，保持货币供给量与客观需要量的相对平衡，以实现货币币值的基本稳定。

（二）中央银行是政府的银行

所谓政府的银行，是指中央银行制定和实施货币政策，对金融业实施监督；中央银行代表政府参与国际金融组织与活动；中央银行为政府代理国库，提供各种金融服务。其具体职能体现在以下几个方面：

1. 代理国库

中央银行服务于国家财政，为政府开立账户、收受国库存款、办理转账、代收税款、代理发行公债和还本付息等事宜。

2. 为政府融通资金

第一种方式，直接对政府贷款或者透支。这大多用以缓解财政先支后收等临时性的矛盾。但是这种贷款实际上是政府通过中央银行增发货币，并没有以商品流通对货币的需要为基础，容易造成通货膨胀，影响币值稳定，扰乱金融秩序。因此，大多数国家都以立法的形式对中央银行向政府直接贷款加以严格限制。

第二种方式，政府发行债券。如果在一级市场直接认购政府发行的债券，无异于直接向政府透支，所以一般是不允许的。在二级市场上，中央银行通过认购政府发行的债券，从中央银行的资产负债表来看，是对政府的一种融资。通过这种公开市场业务，也可以达到调节货币供给量、施行政策的目的。

3.持有和经营国际储备

一国国际储备是一国金融安全的保障，其包括外汇、黄金和特别提款权等。中央银行负责保管与经营国际储备，以及根据国内国际情况适时调整国际储备。

4.制定和实施货币政策

中央银行制定和实施货币政策，以稳定物价，促进经济增长。当今世界，各国的货币政策是调节宏观经济的一个重要手段，而作为制定和执行货币政策的中央银行，在调控宏观经济中起着重要作用。

5.代表政府参加国际金融组织和各项国际金融活动

中央银行作为国家的银行，代表政府参加国际金融组织，出席各种国际性会议，从事国际金融活动，签订国际金融协定；在国内外经济金融活动中，充当政府的顾问，提供经济、金融情报和决策建议。

（三）中央银行是银行的银行

所谓银行的银行，是指中央银行的业务对象是商业银行、其他金融机构和特定的政府部门。中央银行与其业务对象之间的业务往来仍具有银行固有业务的特点，中央银行为金融机构提供支持服务，同时也是它们的管理者，具体表现在以下三个方面：

1.集中商业银行的存款准备金

存款准备金是金融机构为保证客户提取存款和资金清算的需要而准备的在中央银行的存款，中央银行要求的存款准备金占其存款总额的比率就是存款准备金率。存款准备金包括两个部分：一是法定存款准备金，二是超额存款准备金。法定存款准备金即金融机构按照其存款的一定比例向中央银行缴存的存款，这个比例通常是由中央银行决定的，因而称为法定存款准备金率。超过法定比例缴存中央银行的部分称为超额存款准备金。

中央银行集中保管存款准备金，一方面可以保证存款机构的清偿能力，以备客户提现，从而保障存款人的资金安全，以及银行等金融机构本身的安全；另一方面，存款准备金制度是中央银行调节和控制商业银行信用活动的政策工具。中央银行通过调节存款准备金率，可以影响商业银行的信用创造能力，从而间接调控货币供应量。

2.充当商业银行的“最后贷款人”

商业银行在出现资金周转困难或需要扩大信贷规模时，可以向中央银行申请再贴现或者再贷款，中央银行作为“最后贷款人”，为商业银行提供资金的支持。最后贷款人的含义是，在商业银行发生资金困难而无法从其他银行或金融市场筹措时，向中央银行融资是最后的办法，否则会发生银行的破产倒闭。最后贷款人若能够对流动性暂时不足的商业银行进行融通，就可以在一定程度上缓解公众对现金短缺的恐慌，进而制止金融恐慌。

3.组织、参与和管理全国的清算

各金融机构之间的清算通过其在中央银行的存款账户进行相互划转。对于商业银行来说，由中央银行集中办理清算，成本低、效率高、安全可靠；对于中央银行来说，为加强金融监管和对资金流量和流向的监测提供了条件。

综上所述，作为发行的银行、政府的银行和银行的银行，既反映了中央银行的性质，又概括出中央银行的主要职能。作为发行的银行和银行的银行，反映了中央银行管理和控制货币流通、制定和执行货币政策的职能，也反映了中央银行为商业银行等金融机构提供信贷和结算服务，并对金融业进行调控、监督和管理的职能；作为政府的银行，反映了中央银行代表政府从事金融活动并为政府提供服务的职能。

任务三　中央银行的业务

中央银行的主要业务包括负债业务、资产业务和清算业务，如图5-1所示。

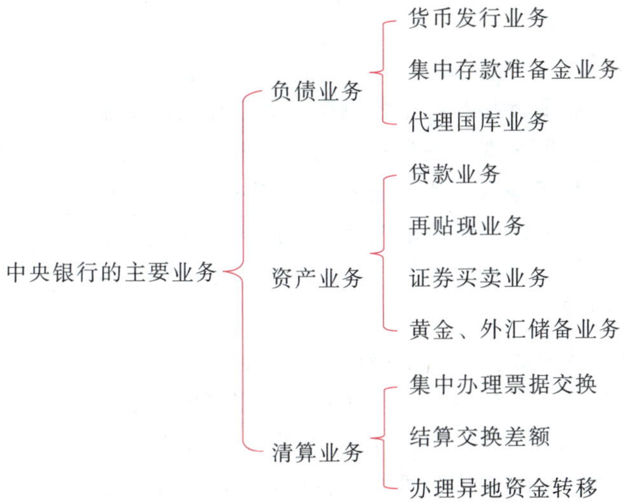

图5-1　中央银行主要业务图示

一、负债业务

中央银行的负债是指社会集团和个人持有的对中央银行的债权，其业务主要包括货币发行业务、集中存款准备金业务和代理国库业务。

（一）货币发行业务

货币发行是中央银行主要的负债业务，是中央银行与一般商业银行不同的重要标志。中央银行依据货币法律制度，遵循垄断发行、信用保证和弹性发行的原则，通过再贴现、贷款与再贷款、购买证券、收购金银外汇等渠道投入市场形成流通中的纸币，以满足经济发展对货币的需要。

（二）集中存款准备金业务

中央银行集中商业银行与其他金融机构的存款准备金，旨在满足流动性与清偿能力要求，调控信贷规模和货币供给量，便于资金清算以维护金融体系的安全与稳定，而这一最大的存款资金也是中央银行充当最后贷款人、实施货币政策的基础。

（三）代理国库业务

中央银行凭借财政部开设于中央银行的专门账户代理财政收入支出，履行代理国库职责，财政金库存款即成为中央银行的重要资金来源之一。

二、资产业务

中央银行的资产是指中央银行在一定时点上所拥有的各种债权，主要包括贷款，再贴现，证券买卖，黄金、外汇储备。中央银行的资产业务对其制定实施货币政策、调控金融运行具有重要作用。

（一）贷款业务

动画微课5-1

带你了解汇票

贷款业务是中央银行的主要资产业务之一，它充分体现了中央银行“最后贷款人”的职能作用。贷款业务是指中央银行对商业银行和其他金融机构发放贷款，主要解决其临时性资金不足的问题，弥补头寸的临时性短缺和紧急情况下保证商业银行的最后清偿能力，防止出现金融恐慌，维护金融体系的安全。

（二）再贴现业务

再贴现业务是商业银行和其他金融机构持有已贴现的商业汇票，向中央银行进行票据再转让的一种行为。再贴现是一种特殊的放款形式，也是中央银行传统的货币政策工具之一。再贴现主要用于解决一般金融机构由于办理贴现业务引起的暂时性资金困难。再贴现的实付金额等于再贴现承兑汇票面额扣除再贴现利息。再贴现的期限，从再贴现之日起至票据到期日止，一般为3个月，最长不超过6个月。

（三）证券买卖业务

中央银行经营证券业务，即在金融市场买卖各种有价证券、政府债券的活动，其目的不在于营利，因为中央银行负有调节和管理宏观经济的职责，根据市场银根松紧，调节资金供应。中央银行通过买进或卖出证券就可以达到调节市场资金供求的目的。可见，证券买卖是中央银行的调控手段之一，也是一项经常性的资产业务。

（四）黄金、外汇储备业务

中央银行为保证国际收支平衡、汇率稳定及本国货币币值稳定，要统一掌握和负责管理国家的黄金、外汇储备。需要黄金、外汇者可向中央银行申请购买，中央银行也通过买卖黄金、外汇来集中储备，调节资金结构，保持汇率稳定。

三、清算业务

资产清算是中央银行主要的中间业务，也是一项传统业务。这类业务可以划分为：

（一）集中办理票据交换

票据交换工作一般在票据交换所进行，参与票据交换所交换票据的银行均是“清算银行”或“交换银行”。它们只有依据票据交换所有关章程的规定承担一定的义务（如缴纳一定的交换保证金，在中央银行开立往来存款账户用以结算交换差额，分摊交换的所有费用），才能拥有入场交换票据的权利。

（二）结算交换差额

在中央银行开立有往来存款账户的清算银行，其票据交换所得最后差额即由该账户上资金的增减来结清。

（三）办理异地资金转移

中央银行的资金清算工作既可以通过其分支机构组织同城票据交换与资金清算，也可办理全国范围内的异地资金转移业务。办理异地资金转移的方式一般有两种：一是先由各金融机构内部联行系统处理，然后各金融机构的总行通过中央银行总行办理转账结算；二是将异地票据统一集中传递到中央银行总行办理轧差转账。

目前，中央银行清算的手段有自动化清算系统和手工操作的计算机处理等。

案例探析 5-1

支付结算改变生活

习惯用微信支付出租车费，习惯用手机网上购物，习惯用IC卡在市场买菜，习惯刷信用卡消费……不经意间，使用现金支付消费的习惯正在慢慢改变，生活变得越发简单。支付结算正以一种无声的方式不断地向我们提醒着它的存在。支付体系的安全和效率决定资金运动的安全和效率，无形的支付体系是现代市场经济发展最重要的基础设施之一。

近年来，中国人民银行结合经济金融发展的实际需求，充分应用现代信息技术，建成了一批重要的金融应用系统，为提升全社会金融服务水平提供了重要平台。其主要包括：大额实时支付系统、小额批量支付系统、票据支付系统、银行卡支付系统、国库资金支付清算系统、企业和个人征信系统等。以支付清算为例，通过小额支付系统，社会公众和收费单位只需在任何一家银行开立一个账户，就能够方便地缴纳所有水、电、煤气、电话等公用事业服务费用，以及养老保险、失业保险、工伤保险、医疗统筹等社会保障资金的缴纳和收取；小额支付系统还能够为社会公众办理跨行网上支付、电话支付等业务提供全天候的、安全高效的支付清算服务。可以说，金融基础设施的不断完善，改善了社会金融服务环境，为老百姓的生活带来了实实在在的便利。

资料来源：佚名. 支付结算改变生活 [EB/OL]. [2020-03-12]. https://wk.baidu.com/view/c4a4afadbe1e650e53ea9991?pcf=2#1.

思考讨论：

1. 当你在ATM取钱时，银行都做了什么？支付和清算能同时完成吗？

2. 中国人民银行的支付结算系统起什么作用？试从网络上找出中国支付清算系统总体架构。

教学互动 5-1

分组比较中央银行业务与商业银行业务的不同，并分析其原因。

任务四　我国中央银行的发展与现状

中国人民银行成立至今，为人民币币值的稳定和国民经济的发展做出了巨大贡献，特别是改革开放以来，中国人民银行在体制、职能、地位、作用等方面，都发生了巨大而深刻的变革。

一、我国中央银行的发展历程及各阶段使命

（一）中国人民银行的创建与国家银行体系的建立（1948—1952年）

1948年12月1日，中国人民银行在河北省石家庄市宣布成立。华北人民政府当天发出布告，由中国人民银行发行的人民币在华北、华东、西北三区统一流通，所有公私款项收付及一切交易，均以人民币为本位货币。

1949年2月，中国人民银行由石家庄市迁入北平。1949年9月，中国人民政治协商会议通过《中华人民共和国中央人民政府组织法》，把中国人民银行纳入政务院的直属单位系列，接受财政经济委员会指导，与财政部保持密切联系，赋予其国家银行职能，承担发行国家货币、管理国家金库、管理国家金融、稳定金融市场、支持经济恢复和国家重建的任务。

在国民经济恢复时期，中国人民银行在中央人民政府的统一领导下，着手建立统一的国家银行体系：一是建立独立统一的货币体系，使人民币成为境内流通的本位币，与各经济部门协同治理通货膨胀；二是迅速筹建分支机构，形成国家银行体系，接管官僚资本银行，整顿私营金融业；三是实行金融管理，疏导游资，打击金银外币黑市，取消在华外商银行的特权，禁止外国货币流通，统一管理外汇；四是开展存款、放款、汇兑和外汇业务，促进城乡物资交流，为迎接国家经济建设做准备。

到1952年国民经济恢复时期终结时，中国人民银行作为共和国的国家银行，建立了全国垂直领导的组织机构体系；统一了人民币发行，逐步收兑了解放区发行的货币，全部清除并限期兑换了国民党政府发行的货币，很快使人民币成为全国统一的货币；对各类金融机构实行了统一管理。中国人民银行充分运用货币发行和货币政策，实行现金管理，开展“收存款、建金库、灵活调拨”，运用折实储蓄和存放款利率等手段调控市场货币供求，扭转了中华人民共和国成立初期金融市场混乱的状况，终于制止了国民党政府遗留下来的长达20年之久的恶性通货膨胀。同时，中国人民银行按照“公私兼顾、劳资两利、城乡互助、内外交流”的政策，配合工商业的调整，灵活调度资金，支持了国营经济的快速成长，适度地增加了对私营经济和个体经济的贷款，便利了城乡物资交流，为人民币币值的稳定和国民经济的恢复与发展做出了重大贡献。

（二）计划经济体制时期的国家银行（1953—1978年）

在统一的计划体制中，自上而下的人民银行体制，成为国家吸收、动员、集中和分配信贷资金的基本手段。随着社会主义改造的加快，私营金融业纳入了公私合营银行轨道，形成了集中统一的金融体制。中国人民银行作为国家金融管理和货币发行的机构，既是管理金融的国家机关又是全面经营银行业务的国家银行。

与高度集中的银行体制相适应，我国自1953年开始建立了集中统一的综合信贷计划管理体制，即全国的信贷资金，不论是资金来源还是资金运用，都由中国人民银行总行统一掌握，实行“统存统贷”的管理办法，银行信贷计划纳入国家经济计划，成为国家管理经济的重要手段。高度集中的国家银行体制，为大规模的经济建设提供全面的金融监督和服务。

中国人民银行担负着组织和调节货币流通职能，统一经营各项信贷业务，在国家计

划实施中具有综合反映和货币监督功能。银行对国有企业提供超定额流动资金贷款、季节性贷款和少量的大修理贷款，对城乡集体经济、个体经济和私营经济提供部分生产流动资金贷款，对农村中的贫困农民提供生产贷款、口粮贷款和其他生活贷款。这种长期资金归财政、短期资金归银行，无偿资金归财政、有偿资金归银行，定额资金归财政、超定额资金归银行的体制，一直延续到1978年，其间虽有几次变动，基本格局变化不大。

（三）从国家银行过渡到中央银行体制（1979—1992年）

1979年1月，为了加强对农村经济的扶植，我国恢复了中国农业银行。同年3月，为了适应对外开放和国际金融业务发展的新形势，我国改革了中国银行的体制，中国银行成为国家指定的外汇专业银行，同时设立了国家外汇管理局。以后，我国又恢复了国内保险业务，重新建立中国人民保险公司；各地还相继组建了信托投资公司和城市信用合作社，出现了金融机构多元化和金融业务多样化的局面。

日益发展的经济和金融机构的增加，迫切需要加强金融业的统一管理和综合协调，由中国人民银行来专门承担中央银行职责，成为完善金融体制、更好发展金融业的紧迫议题。1982年7月，国务院批准了中国人民银行的报告，进一步强调“中国人民银行是我国的中央银行，中国人民银行是国务院领导下统一管理全国金融的国家机关”，以此为起点开始了组建专门的中央银行体制的准备工作。

1983年9月17日，中华人民共和国国务院做出决定，由中国人民银行专门行使中央银行的职能，并具体规定了中国人民银行的10项职责。自1984年1月1日起，中国人民银行开始专门行使中央银行的职能，集中力量研究和实施全国金融的宏观决策，加强信贷总量的控制和金融机构的资金调节，以保持货币稳定；同时，新设中国工商银行，中国人民银行过去承担的工商信贷和储蓄业务由中国工商银行经营；中国人民银行分支行的业务实行垂直领导；设立中国人民银行理事会，作为协调决策机构；建立存款准备金制度和中央银行对专业银行的贷款制度，初步确定了中央银行制度的基本框架。

中国人民银行在专门行使中央银行职能的初期，随着全国经济体制改革深化和经济高速发展，为适应多种金融机构、多种融资渠道和多种信用工具不断涌现的需要，中国人民银行不断改革机制，搞活金融，发展金融市场，促进金融制度创新。中国人民银行努力探索和改进宏观调控的手段和方式，在改进计划调控手段的基础上，逐步运用利率、存款准备金率、中央银行贷款等手段来控制信贷和货币的供给，以求达到“宏观管住，微观搞活，稳中求活”的效果，在制止“信贷膨胀”“经济过热”、促进经济结构调整的过程中，初步培育了运用货币政策调节经济的能力。

实践操作 5-1

请通过查找资料，了解在中国和东盟的合作历程中，中国人民银行采取了哪些措施，并在课堂上进行分享和讨论。

（四）逐步强化和完善现代中央银行制度（1993年至今）

1993年，按照《国务院关于金融体制改革的决定》，中国人民银行进一步强化金融调控、金融监管和金融服务职责，划转政策性业务和商业银行业务。

1995年3月18日，全国人民代表大会通过《中华人民共和国中国人民银行法》，首次以国家立法形式确立了中国人民银行作为中央银行的地位，这标志着中央银行体制走向了法治化、规范化的轨道，是中央银行制度建设的重要里程碑。

从1998年10月开始，中国人民银行及其分支机构在全国范围内进行改组，撤销中国人民银行省级分行，在全国设立9个跨省、自治区、直辖市的一级分行，重点加强对辖区内金融业的监督管理。一个以中央银行为领导，以商业银行为主体，多种金融机构并存的、分工协作的、具有中国特色的金融体系已经形成。

2003年，按照党的十六届二中全会审议通过的《关于深化行政管理体制和机构改革的意见》和十届全国人大一次会议批准的国务院机构改革方案，将中国人民银行对银行、金融资产管理公司、信托投资公司及其他存款类金融机构的监管职能分离出来，并和中央金融工委的相关职能进行整合，成立中国银行业监督管理委员会。

有关金融监管职责调整后，中国人民银行新的职能正式表述为“制定和执行货币政策、维护金融稳定、提供金融服务”。同时，明确界定：“中国人民银行为国务院组成部门，是中华人民共和国的中央银行，是在国务院领导下制定和执行货币政策、维护金融稳定、提供金融服务的宏观调控部门。”

新的变化，进一步强化了中国人民银行作为中国的中央银行在实施金融宏观调控、保持币值稳定、促进经济可持续增长和防范化解系统性金融风险中的重要作用。随着社会主义市场经济体制的不断完善，中国人民银行作为中央银行在宏观调控体系中的作用将会更加突出。

实践操作 5-2

观察社会上出现的金融创新产品，如微信支付、云闪付等，对此监管部门出台了什么措施进行监管或指导？

二、中国人民银行的组织机构及内部设置

中国人民银行的总行设在北京，内设18个职能司、局（厅）。

在1998年以前，中国人民银行的分支机构是按照行政区划设置的。1998年年底，中国人民银行开始进行大规模的机构改革，在全国范围内按照经济区域设置分支机构。新的中国人民银行组织结构分为四级：总行—九大分行和两个总行营业部—省、市中心支行—县支行。九大跨区分行分别设在沈阳（辖黑龙江、吉林和辽宁）、天津（辖天津、山西、内蒙古和河北）、西安（辖陕西、青海、宁夏、新疆和甘肃）、济南（辖山东和河南）、武汉（辖湖北、湖南和江西）、上海（辖上海、浙江、福建）、南京（辖江苏和安徽）、成都（辖四川、贵州、云南和西藏）和广州（辖广东、广西和海南）。两个总行营业部分别设在北京和重庆，在各地区和一些城市设置了333个中心支行，市辖区设办事处，县设支行。这些分支机构在辖区内履行中央银行的有关职责。

2005年8月，中国人民银行上海总部在上海挂牌成立，上海总部作为中国人民银行总行的有机组成部分，在中国人民银行总行的领导和授权下开展工作，主要承担部分中

央银行业务的具体操作职能，同时履行一定的管理职能。

另外，中国人民银行在东京、纽约、伦敦、法兰克福和悉尼等地设有代表处。代表处主要负责研究国际金融问题，并与世界主要中央银行进行联系和工作协调。

三、中国人民银行的宏观调控

中国人民银行以国家货币政策制定者和执行者的身份，通过金融手段，对全国的货币、信用活动进行有目的、有目标的调节和控制，进而影响国家宏观经济，促进整个国民经济健康发展，实现其预期的货币政策目标。

中国人民银行宏观调控机制在社会主义市场经济模式下有着行政性和经济性双重结构特征。货币政策工具包括计划控制、再融资、存款准备金率调整、利率调整。

（1）计划控制，是中国人民银行进行货币、信贷控制的主要手段，分现金发行计划和信贷计划两个层次。具体管理方式有两种：其一是指导性计划，在通常情况下编制各地金融机构信贷总额计划，指导信贷活动，引导资金流向，为各地各级银行控制信贷规模提供参考；其二是指令性计划，通过制定贷款规模限额达到控制货币信贷的目标。

（2）再融资，是指再贷款和再贴现。

（3）存款准备金率调整，是根据货币政策的需要调整准备金比率。

（4）利率调整，包括两个层次：一是与中央银行资金来源和运用有关的利率调整，如存款准备金利率、超额准备金利率、再贴现利率，其预期效应是专业银行行为的变化；二是普通金融机构的存贷款利率、有价证券发行利率，其预期效应是国民经济各部门包括个人储蓄行为的变化。

操作目标是短期利率和存款准备金额，以及季度计划执行情况。中介目标是现金发行量、信贷总规模、货币供应量。现金发行仍作为信贷规模控制的砝码，作用虽有限，但货币存量变动对物价水平的稳定具有举足轻重的作用。信贷总规模作为中介目标与有关宏观经济总量目标紧密联系，虽然单纯控制信贷规模会妨碍基层银行自主经营，但在以指令性计划为主的调控体制下则是重要的中介目标。货币供应量在以信贷规模控制为主体的情况下尚缺乏应有的调控作用，因为货币供应量本质上是间接调控体系的中介目标，使其完善还需一个间接调控体系。政策目标以经济增长和物价稳定为主，通过汇率变动调节进出口来改善国际收支达到国际收支平衡。

中国的宏观调控体系和机制是以直接控制为主、间接控制为辅。金融改革的方向主要是发展和健全间接调控部分，根据中国国情建立一个新的调控机制。

【金融微课堂】

学习了本项目我们知道，发行货币是中央银行的主要职能之一。一个国家为何要牢牢掌握货币发行权呢？假如每一家银行都可以发行货币，将会造成怎样的局面？

项目小结

1.中央银行是商品经济发展的产物。中央银行的产生源于政府融通资金的需要、集中票据交换和资金清算的需要、保证银行支付能力的需要、加强金融监管的需要、银行券集中统一发行的需要。

2.中央银行从组织形式上大致可分为四种类型，即单一型中央银行制、复合型中央银行制、准中央银行制、跨国中央银行制。

3.中央银行是一种特殊的金融机构，是具有银行特征的国家机关。中央银行职能是中央银行性质的具体体现，是中央银行本身所具有的功能。按承担的任务来划分，中央银行的职能可分为发行的银行、政府的银行和银行的银行。

4.中央银行的主要业务包括中央银行的负债业务、资产业务和清算业务。中央银行的负债业务主要包括货币发行、集中存款准备金和代理国库。中央银行的资产业务包括贷款、再贴现、证券买卖、黄金、外汇储备。中央银行的资产业务对其制定实施货币政策、调控金融运行具有重要作用。资产清算是中央银行主要的中间业务，也是一项传统业务，包括集中办理票据交换、结算交换差额、办理异地资金转移。

5.中国人民银行宏观调控机制在社会主义市场经济模式下有着行政性和经济性双重结构特征。中国人民银行以国家货币政策制定者和执行者的身份，通过金融手段，对全国的货币、信用活动进行有目的、有目标的调节和控制，进而影响国家宏观经济，促进整个国民经济健康发展，实现其预期的货币政策目标。

关键概念

单一型中央银行制　复合型中央银行制　跨国中央银行制

项目训练

一、单项选择题

1.中央银行是国家最高的货币金融管理组织机构，在各国金融体系中居于主导地位。国家赋予其制定和执行（　　），对国民经济进行宏观调控，对其他金融机构乃至金融业进行监督管理的权限，地位非常特殊。

A.货币政策　　B.财政政策　　C.宏观政策　　D.微观政策

2.1995年3月18日，全国人民代表大会通过（　　），首次以国家立法形式确立了中国人民银行作为中央银行的地位，标志着中央银行体制走向了法治化、规范化的轨道，是中央银行制度建设的重要里程碑。

A.《中华人民共和国商业银行法》　　B.《中华人民共和国银行法》

C.《中华人民共和国国有银行法》　　D.《中华人民共和国中国人民银行法》

3.所谓一元制，即在一个国家之内只建立一家统一的中央银行，其机构设置一般采取总分行制度。实行这种体制的国家有（　　）。

A.美国　　B.中国　　C.德国　　D.新加坡

二、多项选择题

1.中央银行是（　　），对调节货币供应量、稳定币值有重要作用。中央银行是（　　），它集中保管银行的准备金，并对它们发放贷款，充当“最后贷款者”。中央银行是（　　），它是国家货币政策的制定者和执行者，也是政府干预经济的工具；同时为国家提供金融服务，代理国库，代理发行政府债券，为政府筹集资金；代表政府参加国际金融组织和各种国际金融活动。

A.银行的银行　　B.发行的银行　　C.政府的银行　　D.世界的银行

2.中央银行的主要业务有（　　）等。

A.货币发行、集中存款准备金　　B.贷款、再贴现

C.证券、黄金、外汇买卖　　D.代理国库

E.向企业发放贷款　　F.借钱给政府

3.所谓二元制，是在一国建立中央和地方两级中央银行机构。中央一级机构是最高权力机构或者管理机构，地方一级机构也有一定的独立权。中央和地方两级机构按照规定分别行使职权。实行这种制度的国家有（　　）等。

A.德国　　B.中国　　C.美国　　D.法国

4.下列属于中央银行服务对象的有（　　）。

A.居民　　B.政府　　C.商业银行

D.商业企业　　E.保险公司

5.下列中央银行业务中，属于负债业务的有（　　）。

A.货币发行　　B.贷款

C.集中存款准备金　　D.代理国库

三、判断题

1.中央银行所从事的业务与其他金融机构所从事的业务的根本区别在于，中央银行所从事的业务不是为了营利，而是为实现国家宏观经济目标服务，这是由中央银行所处的地位和性质决定的。（　　）

2.中央银行作为金融监管的唯一主体，在金融市场中的作用越来越大。（　　）

3.中央银行的职能是由中央银行的性质决定的，同时也是中央银行性质的具体体现。其职能主要是宏观调控、保障金融安全与稳定、金融服务。（　　）

4.中央银行是银行的银行，是指中央银行垄断货币发行权，是一国或某一货币联盟唯一授权的货币发行机构。（　　）

5.作为国家的银行，中央银行的作用之一是制定和实施货币政策，也是政府干预经济的工具。（　　）

四、实践应用题

1.查找资料，分析中央银行产生的经济基础，思考为什么中央银行要收归国有。

2.2016年，中国人民银行的货币政策多目标并存：稳定经济增长、稳定人民币汇率、支持供给侧结构性改革等；此外，作为稳定金融系统的重要力量，央行还在积极采取措施降低金融系统的杠杆率，缩短放长，化解债券市场高杠杆也是其中的重要一环。

措施之一：3月1日，央行调降金融机构人民币存款准备金率0.5个百分点

央行出人意料地于2016年3月1日下调金融机构人民币存款准备金率0.5个百分点，以保持金融体系流动性合理充裕，引导货币信贷平稳适度增长，为供给侧结构性改革营造适宜的货币金融环境。本次降准传递出货币政策稳健略宽松的信号。央行降准旨在保证金融体系和资本市场充裕的流动性，满足实体经济运行的要求。

措施之二：存款准备金考核制度进一步改革

央行决定自7月15日起，将人民币存款准备金的缴存基数由旬末一般存款余额时点数调整为旬内一般存款余额的算术平均值。这是继2015年9月15日存款准备金改为平均法考核后对这一方法的再次完善，1998年到2015年中国对金融机构存款准备金实行的是时点法考核。改革后的存款准备金平均法考核方式给予金融机构在流动性管理上更多的便利性，提供缓冲机制，有利于促进市场流动性平稳，降低利率波动。

要求：请分析中国人民银行制定以上措施发挥了哪些职能。

项目六 商业银行

学习目标

1. 知识目标

理解商业银行的定义；了解商业银行的产生与发展；掌握商业银行的性质、职能与组织形式；掌握商业银行的负债业务、资产业务与中间业务；掌握商业银行的经营原则。

2. 能力目标

能够区分并明确商业银行在金融机构体系中的地位；能基本掌握商业银行的各项业务并具备引导或指导周围群体获得商业银行金融服务的能力；能够明确商业银行的经营原则以及风险管理的意义。

3. 素质目标

培养学生拥有良好的工作热情和积极性；培养学生对商业银行的认识，形成诚实守信的职业品质；通过完成项目作业和小组作业提高团队协作素质。

思维导图

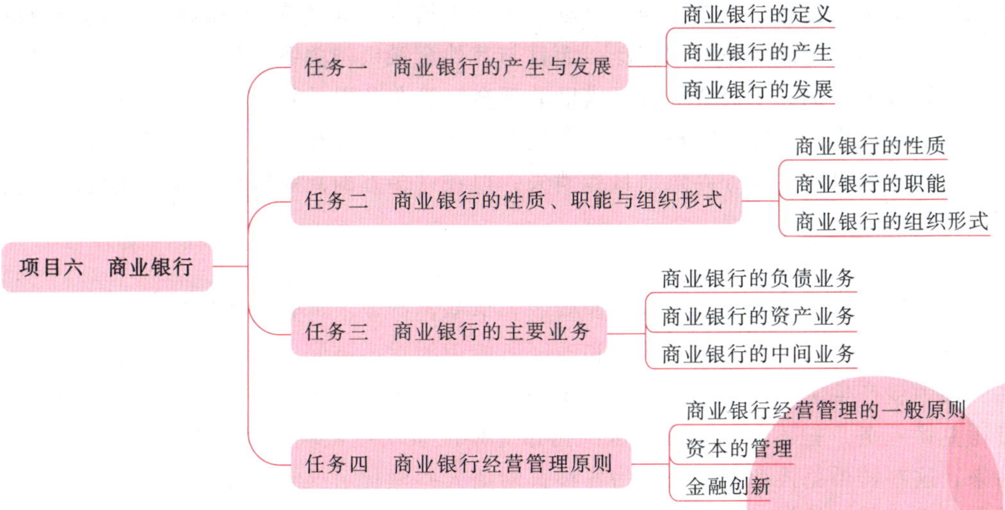

案例导入

中国工商银行位列 2020 年全球银行品牌价值 500 强榜首

英国《银行家》杂志发布的 2020 年“全球银行品牌价值 500 强”榜单中，中国工商银行以 807.91 亿美元的品牌价值名列榜首，连续 4 年蝉联全球最具价值银行品牌。

《银行家》杂志在介绍中指出：2019 年，中国工商银行通过一系列有效措施提升品牌价值，连续 4 年位居全球银行榜首：一是全面实施“第一个人金融银行”战略，个人金融各项业务得到显著发展；二是全面升级普惠金融服务，为小微客户提供全方位的普惠金融综合服务；三是全面强化科技领先优势，坚持以技术变革引领银行再造，发布智慧银行生态系统 ECOS，服务能力和客户体验显著提升；四是全面深化集团品牌内涵，以全行经营发展战略为导向，充分利用大事、要事传播契机，传递经营思想、表达品牌主张、提振员工士气，彰显品牌的价值观和时代性。

“全球银行品牌价值 500 强”由《银行家》杂志联合英国品牌价值研究机构 Brand Finance 推出，每年年初向全球发布，已连续开展 14 年。

资料来源：佚名. 中国工商银行位列 2020 年全球银行品牌价值 500 强榜首［EB/OL］.［2020-04-08］. http://www.financeun.com/newsDetail/31410.shtml?platForm=jrw.

思考讨论：

你了解我国现行的银行体系吗？中国工商银行属于商业银行吗？请列举三家以上商业银行名称。

任务一 商业银行的产生与发展

一、商业银行的定义

商业银行是指吸收公众存款、发放贷款、办理结算等业务的信用机构。商业银行在银行体系中占有重要地位，在信用活动中起着主导作用。商业银行的存贷款业务在银行体系中占有最大比重，它是工商业贷款的主要供给者，其经营活动影响着工商企业的经营方向和规模；它的业务范围广泛，而且与其他金融机构关系密切；商业银行通过办理非现金结算业务加速了资金周转。借助非现金结算业务以及贷款业务，商业银行起着创造存款货币的作用；它为客户提供多种金融服务，给企业和个人带来便利。如今商业银行同其他金融机构的业务界限已日趋消失，但在许多方面商业银行仍是其他金融机构所不能代替的。

二、商业银行的产生

商业银行的产生经历了从货币经营业到早期银行业，再到现代银行业的过程。

货币产生以后，因为不同国家和地区所使用的货币不同，所以在跨国家和地区的商品交换中就产生了货币兑换的需要，于是从普通商人中逐渐分离出一种商人，专门从事货币兑换业务，把不同国家和地区的铸币兑换成金块或银块以及本国或本地区的铸币。后来，这些铸币兑换商人又开始为各种普通商人办理货币保管业务，同时，受商人委托兼办货币收付、结算、汇兑等中间业务，这样，简单的货币兑换业就开始演变成货币经营业了。但由于货币经营业不从事贷款等信用业务，所以它还不是银行业，只是早期银行业的前身。

由于货币经营业适应了商品交换发展的需要，所以其业务得到了广泛的扩展。货币经营者的手中也逐渐积聚起大量的货币，其中有一部分并不需要立即支付，出现了暂时的闲置，于是，货币经营者就把这部分货币贷放出去赚取利息收入。同时，社会上也有越来越多的人把货币存放在货币经营者手中以获得利息收入。这种在货币经营业务基础上产生的存款、贷款信用业务，使货币经营业转变成了早期的银行业。

以一般商人为主要贷款对象，即以工商贷款为主要业务的现代意义上的商业银行，是伴随着资本主义生产关系的产生而出现的。随着18、19世纪工业革命在英国、法国等国的成功，资本主义制度得到了基本确立。现代资本主义银行主要是通过两条途径产生的：一是旧的高利贷性质的早期银行适应资本主义的需要转变成资本主义银行；二是按资本主义的原则建立股份制银行。1694年，英格兰银行作为世界上第一家股份制银行在英国成立，标志着适应资本主义生产方式要求的现代商业银行的产生。

教学互动 6-1

商业银行的产生经历了哪些过程？

三、商业银行的发展

（一）英国式融通短期资金的发展路径

英国式融通短期资金发展路径的形成原因如下：从企业方面讲，直到工业革命初期，英国企业的生产设备都比较简单，所以需长期占用的资本在总资本中占的比重很小。而英国是世界上最早建立资本主义制度和现代股份制的国家，所以英国的资本市场比较发达。这样，需求量很小的企业长期资金在发达的资本市场上很就容易筹集到，没必要向银行申请贷款。而从银行的角度讲，早期的商业银行处于金属货币制度下，银行的资金来源主要是流动性较大的活期存款，银行本身的信用创造能力有限。为了保证银行经营的安全，银行也不愿意提供长期贷款。这种银行借贷资本的供求状况决定了英国商业银行形成了以提供短期商业性贷款为主的业务传统。

这种发展路径的优点是银行能较好地保持清偿能力，经营的安全性较高；缺点是银行的业务发展受到限制。

许多国家尤其是资本市场发达的国家，其商业银行的发展基本上都沿袭英国式发展路径，以提供短期资金融通业务为主。

（二）德国式综合性银行的发展路径

按照这一传统发展的商业银行，除了提供短期商业性贷款外，还提供长期贷款，甚至直接投资于企业股票与债券，为公司包销证券，参与企业的决策与发展，并成为向企业并购提供财务支持和财务咨询的投资银行。

这种发展路径的优点是有利于银行开展全方位的业务经营活动，充分发挥商业银行在国民经济活动中的作用；缺点是会加大银行经营风险，对银行经营管理提出更高的要求。

目前，不仅德国、瑞士、奥地利等少数国家仍一直坚持这一传统，美国、日本等国家的商业银行也开始向这种综合性银行发展。特别是在混业经营已成为金融业发展趋势的今天，越来越多国家的商业银行正朝着综合性银行方向发展。

教学互动 6-2

我国商业银行是朝着什么方向发展的？

任务二 商业银行的性质、职能与组织形式

一、商业银行的性质

从商业银行产生和发展的历史过程来看，商业银行是以追逐利润为目标，以经营金融资产和负债为对象，综合性、多功能的金融企业。

第一，商业银行具有一般企业的基本特征，是社会经济的重要组成部分。商业银行具有从事业务经营所需的自有资本，依法经营，照章纳税，自负盈亏，以追逐利润为目标。从这些特点来看，它与工商企业并无差别。

第二，商业银行以金融资产和金融负债为经营对象，经营的是特殊商品——货币和货币资本，经营内容包括货币的收付、借贷及各种与货币有关的金融服务，这是商业银行区别于其他企业的重要特点。

第三，与专业银行和其他金融机构相比，商业银行的业务更综合，功能更全面，为客户提供所有的金融服务。随着各国金融管制的放松，专业银行和其他金融机构的业务经营范围也在不断扩大，但是与商业银行相比较，仍相差甚远。商业银行在业务经营上的优势，使其业务扩张更为迅速。

二、商业银行的职能

商业银行作为金融企业，有如下特定的职能：

（一）信用中介职能

信用中介是指商业银行通过其负债业务，把社会上的闲散货币资金集中起来，通过资产业务投向社会经济的各个部门，满足经济发展对资金的各种需求。这是商业银行最基本、最能反映其经营活动特征的职能。

（二）支付中介职能

支付中介是指商业银行在办理负债业务的基础上，通过为客户代办支付货款和费用、兑付现金等，逐渐成为工商企业、社会团体和个人的货币保管人、出纳人和支付代理人。支付中介职能的发挥大大减少了现金的使用，节约了流通费用，提高了结算和货币资本周转的效率，促进了社会再生产的扩大。

（三）信用创造职能

商业银行在信用中介职能和支付中介职能的基础上产生了信用创造的职能。当一家商业银行吸收到一笔存款，按规定缴纳存款准备金后，可以把剩余的资金作为贷款贷给客户。客户收到贷款后，可能没有完全取走，在此情况下，它会成为银行新的资金来

源，银行又可以此款项发放贷款。如果客户以转账形式支取，它又会成为另一家银行的资金来源，另一家银行扣除存款准备金后，再把剩余款项重新贷给客户，如此继续下去，最后在整个银行体系中就会形成数倍于原始存款的派生存款。在不断创造派生存款的过程中，商业银行发挥着信用创造的职能。

（四）金融服务职能

各商业银行之间越来越激烈的业务竞争压力，促使商业银行不断地开拓服务领域。同时，随着工商企业业务经营环境的日益复杂化，企业也有这方面的需求。商业银行由于其联系面广、信息灵通，特别是电子计算机在银行业务中的广泛应用，使其具备了为客户提供多种金融服务的条件。在现代经济生活中，金融服务已经成为商业银行的一项重要职能。

三、商业银行的组织形式

（一）单一银行制

单一银行制也称独家银行制，是指仅设立总行，不设立分支机构，其业务完全由总行经营的银行组织制度。这种制度在美国非常普遍。不过随着经济的发展和地区经济联系的加强，以及金融业竞争的加剧，美国许多州对银行设立分支机构的限制正在逐步放宽。

单一银行制的优点主要表现为：

（1）限制银行业的吞并垄断，有利于自由竞争。

（2）银行的独立自主性强，其业务经营较灵活。

（3）有利于银行与政府协调，适合本地区需要，集中全力为本地区服务。

（4）管理层次少，易于内部各部门间的协调，提高工作效率。

单一银行制的缺点则主要表现为：

（1）银行不设立分支机构，与现代经济的横向发展和商品交换范围的不断扩大存在矛盾。

（2）一定程度上限制了银行的发展。银行规模较小，不易取得规模经济效益，采用最新技术的单位成本较高，从而不利于银行采用最新的管理手段和工具，使业务发展和创新活动受到限制。

（3）风险较高。资金来源较窄，银行业务若集中于某一地区、某一行业，容易受到经济波动的影响，风险集中。而单一制银行又恰恰资金实力较弱，难以有效抵抗风险，所以其整体风险较高。

（二）分支行制

分支行制又称总分行制，是指在大都市设立总行的同时，在全国各地，甚至世界各地普遍设立分支行的银行组织制度。目前，世界上大多数国家都实行分支行制，我国也是如此。

实行分支行制的优点是：

（1）分支机构多、分布广、业务分散，有利于银行取得规模经济效益，降低单位成本，进而易于采用现代化管理手段和设备，提供方便快捷的金融服务，提高服务质量，加速资金周转；也有利于银行通过调剂资金来转移、分散和降低风险，提高银行的安全性。

（2）总行数目少，便于金融当局的宏观调控和管理。

（3）分支行受总行统一领导，业务经营受地方政府行政干预小。

当然，分支行制也存在一些缺点：

（1）容易造成大银行对小银行的吞并，形成垄断局面，妨碍公平竞争，进而可能导致经营效率下降。

（2）由于规模大，内部层次、机构多，会增加银行自身管理难度。

（三）银行控股公司制

银行控股公司制又称集团银行制，是由一个集团成立控股公司，再由该公司收购控制两家以上独立的银行。控股公司对银行的有效控制权表现为拥有该银行25%及以上的投票权。在法律上，被控股银行之间是相互独立的，但其业务与经营政策由同一家股权公司控制。银行控股公司制有非银行性持股公司和银行性持股公司两种类型。前者是通过大企业控制某几家银行的股份而形成；后者是由大银行直接购买若干小银行的股份，组成大的银行集团。

银行控股公司制的优点体现为：

（1）使银行能更便利地从资本市场筹集资金，并通过关联交易获得税收上的好处，能够有效地扩大资本总量，增强银行实力，提高抵御风险和参与市场竞争的能力。

（2）银行的资金使用、新技术采用及信息资源利用都由母公司在全球范围内统一掌握、统一管理，可以更高效地配置资源，降低成本。

实行银行控股公司制的缺点是：容易形成银行业的集中和垄断，不利于银行之间开展竞争，并在一定程度上限制了银行经营的自主性，不利于银行创新活动的广泛开展。

（四）连锁银行制

连锁银行制不需要成立股份公司，而是由某一个人或集团购买若干家独立银行的多数股份，从而控制这些银行的经营决策。由于受个人或某一集团控制，不易获得银行所需的大量资本，因此，许多连锁制银行相继转为分支行制或组成控股公司。

（五）跨国银行制

跨国银行制又称国际财团制，是指由不同国家的大型商业银行合资组建银行财团的一种商业银行组织形式。跨国银行制的商业银行经营国际资金存贷业务，开展大规模投资活动。目前，在经济金融全球化和跨国公司大发展的背景下，跨国银行制这种组织形式也日益增多。

案例探析 6-1

“一带一路”沿线国家中国银行机构巡礼

2014年，中国银行积极响应国家“一带一路”倡议，提出打造“一带一路”金融大动脉。截至2022年年底，中国银行海外机构已覆盖全球62个国家和地区，包括25个“一带一路”沿线国家，成为“一带一路”沿线和全球金融机构布局最广的中资银行。2022年，中国银行在“一带一路”沿线国家累计跟进公司授信项目超过900个，累计授信支持逾2 690亿美元，国际结算、跨境人民币、结售汇、跨境托管等业务保持同业第一。以下为中国银行在“一带一路”沿线国家分支机构的情况。

中国银行新加坡分行成立于1936年，根植南洋80余载，是当地经营历史最久、业务种类最全、市场影响力最大的中资银行。新加坡分行持有新加坡金融管理局颁发的特准全面银行执照，拥有23个金融服务点。中国银行新加坡分行在当地的业务包括商投行联动、基础设施融资等，管理并运营大宗商品业务中心、福费廷中心等区域平台，业务范围立足新加坡，覆盖东南亚。2017年中国银行在新加坡设立亚洲债券承分销中心，成为海外参与国内银行间债券市场的重要交易平台。2018年，中国银行全球首家创新研发基地落户新加坡。

1938年11月，中国银行越南河内经理处成立。1995年12月1日，中国银行胡志明市分行在胡志明市开业，成为进入越南的第一家中资银行。中行胡志明市分行为越南境内外客户提供企业金融、贸易金融等全方位金融服务，构筑“一带一路”上中越互联互通、多国合作的桥梁。中国银行胡志明市分行积极促进两国产能合作，为越南大型电力项目建设提供金融服务，并通过与越南当地银行、外资银行的合作，确保项目如期投产、安全运营。中国银行胡志明市分行扶持越南龙江工业园建设，成为中国商务部考核验收的中国八大境外经济贸易合作区之一。

中国银行于2012年5月开始筹建中国银行乌兰巴托代表处，成为第一家正式进入蒙古国市场的中资金融机构。2013年1月31日，乌兰巴托代表处正式成立。乌兰巴托代表处成立“蒙古国经济金融研究中心”，先后创办4个信息调研类产品，与在蒙及赴蒙企业分享热点资讯和进行专业市场分析。

资料来源：佚名．“一带一路”沿线国家中行机构巡礼之一［EB/OL］．［2019-04-26］．https：//baijiahao.baidu.com/s?id=1631864008545666492&wfr=spider&for=pc.有改动。

思考讨论：

根据案例中中国银行在国外的机构设置情况，中国银行属于哪种外部组织形式？

任务三　商业银行的主要业务

一、商业银行的负债业务

商业银行的负债业务主要由存款业务和借款业务构成。

（一）存款业务

存款是存款人基于对银行的信任而将资金存入银行，并可以随时或按约定时间支取款项的一种信用行为。存款业务是银行对存款人的负债，是银行最主要的资金来源，也是商业银行的传统业务。

我国商业银行的存款包括人民币存款和外币存款两大类。人民币存款又分为个人存款、单位存款和同业存款。

1.个人存款业务

个人存款业务又称储蓄存款，是指居民个人将闲置不用的货币资金存入银行，并可以随时或按约定时间支取款项的一种信用行为，是银行对存款人的负债。

根据国务院颁布的《对储蓄存款利息所得征收个人所得税的实施办法》（自1999年11月1日起施行）的规定，从中华人民共和国境内的储蓄机构取得的人民币、外币储蓄存款利息，应当缴纳储蓄存款利息所得税，由存款银行代扣代缴。自2008年10月9日起，对储蓄存款利息所得暂免征收个人所得税。国务院颁布的《个人存款账户实名制规定》(自2000年4月1日起施行)中指出，个人在金融机构开立个人存款账户时，应当出示本人身份证件，使用实名。

(1)储蓄业务原则

《中华人民共和国商业银行法》规定，办理储蓄业务，应当遵循“存款自愿、取款自由、存款有息、为储户保密”的原则。

①存款自愿。存款自愿是指居民对参加储蓄有充分的自主权，参加不参加储蓄，参加何种储蓄、存多少钱、存多长时间、存在哪一个储蓄机构，均由居民自主决定，任何机构和个人均无权干涉。

②取款自由。在符合《储蓄管理条例》和有关规章制度的前提下，取款自由是指储户什么时候取款、取多少、作什么用，由储户自行决定，银行必须照章支付，不得刁难或限制，不得过问存款来源和取款用途。

③存款有息。存款有息是指储蓄机构对任何储蓄存款都应按照国家规定的利率和计息方法，为储户准确计付一定的利息。它体现了储蓄存款利息收入的合法性和储户依法获取利息的基本权利。

④为储户保密。为储户保密是指银行承担对储户及其存款的一切情况保守秘密的职责和义务，对储户的姓名、性别、年龄、身份、地址、签章式样、存款金额、支取时间、笔数、过户、继承等情况保守秘密，不得向任何人和机构透露。

(2)储蓄业务种类

①活期存款。活期存款是指开户时不约定存取日期，可随时存取、存取金额不限的一种个人存款。客户凭存折或银行卡及预留密码就可通过银行柜台或银行自助设备随时存取现金。活期存款通常1元起存，以存折或银行卡作为存取凭证。

②定期存款。定期存款是指储户在存款时事先约定好存期，一次或分次存入，一次或多次取出本金或利息的一种储蓄方式。定期储蓄存期越长利率越高。根据不同的存取方式，定期存款主要包括整存整取、零存整取、整存零取和存本取息，其中，整存整取最为常见，是定期存款的典型代表。

③其他种类储蓄存款。其他种类储蓄存款主要包括定活两便储蓄存款、个人通知存款等。

知识链接 6-1　　在商业银行办理业务所需的有效身份证件的范围

1.居住在中国境内16周岁以上的中国居民，为身份证、户口簿、护照；居住在中国境内16周岁以下的中国居民，为户口簿；中国籍的华侨可以是中国护照。

2.军人，为军人身份证件；人民武装警察，为人民武装警察身份证件。

3.中国香港、澳门居民，为港澳居民来往内地通行证；中国台湾居民，为台湾居民来往大陆通行证或其他有效旅行证件。

4.外国公民，为护照。

5.法律规定的其他有效身份证件。

资料来源：作者根据相关资料整理。

2. 单位存款业务

单位存款又称对公存款，是机关、团体、部队、企业、事业单位和其他组织以及个体工商户将货币资金存入银行，并可以随时或按约定时间支取款项的一种信用行为。

按存款的支取方式不同，单位存款一般分为单位活期存款、单位定期存款、单位通知存款、单位协定存款等。

（1）单位活期存款

单位活期存款是指单位类客户在商业银行开立结算账户，办理不规定期限、可随时转账、存取的存款类型。单位活期存款账户又称单位结算账户，包括基本存款账户、一般存款账户、专用存款账户和临时存款账户。

知识链接 6-2　　单位活期存款的种类

1. 基本存款账户

基本存款账户简称基本户，是指存款人因办理日常转账结算和现金收付需要开立的银行结算账户，基本存款账户是存款人的主办账户，企业、事业单位等可以自主选择一家商业银行的营业场所开立一个日常转账结算和现金收付的基本账户，同一存款客户只能在商业银行开立一个基本存款账户。

2. 一般存款账户

一般存款账户简称一般户，是指存款人因借款或其他结算需要，在基本存款账户开户银行以外的银行营业机构开立的银行结算账户。一般存款账户可以办理现金缴存，但不得办理现金支取。

3. 专用存款账户

专用存款账户是指存款人对其特定用途的资金进行专项管理和使用而开立的银行结算账户。

4. 临时存款账户

临时存款账户是指存款人因临时需要并在规定期限内使用而开立的银行结算账户。可以开立临时存款账户的情形包括：设立临时机构、异地临时经营活动和注册验资等。这种账户的有效期最长不得超过2年。

资料来源：中国银行业从业人员资格认证办公室. 公共基础［M］. 北京：中国金融出版社，2013.

（2）单位定期存款

单位定期存款是指单位类客户在商业银行办理的约定存款期限，整笔存入，到期一次性支取本息的存款类型。

（3）单位通知存款

单位通知存款是指单位类客户在办理存款时不约定存款期限，支取时提前通知商业银行，并约定支取存款日期和金额方能支取的存款类型。不论实际存期有多长，按存款人提前通知的期限长短，可分为一天通知存款或七天通知存款两个品种。

（4）单位协定存款

单位协定存款是指单位类客户通过与商业银行签订合同的形式约定合同期限、确定结算账户需要保留的基本存款额度，对超过基本存款额度的存款按中国人民银行规定的上浮利率计付利息、对基本存款额度按活期存款利率付息的存款类型。

3.同业存款业务

同业存款，又称同业存入，全称是同业及其他金融机构存入款项，是指因支付清算和业务合作等的需要，由其他金融机构存放于商业银行的款项。同业存款属于商业银行的负债业务。

（二）借款业务

商业银行的借款包括短期借款和长期借款两种。短期借款是指期限在1年或1年以内的借款，主要包括同业拆借、证券回购和向中央银行借款等形式。长期借款是指期限在1年以上的借款，一般采用发行金融债券的形式，具体包括发行普通金融债券、次级金融债券、混合资本债券、可转换债券等。

1.同业拆借

同业拆借是指经中国人民银行批准进入全国银行间同业拆借市场的金融机构之间，通过全国统一的同业拆借网络进行的无担保资金融通行为。

同业拆借具有期限短、金额大、风险低、手续简单等特点，从而能够反映金融市场上的资金供求状况。因此，同业拆借市场上的利率是货币市场最重要的基准利率之一。上海银行间同业拆放利率从2007年1月4日起正式执行，在每个交易日中午11：30通过上海银行间同业拆放利率网对外发布，为我国金融市场提供了1年以内产品的定价基准，具有极重要的意义。

2.证券回购

证券回购是商业银行短期借款的重要方式，包括质押式回购和买断式回购两种。与纯粹以信用为基础、没有任何担保的同业拆借相比，证券回购的风险要低得多，对信用等级相同的金融机构来说，证券回购利率一般低于拆借利率。因此，证券回购的交易量要远大于同业拆借。

3.向中央银行借款

商业银行在需要时还可以向中央银行申请借款。但是，商业银行一般只把向中央银行借款作为融资的最后选择，只有在通过其他方式难以借到足够的资金时，才会求助于中央银行，这也是中央银行被称为“最后贷款人”的原因。商业银行向中央银行借款有再贴现和再贷款两种途径。

4.金融债券

金融债券是商业银行在金融市场上发行的、按约定还本付息的有价证券。我国商业银行所发行的金融债券，均是在全国银行间债券市场上发行和交易的。

商业银行发行金融债券应具备以下条件：具有良好的公司治理机制；核心资本充足率不低于4%；最近3年连续盈利；贷款损失准备计提充足；风险监管指标符合监管机构的有关规定；最近3年没有重大违法、违规行为；中国人民银行要求的其他条件。

教学互动 6-3

请问商业银行的负债业务中哪种业务是商业银行最主要的资金来源?

二、商业银行的资产业务

(一) 贷款业务

贷款业务是指经批准可以经营贷款业务的金融机构对借款人提供的，并要求借款人按约定的利率和期限还本付息的业务。贷款是商业银行最主要的资金运用方式，贷款款项是商业银行最主要的资产。

贷款业务有多种分类标准，按照客户类型可划分为个人贷款和公司贷款；按照贷款期限可划分为短期贷款和中长期贷款；按有无担保可划分为信用贷款和担保贷款。

我国自2002年开始全面实施国际银行业普遍认同的“贷款五级分类法”，将贷款分为正常、关注、次级、可疑和损失五类，其中后三类称为“不良贷款”，不良贷款率是衡量银行资产质量的最重要指标。

案例探析 6-2

银保监会：一季度末商业银行不良贷款率为1.91%

银保监会于2020年5月13日发布2020年一季度银行业和保险业主要监管指标数据情况。

一、银行业总资产平稳增长

2020年第一季度末，我国银行业金融机构本外币资产为302.4万亿元，同比增长9.5%。其中，大型商业银行本外币资产为124.0万亿元，占比41.0%，资产总额同比增长10.3%；股份制商业银行本外币资产为54.2万亿元，占比17.9%，资产总额同比增长12.8%。

二、银行业持续加强金融服务

2020年第一季度末，银行业金融机构用于小微企业的贷款（包括小微企业贷款、个体工商户贷款和小微企业主贷款）余额为38.9万亿元，其中，单户授信总额为1 000万元及以下的普惠型小微企业贷款余额为12.6万亿元，较年初增长7.6%；保障性安居工程贷款6.6万亿元，同比增长4.4%。

三、商业银行不良贷款有所上升，信贷资产质量总体平稳

2020年第一季度末，商业银行（法人口径，下同）不良贷款余额为2.61万亿元，较上季度末增加1 986亿元；商业银行不良贷款率为1.91%，较上季度末增加0.05个百分点。2020年第一季度末，商业银行正常贷款余额为134.1万亿元，其中正常类贷款余额为130万亿元，关注类贷款余额为4.1万亿元。

四、商业银行利润保持稳定，风险抵补能力较为充足

2020年第一季度，商业银行加大信贷投放力度，累计实现净利润6 001亿元，平均资本利润率为12.09%，平均资产利润率为0.98%。2020年第一季度末，商业银行贷款损失准备余额为4.8万亿元，较上季度末增加2 943亿元；拨备覆盖率为183.2%，较上季度末下降2.88个百分点；贷款拨备率为3.50%，较上季度末增加0.04个百分点。

五、商业银行流动性水平保持稳健

2020年一季度末，商业银行流动性覆盖率为151.53%，较上季度末增加4.91个百分点；流动性比例为58.57%，较上季度末增加0.11个百分点；人民币超额备付金率为2.51%，较上季度末减少0.09个百分点；存贷款比例（人民币境内口径）为74.94%，较上季度末减少0.46个百分点。

资料来源：佚名．银保监会：一季度末商业银行不良贷款率1.91%［EB/OL］．［2020-05-13］．http：//www.ce.cn/xwzx/gnsz/gdxw/202005/13/t20200513_34895426.shtml.

思考讨论：

商业银行“不良贷款”是指“贷款五级分类法”中的哪三类？

1.个人贷款业务

个人贷款是指贷款人向符合条件的自然人发放的用于个人消费、生产经营等用途的本外币贷款。各商业银行为了更好地满足客户的多元化需求，不断推出个人贷款业务新产品。目前，既有个人消费类贷款，又有个人经营类贷款；既有自营性个人贷款，又有委托性个人贷款。这些产品可以多层次、全方位地满足客户的不同需求。

2.公司贷款业务

公司贷款业务又称企业贷款或对公贷款，是以企事业单位为对象发放的贷款，主要包括流动资金贷款、固定资产贷款、房地产贷款、贸易融资和票据贴现等。

（二）证券投资业务

随着金融市场的发展，证券投资成为商业银行的一种重要资产形式。证券投资与贷款相比具有较强的主动性、独立性。由于证券的流动性较强，加上购买时银行不是唯一债权人，风险相对较小，因而商业银行乐于进行证券投资。商业银行投资的证券主要有以下几大类：

1.政府债券

政府债券即国债，由中央银行发行，具有信用风险低、流动性强、收益较高的特点，也可以作为中央银行再贷款的抵押，所以很受商业银行的欢迎。

2.政府机构债券

政府机构债券是由中央政府以外的其他政府部门或有关机构发行的债务凭证。一般而言，政府提供担保，因而该债券具有较好的信誉，商业银行也愿意接受。

3.地方政府债券

地方政府债券，又称市政债券，是由地方政府发行的，为发展地方经济筹集资金的债券，由于其免征所得税，所以税后利润较高，也受到商业银行的重视。

4.金融债券

金融债券，是商业银行为筹集资金而发行的债务凭证，同业间可以互相持有。日本规定只有长期信贷银行才可以发行金融债券。在我国，商业银行发行金融债券须经批准。

（三）现金资产业务

现金资产是指商业银行持有的库存现金以及与现金等同的可随时用于支付的银行资产。我国商业银行的现金资产主要包括三项：一是库存现金；二是存放中央银行的款项；三是存放同业和其他金融机构的款项。

三、商业银行的中间业务

（一）中间业务的定义

中间业务是指商业银行无须动用银行的资金，以中间人或代理人的身份替客户办理资金收付、咨询、代理、担保及其他委托事项，从中收取手续费用的经营活动。中间业务主要包括收取服务费或代客买卖差价的理财业务、咨询顾问、基金和债券的代理买卖、代客买卖资金产品、代理收费、托管和支付结算等业务。中间业务不构成商业银行表内资产、表内负债，但形成银行的非利息收入。按通行的会计准则，由于这类业务不列入商业银行的资产负债表内，不影响其资产负债总额，因而也称表外业务。

拓展阅读 6-1

变革中的商业银行业务收入概况

案例探析 6-3

中国银行广西分行与中银香港、东盟国家商业银行开展战略合作

2021年9月11日，第13届中国–东盟金融合作与发展领袖论坛在广西南宁举办。在论坛上，中国银行广西分行与中银香港、东盟国家商业银行面向东盟跨境人民币“3+3+1”战略合作正式启动。

2021年是中国–东盟建立对话关系30周年，RCEP签署生效实施第一年。中国银行广西分行发挥国有大行跨境支付、本外币清算、全球化网络的外汇传统优势，构建与3家东盟国家商业银行、3家中国银行东盟分支机构直接合作的“3+3+1”机制，面向东盟，全力服务国家“一带一路”倡议，助力人民币国际化发展。

此次“3+3+1”战略合作，体现三个“新”：

一是合作机制“新”。中国银行广西分行将联动泰国子行、金边分行、文莱分行，与泰国农业和农业合作社银行、柬埔寨加华银行、柬埔寨农业与农村发展银行直接开展全面战略合作，实现三方业务优势互补、客户资源共享、业务紧密合作，构建起广西与东盟国家商业银行合作的“朋友圈”。

二是合作范围“新”。以开展跨境人民币清算合作为纽带，全面深化中小企业跨境撮合、现钞跨境调运、区域交易、双边本币结算、跨境投融资、外汇交易、自贸区服务等全面战略合作，助力面向东盟的金融开放门户建设。

三是合作前景“新”。本次，中国银行将以“3+3+1”战略合作机制为基础，不断扩大广西与东盟各国商业银行合作的朋友圈，助力广西面向东盟的金融开放门户建设、东盟跨境人民币业务的发展。

资料来源：黄月芬.中国银行广西分行与中银香港、东盟国家商业银行开展战略合作［EB/OL］.［2021-09-12］. https：//gx.cnr.cn/cnrgx/jingjishenghuo/20210912/t20210912_525599061.shtml.

思考讨论：

各国商业银行的合作可以带来哪些益处？

（二）中间业务介绍

1.交易业务

作为中间业务的交易业务，是指银行为满足客户保值或自身风险管理等方面的需要，利用各种金融工具进行的资金交易活动，主要包括外汇交易业务和金融衍生品交易业务。

2. 支付结算业务

动画微课6-1

商业银行国际结算业务

支付结算业务是指银行为单位客户和个人客户采用票据、汇款、托收、信用证、信用卡等结算方式进行货币支付及资金清算提供的服务。

支付结算业务是银行的中间业务，主要收入来源是手续费收入。

传统的结算方式是指“三票一汇”，即汇票、本票、支票和汇款。银行为国际贸易提供的支付结算及带有贸易融资功能的支付结算方式，通常包括汇款、信用证及托收等方式。近年来，又出现了电子汇划和网上支付等结算方式。

3. 理财业务

商业银行理财业务是指商业银行将客户关系管理、资金管理和投资组合管理等业务融合在一起，向公司、个人客户提供综合性的定制化金融产品和服务。

与传统的中间业务相比，理财业务涉及信托、基金、证券、保险等领域，需要综合运用境内外货币市场及资本市场金融工具，是一项技术含量较高的综合性金融服务。近年来，理财产品不断创新，业务规模不断扩大，成为商业银行吸引高端客户和增加非利息收入的利润增长点。

（1）对公理财业务。对公理财业务是指商业银行在传统的资产业务和负债业务的基础上，利用技术、信息、服务网络、奖金和信用等方面的优势，为机构客户提供财务分析、财务规划、财务顾问、现金管理和投资理财等服务。

（2）个人理财业务。个人理财业务是指商业银行为个人客户提供的财务分析、财务规划、投资顾问和资产管理等专业化服务。

实践操作 6-1

请通过查找资料，了解中国-东盟商业银行在哪些业务方面进行了合作，取得了哪些成效，并在课堂上进行分享和讨论。

4. 电子银行业务

电子银行业务是指商业银行等银行业金融机构利用面向社会公众开放的通信渠道或开放型公众网络，以及银行为特定自助服务设施或客户建立的专用网络，向客户提供的银行服务。电子银行的渠道主要包括网上银行、电话银行、手机银行和自助终端等。

知识链接 6-3　ATM 安全操作小常识

（1）在ATM上查询、取款时，要留意ATM上是否有多余的装置或摄像头；输入密码时应尽量快速并用身体遮挡操作手势，以防不法分子窥视。

（2）不要向他人透露本人密码；也不要设定简单数字排列（如888888）或将本人生日作为密码；刷卡进入自助银行的门禁无须输入密码。

（3）选择打印ATM交易单据后，不要将它们随手丢弃，应妥善保管或及时处理、销毁。

（4）操作ATM时，如果出现机器吞卡或不吐钞等故障，不要轻易离开，可在原地及时拨打ATM屏幕上显示的银行服务电话或直接拨打银行的客户服务热线进行求助。

（5）认真识别银行公告，千万不要相信要求客户将钱转到指定账户的公告，发现此类公告应尽快向银行和公安机关举报。

（6）警惕银行卡短信诈骗。收到可疑手机短信时，应谨慎确认，如有疑问应直接拨打发卡银行客户服务热线进行查询，不要拨打短信中的联系电话。

任务四　商业银行经营管理原则

一、商业银行经营管理的一般原则

目前，各国商业银行已普遍认同了在管理中必须遵循“三性”原则，即安全性原则、流动性原则和效益性（也称盈利性）原则。《中华人民共和国商业银行法》规定：商业银行以安全性和流动性、效益性为经营原则，实行自主经营、自担风险、自负盈亏和自我约束。

（一）安全性

安全性是指商业银行能够避免各种风险对它的影响以保证其资金安全，满足其稳健经营和发展的要求。商业银行之所以必须坚持这一原则，是因为商业银行的资金来源主要依靠负债。对于商业银行而言其自有资本较少，如果在大量的贷款到期时不能按时收回本金利息，必然影响其偿还居民的存款负债，影响其信用，当然也影响其新的负债来源。如果商业银行失去信用，就会造成存款客户挤兑存款，引起商业银行倒闭。

商业银行的风险主要有：

（1）信用风险。它是指借贷双方发生借贷行为后，借款方不能按时归还贷款方的本息而使贷款方遭受损失的风险。

动画微课6-2

概览商业银行风险管理

（2）利率风险。它是指金融市场上利率的变动使经济主体在筹集或运用资金时遭受损失的风险。

（3）流动性风险。它是指因银行无力满足客户的提款要求或正当的贷款申请而造成损失的风险。

此外，还包括国家风险、市场风险、操作风险、法律风险等。

（二）流动性

流动性是指商业银行能够随时应付客户提取存款，满足必要贷款需求的支付能力。商业银行的流动性包括资产的流动性和负债的流动性两个方面。资产的流动性是指资产在不受价值损失的条件下，具有迅速变现的能力。能迅速变现而不会带来损失的资产流动性就强。一般说来，流动性较好的资产有：库存现金、在中央银行的存款、短期同业拆放、短期政府债券及一些商业票据等。而流动性较差的资产有：中长期贷款、证券投资等。负债的流动性是指能够以较低的成本随时获取资金的能力。保持流动性可以维护商业银行信誉，因为一旦银行不能应付客户提取存款或满足客户贷款的需求，便会出现流动性危机。流动性危机将严重损害商业银行的信誉。

商业银行为了保证资产的流动性，通过建立准备金来实现。

（1）一级准备，又称现金准备金，包括商业银行库存现金、在中央银行的存款以及同业存款等。由于一级准备不能盈利，商业银行应将此类准备金尽可能减少到最低的限度。

（2）二级准备，主要包括短期国债、商业票据、银行承兑票据及短期同业拆放。这些资产的特点是能够迅速地在市场上出售或贴现，或者能够立即收回，因而流动性很强。通过持有这些资产，商业银行可以获得一定的收益，在盈利方面要优于一级准备。

有些商业银行还建立三级准备，主要是指持有那些在金融市场上变现能力较强的中长期债券，在可以随时应对流动性需要的同时，还可取得较高的盈利。

商业银行保持负债的流动性，是通过创造主动性负债来实现的。比较传统的方式包括从同业拆入资金、向中央银行借款、发行金融债券借入资金等。

（三）盈利性

盈利性是指商业银行获得利润的能力。商业银行作为经营性的企业，获得利润既是其最终目标，也是其生存和发展的条件。盈利性是商业银行经营管理活动的主要动力，商业银行的一切经营活动，比如如何设立分支机构、开发何种金融产品、提供何种金融服务等均要服从这一目标。

盈利性目标和安全性目标、流动性目标在一定意义上是统一的。只有在保持较高盈利水平的条件下，银行才有可能增加自有资本的积累，增强抵抗风险和履行付款责任的能力；同时也只有在安全性有保证的前提下，银行才可能获得较高的效益水平。例如，如果贷款在安全性方面出了问题，最终被确认为无法收回，则银行只能把它算作一笔经营损失，这必然要影响到银行的效益水平。

在实际经营活动中，银行管理者碰到更多的是盈利性目标和安全性目标、流动性目标相互冲突的情形。因为一般说来，资产的流动性、安全性越高，其盈利性往往就越低。因此经营者必须在安全性、流动性和盈利性这三者之间找到最佳的平衡。

案例探析 6-4

招行手机银行安全升级 保障客户资金安全

5年来，招商银行手机银行App已为6 000万客户提供超过20亿次的金融服务。作为业内较早开发手机银行客户端的商业银行，招商银行为保障用户资金安全做足了功课。招商银行呼和浩特分行的工作人员介绍，针对手机主要面临的四类安全问题，招商银行从细节出发，一一予以化解。

首先是网络传输数据被截获。当手机接入互联网时，黑客可能通过技术手段截获从手机客户端上传给银行服务器或从银行服务器下传给手机客户端的交易数据包，分析盗取客户敏感信息。招商银行手机银行采用国际通用的SSL安全传输协议进行高强度的数据加密传输，即使网络传输的数据被截获，对方也无法解密和还原。SSL是在互联网上广泛使用的安全传输协议，安全强度相当高，想要破解非常困难。

其次是网络钓鱼。作案者诱使客户访问虚假网站并主动输入敏感信息，然后窃取。据悉，招商银行手机银行主要提供基于C/S模式的客户端程序版本，服务器具有根据客户端特征识别客户端合法性的能力。同时，该行建立了完善的钓鱼网站处理机制，具备完整的从客户、监控和流程建设等方面加强针对钓鱼网站的防范能力。

除此之外，手机被他人操作，密码等重要信息泄露，也是常见的问题。招商银行也采取了针对性的保护措施。在使用招行手机银行转账时要提供取款密码和动态验证码，即使手机丢失，他人不知道密码也无法完成操作。在密码泄露问题上，招商银行和部分银行通过提供自定义键盘来输入密码的手段对此进行了防范。同时，招商银行特有的自定义安全退出功能让客户可进入“设置”，自定义设置是否允许后台在线和在线时长，手机银行切换到后台超出在线时长后将自动安全退出。

作为积极履行社会责任的股份制商业银行，招商银行始终走在“互联网+”的前列，为客户带来更新的生活消费方式，更便捷、更安全的网络支付环境一直是招商银行孜孜以求的方向。

资料来源：佚名．招行手机银行安全升级　保障客户资金安全［EB/OL］．［2020-04-20］．http：//www.jwb.com.cn/cj/yh/201706/t20170629_4767360.html.

思考讨论：

商业银行管理的“三性”原则是什么？案例中招商银行对手机银行的管理体现出哪一种管理原则？

二、资本的管理

（一）银行资本的定义

从不同的角度来看，银行资本的定义不尽相同。银行通常在三个意义上使用“资本”这个概念，即财务会计、银行监管和内部风险管理，所对应的概念分别是会计资本、监管资本和经济资本。

1.会计资本

会计资本，又称账面资本，是指银行资产负债表中资产减去负债后的余额，即所有者权益。我国商业银行的会计资本包括实收资本、资本公积、盈余公积、一般准备、未分配利润（累计亏损）和外币报表折算差额六个部分。

2.监管资本

监管资本，是指银行监管当局为了满足监管要求、促进银行审慎经营、维持金融体系稳定而规定的银行必须持有的资本。

3.经济资本

经济资本，是指银行内部管理人员根据银行所承担的风险计算的、银行需要保有的最低资本量，它用于衡量和防御银行实际承担的损失超出预计损失的那部分损失，是防止银行倒闭的最后防线。由于它直接与银行所承担的风险挂钩，因此又称风险资本。经济资本的概念是随着风险管理技术的演进和银行风险环境的恶化逐步形成的，在银行实践中变得越来越重要，是现代银行经营管理的重要手段。

（二）银行资本的作用

与其他一般企业相比，银行的突出特点是高负债经营，自有资本较少，因此，银行资本发挥的作用比一般企业资本发挥的作用更为重要。

1. 满足银行正常经营对长期资金的需要

任何企业要开展业务经营活动，必须有营业场所、各种设备和办公用品，银行也一样。但是企业购置这些固定资产，可以使用通过银行贷款、发行债券等方式借来的资金，而银行却只能使用自己的资本，这是由银行经营的特殊性所决定的。因此，银行所要求的资本金比企业所要求的资本金多得多。同时，银行的资金来源主要是具有高流动性的存款，银行必须随时满足存款的提取，而银行为了实现存款资金保本零风险的要求，又主要以流动性极低的贷款形式将这些资金运用起来，所以银行面临着巨大的资金流动性风险。巨额资本金能够为银行长期稳定占用，而且基本上没有流动性风险，因此，能够有效地防范流动性风险，保证银行资金正常周转的需要。

2. 吸收损失

在现代市场经济中，资本是承担风险和吸收损失的第一资金来源。银行一旦遭受损失，首先消耗的是银行的资本金。因此，资本金又被称为保护债权人、使债权人面对风险免遭损失的"缓冲器"。

3. 限制银行业务过度扩张

在风险越大、收益可能越高的银行业务领域，业务的过度扩张和风险的过度承担具有内在的经济动因。在市场经济条件下，银行资本承担着限制这种扩张风险的重要经济功能。《巴塞尔资本协议》从一开始就是基于银行资本的这一功能开展国际合作，并提出国际统一标准的。《巴塞尔资本协议Ⅱ》更是试图通过提高监督资本计量对银行风险的敏感性，进一步强化银行资本的这一约束功能。

4. 维持市场信心

市场信心是影响商业银行稳定性的重要因素。对银行失去信心将导致市场的崩溃，也会使银行的经营出现危机。在现代市场经济中，银行资本金作为保护存款者的缓冲器，在维持市场信心方面发挥着关键作用。这也是巴塞尔委员会实施银行资本金国际统一标准的重要缘由。

5. 为银行管理尤其是风险管理提供最根本的驱动力

资本是风险第一承担者，因而也是风险管理最根本的动力来源。在现代银行的风险管理体系中，风险管理作为自上而下的过程，都是由代表资本的董事会推动并承担最终责任的。

（三）《巴塞尔资本协议》

1. 巴塞尔委员会与《巴塞尔资本协议》

巴塞尔委员会成立于1974年年底，其秘书处设在总部位于瑞士巴塞尔的国际清算银行，简称巴塞尔委员会。巴塞尔委员会的宗旨在于加强银行监管的国际合作，共同防范和控制银行风险，保证国际银行业的安全和发展。

1988年7月，巴塞尔委员会通过了《关于统一国际银行的资本计算和资本标准的协定》，即《巴塞尔资本协议》，规定银行必须根据自己的实际信用风险水平持有一定数量的资本。《巴塞尔资本协议》是衡量单家银行乃至整个银行体系稳健性最重要的指标，为各国银行监管当局提供了统一的资本监管框架，使全球资本监管总体上趋于一致。该协议已经被100多个国家采用，成为银行资本监管的国际标准。

《巴塞尔资本协议》主要有四部分内容：一是确定了资本的构成，即银行的资本分为核心资本和附属资本两大类，并且附属资本规模不得超过核心资本的100%；二是根据资产信用风险的大小，将资产分为0、20%、50%和100%四个风险档次；三是通过设定一些转换系数，将表外业务也纳入资本监管；四是规定银行的资本与风险加权总资产之比不得低于8%，其中核心资本与风险加权总资产之比不得低于4%。

2.《巴塞尔资本协议Ⅱ》

为更准确地反映当前各商业银行实际承受的风险水平，实现保障银行稳健、安全运营的目标，强化资本约束、增强风险敏感性、强调风险管理的全面性，兼顾不同发展水平，巴塞尔委员会于2004年6月正式发布了《巴塞尔资本协议Ⅱ》。

《巴塞尔资本协议Ⅱ》对于统一银行业的资本及其计量标准做出了卓有成效的努力，在信用风险和市场风险的基础上，新增了对操作风险的资本要求；在最低资本要求的基础上，提出了监管部门监督检查和市场约束的新规定，形成了资本监管的“三大支柱”。

知识链接 6-4 资本监管的“三大支柱”

第一支柱：最低资本要求。《巴塞尔资本协议Ⅱ》仍然将资本充足率作为保证银行稳健经营、安全运行的核心指标，仍将银行资本分为核心资本和附属资本两类，但进行了两项重大创新：一是在资本充足率的计算公式中全面反映了信用风险、市场风险、操作风险的资本要求；二是引入了计量信用风险的内部评级法，银行既可以采用外部评级公司的评级结果确定风险权重，也可以用各种内部风险计量模型计算资本要求。

第二支柱：外部监管。《巴塞尔资本协议Ⅱ》要求各国监管当局通过银行内部的评估进行监督检查，确保银行有科学、可靠的内部评估方法和程序，使银行能够准确地评估、判断所面临的风险，进而及时准确地评估资本充足情况。

第三支柱：市场约束。市场约束旨在通过市场力量来约束银行，其运作机制主要是依靠利益相关者（包括银行股东、存款人、债权人等）的利益驱动，出于对自身利益的关注，会在不同程度上和不同方面关心其利益所在银行的经营状况，特别是风险状况。利益相关者为了维护自身利益免受损失，在必要时采取措施来约束银行。由于利益相关者关注银行的主要途径是银行所披露的信息，因此，《巴塞尔资本协议Ⅱ》特别强调提高银行的信息披露水平，要求银行及时、全面地提供准确信息，加大透明度，以便使利益相关者做出判断，采取措施。《巴塞尔资本协议Ⅱ》要求银行披露信息的范围包括资本充足率、资本构成、风险敞口及风险管理策略、盈利能力、管理水平及过程等。市场约束是对第一支柱、第二支柱的补充。

资料来源：中国银行业从业人员资格认证办公室．银行从业公共基础［M］．北京：中国金融出版社，2013.

3.《巴塞尔资本协议Ⅲ》

2007年爆发于美国并席卷全球的金融危机使各国监管当局认识到，现行风险监管框架在一些关键细节上并非完美无缺，仍存在一些制度性的缺陷。2010年12月16日，巴塞尔委员会发布了《巴塞尔资本协议Ⅲ》的最终文本。

（1）强化资本充足率监管标准

资本监管框架始终是巴塞尔委员会监管框架的核心，也是本轮金融监管改革的主要内容。《巴塞尔资本协议Ⅲ》全面强化了资本充足率监管的三个要素：

①提升资本工具损失吸收能力。该协议强调资本数量与资本质量同等重要，大幅度提高了各类资本工具的标准，提高各类资本工具的损失吸收能力。该协议界定并区分一级资本和二级资本的功能：一级资本应能够在银行持续经营条件下吸收损失，其中普通股（含留存收益）应在一级资本中占主导地位；二级资本仅在银行破产清算条件下承担损失。

②强调风险加权资产计量的审慎性。该协议提高了资产证券化交易风险暴露的风险权重，大幅度提高了内部模型法下市场风险资本要求和定性标准，大幅度提高源自场外衍生品和证券融资交易的交易对手信用风险的资本要求。

③提高资本充足率监管标准。该协议明确了三个层次的最低资本要求：核心一级资本充足率为4.5%，一级资本充足率为6%，总资本充足率为8%，并规定商业银行资本充足率不得低于最低资本要求；补充设置了2.5%的储备资本要求，用于应对严重经济衰退带来的损失；补充设置0～2.5%的逆周期资本要求，在经济上行期提取，用于在经济下行期吸收损失。此外，对于系统重要性银行，该协议还将设置额外的资本要求，减少其倒闭对金融体系的危害性；对全球系统重要性银行，按照其系统重要性程度，附加资本要求为1%～3.5%（见表6-1）。

表6-1　各层次资本充足率监管要求、功能和监管安排

监管要求	核心一级资本	一级资本	总资本
最低资本要求	4.5%	6%	8%
储备资本要求	2.5%		
最低资本要求+储备资本要求	7%	8.5%	10.5%
逆周期资本要求	0～2.5%		
系统重要性银行附加资本要求	1%～3.5%		

说明：

储备资本：商业银行从事经营活动必须准备的资金；根据要求，商业银行应在最低资本要求基础上计提储备资本，应由核心一级资本来满足。

逆周期资本：针对最低资本充足率，在经济繁荣期增加超额资本充足要求，即动态调整资本充足率，以备在经济萧条期应对资本充足率下滑的情况；商业银行在经济上行周期计提资本缓冲，以满足下行周期吸收损失的需要。

系统重要性银行附加资本：当商业银行被认定为我国系统重要性银行时，则其在满足最低资本要

求、储备资本和逆周期资本要求基础上，还应满足一定的附加资本要求，由核心一级资本满足。我国于2021年12月1日施行《系统重要性银行附加监管规定（试行）》，分五组附加资本要求。

（2）引入杠杆率监管标准

杠杆率监管指标是基于规模计算（该指标采用普通股或核心资本作为分子，所有表内外风险暴露作为分母），与具体资产风险无关的，以此控制商业银行资产规模的过度扩张，并作为资本充足率的补充指标。杠杆率不能低于3%。要求银行自2015年开始披露杠杆率信息，2018年正式纳入第一支柱框架。

（3）建立流动性风险量化监管标准

《巴塞尔资本协议Ⅲ》提出了两个流动性量化监管指标：流动性覆盖率（LCR），用于衡量在短期压力情景下（30日内）单个银行的流动性状况；净稳定融资比率（NSFR），用于度量中长期内银行可供使用的稳定资金来源能否支持其资产业务的发展。在正常情况下，商业银行的流动性覆盖率和净稳定融资比率都不得低于100%。

三、金融创新

金融创新是指商业银行为适应经济发展的要求，通过引入新技术、采用新方法、开辟新市场来构建新组织。在战略决策、制度安排、机构设置、人员准备、管理模式、业务流程和金融产品等方面开展的各项创新活动，最终体现为银行风险管理能力的不断提高，以及为客户提供的服务产品和服务方式的创新。

金融创新是商业银行以客户为中心，以市场为导向，不断提高自主创新能力和风险管理能力，有效提升核心竞争力，更好地满足金融消费者和投资者日益增长的需求，实现可持续发展战略的重要组成部分。

商业银行开展金融创新，需要遵循如下一些基本原则：

（1）合法合规原则。商业银行开展金融创新活动，应坚持合法合规原则，遵守法律、行政法规和规章的相关规定，不能以金融创新为名，违反法律规定或变相逃避监管。

（2）公平竞争原则。商业银行开展金融创新活动，应坚持公平竞争原则，不得以排挤竞争对手为目的，进行不正当的竞争。

（3）知识产权保护原则。商业银行开展金融创新活动，应充分尊重他人的知识产权，不侵犯他人的知识产权和商业秘密。商业银行也应制定有效的知识产权保护战略，保护自主创新金融产品和服务。

（4）成本可算原则。创新是一项高投入的活动，持续而且能创造价值，需要专门的人才、专项的投入、周密的计划和组织，因此，创新的成本往往比较高，银行在开展金融创新时，要尽可能保证其成本能够比较准确地核算，避免创新活动偏离银行的经营目标。

（5）风险可控原则。创新必然伴随着风险，因为只要是创新，就是没有经过验证的，就会存在不确定性。同时，银行业务的核心是管理风险，银行的很多创新在本质上就是风险管理方式的创新。为了保证商业银行的安全性和稳定性，银行在进行创新时必须保证风险可控。

（6）信息充分披露原则。银行业是一个信息不对称程度非常高的行业，在创新方面，信息不对称程度更高。为了确保银行客户和其他市场参与者充分了解银行创新所隐含的风险，银行必须对创新过程中不涉及商业秘密、不影响知识产权的部分，予以充分披露。

(7) 维护客户利益原则。商业银行开展金融创新活动，应遵守职业道德标准和专业操守，完全履行尽职义务，充分维护金融消费者和投资者的利益。

案例探析 6-5

招商银行的创新之路

马蔚华可以说是中国最具金融创新意识的银行家，招商银行在他多年的领导下，已经从偏居一隅的地方银行成长为中国规模较大的股份制银行。招商银行脱颖而出的制胜秘籍，就在于它敢为天下先的创新之举。

诞生于1996年的一卡通，可以说是招商银行创新文化的火种。这粒火种在马蔚华上任后被点燃，形成熊熊燃烧的大火。2000年前后，一卡通在全国市场风行。一卡通的快速发展让招商银行员工尝到了创新的甜头：只有靠创新产品，才能在竞争中生存和发展。于是，继一卡通之后，马蔚华增大创新投入，在全行统一的电子化平台上，率先推出了一网通、金葵花理财、公司理财等一系列令人耳目一新的金融产品和服务。

当时作为招商银行行长的马蔚华在公司内部经常灌输危机意识：“一卡通推出时，能保持5年的优势，一网通也可以保持几年。但是今天，招行推出一个新的产品或服务，下个月可能就被别人复制。因此，要想保持领先，就得不断创新，而要保持创新动力不衰竭，就必须不断营造创新文化。”马蔚华亲自营造招行的创新文化，并不断探索和引领招行的创新思路，让招商银行的每一位员工都树立了靠创新求生存的强烈意识。

资料来源：晓忆. 马蔚华，招行的创新使者［EB/OL］.［2020-03-13］. http: //m.ceconlinebbs.com/ARTICLE/8800063725/?active_date=20170704.

思考讨论：

招商银行的行长重视创新文化，并把创新意识植入企业内部，渗透到每个职员心里。在金融市场日趋激烈的竞争中，创新是使招商银行立于不败之地的不竭动力。请问，作为商业银行的员工，应该如何培养自己的创新意识？

【金融微课堂】

2020年新冠疫情发生以来，各家商业银行纷纷响应政府号召，以加大信贷投放、执行低贷款利率等形式，促进企业生产；与此同时，持续履行社会责任，践行公益慈善，积极捐款捐物。在特殊形势下，商业银行的行为对自身、客户以及社会将分别产生什么影响？

项目小结

1. 商业银行是指吸收公众存款、发放贷款、办理结算等业务的信用机构。

2. 商业银行的产生经历了从货币经营业到早期银行业，再到现代银行业的过程。

3. 商业银行的发展主要包括英国式融通短期资金的发展路径和德国式综合性银行的发展路径。在混业经营已成为金融业发展趋势的今天，越来越多国家的商业银行正朝着综合性银行方向发展。

4.商业银行的性质：（1）商业银行具有一般企业的基本特征，是社会经济的重要组成部分；（2）商业银行以金融资产和金融负债为经营对象，经营的是特殊商品——货币和货币资本，经营内容包括货币的收付、借贷及各种与货币有关的金融服务，这是商业银行区别于其他企业的重要特点；（3）与专业银行和其他金融机构相比，商业银行的业务更综合，功能更全面，为客户提供所有的金融服务。

5.商业银行的职能包括信用中介职能、支付中介职能、信用创造职能和金融服务职能。其中信用中介职能是商业银行最基本、最能反映其经营活动特征的职能。

6.商业银行的组织形式有单一银行制、分支行制、银行控股公司制、连锁银行制和跨国银行制。目前，世界上大多数国家的商业银行实行的是分支行制。

7.商业银行负债业务主要由存款业务和借款业务构成。存款业务包括人民币存款和外币存款两大类。人民币存款又分为个人存款、单位存款和同业存款；外币存款又分为个人外汇存款和机构外汇存款。借款业务包括短期借款和长期借款两大类。

8.商业银行的资产业务包括贷款业务、证券投资业务和现金资产业务。

9.商业银行的中间业务是指商业银行不需动用银行的资金，以中间人或代理人的身份替客户办理资金收付、咨询、代理、担保及其他委托事项，从中收取手续费用的经营活动。

10.商业银行管理的“三性”原则：安全性原则、流动性原则和效益性（也称盈利性）原则。《中华人民共和国商业银行法》规定：商业银行以安全性和流动性、效益性为经营原则，实行自主经营、自担风险、自负盈亏和自我约束。

11.金融创新是指商业银行为适应经济发展的要求，通过引入新技术、采用新方法、开辟新市场、构建新组织。在战略决策、制度安排、机构设置、人员准备、管理模式、业务流程和金融产品等方面开展的各项创新活动，最终体现为银行风险管理能力的不断提高，以及为客户提供的服务产品和服务方式的创造与更新。

关键概念

商业银行　存款业务　同业拆借　贷款业务　中间业务　经济资本　金融创新

项目训练

一、单项选择题

1.我国商业银行的外部组织形式是（　　）。

A.单一银行制度　B.分支行制度　C.连锁银行制度　D.跨国制度

2.以下属于商业银行负债业务的是（　　）。

A.库存现金　B.同业存放的款项

C.存放同业的款项　D.存放在中央银行的款项

3.（　　）是指开户时不约定存取日期、可随时存取、存取金额不限的一种个人存款。

A.活期存款　B.整存整取存款　C.通知存款　D.定活两便存款

4.1694年，（　　）作为世界上第一家股份制银行在英国成立，标志着适应资本主义生产方式要求的现代商业银行的产生。

A.苏格兰银行 B.花旗银行 C.英格兰银行 D.汇丰银行

5.《巴塞尔资本协议Ⅱ》在最低资本要求的基础上，提出了监管部门监督检查和市场约束的新规定，形成了资本监管的“三大支柱”。以下不属于“三大支柱”的是（ ）。

A.最低资本要求 B.安全营运 C.外部监管 D.市场约束

6.按“贷款五级分类法”，以下不属于不良贷款的是（ ）。

A.关注 B.次级 C.可疑 D.损失

7.（ ）是银行最为复杂的风险种类，也是银行面临的最主要的风险。

A.市场风险 B.信用风险 C.流动性风险 D.战略风险

二、多项选择题

1.商业银行的职能包括（ ）。

A.信用中介 B.支付中介 C.信用创造

D.金融服务 E.发行货币

2.商业银行的外部组织形式有（ ）。

A.单一银行制 B.分支行制 C.银行控股公司制

D.跨国银行制 E.连锁银行制

3.商业银行的现金资产主要包括（ ）。

A.库存现金 B.存放中央银行款项

C.同业存款 D.存放同业款项

4.商业银行在经营过程中遵循的“三性”原则包括（ ）。

A.效益性 B.创新性 C.安全性 D.流动性

5.商业银行的发展有（ ）和（ ）两种发展路径。

A.英国式融通短期资金 B.美国式融通短期资金

C.德国式综合性银行 D.法国式综合性银行

6.商业银行的短期借款包括（ ）。

A.同业拆借 B.证券回购 C.同业存款 D.向中央银行借款

7.属于贷款五级分类法中“不良贷款”的是（ ）。

A.可疑 B.次级 C.正常 D.关注

三、简答题

1.与一般企业相比，商业银行有哪些性质和职能？

2.商业银行的主要业务有哪些？

3.如何理解商业银行的经营原则？

4.商业银行的产生经历了哪些阶段？

四、实践应用题

1.完成对三家以上商业银行资料的收集与学习，从而加深对商业银行的定义、组织形式、业务等基本原理的了解。

2.完成对三家以上商业银行金融创新方面的资料收集，了解各商业银行在金融创新方面的发展。

项目七 货币供求、货币均衡与货币政策

学习目标

1. 知识目标

掌握货币需求、货币供给的基本含义；理解货币均衡、货币失衡（通货膨胀与通货紧缩等）的相关表现；掌握货币政策的含义，了解货币政策目标，了解常用的货币政策工具及其作用。

2. 能力目标

能看懂货币供应量、利率等基础数据的变化；能简单分析生活中的货币现象，如物价涨跌与货币供求的关系；能分析简单的政策操作，如经济过热时该用什么工具降温等。

3. 素质目标

具有基本的金融风险意识，了解货币超发的危害等；关注经济动态，理解货币政策与生活的联系；具备金融行业基本职业规范，如合规操作意识等。

思维导图

- 项目七　货币供求、货币均衡与货币政策
  - 任务一　货币供求
    - 货币需求
    - 货币供给
  - 任务二　货币均衡与失衡
    - 货币均衡
    - 货币失衡
  - 任务三　货币政策
    - 货币政策及其目标
    - 货币政策工具
    - 货币政策效果

案例导入

2024年第四季度中国货币政策执行报告（摘要）

2024年是实现“十四五”规划目标任务的关键一年，面对外部压力加大、内部困难增多的复杂严峻形势，在以习近平同志为核心的党中央坚强领导下，我国加大宏观调控力度，出台一系列“组合拳”政策，扎实推动高质量发展，顺利完成了全年经济社会发展主要目标，全年国内生产总值（GDP）同比增长5%，就业物价总体稳定，社会预期有效提振，新动能新优势稳步发展。中国人民银行坚持以习近平新时代中国特色社会主义思想为指导，认真落实党中央、国务院决策部署，稳健的货币政策灵活适度、精准有效，加大逆周期调节力度，支持实体经济回升向好和金融市场稳定运行。

一是保持货币信贷合理增长。全年两次降准共1个百分点，提供长期流动性超过2万亿元，并综合运用公开市场操作、中期借贷便利、再贷款再贴现等工具，开展国债买卖操作，保持流动性合理充裕。引导信贷均衡投放，防范治理资金空转，提升服务实体经济质效。二是推动社会综合融资成本稳中有降。不断健全货币政策框架，明示央行政策利率，完善贷款市场报价利率（LPR）形成机制。全年两次降低政策利率共0.3个百分点，引导1年期及5年期以上LPR分别累计下降0.35个和0.6个百分点，强化利率政策执行，带动存贷款利率下行。三是引导信贷结构调整优化。设立5 000亿元科技创新和技术改造再贷款、扩大碳减排支持工具支持对象范围等，持续做好金融“五篇大文章”；设立3 000亿元保障性住房再贷款，取消房贷利率政策下限，推动再度降低存量房贷利率，供需两端同步发力支持房地产市场平稳健康发展；创设证券、基金、保险公司互换便利和股票回购增持再贷款，首期额度分别为5 000亿元和3 000亿元，着力提振资本市场预期。四是保持汇率基本稳定。坚持市场在汇率形成中起决定性作用，发挥好汇率对宏观经济、国际收支的调节功能，强化预期引导，防范汇率超调风险，在复杂形势下保持人民币汇率基本稳定。五是加强风险防范化解。完善房地产金融宏观审慎管理，金融支持地方政府融资平台债务风险化解取得重要阶段性成效，重点机构和区域风险处置稳步推进，金融风险监测、评估、预警体系持续完善。

总体看，2024年货币政策坚持支持性的立场，有力支持经济回升向好。金融总量合理增长，年末社会融资规模存量、广义货币M2同比分别增长8.0%和7.3%，人民币贷款余额为255.7万亿元。贷款利率明显下行，12月新发放企业贷款和个人住房贷款利率同比分别下降约40个和90个基点。信贷结构不断优化，年末专精特新企业贷款、普惠小微贷款同比分别增长13.0%和14.6%，继续高于全部贷款增速。人民币对一篮子货币有所升值，年末中国外汇交易中心（CFETS）人民币汇率指数较上年末上涨4.2%。

当前外部环境变化带来的不利影响加深，国内需求不足、风险隐患仍然较多等困难挑战也还存在，但我国经济基础稳、优势多、韧性强、潜能大，长期向好的支撑条件和基本趋势没有变。下阶段，中国人民银行将坚持以习近平新时代中国特色社会主义思想为指导，全面贯彻落实党的二十大、二十届二中、三中全会和中央经济工作会议精神，坚持稳中求进工作总基调，完整、准确、全面贯彻新发展理念，坚定不移走中国特色金融发展之路，进一步深化金融改革和高水平对外开放，持续推动金融高质量发展和金融强国建设，加快完善中央银行制度，进一步健全货币政策框架。注重平衡好短期和长期、稳增长和防风险、内部均衡和外部均衡的关系，提高宏观调控的前瞻性、针对性、有效性，增强宏观政策协调配合，支持扩大内需、稳定预期、激发活力，促进经济稳定增长。

实施好适度宽松的货币政策。综合运用多种货币政策工具，根据国内外经济金融形势和金融市场运行情况，择机调整优化政策力度和节奏，保持流动性充裕，使社会融资规模、货币供应量增长同经济增长、价格总水平预期目标相匹配。把促进物价合理回升作为把握货币政策的重要考量，推动物价保持在合理水平。畅通货币政策传导机制，更好把握存量与增量的关系，注重盘活存量金融资源，提高资金使用效率。强化央行政策利率引导，完善市场化利率形成传导机制，发挥市场利率定价自律机制作用，加强利率政策执行，提升银行自主理性定价能力，推动企业融资和居民信贷成本下降。发挥好货币政策工具总量和结构双重功能，坚持聚焦重点、合理适度、有进有退，优化工具体系，持续做好金融“五篇大文章”，进一步加大对科技创新、促进消费的金融支持力度。坚持以市场供求为基础、参考一篮子货币进行调节、有管理的浮动汇率制度，发挥市场在汇率形成中的决定性作用，增强外汇市场韧性，稳定市场预期，加强市场管理，坚决对市场顺周期行为进行纠偏，坚决对扰乱市场秩序行为进行处置，坚决防范汇率超调风险，保持人民币汇率在合理均衡水平上基本稳定。探索拓展中央银行宏观审慎与金融稳定功能，守住不发生系统性金融风险的底线。

资料来源：中国人民银行货币政策司．2024 年第四季度中国货币政策执行报告内容摘要［EB/OL］.［2025-02-13］．http：//www.pbc.gov.cn/zhengcehuobisi/125207/125227/125957/5347949/5587716/index.html.

思考讨论：

什么是货币政策？它在我国经济发展中起到什么作用？

任务一　货币供求

一、货币需求

（一）货币需求的含义

货币需求是指在一定时期内，社会各经济主体（包括个人、企业、政府等）在既定的经济条件下，为满足生产经营、日常生活、履行职能等各类经济活动的需要，愿意且能够持有的货币数量。

从本质上看，货币需求并非单纯的主观愿望，而是一种客观的经济需求。它包含两层核心含义：

一是“愿意持有”，即经济主体根据自身对交易、预防、投资等活动的规划，主动选择以货币形式保有财富。

二是“能够持有”，即这种需求受到经济主体实际支付能力的约束，并非无限度的欲望。例如，一名普通职工每月计划留存 3 000 元现金用于日常开销，这 3 000 元就是其基于收入水平的现实货币需求，若脱离收入实际空想持有 10万元现金，则不属于有效货币需求。

从主体角度划分，不同经济主体的货币需求具有鲜明的场景特征：个人的货币需求主要用于日常消费、应急储备、小额投资等，如为支付房租、应对突发医疗支出而持有现金或活期存款；企业的货币需求则服务于原材料采购、工资发放、债务偿还等生产经营环节，例如制造业企业为保证生产线连续运转，需保留一定的流动资金；政府的货币需求则与履行公共职能相关，如支付公务员工资、投入基础设施建设等。

理解货币需求的含义，是分析货币供求关系、制定货币政策的基础。只有准确把握不同经济主体的货币需求规律，才能科学调控货币供应量，实现货币均衡与经济稳定发展。

（二）货币需求的基本特征

货币需求是经济运行中的重要概念，其本质规律可以从以下三个方面来系统理解：

1.客观性

货币需求不是凭空产生的，而是由经济体系的客观运行机制所决定，不受人的主观意志随意操控，具体体现在以下几个方面：

（1）物质基础

实物资源的流动规模直接决定了对货币媒介的需求量。比如，一家小型服装厂要扩大生产，就得采购更多的布料、添置新的缝纫机，这些经济活动必然需要用钱来支付，这种需求会随着实体经济的扩张而增加。

（2）交易技术

支付工具的更新会改变货币的流通效率，但不会让人不再需要交易媒介。就像现在移动支付很普及，大家出门不带现金也能轻松付款，结算变得更快了，但网上购物的交易量大幅增加，整体对货币的需求规模并没有减少。

（3）制度环境

金融监管政策、信用体系完善程度等制度因素，会通过影响交易成本来改变货币需求的结构。例如，有了存款保险制度后，老百姓对把钱存在银行更放心了，这就会间接影响大家手里持有现金的多少。

2.派生性

货币需求本质上是经济主体为了实现其他经济目标而派生出来的需求，具有明显的从属性，主要体现在以下职能中：

（1）流通手段职能

货币作为一般等价物，其需求量由商品和服务的交易规模以及结算周期决定。例如，小区门口的便利店，为了应对周末的消费高峰，需要提前准备一些流动资金，方便进行销售结算。

（2）贮藏手段职能

人们进行资产配置时，会产生预防性的货币持有需求。比如，上班族每月存一部分钱，就是为了应对可能出现的失业、生病等突发支出，这是一种应对风险的办法。

（3）支付手段职能

在进行债务清算时，对单位货币的信用有要求。企业向银行贷款来扩大生产，这种对货币的需求直接是因为要实现投资目标，所以离不开信贷货币。

3.动态性

货币需求是一个动态概念，它会随着经济环境的变化而调整。随着时间和空间的变化，货币需求也在悄然改变，其变化能反映出经济发展的阶段性规律：

（1）随经济周期波动

在经济繁荣的时候，交易更活跃，货币流通速度加快，但企业扩大生产还是需要更多的货币投入；在经济衰退的时候，大家更愿意持有现金来应对不确定性，导致货币需求刚性上升。例如，在2008年金融危机期间，很多企业都倾向于持有更多现金。在新冠疫情期间，线上消费大幅增加，导致对数字货币的需求上升，而实体店的租金支付减少，整体的货币需求结构发生了明显变化。这就要求货币政策要像“精准滴灌”一样，根据经济的实际情况及时调整货币供给。

（2）受技术革命影响

金融科技的发展改变了支付体系。虽然区块链技术还没有完全取代传统货币，但它提高了结算效率，已经让货币需求结构发生了很大变化，对数字货币的需求明显增加了。

（3）随制度变迁而变化

利率市场化改革打破了资金价格的管制，使得投机性的货币需求显现出来。比如，当央行调整基准利率时，资金会从储蓄账户流向股市、房地产等市场，形成新的货币需求分布。

货币需求的三个基本特征相互联系：客观性是货币需求存在的基础，派生性揭示了货币需求的功能本质，动态性体现了货币需求的演变规律。

教学互动 7-1

根据货币需求的内涵，请谈一谈你个人或者你的家庭的货币需求。

（三）货币需求的影响因素

货币需求是经济运行中的一个核心变量，它的规模大小和结构状况会受到多种因素的动态影响。下面，我们将从六个维度来详细分析这些因素是如何发挥作用的。

1.收入水平

收入水平可以说是决定货币需求的首要因素，它对货币需求的影响主要体现在个人和企业两个层面：

（1）个人层面

当居民的收入增加时，他们用于交易的货币需求也会随之提高。比如，一位普通上班族，原本月薪5 000元，每月的日常开销、还房贷等支出加起来大概3 000元，手里持有的现金和活期存款可能也就2 000元左右。后来薪资涨到了8 000元，日常消费会增加，可能会换个好点的房子，房贷还款金额也上升了，这时候手里需要持有的现金和活期存款可能就得4 000元甚至更多，以此来满足增加的支出。

（2）企业层面

企业的营业收入增长，会直接导致其经营性货币需求上升。就拿一家小型电子厂来说，其刚开始规模小，每月营业收入为10万元，用于采购电子元件、支付工人工资等的流动资金可能需要5万元。当企业接到更多订单，营业收入增长到30万元，要采购更多的原材料，雇佣更多的工人，这时候需要的流动资金可能就得15万元，这就是企业对货币的刚性需求。

2.物价水平

物价的波动会通过改变货币的购买力，来影响货币需求的规模：

当消费品价格普遍上涨时，居民为了应付日常的生活开支，会倾向于持有更多的现金。比如，过去一斤猪肉 20 元，一个家庭每周买肉花 100 元，现在猪肉涨到一斤 30 元，同样买那么多，每周就要花 150 元，因此居民手里就得多留点现金。同时，企业也会担心原材料价格继续上涨，会提前增加原料储备，这也会增加对货币的需求。

物价持续下跌，意味着货币的实际购买力在上升，居民可能会觉得现在买东西不划算，等以后更便宜了再买，就会延迟消费。企业也会因为产品价格下降，利润减少，而推迟投资扩大生产。这样一来，整体的货币需求就会出现收缩的情况。

例如，2020 年全球范围内出现通胀，很多国家的居民都开始增加现金持有量，超市里的米面油等生活必需品频繁出现被抢购的现象，这直观地反映出物价上涨对货币需求的刺激作用。

3.利率水平

利率就像是资金的价格信号，它直接影响着持有货币的收益和成本之间的对比。

（1）低利率环境

当存款的收益下降时，人们会觉得把钱存在银行不划算，就会倾向于把钱拿出来用于消费或者投资，这样预防性持有的货币就会减少。例如，2020 年的时候，很多国家的央行都降低了利率，这时候人们发现把钱存银行利息很少，于是就有不少人把钱投入到股市、房地产市场，导致这些资产市场变得非常活跃。

（2）高利率环境

持有货币的机会成本会上升，因为把钱存入银行或者购买债券能获得更高的收益。这时候居民更愿意把钱存起来或者买债券，而不是放在手里，这样投机性的货币需求就会受到抑制。例如，如果银行的存款利率提高到 5%，很多人可能就会把原本打算用来炒股的钱存到银行，获取稳定的利息。

4.信用发达程度

信用体系的完善程度决定了货币需求有多大的替代空间。

（1）信用工具普及

像信用卡、移动支付等非现金结算方式的普及，会减少人们对现金的持有需求。例如，在北欧的一些国家，电子支付的覆盖率超过了 90%，人们出门几乎不用带现金，很多小到便利店、大到商场都支持电子支付，所以这些国家的现金流通量只占 GDP 的 1% ~ 2%。

（2）信贷可得性

当企业的融资渠道变得多样化后，它们可以通过向银行贷款、发行债券等方式来获得资金，而不是完全依赖自有资金，这样就会降低经营性的货币需求。比如一家企业想要扩大生产，如果它能顺利从银行贷到款，就不需要预留那么多的自有资金在手里，可以把更多的自有资金用于其他方面。

5.货币流通速度

货币流通速度反映了单位货币能够提供服务的能力。

（1）速度提升

移动支付的出现，让结算周期从原来的以“天”为单位缩短到了以“秒”为单位。虽然现在的交易频次比以前增加了很多，但是因为货币流通效率提高了，所以对货币总量的需求在一定程度上被抵消了。比如以前人们进行一笔转账可能需要 1 ~ 2 天才能到账，现在通过手机转账瞬间就能完成，货币可以快速地在不同人之间流转，同样的货币量能满足更多的交易需求。

（2）速度下降

在经济衰退的时候，交易活动变得不活跃，货币周转的速度会放缓。这时候即使经济总量没有变化，但由于货币流通效率降低了，对货币的需求也会上升。比如经济不好的时候，企业的产品卖不出去，资金回笼慢，手里的货币流转不开，为了维持正常的生产经营，就需要持有更多的货币。

6.心理预期

经济主体的预期心理会对货币需求产生非理性的影响。

（1）物价上涨预期

当居民预期物价将要上涨时，会提前购买耐用品，或者把本币兑换成外汇来避免货币贬值，这样就会形成“抢购式”的货币需求激增。比如有人听说未来房价会大幅上涨，可能就会赶紧凑钱买房，这时候就需要大量的货币。

（2）风险预期

在地缘政治冲突或者金融危机期间，市场的避险情绪会上升，人们会更倾向于购买黄金、美元等安全资产，这会间接推高相关货币的流通量。比如发生金融危机时，很多人会把手里的其他货币换成美元，导致美元的需求增加，流通量也随之上升。

2022 年美联储进入加息周期，市场预期利率会持续上升，这时候很多人认为把钱放在股市风险太高，于是就把资金从股市撤回银行体系，导致货币市场基金的规模大幅增加，这充分体现了心理预期对货币需求的调节作用。

总而言之，这些因素相互交织在一起，形成了一个动态的影响网络：收入水平为货币需求奠定了基础，物价和利率对货币需求形成双向调节，信用体系和流通效率决定了货币需求的替代空间，心理预期则给货币需求注入了非理性的变量。

二、货币供给

（一）货币供给的含义

货币供给是指在一国经济体中，一定时期内货币供给主体提供的货币总量。它就像经济系统的“血液循环”一样重要，既包含正在流通的现金，也包括银行体系里的存款货币。

例如，当你用信用卡在商场买了一件衣服，虽然没有直接用现金支付，但银行通过信用创造，实际上已经增加了市场中的货币供应量。这是因为信用卡消费相当于银行先替你垫付了资金，这笔资金会进入商家的账户，成为商家可以使用的货币，从而使市场上的货币量变多了。

货币供给并不是简单地印刷钞票，而是由基础货币的投放和货币乘数效应共同作用的结果。它的规模可以用一个公式来表示：

货币供应量 = 基础货币 × 货币乘数

打个比方，假设基础货币是100亿元，货币乘数是5倍，那么通过银行的信贷等活动，市场上最终的货币供应量就可能达到500亿元。

为了便于理解，我们需要知道两个专业术语的含义，即基础货币与货币乘数。基础货币又称高能货币，是中央银行发行的债务凭证，包括流通中的现金和商业银行的准备金。例如，社会公众手中的现金属于流通中的现金，银行库存现金属于银行准备金的一部分，商业银行存放在中央银行的法定存款准备金、超额存款准备金也属于基础货币。货币乘数反映了基础货币通过银行系统的存贷活动，能够创造出多少倍的货币供应量，这个倍数就是货币乘数。

（二）货币供给的主体

货币供给是由两大核心主体协同完成的，形成了“中央银行—商业银行”的双层架构。

1. 中央银行（发行层）

中央银行就像是“货币的总闸门”，它通过以下三种方式来调控基础货币：

（1）直接投放

直接投放即发行现金，比如我们平时使用的新版人民币，就是由中央银行负责发行的。

（2）政策工具

中央银行还可以通过公开市场操作来影响货币量。例如，当市场上货币太多时，会卖出一部分国债，收回一部分货币；当市场上货币不足时，就会买入国债，投放货币。另外，调整存款准备金率也能影响商业银行的派生能力，存款准备金率提高，商业银行能贷出去的钱就少了，反之则会增多。

（3）再贷款

再贷款指的是中央银行向银行业金融机构发放的贷款。中央银行向金融机构提供流动性支持，比如支农再贷款，就是中央银行专门为支持农业发展，向相关金融机构发放的贷款，可以使这些机构有更多资金支持农业生产。

2. 商业银行（运营层）

商业银行通过信用创造来实现货币的扩张，主要有以下两种方式：

（1）存款派生

企业从银行获得贷款后，会把这笔资金存入银行，这样就形成了新的存款货币。比如，一家企业向银行贷款100万元，拿到钱后存入了自己的银行账户，这家银行就多了100万元的存款，之后银行又可以把其中的一部分贷给其他企业或个人，继续创造新的存款。

（2）货币乘数效应

货币乘数效应指的是1元基础货币通过银行多次的存贷款循环，能创造出数倍于自身的货币供应。例如，当存款准备金率是10%时，商业银行收到100元存款，需要留下10元作为准备金，剩下的90元可以贷出去。这90元贷出去后又会被存入银行，银行再留下9元准备金，贷出81元，这样不断循环下去，理论上最大的货币乘数就是10倍，100元基础货币最终能形成1000元的货币供应。

例如，中央银行向商业银行发放100亿元的抵押补充贷款（PSL），商业银行留下一部分作为准备金后，将其中的80亿元贷给了企业。企业拿到这笔钱后，支付给了供应商，供应商又把这80亿元存入了其他银行。这家银行同样留下一部分准备金，再把剩下的钱贷出去，经过多次流转，市场上的货币供给量可能会扩大到500亿元以上。

（三）货币供给的特点

货币供给呈现出“中央银行主导下的动态平衡”特征，其运行规律可以从三个维度来理解：

1.外生性：中央银行的“有形之手”

中央银行通过三大政策工具直接调控货币供给：

（1）法定准备金率：调整这个比率可以改变商业银行可贷资金的规模。例如，提高法定准备金率，商业银行需要存放在中央银行的钱就变多了，能贷给企业和个人的钱就少了，从而减少市场上的货币供给。

（2）利率政策：通过调整利率来影响资金成本，进而调节货币需求。当利率提高时，借钱的成本增加，企业和个人贷款的意愿就会降低，货币需求减少，间接影响货币供给；反之，利率降低，贷款成本下降，货币需求增加，货币供给也会相应调整。

（3）窗口指导：中央银行通过道德劝说等方式引导信贷投向，例如鼓励商业银行多向小微企业发放贷款，让货币供给更有针对性地支持特定领域。

2.内生性：市场的“无形之手”

经济主体的自发行为会对货币供给产生反向影响：

（1）企业投资意愿：在经济上行的时候，企业觉得投资能赚钱，贷款的需求就会增加，这会推动商业银行多放贷，从而使货币供给扩张。

（2）居民储蓄偏好：当居民对未来的预期比较悲观时，会更愿意持有现金，而不是把钱存到银行，这样就会减少货币的流通速度，影响货币供给的效果。

（3）金融创新：第三方支付的普及，让一部分存款脱离了银行体系，形成了“影子银行”的货币供给。例如，一些互联网金融平台推出的理财产品，吸收了一部分原本会存在银行的资金，这些资金在平台内流转，也起到了类似货币的作用。

3.动态平衡：政策与市场的博弈

中央银行需要根据经济形势动态调整政策：

（1）经济过热时：会提高准备金率来回收市场上的流动性，比如2007年，我国经济出现过热迹象，中央银行多次加息，就是为了减少货币供给，抑制经济过快增长。

（2）经济下行时：会通过降准降息来释放资金，比如2020年疫情期间，为了支持企业恢复生产，推出了普惠小微企业贷款延期支持工具，让更多资金流向企业。

（3）技术变革时：针对数字货币、移动支付等新业态调整监管框架，确保这些新的货币形式在规范的前提下发展，不影响整体的货币供给稳定。

例如，2015—2016年中国股市出现波动期间，中央银行通过中期借贷便利（MLF）向市场注入了流动性，希望支持实体经济发展。但后来发现，有一部分资金没有进入实体经济，而是违规流入了股市。最后，中央银行通过加强对信贷资金流向的监管，让政策意图和市场行为重新达到了平衡。

总之，这三个特点构成了货币供给的立体运行图景：中央银行制定规则框架，市场主体在规则内自主决策，二者通过反复博弈形成动态均衡。理解这种关系，是把握货币政策传导机制、预测市场流动性变化的关键基础。

知识链接 7-1　　各国货币层次划分解析

各国央行都把“流动性”——即某项金融资产在不损失价值的前提下变现为现金所需时间与成本——作为分层依据，数字越大，流动性越弱，外延越宽。但由于金融体系结构、支付习惯、统计历史不同，具体口径差异明显。货币层次划分比对表见表 7-1。

表 7-1　　货币层次划分比对表

层次	中国（2024 年执行口径）	美国（Fed H.6 表）	欧元区（ECB 标准）
M0	流通中现金（含数字人民币）	不统计	不统计
M1	M0+单位活期存款+个人信用卡存款	流通中现金+活期存款+其他支票存款+旅行支票	流通中现金+隔夜存款
M2	M1+个人储蓄存款+单位定期存款+非银机构持有的货币市场基金份额等	M1+小额定期存款+零售货币市场基金+储蓄存款等	M1+两年以内定期存款+三个月通知存款+回购协议+货币市场基金份额
M3	测算但暂不公布：M2+金融债+商业票据+大额可转让存单	已停止公布（2006 年起）	M2+两年以内债券+货币市场票据

注：（1）起点不同：中国单独公布 M0；美、欧、日均从 M1 起步。

（2）存款称谓与账户类型：美国把 NOW、ATS 账户计入 M1；欧元区把“隔夜存款”全部纳入 M1。

（3）货币市场基金：中国 2018 年将“非银机构持有的货基份额”调入 M2；美国把零售货基计入 M2，机构货基原在 M3（已停报）。

（4）金融工具外延：欧元区 M3 纳入回购协议、两年以内债券；中国 M3 仅做内部测算，官方只公布到 M2。

总之，M1 增速反映现实购买力，常用于观察企业活期资金与消费景气；M2 增速则含潜在购买力，是央行货币政策中介目标。由于口径差异，跨国比较时需先调整统计范围，否则易得出“中国 M2/GDP 偏高”等误判。

资料来源：作者根据相关资料整理。

（四）货币供给的层次

项目一任务一中所展示的“货币层次”，实质上指的是货币供给的层次。

中国人民银行从 1994 年第三季度起正式推出货币供应量统计监测指标，并按季度公布。现阶段，我国按流动性不同将货币供应量划分为三个层次：

M0=流通中现金

M1=M0+企业单位活期存款+农村存款+机关团体部队存款+银行卡项下的个人人民币活期储蓄存款

M2=M1+城乡居民储蓄存款+企业单位定期存款+证券公司保证金存款+其他存款

其中，M1 被称为狭义货币量，是现实购买力；M2 被称为广义货币量；M2 与 M1 之差被称为准货币，是潜在购买力。

由于 M2 通常反映社会总需求变化和未来通货膨胀的压力状况，因此，一般所说的货币供应量是指 M2。在我国货币供应量统计中，货币供应量三个层次包含的具体内容会随着金融市场的发展和金融工具的创新进行修订和完善。

（五）货币供给的机制

货币供给的机制是一个由中央银行和商业银行共同作用，通过基础货币的创造和派生存款的扩张，最终形成货币供应量的过程。

1.中央银行创造基础货币

基础货币就像是货币供给的“种子资金”，它由流通中的现金（C）和银行体系的存款准备金（R）两部分构成，用公式表示就是：基础货币= C+R。这部分货币是整个货币供给体系的基础，中央银行通过对它的调控，来影响整个社会的货币供应量。

2020年，为了支持企业复工复产，缓解企业的资金压力，中央银行通过逆回购操作向市场投放了5 000亿元基础货币。这些资金进入市场后，经过商业银行的信贷活动，有效缓解了企业的流动性困难，为经济的恢复提供了有力支持。

2.商业银行创造派生存款

商业银行创造派生存款的过程，简单来说就是通过“存款—贷款—派生新存款”的循环来实现货币的扩张。

比如，企业A从银行获得100万元贷款后，会把这笔资金存入自己在银行的账户。此时，银行会按照规定保留10%的准备金，也就是10万元，然后把剩下的90万元贷给企业B。企业B拿到贷款后，也会将其存入银行，银行再保留9万元作为准备金，把剩下的81万元贷给其他企业。这样不断循环下去，最初的100万元基础货币，经过多次循环后，能够创造出的派生存款总额会远超100万元。在这个例子中，经过5次循环，就可创造约400万元派生存款（实际创造的派生存款数量会受到准备金率等多种因素的限制）。

商业银行创造派生存款主要受到现金漏损、超额准备金、政策约束等影响。

现金漏损：当客户从银行提取现金，并且这部分现金没有再存入银行时，就会导致货币脱离银行体系，从而限制派生存款的创造。比如，某人从银行取出10万元现金放在家里，这10万元就无法再进入银行的信贷循环，减少了派生存款的创造基础。

超额准备金：商业银行为了应对客户的提款需求、防范风险等，会自愿保留一部分超过法定准备金的资金，这就是超额准备金。超额准备金越多，商业银行可用于发放贷款的资金就越少，会限制派生存款的扩张。

政策约束：中央银行会通过窗口指导等方式，对商业银行的信贷投向进行限制，比如禁止资金违规流入房地产市场。这会使得商业银行在某些领域的贷款受到约束，影响派生存款的创造规模和结构。

3.货币乘数及其影响因素

（1）公式与计算

货币乘数（m）反映了基础货币的扩张能力，它的计算公式是：$m=(1+c)/(r+e+c)$，其中c表示现金漏损率，r表示法定准备金率，e表示超额准备金率。

（2）关键影响因素

法定准备金率（r）：法定准备金率的高低与货币乘数成反比。一般来说，法定准备金率下调1%，可能会使货币乘数扩大5～10倍。因为法定准备金率降低，商业银行可用于贷款的资金增加，能够创造更多的派生存款。

现金偏好（c）：现金漏损率与货币乘数成反比。随着移动支付的普及，人们对现金的依赖程度降低，现金漏损率下降，这会提升货币乘数效应。

银行风险偏好（e）：超额准备金率与货币乘数成反比。在经济下行期，银行面临的风险增加，为了应对可能出现的不良贷款等问题，会提高超额准备金，这会抑制货币的扩张。

某国的法定准备金率为10%，现金漏损率为5%，那么根据公式计算，货币乘数≈7.7。如果由于移动支付的进一步发展，现金漏损率降至3%，此时货币乘数会提升至8.3。这意味着在同等基础货币的情况下，货币供应量可以多创造6%左右。

教学互动 7-2

请辨证分析：既然中央银行、商业银行都能影响货币供给，两者之间，哪个的影响力更大呢？

（六）货币供给的影响因素

货币供给受到多种因素的综合影响，这些因素既包括中央银行的政策调控，也包括商业银行的经营决策和社会公众的行为选择。

1.中央银行的货币政策

中央银行通过“量价结合”的方式来调控货币供给。例如，通过调整存款准备金率影响货币供给数量，通过调整利率影响货币资金价格，等等。

中央银行出台相关政策后，会影响商业银行的资金成本；商业银行资金成本的变化，会改变企业贷款的可得性；企业贷款可得性的变化，最终会影响实体经济的货币供给。例如，中央银行降低再贷款利率，商业银行向中央银行借款的成本降低，就可能降低对企业的贷款利率，增加企业的贷款额度，从而使实体经济获得更多的货币资金。

2.商业银行的经营决策

商业银行的信贷投放意愿会直接影响货币供给。而信贷投放意愿受到多种因素的影响：

一是资本充足率。监管部门对商业银行的资本充足率有明确要求，资本充足率是银行抵御风险的重要保障。如果某银行的资本充足率为12%，为了满足监管要求，它需要保留更多的资金来应对可能的风险，这会在一定程度上限制其信贷扩张的能力。

二是风险偏好。在经济上行期，市场前景较好，企业的盈利能力和还款能力相对较强，商业银行的风险偏好较高，倾向于扩大信贷规模；而在经济下行期，企业经营风险增加，商业银行的风险偏好降低，会收紧贷款标准，减少信贷投放。

三是盈利压力。净息差是商业银行的重要盈利来源，当净息差收窄时，银行的盈利空间受到挤压。为了维持利润，银行可能会通过提高贷款利率，或者压缩低收益贷款等方式来调整经营策略，这会影响信贷的投放规模和结构，进而影响货币供给。

例如，某城市商业银行由于不良贷款率上升，为了降低风险，将小微企业贷款的门槛从信用评分650分提高至700分。这一调整使得很多原本符合条件的小微企业无法获得贷款，直接影响了该银行在小微企业领域的货币供给效率。

3.社会公众的行为选择

（1）现金持有偏好

社会公众的现金持有偏好会影响货币供给的结构和效率。

随着移动支付的普及，人们的支付方式发生了很大变化，对现金的需求逐渐下降。比如在瑞典，现金使用率不足2%，大量的交易通过电子支付完成，这使得现金在货币供给中的占比降低，货币流通效率提高。

在地缘政治冲突等不稳定时期，居民为了规避风险，可能会将银行存款转为黄金、外汇等资产。这会导致银行的存款减少，可用于发放贷款的资金相应减少，影响货币供给。

（2）投资与储蓄决策

社会公众的投资与储蓄决策也会对货币供给产生影响。假设，居民对存款利率的变化比较敏感。当存款利率上升时，居民更倾向于将钱存入银行获取利息，而减少消费和其他投资，这会使得银行的存款增加，可贷资金增多，有利于货币供给的扩张；反之，存款利率下降，居民可能会减少储蓄，增加消费或其他投资，影响银行的可贷资金。

随着金融市场的发展，出现了像余额宝等货币基金产品。这些产品具有流动性高、收益相对稳定等特点，吸引了一部分原本会存入银行的资金，形成了“影子银行”的货币供给。这会改变货币在银行体系内外的分布，影响传统的货币供给机制。

例如，2022年，某省居民由于对未来经济形势的预期，将30%的储蓄从活期存款转为定期存款。活期存款流动性强，银行可以更灵活地将其用于发放短期贷款；而定期存款期限较长，银行在使用这部分资金时受到更多限制，这导致银行可用于贷款的资金减少，货币乘数效应被削弱，影响了当地的货币供给。

总而言之，这三个层面相互作用，构成了货币供给的调控网络：中央银行制定规则框架，为货币供给设定总体方向和边界；商业银行在规则框架内，根据自身的经营状况和市场环境自主决策信贷投放，是货币供给的重要执行者；社会公众则通过现金持有、投资储蓄等行为选择，反向影响货币供给的规模和结构。理解它们之间的互动关系，对于精准实施货币政策、维护金融稳定具有重要的意义。

案例探析 7-1

万亿德国马克只能买片面包

1914年一战打响时，德国政府并未像英国那样提高税收来为战争融资，而是采取了发行战争债券的方式，将自己的货币马克与黄金脱钩。德国政府为了应对战争开支不断加印马克纸币，为后来的苦难埋下伏笔。1918年，德国人输掉了战争的豪赌。《凡尔赛和约》的签订，使得德国丧失了重要的鲁尔工业区以及其他一些土地，而且欠下了约合5万亿美元的巨额战争赔款。

在社会层面，战争和流感疫情让德国损失了相当多的青壮年劳动力。在经济层面，英国的持续封锁和德国在非洲等地的殖民地损失，使得德国的出口大幅下降。割地赔款又进一步打击了德国的经济和民心士气……到了1921年，德国的经济开始崩盘，德国货币马克开始了“自由落体式”的贬值。实际上，通货膨胀早就开始了。据记载，在1914年7月，美元与马克的汇率约为1∶4。到1918年战争结束时，德国的国家负债几乎增加了30倍，投入流通的货币增加了20多倍，物价也比战前上涨了5倍，此时美元与马克的汇率到了约1∶14，1920年汇率达到1∶65，到1922年初，达到了1美元兑换160马克，而到了1922年底，就变成了1美元兑换约1.8万马克！但相比起来，1923年才是马克贬值的高峰，马克以令人不可思议的速度滑向深渊，呈现出倍数甚至指数级的恶性通货膨胀。据记载，在1923年10月份，1美元可以兑换的马克数值为253亿，而仅一个月后的11月，这个数值达到巅峰，1美元兑换4.2万亿德国马克。

在此期间，德国300多家造纸厂和20多家印刷厂每天24小时不停开工，为国家银行提供所需的钞票。到了后期，印刷厂已经赶不及制作模板在钞票上印那么多的零，而改为直接在1 000马克的钞票上盖章，证明它变成了10亿马克面值的纸币，直接“升值”100万倍。

资料来源：佚名．三次惊世大通胀，噩梦引人唏嘘［EB/OL］．［2023-01-04］．https：//finance.sina.cn/2023-01-04/detail-imxyykuv5850139.d.html.

思考讨论：

阅读案例并分析，当时德国的货币供给和货币需求变化造成了什么影响。

任务二　货币均衡与失衡

一、货币均衡

（一）货币均衡的含义与判断标准

1. 货币均衡的含义

货币均衡指的是货币供给与货币需求在动态变化过程中，保持基本平衡的状态。这就好比天平的两端，代表货币供给和货币需求的经济力量相互作用，达到一种相对稳定的状态。

在现实生活中，这样的例子并不少见。比如春节前，企业会以现金红包形式给员工发放年终奖，这时候大家对现金的需求会大幅增加。为了满足这种需求，中央银行就会通过公开市场操作，向市场投放一定的流动性，让货币的供给和需求能够匹配起来，这就是货币均衡的一种体现。

货币均衡具有以下核心特征：

（1）动态性

货币均衡并不是指货币供给和货币需求绝对相等，而是它们会围绕一个合理的区间上下波动，在波动中保持相对平衡。就像一个人走路，左右脚的步伐不会完全一样，但整体能保持身体的平衡前进。

（2）双向调节

在货币均衡的过程中，货币供给会根据货币需求的变化进行调整，以适应需求；同时，货币需求也会受到货币供给的影响，被供给所引导。比如，当中央银行增加货币供给，市场上资金变多，可能会刺激企业增加投资，从而带动货币需求的上升。

2. 货币均衡的判断标准

判断货币是否均衡，主要通过以下三大信号来验证：

（1）物价稳定

一般来说，消费者物价指数（CPI）的涨幅控制在3%以内，就可以认为物价处于稳定状态，这也是中国等许多国家设定的目标。物价稳定意味着货币的购买力相对稳定，是货币均衡的重要表现。

（2）利率平稳

市场利率会围绕着中央银行制定的政策利率小幅波动，如果波动幅度较小且在合理范围内，说明货币市场的供求关系比较平衡。例如，政策利率是3%，市场利率在2.9% ~ 3.1%动，就属于利率平稳。

（3）经济增长协调

货币供应的增速与国内生产总值（GDP）的增速基本同步，二者之间的差距保持在合理水平。这表明货币的供给能够适应经济增长对货币的需求，促进经济的健康发展。

例如，2019年中国的广义货币供应量（M2）增速为8.7%，GDP增速为6.1%，二者之间的差值是2.6个百分点，处于合理的区间范围内，这说明当时中国的货币供需处于相对均衡的状态，为经济的稳定增长提供了良好的货币环境。

（二）货币均衡与经济均衡的关系

货币均衡是经济均衡的核心条件。货币作为经济系统中不可或缺的“血液”，贯穿于整个经济活动的始终，其供需平衡是商品市场、劳动市场、资本市场等其他市场实现均衡的基础。

在商品市场中，货币是商品交换的媒介。当货币供需平衡时，商品的价格能够真实反映其价值和市场供求关系。生产者可以根据合理的价格信号，准确判断市场需求，从而合理安排生产计划，保证商品的供给与需求相匹配。例如，在一个货币均衡的市场中，某种农产品的价格处于合理水平，农民会根据这个价格决定种植规模，既不会因为价格过高而盲目扩大种植导致供过于求，也不会因为价格过低而减少种植导致供不应求。

劳动市场的均衡也离不开货币均衡。劳动者通过提供劳动获得货币工资，再用工资购买所需的商品和服务。当货币供需平衡时，工资水平能够合理反映劳动力的供求状况和劳动生产率。企业可以根据合理的工资水平制订用工计划，劳动者也能根据工资水平选择合适的工作，实现劳动力的合理配置。例如，在货币均衡的情况下，某行业的劳动力需求增加，工资水平会适当上升，就会吸引更多的劳动者进入该行业，满足行业的用工需求。

资本市场的均衡同样依赖于货币均衡。货币的供需平衡会影响资本市场的利率水平，而利率是资本市场中资金配置的重要信号。当货币供需平衡时，利率处于合理水平，能够引导资金流向效率高、收益好的项目和企业，实现资本的优化配置。例如，在货币均衡的环境下，那些有发展潜力的科技创新企业能够以合理的利率获得融资，从而推动企业的研发和发展，促进资本市场的健康发展。

其传导路径清晰可见：如果货币出现失衡，比如货币供给远大于需求，会使得市场上的货币过多，导致商品价格普遍上涨，价格信号被扭曲。企业可能会错误地认为市场需求旺盛，从而盲目扩大生产规模。但实际上，这种价格上涨并非源于真实需求的增加，当生产的产品超过了市场的实际需求时，就会导致产能过剩。反之，如果货币供给远小于需求，市场上的货币短缺，企业会因为难以获得足够的资金来购买原材料、雇佣工人等，而无法正常组织生产，最终导致产品短缺，影响市场的供给。

二、货币失衡

（一）货币失衡的含义及其表现

1.货币失衡的含义

货币失衡指的是货币供给与货币需求之间出现持续性偏离的状态，就像经济系统中失去平衡的天平，具体表现为货币的数量多少或者分布情况与实体经济运行的要求不匹配。

这种失衡可能有多种形式，既可能是货币供给过多，超出了经济实际需要，也可能是货币供给不足，满足不了经济发展的需求，还可能体现为资金在不同的领域、不同的经济主体之间分布不合理，没有按照经济发展的实际需要进行配置。不管是哪种形式的失衡，最终都会对经济效率和经济稳定产生不利影响。

打个比方，就像一个人在吃饭时，要么吃得太多导致消化不良，要么吃得太少导致营养不良，这两种情况都会影响身体健康。货币失衡对经济来说，就如同饮食失衡对人体健康的影响一样，会让经济运行出现各种问题。

2.货币失衡的表现

（1）总量失衡：货币数量的“多与少”

总量失衡是指货币供给的规模与经济总体需求的基本面出现了偏离，主要有两种常见形式：

①供给过剩

当货币供给超过经济实际需要时，就会出现供给过剩的情况。这时候往往会表现为物价全面上涨，不管是日常生活用品还是其他商品，价格都在持续上升；资产泡沫膨胀，像房地产、股票等资产的价格脱离实际价值，大幅上涨；同时，本国货币还会面临贬值的压力。

例如，2022年土耳其因为长期实施宽松的货币政策，大量发行货币，导致市场上的货币过多，全年消费者价格指数（CPI）涨幅达到了85%，创下了近年来的新高。这使得土耳其民众的生活成本急剧上升，原本100里拉能买到的东西，现在可能需要花185里拉才能买到，严重影响了人们的生活质量。

②供给过少

当货币供给不足以满足经济交易与投资需求时，就会出现供给过少的情况。此时会表现为物价持续下跌，企业生产的产品卖不出好价钱，利润减少；企业投资萎缩，因为缺乏资金，企业不敢扩大生产规模，也不敢进行新产品研发；失业率上升，企业因为经营困难，不得不裁员来降低成本。

2009年全球金融危机期间，美国的经济受到了严重冲击，广义货币（M2）增速一度降到了-0.2%，这意味着市场上的货币不仅没有增加，反而减少了。实体经济因为缺乏足够的流动资金，很多企业无法正常运转，陷入了深度衰退，大量工人失业，生活陷入困境。

（2）结构失衡：货币分布的“冷与热”

结构失衡是指货币资金在不同经济领域或主体之间的配置不均衡，就像有的地方“过热”，资金过多，有的地方“过冷”，资金匮乏，典型现象包括以下几种：

①行业间失衡

资金过度地流向房地产、金融等虚拟经济领域，这些领域因为有大量资金涌入，可能会出现泡沫。而制造业等实体经济领域却因为资金短缺，融资成本上升，发展受到严重制约。例如，一些地方的房地产市场，大量资金投入使得房价一路飙升，而很多制造企业却因为贷不到款，无法购买新的设备、研发新产品，生产规模难以扩大。

②主体间失衡

大型企业凭借自身强大的信用优势，能够以较低的成本获取大量资金；而中小企业因为规模小、信用等级相对较低、缺乏足够的抵押物等原因，面临着贷款难、贷款贵的问题。很多中小企业有好的项目和发展前景，但就是因为资金不足，无法实现发展壮大。

③区域间失衡

一线城市由于经济发达、投资机会多，吸引了大量的货币资金，导致货币流动性过剩；而农村及偏远地区却因为经济相对落后、金融机构较少等原因，存在严重的金融抑制现象，资金短缺，难以满足当地经济发展和居民生活的需求。比如在一些农村地区，农民想要创业或者扩大种植、养殖规模，很难从银行贷到款，制约了农村经济的发展。

当货币失衡到一定范围、一定时间，就会造成通货膨胀或者通货紧缩。

（二）通货膨胀

1.通货膨胀的含义与度量指标

（1）通货膨胀的含义

通货膨胀指的是物价总水平在一段时间内持续、普遍上涨的经济现象，这一现象会直接导致货币的购买力下降。简单来说，就是同样多的钱，能买到的东西变少了。

例如，2022年全球范围内能源价格大幅上涨，很多国家的汽油价格一路飙升，居民的取暖费用也大幅增加，这些生活成本的攀升都属于通货膨胀的范畴。

通货膨胀具有以下核心特征：

①全面性：它不是指单一商品价格的上涨，而是大多数商品和服务的价格出现同步上涨的情况。比如不能因为只是猪肉价格上涨就说发生了通货膨胀，而是当粮食、蔬菜、日用品、服务等多种商品价格一起上涨时，才可能是通货膨胀。

②持续性：通货膨胀不是短期的价格波动，而是价格连续数月甚至数年呈现上涨的趋势。像节日期间蔬菜价格暂时上涨，节日过后又恢复正常，这种短期波动就不属于通货膨胀。

（2）通货膨胀的度量指标

在衡量通货膨胀时，常用的度量指标主要有以下几个，它们从不同角度反映物价的变动情况：

①消费者价格指数（CPI）

这是衡量通货膨胀最常用的核心指标，它选取一篮子与居民生活密切相关的商品和服务，如食品、衣着、住房、交通、医疗、教育等，通过计算这些商品和服务价格的平均变动幅度，来反映居民生活成本的变化。

在我国的CPI构成中，食品类占比约30%，所以像猪肉、蔬菜等食品价格的波动对CPI影响较大。比如在猪肉价格大幅上涨的年份，CPI往往会出现明显上升；而当食品价格稳定时，CPI的涨幅也会相对平缓。由于CPI直接关系到居民的日常生活开支，因此它是政府制定民生政策、调整社会保障标准的重要参考依据。

②生产者价格指数（PPI）

该指数主要衡量工业企业生产的产品出厂价格的变动情况，涵盖了原材料、中间产品和最终产品等多个生产环节的价格。PPI可以看作是通货膨胀的“前沿信号”，因为生产者面临的成本变化会通过产业链逐步传导到消费者端。

例如，2021年全球芯片短缺，导致电子设备、汽车等行业的生产受阻，相关工业产品的出厂价格上涨，使得PPI大幅飙升。这种价格上涨经过一段时间后，会反映在消费者购买的电子产品、汽车等商品价格上，最终让消费者感受到物价的上涨。所以，PPI 的变动往往会领先于 CPI，能为预测消费端物价变化提供参考。

③国内生产总值平减指数（GDP 平减指数）

它是按当年价格计算的国内生产总值与按不变价格计算的国内生产总值的比率，反映了一个国家或地区在一定时期内所有最终产品和服务价格的总体变动情况。

与 CPI 和 PPI 相比，GDP 平减指数涵盖的范围更广，不仅包括居民消费的商品和服务，还包括投资品、政府购买的商品和服务等，能更全面地反映整体经济的物价水平变动。但由于其计算涉及整个国民经济的核算，数据公布相对滞后，所以在日常分析中，其使用频率不如 CPI 和 PPI 高。

这些指标各有侧重，结合起来使用，能更全面、准确地判断通货膨胀的程度和趋势。

实践操作 7-1

以小组为单位，找一找历史上有哪些经典的通货膨胀时期，达到了怎样的程度，并分析原因。

2. 通货膨胀的成因

通货膨胀的发生并非单一因素作用的结果，而是由多种经济因素共同推动形成的。从实际经济运行来看，主要成因可以归纳为以下几个方面：

（1）需求过剩引发物价上涨

当社会总需求超过社会总供给的能力时，就会像“供不应求”的市场一样，推动物价整体上涨。这种需求过剩可能来自多个领域：

居民消费需求的集中释放是常见原因之一。比如，在经济快速增长期，居民收入水平大幅提高，消费信心增强，人们更愿意花钱购买家电、汽车、房产等商品，甚至增加旅游、餐饮等服务消费。当大量居民同时扩大消费，而企业的生产能力在短期内无法快速提升时，商品和服务的供给就会跟不上需求，商家会趁机提高价格。2021 年全球疫情缓解后，很多国家的居民压抑已久的消费需求爆发，从服装到电子产品，各类商品都出现了抢购潮，直接导致价格上涨。

企业投资需求的扩张也会拉动通胀。如果企业对未来市场前景看好，会加大投资力度，比如扩建厂房、购买设备、招聘更多员工。这不仅会增加对原材料、机器设备等生产要素的需求，推高这些要素的价格，还会因为员工工资上涨间接带动消费需求，形成“投资—消费”双轮驱动的需求过剩。例如，某地区的新能源产业迎来政策利好，大量企业涌入该领域投资建厂，导致当地钢材、电缆等建材价格上涨，同时工人工资也水涨船高，进而带动周边餐饮、租房等价格上升。

政府支出的增加同样可能引发需求过剩。政府为了刺激经济增长，可能会加大基础设施建设投入，如修建公路、铁路、机场等，或者增加社会福利支出，如发放补贴、提高养老金标准。这些支出会直接或间接增加市场上的货币流通量，带动相关行业的需求增长。如果政府支出规模过大，超过了经济的承载能力，就会形成过度需求，推动物价上涨。

（2）生产成本上升倒逼价格提高

企业的生产成本是决定商品价格的重要基础，当生产成本大幅上升，而企业又无法通过提高效率消化成本时，就会将成本压力转嫁到消费者身上，导致物价上涨。

原材料价格的暴涨是成本推动通胀的常见导火索。原材料是生产的“源头”，如果石油、煤炭、金属、粮食等基础原材料价格大幅上涨，会沿着产业链层层传导。比如，2022年俄乌冲突导致全球天然气价格飙升，欧洲的化工企业因为能源成本过高而减产甚至停产，化肥、塑料等化工产品供应减少，价格上涨；化肥价格上涨又会增加农业种植成本，导致粮食、蔬菜等农产品价格上升，最终影响到居民的日常生活消费。

劳动力成本的上升也是重要因素。当劳动力市场紧张，企业招工难度加大时，不得不提高工资来吸引工人。如果工资上涨速度超过了劳动生产率的提高速度，企业的单位产品成本就会增加。例如，近年来我国部分制造业地区出现“用工荒”，企业为了留住工人，每年都要提高工资，一些劳动密集型企业如纺织厂、电子组装厂，不得不将增加的工资成本计入产品价格，导致产品售价上涨。更严重的是，工资上涨会形成“工资—物价螺旋”：工资上涨推高物价，物价上涨又促使工人要求更高的工资，形成恶性循环。

其他生产要素成本的增加也会推高物价。比如，土地租金上涨会增加房地产开发成本，导致房价或商铺租金上升；物流成本上升（如燃油价格上涨、过路费增加）会提高商品的运输成本，使得终端销售价格上涨。在电商发达的今天，物流成本在商品价格中的占比越来越高，一旦物流成本上升，消费者网购的商品价格也会随之上涨。

（3）外部价格波动传导至国内

在全球化背景下，一个国家的物价水平很容易受到国际市场价格波动的影响，形成输入型通货膨胀。

国际大宗商品价格上涨是最直接的输入渠道。很多国家，尤其是资源依赖进口的国家，对国际市场上的石油、铁矿石、大豆等大宗商品需求量大。如果这些商品的国际价格上涨，进口成本就会大幅增加，进而传导到国内相关产业。例如，我国是全球最大的铁矿石进口国，当国际铁矿石价格上涨时，钢铁企业的原材料成本增加，钢材价格随之上涨，而钢材是建筑、汽车、机械等众多行业的基础材料，其价格上涨会带动一系列下游产品价格上升。

汇率变动也会加剧输入型通胀。如果本国货币贬值，那么进口商品的成本就会增加。比如，美元是国际大宗商品贸易的主要结算货币，如果人民币对美元贬值，我国进口石油、粮食等商品时，需要支付更多的人民币，这部分成本会反映在国内商品价格上。2022年，由于美联储加息导致美元走强，很多新兴市场国家的货币对美元大幅贬值，使得这些国家的进口成本激增，土耳其、阿根廷等国因此出现了高达70%的通胀率。

国际资本流动也可能间接推动国内通胀。当国际资本大量流入一个国家时，会增加该国的货币供应量，刺激投资和消费需求，进而推高物价。例如，一些新兴市场国家因为经济增长前景好，吸引了大量国际热钱流入股市、楼市，导致资产价格上涨，而资产价格上涨又会通过财富效应带动消费需求，引发商品价格上涨。

（4）经济结构失衡导致局部价格上涨扩散

经济结构的不合理也会引发通货膨胀，这种通胀往往先出现在某个部门或行业，然后逐渐扩散到整个经济体系。

不同产业之间的发展不平衡是结构型通胀的重要原因。在经济发展过程中，新兴产业和高技术产业通常发展速度快，对劳动力、资金等资源的需求旺盛，这些产业的工资水平和产品价格会率先上涨。而传统产业虽然发展较慢，但为了留住资源，不得不被动提高工资和价格。比如，近年来我国互联网、金融科技等新兴行业发展迅速，这些行业的员工收入远高于传统制造业，导致制造业企业不得不提高工资来吸引工人，而制造业工资上涨又会推高产品价格，形成结构性通胀。

城乡之间、区域之间的发展差距也可能引发结构性通胀。城市地区经济发达，就业机会多，居民收入高，消费需求旺盛，物价水平通常高于农村地区。如果农村地区的劳动力大量向城市转移，农村的生产能力下降，而城市的需求持续增加，就会导致农产品等农村输出的商品价格上涨。同时，城市的高物价会通过人口流动、商品流通等渠道向农村扩散，带动农村物价上涨。例如，某省的农民工大量涌入省会城市打工，农村的蔬菜种植面积减少，而城市对蔬菜的需求增加，导致蔬菜价格上涨，这种上涨很快传导到农村市场。

政策调整引发的结构变化也可能导致通胀。政府的产业政策、监管政策等调整，可能会改变某些行业的供求关系，引发局部价格上涨。如我国实施“双减”政策后，学科类培训机构大幅减少，而素质类培训需求激增，导致素质培训价格大幅上涨，这种局部价格上涨虽然范围有限，但也是结构型通胀的一种表现。

总之，通货膨胀的成因复杂多样，实际经济中往往是多种因素共同作用的结果。只有准确识别不同成因，才能制定有效的政策措施来应对通胀，维护经济的稳定运行。

案例探析 7-2

通胀三位数，危机边缘的阿根廷

2023年4月，阿根廷2 000比索纸币上市流通。5月26日，一名阿根廷华人向潮新闻记者表示，“2 000比索可在超市买到3瓶1.5升装的可乐。不过，本月初纸币最大面额只有1 000比索。”

阿根廷国家统计与人口普查研究所5月12日发布报告说，阿根廷4月通胀率为8.4%，过去12个月累计通胀率达108.8%。阿根廷央行4月发布的市场预期调查报告显示，2023年该国通胀率将达110%。阿根廷希望通过纸币面额翻倍，缓解携带大量现金带来的不便。

阿根廷与三位数通胀的对抗愈演愈烈。本国丰富的锂矿资源，或成为危机边缘阿根廷的“救命稻草”，期望中国投资方来增加产业附加值。

购物要掏手机算账 2000比索实际约合4美元

在阿根廷生活23年的黄汉钦，是基尔梅斯市华人超市商会会长。他注意到一个日常细节，“顾客在超市购物时，先到货架看价格，再掏出手机算一算总价”。

“他们或许担心结算时超出预算，再因此退东西会尴尬。”5月25日，黄汉钦向潮新闻记者表示，阿根廷通货膨胀高企，民众日常消费受到深刻影响，“上周300比索能买到1公斤甜椒，但这周得花600比索，超市物价每天都在上调。”

随着阿根廷货币不断贬值，货币面值与购买力之间形成强烈反差。黄汉钦听到顾客调侃，“每天需要带很多纸钞，感觉钱包已经装不下了”。

阿根廷政府正在缓解高通胀给比索现金流通带来的不便。据新华社报道，阿根廷央行5月22日宣布，2 000比索（1美元约合234比索）面额纸币即日起开始流通。

根据5月24日官方汇率，2 000比索约合8.5美元，但民间兑换则刚超过4美元。潮新闻记者向多家阿根廷社区超市了解到，2 000比索可购买5个番茄、6根胡萝卜，或4包500克白糖等。

比索放在口袋里等于贬值 涨工资远远跟不上涨物价

多名受访者向潮新闻记者表示，“本国货币比索放在口袋里等于贬值，索性花完。”在通货膨胀常态下，不少阿根廷人更愿意把工资用于囤积牛奶、面包等生活必需品，以此应对购买力持续下降。

刘翔宇告诉潮新闻记者，以他经营的社区超市为例，客单价平均4 000比索，相当于他店里雇员的一天工资，“很多人收到工资，会在当天全部用于买生活用品，就怕第二天东西涨价。”

“我们这里中产月薪约30万比索，劳务派遣类工作月薪12万比索左右。”刘翔宇生活在布宜诺斯艾利斯，他向潮新闻记者介绍，日常生活费开支每3个月涨20%～30%，尽管工资有所上涨，但收入远远跟不上物价上涨。

在持续上涨的房租、人工成本及汇率变化等多种因素综合影响下，超市华人老板们普遍认为生意越来越难做，零售商品本身利润不高，但经营成本在不断提升。比如，超市房租半年签一次合同，每半年涨30%。

近年来，一些华人经营的社区超市寻求转让，店主转行。“我所在的基尔梅斯市，2020年11月正常营业的华人社区超市有186家，截至2023年5月26日，不到三年时间减少22家。”黄汉钦的工作簿上记录了这样一组数据。他告诉潮新闻记者，转让一家200多平方米的超市店面，三年前能卖20多万美元，现在挂牌价只有四五万元，成交价也在受超市营业额、民众信心影响。

资料来源：吴越. 通胀三位数，危机边缘的阿根廷：和中国一起挖矿能否脱困？[EB/OL]. [2023-05-30]. https://www.peopleapp.com/rmharticle/30005397959.

思考讨论：

请分析阿根廷的通货膨胀是什么原因造成的。

3.通货膨胀的影响

（1）居民生活方面

①购买力下降

当物价上涨的速度超过工资增长的速度时，居民的实际收入就会缩水，货币的购买力下降。比如2022年巴西的CPI达到了10%，对于低收入群体来说，他们的食品支出占总支出的比例超过了40%，物价上涨使得他们在食品上的花费大幅增加，生活压力急剧增大。

②消费选择改变

在通货膨胀时期，居民为了应对物价的持续上涨，往往会倾向于购买耐用品，如冰箱、洗衣机等，因为这些商品可以使用较长时间，相当于用现在的价格锁定了未来一段时间的使用价值，从而替代了一部分日常消费，形成“替代效应”。

（2）企业经营方面

①成本压力

原材料价格上涨会直接增加企业的生产成本，挤压企业的利润空间。对于中小企业来说，它们的抗风险能力相对较弱，在成本压力下，可能会面临生存危机。比如，一些制造企业，原材料成本占总成本的比例较高，原材料价格大幅上涨后，企业可能会出现亏损。

②定价困境

企业在面对成本上涨时，面临着两难的选择。如果提高产品价格，可能会导致客户流失，影响产品的销量；如果不提高价格，企业又会因为成本过高而亏损，陷入“两难境地”。

（3）宏观经济方面

①经济过热

需求拉上型通货膨胀往往伴随着 GDP 的高速增长，因为需求旺盛会刺激企业扩大生产。但这种高速增长是不可持续的，当需求超过了经济的实际供给能力后，可能会引发一系列问题，如资源过度消耗、产能过剩等。

②滞胀风险

成本推动型通货膨胀可能会与经济增长停滞同时存在，形成“滞胀”局面。比如 20 世纪 70 年代美国的“滞胀危机”，当时美国既面临着物价大幅上涨的通货膨胀问题，又面临着经济增长停滞、失业率上升的困境，给经济发展带来了严重的影响。

4.通货膨胀的治理

（1）紧缩性货币政策

①提高利率

提高利率可以增加企业和个人的融资成本，抑制投资和消费需求，从而减少市场上的货币流通量，缓解通货膨胀压力。2022 年美联储为了应对国内的高通货膨胀，连续 7 次加息，将基准利率从 0 提升至 4.5%，通过抑制投资与消费需求，来达到控制物价的目的。

②控制货币供应

中央银行可以通过“窗口指导”等方式，限制银行的信贷规模，防止过多的资金流入市场，特别是一些容易引发泡沫的领域，如房地产市场。中国就曾通过这种方式，控制资金过度流入房地产，以避免房地产市场过热带动整体物价上涨。

（2）财政政策

①减少支出

政府可以削减基建投资、减少政府补贴等，降低社会的总需求，从而缓解通货膨胀。比如减少对一些行业的补贴，可能会导致这些行业的产品价格在短期内有所上涨，但从长远来看，可以减少市场上的货币流通量，抑制总需求。

②增加税收

通过开征奢侈品税、碳税等，增加高消费群体和高污染企业的负担，抑制过度消费和高耗能生产，从而降低总需求，缓解通货膨胀压力。

（3）供给管理

①优化产业结构

通过推动产业结构的优化升级，提高经济的供给能力，以应对需求的增长。中国推动“专精特新”中小企业发展，就是为了提升在关键领域的供给能力，减少对外部供给的依赖，从而缓解由供给不足引发的通货膨胀。

②技术创新

技术创新可以提高生产效率，降低生产成本，抵消一些成本上涨带来的压力。德国通过“工业 4.0”战略，利用先进的信息技术和自动化技术改造传统工业，提高了生产效率，在一定程度上抵消了劳动力成本上升对物价的推动作用。

（三）通货紧缩

1.通货紧缩的含义与特征

（1）含义

通货紧缩是指物价总水平持续下降、货币供给量减少，并且伴随着经济衰退的经济现象。和通货膨胀正好相反，在通货紧缩时期，货币会“越存越值钱”，但经济的活力却在逐渐丧失。

比如 2020年新冠疫情初期，全球范围内的经济活动受到严重影响，需求大幅萎缩，导致原油价格一度跌到负值，这就是非常明显的通缩信号。因为大家对原油的需求急剧下降，而原油的供给又相对充足，供应商为了把原油卖出去，甚至出现了倒贴钱的情况。

（2）特征

①物价持续下降

消费者价格指数（CPI）连续 6个月以上出现负增长。就像 2009 年的日本，CPI 同比下降 1.4%，各种商品的价格都在持续走低，居民在购物时会明显感觉到东西越来越便宜。

②货币供给收缩

广义货币（M2）的增速低于经济增长率。不过需要注意的是，这并不意味着只要 M2 增速低于 GDP 增速就是通货紧缩，还要结合其他指标综合判断。例如，2015年中国 M2 增速为 13.3%，GDP 增速为 6.9%，虽然 M2 增速高于 GDP 增速，但当时并没有出现通货紧缩的情况。

③经济衰退伴随

通货紧缩往往会和 GDP 增速放缓、失业率上升同时存在，形成“价格下跌—收入减少—需求萎缩”的恶性循环。企业因为产品价格下降，利润减少，会裁员降薪，居民收入随之减少，进而减少消费，导致产品更难卖出，价格进一步下跌，经济陷入衰退的泥潭。

2.通货紧缩的成因

（1）有效需求不足

当居民的消费意愿下降，企业的投资也出现萎缩时，会导致社会总需求低于总供给，从而引发通货紧缩。

2020年新冠疫情的爆发，让全球的旅游、餐饮等行业遭受了沉重打击。很多人因为疫情不敢出门旅游，也很少去餐厅吃饭，这些行业的需求骤降。企业为了生存下去，不得不通过降价促销的方式来吸引顾客，比如旅游公司推出大幅折扣的旅游套餐，餐厅推出各种优惠活动，这就使得相关商品和服务的价格下降，进而带动整体物价水平走低。

（2）产能过剩

当生产能力超过了市场的需求，出现供过于求的情况时，企业为了清理库存，会被迫降低产品价格，从而引发通货紧缩。

21 世纪 10 年代，中国钢铁行业出现了严重的产能过剩问题，产能利用率不足 70%。

市场上的钢材数量远远超过了实际需求，钢铁企业之间为了争夺客户，纷纷降价销售钢材，导致钢材价格持续低迷。而钢材作为重要的工业原材料，其价格下降会影响到相关产业链的产品价格，对整体物价水平产生下拉作用。

（3）货币政策过紧

中央银行如果过度控制货币供应，会导致市场上的流动性不足，企业和居民很难获得资金，进而抑制消费和投资，引发通货紧缩。

1997年亚洲金融危机后，韩国经济受到了较大的冲击。当时韩国央行为了稳定货币汇率等原因，维持了高利率政策。这使得企业的融资成本非常高，很多企业因为贷不到款或者贷款成本太高而难以扩大生产，甚至面临破产的风险。居民也因为高利率而减少消费和投资，整个经济收缩的态势加剧，出现了通货紧缩的情况。

（4）技术进步冲击

随着技术的不断进步，一些新技术会替代传统产业，导致部分领域的产品价格下降，进而对整体物价水平产生影响。

例如，数字技术的发展大大降低了出版成本，使得纸质书的价格持续下降。因为电子书可以通过网络传播，不需要印刷、运输等环节，成本远低于纸质书。在电子书的冲击下，纸质书为了竞争，不得不降低价格。虽然电子书市场蓬勃发展，但纸质书价格的下降还是在一定程度上拉低了相关领域的物价水平。

案例探析 7-2

1933年美国大萧条

1933年3月4日，正是美国大萧条最严重的时刻，罗斯福临危受命，成为美国第32任总统。一位朋友对他说，如果成功，你将成为美国最伟大的总统，名垂千古；如果失败，你就是美国历史上最糟糕的总统。罗斯福回答他，如果我失败，我就是美国的末代总统了。

美国大萧条时期被认为是典型的通货紧缩时期。数据显示，此前一年美国CPI同比增速为-9.9%，GDP增速为-12.9%。近百年来，经济学界对美国大萧条时期的研究已浩如烟海，对通缩的研究也始于此。

20世纪末，易纲和他在北京大学的同事对1998年中国宏观经济形势作了一个综合性的分析，并提出若干建议。研究中，他们感到有必要对美国大萧条的原因及美国应对通缩的原因进行专题研究。“中国目前应对通缩压力，不仅要采取必要的扩张性政策，更要注意加快和深化改革。”易纲撰文称。

一般认为，通货紧缩是一段时期内价格总水平的普遍持续下降。从表面上看，通货紧缩可以提升货币购买力，但从长期来看，通货紧缩会抑制投资与消费，并通过多种渠道综合作用于经济，导致失业率升高及经济衰退，甚至发生经济危机。历史上，通货紧缩出现的频率相对通货膨胀较低，但却与通货膨胀一样极具破坏力。因此，通货紧缩也是政府部门及学术界关注的焦点。

资料来源：杨志锦．通缩往事［EB/OL］．［2023-04-21］．https：//www.21jingji.com/article/20230421/herald/8dd068ee37d7ba33287c9f7e063df3ab.html.

思考讨论：

请查找1933年美国大萧条时期通货紧缩的具体表现，并分析成因。

3.通货紧缩的影响

（1）居民生活方面

①债务负担加重

在通货紧缩时期，居民的工资可能会下降，但债务本金却保持不变，这就使得实际还款压力上升。例如，2020年澳大利亚家庭负债率达到了120%，在通货紧缩的影响下，一些家庭的收入减少，而房贷等债务的还款金额并没有变化，这让他们的还款难度大大增加。

②消费延迟

居民预期物价会继续下降，会倾向于推迟购车、购房等大额消费。例如，有人本来打算买一辆车，但觉得过一段时间车价可能会更便宜，就会暂时不买；还有人在买房时也会持观望态度，等待房价进一步下跌，这会导致汽车、房地产等行业的需求减少，进一步加剧通货紧缩。

（2）企业经营方面

①利润缩水

在通货紧缩环境下，产品价格下降，但企业的一些成本，如厂房租金、设备折旧等却具有刚性，不会随着价格下降而减少，这就使得企业的盈利空间被压缩，甚至出现亏损。

②投资意愿下降

因为通货紧缩会导致企业利润减少，前景不明朗，企业更倾向于持有现金，而不是扩大生产规模或者进行新的投资。比如一家制造企业，在产品价格持续下降的情况下，担心投资新的生产线后会面临更大的亏损，就会选择把资金存起来，而不是进行投资。

（3）宏观经济方面

①失业率上升

企业为了降低成本，会采取裁员降薪的措施，这会导致失业率上升。2009年全球金融危机期间，很多企业因为经营困难而裁员，美国的失业率突破了10%，大量劳动者失去工作，生活陷入困境。

②财政压力增大

通货紧缩会导致企业利润减少，居民收入下降，政府的税收也会随之减少。同时，由于失业率上升，政府需要增加福利支出，如失业救济等。税收减少和福利支出增加并存，会让政府的债务风险上升。

4.通货紧缩的治理

（1）扩张性货币政策

①降息降准

降低利率可以减少企业和居民的融资成本，刺激消费和投资；降低存款准备金率可以增加商业银行的可贷资金，提高货币供应量。2020年，欧洲央行为了应对通货紧缩的压力，将存款便利利率降至-0.5%，这意味着商业银行把钱存到央行还要支付利息，以此鼓励银行把资金贷出去，增加市场流动性。

②量化宽松

中央银行通过在市场上购买国债等有价证券，向市场注入大量流动性，维持货币供给的增速。日本央行长期以来一直实施量化宽松政策，通过购买国债等方式，增加市场上的货币量，试图缓解通货紧缩的状况。

（2）扩大内需

①消费刺激

政府可以通过发放消费券、提高个人所得税起征点等方式，增加居民的可支配收入，提升居民的购买力，刺激消费需求。中国在一些时期就曾发放消费券，鼓励居民在餐饮、旅游等领域消费，有效拉动了相关行业的发展。

②投资拉动

政府加大基础设施建设投资，不仅可以直接增加对相关产品和服务的需求，还能创造大量的就业岗位，增加居民收入，进而刺激消费。中国提出的“新基建”战略，加大了对5G、人工智能、数据中心等领域的投资，在拉动经济增长、缓解通货紧缩压力方面发挥了积极作用。

（3）产业升级

①技术改造

通过对传统产业进行技术改造，提高生产的智能化、自动化水平，可以降低单位产品的成本，增强企业的竞争力，抵消通货紧缩的压力。德国推动的“工业4.0”战略，就是利用先进的信息技术和自动化技术改造传统工业，提高了生产效率，降低了生产成本，使得德国企业在面临通货紧缩压力时仍能保持一定的盈利空间。

②新兴产业培育

例如，发展半导体、生物医药等高附加值产业，可以创造新的经济增长点，提升经济的韧性，减少对传统产业的依赖，从而缓解通货紧缩的影响。韩国大力发展半导体、生物医药等产业，这些产业具有较高的技术含量和附加值，对经济增长的拉动作用明显，有助于抵御通货紧缩的冲击。

任务三　货币政策

一、货币政策及其目标

（一）货币政策的含义与特点

1. 货币政策的含义

货币政策是中央银行为了实现宏观经济目标，通过调节货币供应量、利率等一系列工具，对经济活动进行间接调控的政策体系。它就像经济的“调节阀”，通过控制资金的“水量”（货币供应量）与“流速”（资金周转速度），来影响整体经济的运行方向。

2020年新冠疫情期间，中国经济受到较大冲击，很多企业面临资金短缺的困境。此时，中国央行迅速采取行动，降低存款准备金率，让商业银行有更多的资金可以放贷；同时推出专项再贷款，定向支持受疫情影响较大的行业和企业。这些政策向市场注入了大量的流动性，为企业复工复产提供了有力的资金支持，这就是货币政策在应对特殊经济形势时发挥作用的典型案例。

一般而言，货币政策具有三个核心功能：

拓展阅读 7-1

货币政策精准有力　金融服务实体经济质效提升

总量调控：通过调节货币供应的多少来影响经济的冷热状态。当经济处于下行阶段时，增加货币供给，企业和个人更容易获得资金，从而刺激投资和消费，拉动经济增长；而当经济过热，出现通货膨胀迹象时，就收紧流动性，减少货币供应，抑制过度的投资和消费，以控制物价上涨。

结构引导：通过实施差别化的政策，引导资金流向特定的领域。例如，中国对小微企业贷款实施优惠的准备金率，商业银行向小微企业放贷时，需要缴纳的准备金更少，这就激励商业银行更愿意把资金贷给小微企业，从而引导资金流向实体经济中最需要支持的部分。

预期管理：通过与市场进行政策沟通，稳定市场参与者的信心。比如，央行官员会通过发表讲话、发布宏观经济报告等方式，向市场传递未来的政策走向，让公众对经济形势和政策有合理的预期，避免出现盲目投资或恐慌性抛售等行为。

2. 货币政策的特点

（1）宏观性

货币政策面向的是整体经济，而不是单个市场或企业。2022 年，全球范围内出现了较高的通货膨胀，美联储采取加息政策，其目的是通过提高美元的利率，抑制全球范围内的过度需求，从而缓解通胀压力，而不是针对某一个具体的行业。

（2）间接性

货币政策并不是通过直接的行政命令来干预经济，而是通过调整利率、存款准备金率等工具，影响市场主体的经济行为，进而实现对经济的调控。例如，中国通过中期借贷便利（MLF）利率的调整，来引导贷款市场报价利率（LPR）下行。商业银行在确定贷款利率时，会参考 LPR，LPR 下降，企业和个人的贷款成本也会随之降低，从而刺激贷款需求。

（3）长期性

货币政策的效果需要经过一系列的传导链条才能显现出来，存在一定的时滞，通常为 6 ~ 12 个月。2015 年中国实施了降低存款准备金率和利率的“双降”政策，这一政策对经济的影响并不是立刻显现的，到 2016 年，其对房地产市场的刺激作用才逐步体现出来，楼市出现了一定程度的回暖。

（4）动态调整

货币政策会根据经济形势的变化进行实时优化，体现“相机抉择”的原则。2023 年，欧洲央行面临着通货膨胀和债务风险的双重压力，为了在两者之间找到平衡，灵活调整了政策节奏，既没有一味地加息抑制通胀，也没有放松对债务风险的关注。

（二）货币政策的目标

1. 货币政策的最终目标

（1）最终目标

最终目标是货币政策希望实现的长期经济状态，通常包括以下四大核心目标：

①稳定物价

将消费者价格指数（CPI）的涨幅控制在一个合理的区间内。中国设定“3% 左右”的通胀目标，就是为了避免物价出现大幅波动。如果物价上涨过快，会导致居民生活成本上升，货币购买力下降；而物价持续下跌，则可能引发通货紧缩，影响企业的生产和投资。

②充分就业

保持失业率在自然失业率水平附近。美国联邦储备系统将“最大就业”列为双重目标之一，通过实施相应的货币政策，促进劳动力市场的均衡。充分就业意味着有劳动能力且愿意就业的人都能找到工作，这不仅能提高居民的收入水平，还能促进经济的稳定增长。

③经济增长

推动国内生产总值（GDP）实现稳定增长。中国提出“稳中求进”的工作总基调，通过货币政策为经济增长提供适度的流动性。合理的经济增长速度是国家经济实力提升、人民生活水平改善的重要保障。

④际收支平衡

维持外汇储备在一个合理的规模，避免汇率出现大幅波动。中国通过外汇干预和资本项目管理等方式，保持人民币汇率在合理均衡水平上的基本稳定。国际收支平衡有助于维护国家的金融稳定，促进国际贸易和投资的发展。

（2）目标冲突与权衡

①菲利普斯曲线悖论

在短期内，通货膨胀与失业率之间存在一定的替代关系，即降低失业率可能会导致通胀上升，而抑制通胀可能会使失业率上升，但从长期来看，两者并没有必然的联系。2020年，美国为了保障就业，实施了超宽松的货币政策，虽然在一定程度上稳定了就业，但也引发了较高的通货膨胀，后来不得不通过激进加息来抑制需求。

②三元悖论

资本自由流动、固定汇率制度和货币政策独立性这三个目标难以同时实现，最多只能实现其中的两个。中国选择了“货币政策独立性+资本管制”的组合，通过中间汇率制度，在保持货币政策能够自主调整以适应国内经济形势的同时，对资本流动进行一定的管理，维持了经济的稳定。

知识链接 7-2　我国的货币政策最终目标

《中华人民共和国中国人民银行法》第三条规定：“我国货币政策的最终目标是保持货币币值的稳定，并以此促进经济增长。”

这里的“币值稳定”包括对内（物价）和对外（汇率）双重稳定。

资料来源：根据中国人民银行官网资料整理。

2.货币政策的中介目标

中介目标是连接货币政策工具与最终目标的桥梁，它需要满足可测性、可控性和相关性的原则。

（1）常见的中介目标类型

①利率

作为资金的价格信号，利率的高低直接影响企业的投资决策和居民的消费决策。

2022年，美联储通过加息，将联邦基金利率提升至4.5%，目的是提高企业和个人的融资成本，抑制过度的投资和消费需求，从而缓解通货膨胀压力。

②货币供应量

反映了市场流动性的总量，是传统中介目标的核心。中国会将广义货币供应量（M2）的增速与GDP增速相匹配作为政策参考，确保资金供给能够与经济增长的需求相适应。如果M2增速过快，可能会导致通货膨胀；而增速过慢，则可能无法满足经济增长对资金的需求。

③汇率

汇率的变动会影响一个国家进出口商品的竞争力和资本流动，对于开放经济体来说，汇率是重要的中介目标之一。2023年，日本央行为了应对日元贬值的问题，通过买入日元、卖出外汇的方式进行干预，以维持汇率的稳定，避免因日元过度贬值导致输入型通货膨胀加剧。

（2）中介目标的演变趋势

①从数量型向价格型转型

发达国家更多地采用利率走廊机制来调控利率，中国也在推进贷款市场报价利率（LPR）改革，逐步构建以市场利率为锚的利率传导体系，让利率能够更灵活地反映市场供求关系。

②结构性指标兴起

普惠金融定向降准、绿色信贷占比等结构性指标成为新的关注点。例如，中国对符合条件的绿色贷款给予较低的风险权重，这会激励商业银行增加对绿色产业的贷款投放，引导资金流向低碳领域，促进经济的绿色转型。

例如，2023年，美联储在应对通货膨胀和维护金融稳定之间进行权衡，采取了“跳过加息”（Skip）策略，暂停加息，同时通过缩减资产负债表（缩表，QT）来回收流动性，试图实现经济的“软着陆”。这一政策调整反映出中介目标已经从单一的利率向多维度的工具组合转变，既避免了过度加息对经济造成的抑制，又防止了通货膨胀失控，体现了货币政策在复杂经济形势下的灵活性和针对性。

3.货币政策的操作目标

操作目标是中央银行在短期内能够直接影响和控制的经济变量，其变动会直接影响中介目标的实现。例如，中央银行通过公开市场操作调节银行体系的准备金规模，而准备金规模的变化会进一步影响货币供应量（中介目标），最终作用于稳定物价、促进经济增长等最终目标。

（1）选择标准

①可测性

操作目标必须能够被准确、及时地测量。中央银行需要通过可靠的统计数据掌握其变动情况，以便制定和调整政策。例如，银行体系的准备金余额可以通过中央银行的账户记录精确统计，满足可测性要求。

②可控性

中央银行能够通过货币政策工具对操作目标进行有效的控制。如果一个指标难以被中央银行调控，就不适合作为操作目标。比如，基础货币由中央银行直接创造和控制，可控性较强。

③相关性

操作目标与中介目标之间必须存在密切的、稳定的联系。操作目标的变动能够显著影响中介目标的变动，从而间接实现最终目标。例如，基础货币的变动会通过货币乘数效应影响货币供应量，二者相关性较强。

（2）主要的操作目标

①基础货币

基础货币是货币供应量的基础，具有“乘数效应”—— 基础货币的变动会通过商业银行的信贷活动成倍地影响货币供应量。

中央银行主要通过公开市场操作和再贴现政策调控基础货币。例如，中央银行在公开市场买入国债，会向商业银行支付资金，增加商业银行的准备金，从而扩大基础货币规模；反之，卖出国债会减少基础货币。

2020年新冠疫情期间，美国联邦储备委员会通过大规模购买国债和抵押贷款支持证券，向市场注入大量基础货币。截至2020年底，美联储的资产负债表规模较年初扩张了约2.8万亿美元，基础货币的大幅增加为后续货币供应量的增长提供了支撑，助力美国经济应对疫情冲击。

②短期利率

短期利率是指期限在一年以内的金融资产的利率，是中央银行调控市场流动性的重要操作目标。常见的短期利率包括银行间同业拆借利率（如中国的SHIBOR、美国的联邦基金利率）和中央银行的政策利率（如中国的逆回购利率、欧洲央行的主要再融资利率）。

中央银行通过调整政策利率引导短期市场利率走势。例如，中央银行降低逆回购利率，会促使银行间同业拆借利率下降，降低金融机构的融资成本，进而增加市场流动性；反之，提高政策利率会推高短期市场利率，收紧流动性。

美国联邦基金利率是美联储的核心操作目标，代表商业银行之间隔夜拆借的利率。2022年，为抑制高通胀，美联储连续7次加息，将联邦基金利率目标区间从0～0.25%上调至4.25%～4.5%。通过对这一短期利率的调控，美联储有效引导了市场整体利率水平上升，抑制了过度的投资和消费需求。

③准备金规模

准备金规模是指商业银行存放在中央银行的准备金总额，包括法定准备金和超额准备金。法定准备金是商业银行必须按规定比例缴存的资金，超额准备金是商业银行自愿多存的资金，用于应对支付需求。准备金规模直接反映了银行体系的流动性状况，其变动会影响商业银行的信贷能力。

中央银行通过调整法定存款准备金率改变法定准备金规模，进而影响商业银行的可贷资金。例如，降低法定存款准备金率会减少商业银行的法定准备金，增加超额准备金，提升银行的放贷能力；反之，提高法定存款准备金率会压缩银行的可贷资金。

2023年，中国人民银行两次下调法定存款准备金率，累计释放长期资金约1万亿元。这一操作直接增加了商业银行的超额准备金，增强了银行对实体经济的信贷支持能力，特别是对小微企业和民营企业的贷款投放，助力经济回升向好。

（3）操作目标与中介目标的关系

操作目标与中介目标是货币政策传导链条中的两个关键环节，二者既相互区别又紧密联系。操作目标是中央银行“看得见、摸得着”的变量，能够被直接调控；中介目标则是操作目标影响的对象，需要通过操作目标的变动来实现。

例如，中央银行通过调控银行间同业拆借利率（操作目标），影响市场利率水平，进而改变货币供应量（中介目标），最终实现稳定物价等最终目标。操作目标的选择需要与中介目标相匹配，确保二者之间的传导路径畅通。

二、货币政策工具

货币政策工具是中央银行实现货币政策目标的重要手段，根据调控范围和作用方式的不同，可分为一般性货币政策工具、选择性货币政策工具和其他补充性工具。

（一）一般性货币政策工具

一般性货币政策工具是中央银行调控货币供给总量的“三大法宝”，它们通过影响基础货币或货币乘数，对整体经济进行宏观调控，作用范围广泛且影响深远。

1. 法定存款准备金率

（1）含义与作用

法定存款准备金率是指商业银行吸收存款后，必须按照一定比例将部分资金存放在中央银行的比率。这部分资金是商业银行不能用于放贷的，相当于中央银行给商业银行设置的“风险准备金”。

例如，若法定存款准备金率为10%，当银行吸收100元存款时，就需要将10元存入中央银行，剩余的90元才能用于发放贷款。中央银行通过调整这一比率，能够直接改变货币乘数的大小。当提高法定存款准备金率时，商业银行可用于放贷的资金减少，货币乘数缩小，市场流动性收缩；当降低法定存款准备金率时，商业银行可贷资金增加，货币乘数扩大，市场流动性扩张。

（2）传导逻辑

降低法定存款准备金率后，商业银行可用于贷款的资金增加，企业更容易获得贷款，而且融资成本也会下降。企业获得资金后，会扩大投资规模，同时居民的消费也会因为资金的充裕而扩张，进而带动经济升温；反之，提高法定存款准备金率，会产生相反的效果，抑制经济过热。

2. 再贴现率

（1）含义与作用

再贴现率是指商业银行将持有的未到期票据向中央银行申请贴现时所支付的利率。中央银行通过调整再贴现率，能够影响商业银行的融资成本。

当中央银行降低再贴现率时，商业银行向中央银行贴现票据的成本降低，这会鼓励商业银行更多地从中央银行借款，从而有更多的资金用于向企业发放贷款，扩大信贷规模；反之，当提高再贴现率时，商业银行的融资成本增加，会减少向中央银行借款，信贷规模也会相应收缩。

（2）特点

①信号作用强。再贴现率的调整往往被市场视为中央银行货币政策转向的重要标志。例如，当中央银行提高再贴现率时，市场会认为中央银行可能要采取紧缩性的货币政策，从而调整自己的投资和消费行为。

②被动性。再贴现率政策的效果在很大程度上依赖于商业银行的响应。因为商业银行可以自主选择是否向中央银行申请再贴现，所以即使中央银行降低了再贴现率，如果商业银行认为市场风险较大，也可能不会增加借款和放贷。

3. 公开市场操作

（1）含义与作用

公开市场操作是指中央银行在金融市场上公开买卖国债、外汇等有价证券，以此来调节基础货币供给的操作。

当中央银行买入国债等资产时，会向市场投放资金，增加基础货币的供给；当卖出国债等资产时，则会从市场收回资金，减少基础货币的供给。通过这种方式，中央银行能够灵活地调节市场流动性。

（2）特点

①精准调控。中央银行可以根据市场的具体情况，灵活选择公开市场操作的规模、期限和资产类型。例如，当市场需要短期流动性支持时，可以进行短期逆回购操作；当需要长期调整流动性时，可以买卖长期国债。

②日常化。由于公开市场操作具有灵活、精准的特点，它已经成为发达国家中央银行最常用的货币政策工具。中央银行可以通过频繁的公开市场操作，及时对市场流动性进行微调，保持经济的稳定运行。

（二）选择性货币政策工具

选择性货币政策工具是针对特定领域或市场而制定的，通过实施差别化的政策，引导资金流向，实现经济结构的优化。

1. 消费者信用控制

消费者信用控制是指中央银行通过调整消费信贷的条件，如首付比例、利率、还款期限等，来抑制或刺激居民消费的政策工具。

例如，当中央银行提高汽车贷款的首付比例时，居民购买汽车需要支付更多的首付款，这会在一定程度上降低居民的购车意愿，减少汽车消费信贷的规模，降低过度借贷的风险。

2. 证券市场信用控制

（1）含义与作用

动画微课7-1

货币政策对证券市场的影响

证券市场信用控制是指中央银行通过调整证券保证金比例、融资融券规则等，来抑制或鼓励证券市场交易，特别是抑制股市过度投机的政策工具。

例如，当中央银行提高股票交易的保证金比例时，投资者需要投入更多的自有资金才能进行股票交易，这会降低股票交易的杠杆水平，减少过度投机的行为。

（2）特点

①时效性强。证券市场信用控制工具通常用于应对证券市场的异常波动。当市场出

现过度投机或恐慌性下跌时，中央银行能够迅速采取措施，稳定市场秩序。

②政策透明度要求高。证券市场信用控制政策需要明确具体的规则和实施方式，避免市场参与者产生误判。只有政策透明，才能让市场参与者清楚地了解中央银行的意图，更好地配合政策的实施。

3. 不动产信用控制

不动产信用控制是针对房地产市场的信贷调控工具，包括调整房贷利率、首付比例、贷款期限等。提高房贷门槛，如提高首付比例或房贷利率，会增加居民的购房成本。居民的购房意愿会因此降低，特别是投机性购房需求会受到抑制。购房需求的减少会导致房价的涨幅放缓，避免房地产市场出现过快上涨和泡沫。

例如，中央银行限制房地产开发商的贷款规模，能够减少流入房地产开发领域的资金，抑制土地投机和房地产过度开发，防止房地产市场出现泡沫。

知识链接 7-3　　货币政策工具的现实应用

一、法定存款准备金率

2020年新冠疫情期间，中国经济面临较大的下行压力，众多小微企业因资金短缺而经营困难。为了支持小微企业融资，缓解企业的资金压力，中国央行三次降低法定存款准备金率，累计释放长期资金约1.75万亿元。这些资金使得商业银行有更多的钱可以贷给小微企业，帮助它们渡过难关，维持正常的生产经营。

2022年，全球通货膨胀压力较大，美联储为了抑制通胀，开启了加息周期，同时也提高了法定存款准备金率，从0上升至4.5%。这一举措使得商业银行存放在中央银行的资金增加，可用于放贷的资金减少，市场流动性得到回收，在一定程度上抑制了过度的需求，缓解了通胀压力。

二、再贴现率

在日本的“量化宽松”政策中，日本中央银行长期将再贴现率维持在接近0的水平。这使得商业银行向中央银行借款的成本极低，从而激励银行增加对实体经济的信贷投放，为企业提供充足的资金支持，促进经济的发展。

2018年印度遭遇流动性危机，资本大量外流，卢比汇率面临较大的贬值压力。为了抑制资本外流，稳定卢比汇率，印度中央银行提高再贴现率至6.25%。这一举措增加了商业银行的融资成本，减少了市场上的货币供应量，在一定程度上缓解了资本外流的压力，稳定了卢比汇率。

三、公开市场操作

2023年春节前，市场对资金的需求较为旺盛，为了维持春节前流动性的合理充裕，中国央行通过7天期逆回购操作向市场投放资金。逆回购是公开市场操作的一种形式，即中央银行向一级交易商购买有价证券，并约定在未来特定日期将有价证券卖给一级交易商，这一操作能够在短期内为市场注入流动性。

2022年起，美联储为了应对高通胀，实施了“缩表”（量化紧缩，QT）政策。其主要方式是允许到期的债券不进行续作，即当中央银行持有的债券到期时，不重新购买新的债券，这样就会使中央银行的资产负债表规模逐步减少，从而回收市场上的美元流动性，抑制通货膨胀。

四、消费者信用控制

中国坚持“房住不炒”的政策定位，为了抑制房地产泡沫，2021年起对房贷实施“三道红线”政策，限制开发商的负债率。这一政策提高了房地产企业的融资门槛，减少了流入房地产市场的资金，在一定程度上抑制了房地产市场的过度投机，促进了房地产市场的平稳健康发展。

美国《多德-弗兰克法案》对高风险消费贷款，如发薪日贷款，设置了利率上限。发薪日贷款通常利率极高，容易让借款人陷入债务陷阱。设置利率上限能够保护消费者的权益，防止消费者受到过高利息的剥削。

五、证券市场信用控制

2015年中国股市出现异常波动，股价大幅下跌。为了遏制市场的非理性下跌，中国采取了暂停融资融券业务、限制股指期货交易等措施。这些措施减少了股市的投机性交易，在一定程度上稳定了股票市场。

韩国实施“资本利得税”改革，对短期股票交易征收较高的税率，而对长期股票交易征收较低的税率。这一政策鼓励投资者进行长期投资，减少短期投机行为，有利于稳定资本市场，促进资本市场的健康发展。

六、不动产信用控制

新加坡实施“组屋政策”，通过差别化的房贷利率，如对首次购房的中低收入群体给予利率优惠，保障了中低收入群体的住房需求。这一政策在一定程度上缓解了住房供需矛盾，促进了社会的公平与稳定。

2018年加拿大出台房贷新规，要求贷款人在申请房贷时必须通过“压力测试”，即模拟在利率上升一定幅度的情况下，贷款人仍有能力偿还贷款。这一政策提高了购房者的贷款门槛，防范了因利率上升导致的房贷违约风险，保障了房地产市场和金融系统的稳定。

七、利率政策

中国进行LPR改革，2019年推出贷款市场报价利率（LPR），形成了“MLF利率→LPR→贷款利率”的传导机制。LPR由商业银行根据市场供求情况和自身资金成本报价形成，更能反映市场的真实资金成本。这一改革提升了货币政策的传导效率，使得中央银行的政策意图能够更有效地传递到实体经济。

自2014年起，欧洲中央银行将存款便利利率降至-0.1%，实行负利率政策。这意味着商业银行将资金存放在中央银行不仅没有利息收入，还要支付一定的费用。这一政策的目的是鼓励商业银行将资金贷出去，而不是持有现金，以增加市场流动性，刺激经济增长。

八、窗口指导

中国实施“普惠金融定向降准”政策，对符合条件的、在普惠金融领域贷款达到一定比例的商业银行，给予优惠的存款准备金率。这一政策激励商业银行增加对小微企业、“三农”等领域的贷款投放，服务实体经济，缓解了小微企业融资难、融资贵的问题。

日本中央银行曾实施“总量控制”政策，直接设定各商业银行的年度信贷增长目标，要求银行将资金投向重点领域，如中小企业和新兴产业。这一政策确保了资金能够按照中央银行的意图流向需要支持的领域，促进了经济的发展。

资料来源：作者根据相关资料整理。

（三）其他补充性工具

补充性工具是对一般性和选择性货币政策工具的补充，它们通过非传统的手段强化货币政策的效果，常与主要工具配合使用。

1. 利率政策

利率政策是指中央银行通过调整基准利率，如存贷款基准利率、贷款市场报价利率（LPR）等，来影响市场利率水平，进而调节企业投资和居民消费的政策工具。

例如，中央银行降低贷款利率，企业的融资成本会下降，这会刺激企业扩大生产规模，增加投资；同时，居民的消费信贷成本也会降低，可能会增加对汽车、家电等大宗商品的消费。

利率政策具有市场化程度高、覆盖面广的特点。LPR由商业银行自主报价形成，充分反映了市场的资金供求关系，具有较高的市场化程度。利率政策几乎影响所有金融产品的定价基准，无论是企业的贷款、居民的存款，还是债券、股票等金融资产的价格，都会受到利率变动的影响。

2. 窗口指导

窗口指导是指中央银行通过与商业银行进行非正式的沟通，如召开会议、发布文件等方式，引导商业银行调整信贷投向和信贷规模的政策工具。

例如，中央银行要求商业银行增加对小微企业、绿色产业等领域的贷款，引导资金流向这些重点和薄弱领域，促进经济结构的优化。

窗口指导具有灵活性和针对性特点。窗口指导不需要经过复杂的法律程序，可以根据经济形势的变化快速调整指导方向和内容。例如，当某一行业出现突发的资金短缺时，中央银行可以迅速通过窗口指导，引导商业银行增加对该行业的贷款支持。此外，窗口指导能够精准地解决特定领域的融资难题。它可以根据不同领域的特点和需求，制定差异化的指导政策，确保资金能够流向最需要的地方。

总之，理解货币政策工具的运作逻辑，是把握宏观经济政策、预测市场走势的关键基础，也是未来从事金融、经济管理工作的必备素养。只有熟练掌握各类货币政策工具的特点和应用，才能更好地分析和应对经济形势的变化。

教学互动 7-3

根据时事新闻进行判断，我国现阶段执行的是什么样的货币政策？常用哪些货币政策工具？

三、货币政策效果

货币政策效果并不是由中央银行单方面决定的，而是多种因素相互博弈的结果，就像厨师烹饪需要考虑火候、食材、调料等多种变量一样。

（一）经济周期与结构

在经济下行阶段，企业的投资意愿通常较为低迷，即使采取降息等宽松货币政策，也可能难以有效刺激企业的信贷需求。2023年欧洲央行加息后，企业贷款需求指数下降至-12.3（50为荣枯线），这表明在经济下行压力下，货币政策的效果受到一定限制。

经济结构中存在的问题也会影响货币政策效果。中国房地产市场调整导致居民部门杠杆率下降，在这种情况下，货币政策需要通过“保交楼”专项借款等措施来稳定市场预期，才能更好地发挥作用。

2023年日本央行坚持实施YCC政策（收益率曲线控制），但由于日本人口老龄化导致内需不足，货币政策效果有限，通胀率仅为3.1%，仍低于2%的目标。这表明经济结构中的深层次问题会制约货币政策的效果。

（二）金融市场发育程度

银行体系主导型（如德国）：在以银行体系为主导的金融市场中，信贷渠道是货币政策传导的重要途径，因此货币政策需要通过窗口指导等方式来强化传导效果，确保资金能够流向实体经济。

资本市场主导型（如美国）：在以资本市场为主导的金融市场中，利率和资产价格渠道的传导更为有效，货币政策需要关注股市、债市等资本市场的联动情况，以更好地实现政策目标。

2023年美国直接融资占比达到82%，而中国为31%，这表明中国仍然需要发展多层次资本市场，以提升货币政策的传导效率和效果。

（三）政策可信度与预期管理

前瞻指引有效性：中央银行通过提供前瞻指引，向市场明确未来的政策路径，能够增强市场的确定性，减少政策波动带来的影响。2023年美联储通过“点阵图”显示未来的利率路径，增强了市场的确定性，提高了货币政策的效果。

历史政策信誉：如果中央银行曾经多次未兑现承诺，例如未能实现设定的通胀目标，市场可能会产生“狼来了”的效应，对中央银行的政策失去信任，从而削弱货币政策的效果。

例如，2022年土耳其央行在总统的要求下多次降息，尽管当时该国面临较高的通货膨胀压力，这种违背经济规律的政策导致里拉贬值超过80%，货币政策的公信力丧失，最终引发了经济危机。

（四）外部冲击与全球化因素

跨境资本流动：在全球化背景下，跨境资本流动对货币政策效果的影响较大。2023年美联储激进加息导致新兴市场资本外流，印度的外汇储备下降超过1 000亿美元，这影响了印度货币政策的独立性和效果。

大宗商品价格：国际大宗商品价格的波动也会对货币政策产生影响。2022年俄乌冲突推高了国际能源价格，欧洲央行在抑制通货膨胀和支持经济增长之间面临两难选择，不得不谨慎调整货币政策。

外部冲击会引发输入型通货膨胀，为了抑制通胀，中央银行需要收紧货币政策，但这可能会抑制国内需求，从而形成两难局面，影响货币政策效果的发挥。

实践操作 7-2

通过网络查找各国货币政策执行情况，并选取其中一段进行评析，是否达到其预期目标。

【金融微课堂】

世界经济史上曾出现过几次典型的恶性通货膨胀。例如，1923年德国通货膨胀率为每月2 500%，1937年能买2头黄牛的100元法币到了1948年8月只能买到0.002416两大米；2007年津巴布韦年通货膨胀率高达10 000%以上。

请查询相关资料了解以上内容的详细历史信息，并尝试解读我国中央银行的货币政策变化情况。

项目小结

1. 货币需求是指在一定时期内，社会各经济主体在既定的经济条件下，为满足生产经营、日常生活、履行职能等各类经济活动的需要，愿意且能够持有的货币数量。

2. 货币供给是指在一国经济体中，一定时期内货币供给主体提供的货币总量。基础货币又称高能货币，是中央银行发行的债务凭证，包括流通中的现金和商业银行的准备金。货币乘数反映了基础货币通过银行系统的存贷活动，能够创造出多少倍的货币供应量，这个倍数就是货币乘数。

3. 货币均衡指的是货币供给与货币需求在动态变化过程中，保持基本平衡的状态。货币均衡并不是货币供给和货币需求绝对相等，而是它们会围绕一个合理的区间上下波动，在波动中保持相对平衡。通货膨胀、通货紧缩是货币失衡的两种典型表现。

4. 货币政策是中央银行为了实现宏观经济目标，通过调节货币供应量、利率等一系列工具，对经济活动进行间接调控的政策体系。我国货币政策的最终目标是保持货币币值的稳定，并以此促进经济增长。

关键概念

货币需求　货币供给　基础货币　货币均衡　货币政策　法定存款准备金

项目训练

一、单项选择题

1.货币需求是指在一定时期内，社会各经济主体在既定的经济条件下，为了满足各类经济活动的需要（　　）的货币数量。

A.愿意持有　　B.能够持有　　C.理想　　D.愿意切能够持有

2.基础货币的创造主体是（　　）。

A.中央银行　　B.商业银行

C.社会公众　　D.国家金融监督管理总局

3.下列不属于货币政策工具的是（　　）。

A.法定存款准备金　　B.再贴现率　　C.基础货币

D.公开市场操作　　E.消费者信用控制　　F.窗口指导

4.下列货币政策操作中，引起货币供应量增加的是（　　）。

A.提高法定存款准备金率　　B.提高再贴现率

C.提高房地产贷款首付率　　D.中央银行买入证券

二、多项选择题

1.基础货币包括（　　）。

A.银行库存现金　　B.公众手中现金　　C.法定存款准备金　　D.超额准备金

2.影响货币需求的因素有（　　）。

A.物价水平　　B.收入水平　　C.利率水平

D.货币流通速度　　E.心理预期　　F.信用发达程度

3.下列属于货币供给的主体的是（　　）。

A.社会公众　　B.中央银行

C.商业银行　　D.国家金融监督管理总局

4.下列各项中，可用来度量通货膨胀的指数有（　　）。

A.消费者价格指数（CPI）

B.生产者价格指数（PPI）

C.国内生产总值（GDP）

D.国内生产总值平减指数（GDP平减指数）

三、简答题

1.请分析通货膨胀对个人和经济的影响。

2.简要说明提高或者降低法定存款准备金，对货币供应量会产生什么影响。

四、实践应用题

某国2023年基础货币投入量为6 000亿美元，次年上升为6 500亿美元，该国为促进经济发展，制定相应政策，提出将原法定存款准备金由20%降为15%。假设该国商业银行超额准备金率为5%，现金漏损率为5%，试计算该国2024年货币供应量的变化量。（公式：货币供应量M=基础货币/（法定存款准备金率+超额存款准备金率+现金漏损率））

项目八 国际金融

学习目标

1.知识目标

掌握国际收支、国际储备等基本含义，了解国际收支平衡及其对经济的影响；了解在金融全球化背景下，国际金融领域的基本理论与基本做法。

2.能力目标

具备初步看懂国际收支平衡表、简单分析国际收支平衡表的能力，具备简要分析国际金融资本流动对我国经济影响的能力。

3.素质目标

能够独立分析一国国际收支平衡表，判断资本流动对一国经济的影响。

思维导图

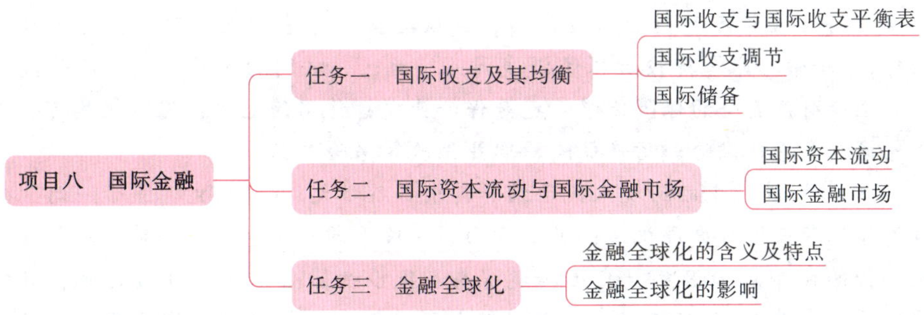

案例导入

筑牢"一带一路"建设的金融支撑

作为"一带一路"建设的重要支撑，我国金融业为"一带一路"融通商机，"一带一路"也为我国金融业开放和国际合作提供了新的机遇。

全方位的金融服务需求持续增长。"一带一路"建设需要全方位的金融服务，涉及投融资、证券和保险等金融领域各类业务。

在"一带一路"建设中，基础设施领域的投融资需求缺口巨大。"一带一路"沿线的多数国家经济发展水平相对落后，基础设施建设中存在的巨大资金缺口，成为制约这些国家经济发展的主要因素之一。它们的基础设施建设资金大都来自本国财政，但因其中不少国家政府财力不足，无法满足其在基础设施建设方面的支出。根据亚洲基础设施投资银行的《2019 亚洲基础设施融资报告》，亚洲大部分地区仍然具有大量的基础设施投资机会，基础设施融资仍主要由银行贷款驱动。此外，亚洲开发银行估计，亚洲地区的基础设施融资缺口约为每年 4 590 亿美元。

"一带一路"沿线国家的贸易融资需求不断扩大。由于地理位置和经济发展阶段的不同，"一带一路"沿线国家和地区在能源、资源以及产业结构上具有很大的合作空间。沿线贸易往来频繁，贸易领域不断扩展，贸易需求不断扩大，对于贸易融资的需求也会随之扩大。根据相关资料测算，未来 10 年，中国与"一带一路"沿线国家的年均贸易增长率将为 20%～30%，贸易融资需求将持续增大。

企业走向"一带一路"迫切需要保险服务。在"一带一路"建设的项目投资中，基础设施建设项目本身具有投资规模大、投资周期长、收益见效慢的特点。外部投资环境的风险性以及项目本身具有的风险性，决定了基础设施投资项目对保险服务的迫切需求。工程保险、责任保险、货物运输保险、船舶保险、能源保险、海外投资保险、信用保险、重装备保险等各类型的保险产品，在风险集中的基础设施项目投资中都大有可为。此外，"一带一路"建设加强了沿线国家（地区）之间的人员往来，而跨境人员对于自身的生命财产安全的保障需求，也是保险业发挥作用的地方，保险机构可为跨境人员提供包括人身意外保险、财产保险、职业保险等保险产品。

"一带一路"建设中的跨境人民币结算需求日益增大。一方面，"一带一路"建设给人民币国际化带来了历史性机遇；另一方面，人民币国际化也为"一带一路"建设创造了切实可行的条件。2018 年，我国跨境贸易人民币结算业务达 5.11 万亿元，直接投资人民币结算业务为 2.66 万亿元。其中，以人民币进行结算的跨境货物贸易、服务贸易及其他经常项目、对外直接投资、外商直接投资分别为 3.66 万亿元、1.45 万亿元、8 048.1 亿元、1.86 万亿元。随着"一带一路"建设的深入推进，跨境人民币结算需求快速增长，人民币在"一带一路"沿线国家的跨境使用规模逐步扩大。同时，人民币在跨境直接投资结算中的规模呈现更加明显的增长态势。亚洲基础设施投资银行、丝路基金以及各投资主体，在重点支持"一带一路"基础设施建设的同时，也会带动直接投资对人民币结算的需求。

结合当前形势，金融合作更要适应行业布局，充分发挥金融服务功能。例如，在新兴优势产业，可以通过商业银行发行债券等方式，将社会资本纳入“一带一路”建设的项目中。以金融合作助推重点投资行业的红利转化为短期可见的投资收益，激发各方投资意愿，实现多双边的长久合作机制。

资料来源：彭俞超，李俊成．筑牢“一带一路”建设的金融支撑［EB/OL］．［2019-04-24］．http：//www.china.com.cn/opinion/think/2019-04/24/content_74715563.htm. 有删减。

思考讨论：

在当今的国际交往中，“金融”扮演着怎样的角色？

任务一　国际收支及其均衡

一、国际收支与国际收支平衡表

国际收支平衡是货币政策的重要目标之一，反映了一国对外经济交往的理想状况，是一国的外部平衡目标。

（一）国际收支

各国之间由于发展的需要而发生经济往来，由此而产生的债权债务需到期结算，这必然产生货币收支。国际收支反映的正是一个国家（地区）在一定时期内对外货币收支的综合状况，它是一定时期内一国居民与非居民间的所有交易的系统记录。国际收支反映了一个国家（地区）对外经济交往活动和交往的结果。

国际货币基金组织在《国际收支手册》中对国际收支所下的定义和说明是：“国际收支是一种统计报表，它系统地记载了在特定时期内一个经济实体与世界其他地方的经济实体的各项经济交易。”这里所说的“经济实体”是指一个国家（地区）。当今世界上有些地区虽然不是一个独立的国家，但也能单独与其他国家进行经济交往。国际收支的内涵十分丰富，应从以下几个方面加以把握：

第一，国际收支是指在一定时期内（通常为一年）某一个经济实体与世界其他经济实体的各项经济交易的总和或系统记录。

第二，国际收支所记载的各项经济交易大部分是在居民与非居民之间进行的。这里之所以说大部分，是由于国际收支统计中也包括了一些居民部门之间可转让的金融负债的交换，以及程度更低的非居民之间可转让的国际金融负债的交换。

第三，国际收支记录的是各项经济交易，根据经济价值转移的方向和内容可分为五类：①商品和劳务的买卖；②物物交换；③金融资产与金融资产的交换；④无偿的、单方面的商品和劳务的转移；⑤无偿的、单方面的金融资产的转移。

第四，国际收支是一个流量概念而不是存量概念。

国际货币基金组织对国际收支所下的定义和说明，概括了一个经济实体对外经济活动的全部内容，较为符合世界各国（地区）国际收支的实际情况。目前，世界各国都按照这一定义的内容统计本国或本地区的国际收支。

知识链接 8-1　辨别居民与非居民

按照国际货币基金组织的说明，居民是指在某个国家（地区）居住期限达一年以上者，否则即为非居民。居民和非居民都包括个人、企业、非营利团体和政府四类。一国的外交使节和驻外军事人员等，即使在外国居住达一年以上，仍属派出国的居民、驻在国的非居民。一个公司的国外子公司是其经营所在国的居民、其母公司所在国的非居民。国际性机构如联合国、世界银行、国际货币基金组织等，对于任何国家来说都是非居民。

《中华人民共和国外汇管理条例》中所称“非居民”是指除居民以外的自然人、法人。所称“非居民个人”是指外国自然人（包括无国籍人）、港澳台同胞和持中华人民共和国护照但已取得境外永久居留权的中国自然人。

居民和非居民是在国际经济交往中约定俗成的一对有特定含义的概念。作此界定的主要意义在于正确并且口径统一地反映各国的国际收支情况。根据这一界定，只有发生在居民和非居民之间的经济交易才是国际经济交易。例如，中国银行伦敦分行是英国的居民，中国的非居民；伦敦分行与中国银行总行的业务往来因而构成中国和英国的国际收支内容。相反，中国银行总行与在华的各外国公司之间的资金往来，只构成中国的国内收支。居民与非居民也是外汇管制法规中区别外汇持有者身份的基本分类。一般而言，由于居民的外汇收支涉及居住国的国际收支问题，管汇当局对之管制较严；反之，由于非居民的外汇收支与居住国的国际收支无涉，管汇当局对之管制较松。

（二）国际收支平衡表

居民与非居民在一定时期内所进行的一切经济交易必须以一定的形式加以综合反映。国际收支平衡表（见表8-1）正是系统地记录一国（地区）某一时期（例如一季、半年或一年）的所有国际收支具体项目以及内容的统计报表。

根据国际货币基金组织出版的《国际收支和国际投资头寸手册》（第六版），国际收支平衡表是特定时期内的一种统计报表，它反映了：①一国与他国之间的商品、劳务和收益等的交易行为；②该国所持有的货币、黄金、特别提款权的变化以及与他国债权、债务关系的变化；③凡不需偿还的单方转移的项目和相对应的科目，会计上必须用来平衡的尚未抵消的交易，以及不易抵消的交易。

虽然各国根据自身需要，其国际收支平衡表内容不尽相同，但都包括以下三部分内容：经常账户、资本和金融账户、净误差与遗漏账户。

1.经常账户

经常账户包括商品和劳务的所有交易，它是国际收支平衡表中最重要的项目，包括货物、服务、初次收入和二次收入四个子项目。

（1）货物。该账户是经常账户的最基本内容，也是收支规模最大的账户。它包括一般商品、用于加工的货物、货物的修缮、各种运输工具（如飞机、船舶等）、在港口采购的货物和非货币黄金。

表 8-1 国际收支平衡表简表

<table>
<tr><th>项　目</th><th>贷方（+）</th><th>借方（-）</th></tr>
<tr><td>一、经常账户</td><td rowspan="6">经常账户收入</td><td rowspan="6">经常账户支出</td></tr>
<tr><td>1.货物和服务</td></tr>
<tr><td>（1）货物</td></tr>
<tr><td>（2）服务</td></tr>
<tr><td>2.初次收入</td></tr>
<tr><td>3.二次收入</td></tr>
<tr><td>二、资本和金融账户</td><td rowspan="9">资本流入
储备资产减少</td><td rowspan="9">资本流出
储备资产增加</td></tr>
<tr><td>1.资本账户</td></tr>
<tr><td>2.金融账户</td></tr>
<tr><td>（1）非储备性质的金融账户</td></tr>
<tr><td>①直接投资</td></tr>
<tr><td>②证券投资</td></tr>
<tr><td>③金融衍生工具</td></tr>
<tr><td>④其他投资</td></tr>
<tr><td>（2）储备资产</td></tr>
<tr><td>三、净误差与遗漏账户</td><td></td><td></td></tr>
</table>

（2）服务。服务包括运输、旅游、通信、建筑、金融、保险、电子计算机和信息服务，专用权的使用和特许权以及其他商业服务。

（3）初次收入。初次收入账户显示的是居民与非居民机构之间的初次收入流量。在国民账户体系中，收入的初次分配记入两个账户，即收入产生账户（记录在生产过程中产生的初次收入）和初次收入分配账户（记录对提供劳务、金融资产和自然资源的机构单位分配的初次收入）。在国际账户中，所有的初次收入流量皆与初次收入分配账户相关。

初次收入反映的是机构单位因其对生产过程所做的贡献或向其他机构单位提供金融资产和出租自然资源而获得的回报，分为两类：一类是与生产过程相关的收入，如雇员报酬（向生产过程投入劳务的收入）、对产品和生产的税收和补贴等；另一类是与金融资产和其他非生产资产所有权相关的收入，如财产收入（提供金融资产和出租自然资源所得的回报）、投资收益（提供金融资产所得的回报，包括股息和准公司收益提取、再投资收益和利息）。然而，持有金融衍生产品和雇员认股权的所有权不产生投资收益。

（4）二次收入。二次收入账户表示居民与非居民之间的经常转移。各种不同类型的经常转移记入本账户，表明其在经济体间收入分配过程中的作用。转移可以为现金或实物，具体包括个人转移（包括个人汇款、博彩者向赢家和慈善团体支付的经常转移等）、社保缴款、社会福利、非寿险净保费、非寿险索赔、经常性国际合作以及对所得、财富等征收的经常性税款等。

初次收入是指由于提供劳务、金融资产和出租自然资源而获得的回报。二次收入则是通过政府或慈善组织等的经常转移对收入进行的重新分配。

2.资本和金融账户

资本和金融账户是指对资产所有权在各国间的流动行为进行的记录，反映居民和非居民间资本或金融资产的转移，包括资本账户和金融账户两部分。

（1）资本账户。该账户包括资本转移和非生产、非金融资产的收买或出售。资本转移已在经常转移部分进行了说明。非生产、非金融资产的收买或出售，是指各种无形资产（如专利、版权、商标、经销权以及租赁和其他可转让合同）的交易。

（2）金融账户。该账户反映居民与非居民之间的投资与借贷的变化。金融账户按投资功能和类型分为如下五类：

其一，直接投资。直接投资是以投资者寻求在本国以外运行企业获取有效发言权为目的的投资，包括直接投资资产和直接投资负债两部分。相关投资工具可划分为股权和关联企业债务。股权包括股权和投资基金份额，以及再投资收益。关联企业债务包括关联企业间可流通和不可流通的债权和债务。

其二，证券投资。证券投资包括证券投资资产和证券投资负债，相关投资工具可划分为股权和债券。股权包括股权和投资基金份额，记录在证券投资项下的股权和投资基金份额均应可流通（可交易）。股权通常以股份、股票、参股、存托凭证或类似单据作为凭证。投资基金份额是指投资者持有的共同基金等集合投资产品的份额。债券包括可流通的债务工具，是证明其持有人（债权人）有权在未来某个（些）时点向其发行人（债务人）收回本金或收取利息的凭证，包括可转让存单、商业票据、公司债券、有资产担保的证券、货币市场工具以及通常在金融市场上交易的类似工具。

其三，金融衍生工具。金融衍生工具的全称为金融衍生工具和雇员认股权。金融衍生工具是一种金融工具，该金融工具与另一特定的金融工具、指标或商品相联系，可以独立在金融市场上针对特定金融风险（如利率风险、外汇风险、股权和商品价格风险、信用风险等）进行交易。雇员认股权是指向公司雇员提供的一种购买公司股权的期权，通常作为公司对其雇员的一种报酬。

其四，其他投资。其他投资是指除直接投资、证券投资、金融衍生工具和储备资产之外的金融资产/负债，包括其他股权、货币和存款、贷款、保险、养老金和标准化担保计划、贸易信贷和预付款、其他应收/应付款、特别提款权等形式。

其五，储备资产。储备资产是指货币当局可随时动用和有效控制的对外资产，包括货币黄金、特别提款权、在国际货币基金组织的储备头寸等。

需要指出的是，反映在国际收支平衡表上的储备资产是一定时期的变化额，而不是官方持有的余额。它表示经常项目和资本、金融项目的差额。经常账户和资本与金融账户出现顺差，储备资产增加，应记在国际收支平衡表中储备资产账户的借方；反之，经常账户和资本与金融账户出现逆差，储备资产减少，应记在储备资产账户的贷方。

3.净误差与遗漏账户

尽管国际收支账户总体上是平衡的，但在实践中，由于源数据和编制的不理想，会带来不平衡问题，这种不平衡是国际收支数据的一个常见特点，被称为误差与遗漏净额。误差与遗漏净额在公布的数据中应单独列出，而不应毫无区别地将其纳入其他项目。误差与遗漏净额是作为残差项推算的，可按从金融账户推算的净贷款/净借款，减去从经常和资本账户中推算的净贷款/净借款来计算。

动画微课8-1
国际收支及国际收支平衡表

（三）国际收支平衡表分析

国际收支平衡表采用国际上通行的复式簿记法来记录各项经济交易。每笔交易分别在借贷双方同时登记。有借必有贷，借贷必相等。借记资产增加、负债减少、损失的发生，贷记资产减少、负债增加、收入的发生。因此，从会计意义上分析，国际收支平衡表的借方总额与贷方总额总是平衡的。但就每一个具体项目来说，借方和贷方却经常是不相等的，双方互相冲抵后，总会出现一定的差额，如贸易差额、劳务差额、经常账户差额、基本差额（经常账户差额+长期资本差额）、综合收支差额（经常账户差额+资本项目差额，又称官方结算差额）等。所谓国际收支的平衡或不平衡、顺差或逆差，正是针对这些局部差额而言的。对于一定的局部差额来说，如果收入大于支出（贷方大于借方），出现盈余时，称为顺差；如果支出大于收入（借方大于贷方），出现亏损时，称为逆差。

国际收支平衡表出现不平衡时，我们通常会分析产生不平衡的原因，但往往由于交易性质不同，所产生的顺差、逆差的含义也不同。国际收支平衡表中所有的交易都可归结为两类：一类是自主性交易，另一类是调节性交易。自主性交易是指交易当事人自主地为了某项经济动机而进行的交易（如商品输出入、捐赠、长期投资等），这类交易亦称事前交易。一般来说，经常账户的全部和资本项目中的长期资本部分属于自主性交易。调节性交易，亦称事后交易，是指为了弥补自主性交易形成的缺口而进行的交易（如短期资本、储备资产等）。这类交易本身并无任何经济动机，它只是对其他交易活动的一种反映。一般来说，资本项目中的短期资本部分和平衡项目的全部属于调节性交易。

区分这两类交易对国际收支平衡表的分析具有很重要的意义。由于自主性交易是制造缺口的交易，而调节性交易是填补缺口的交易，我们可以得出这样的结论：自主性交易是对国际收支状况的真实反映，而调节性交易则是对国际收支状况的虚假反映。国际收支均衡与否是指自主性交易是否平衡。在国际经济交易中，如果一个国家自主性交易收支相等或基本相等，那么国际收支是平衡的，否则，国际收支就是不平衡的。换言之，通过调节性交易达到的平衡，只是一种形式上的平衡，而不利用调节性交易所达到的平衡才是国际收支的真正平衡。

全面分析国际收支平衡表，对研究一个国家的国际经济状况及其发展趋势具有重要意义。国际收支平衡表的分析可以有多种方法，一般可分为静态分析、动态分析、比较分析和个案分析。

1.静态分析

静态分析实际上是对国际收支平衡表的项目分析。在分析国际收支平衡表时，首先，要分析国际收支总差额及官方储备变动状况，国际收支究竟是顺差还是逆差、顺差和逆差的大小情况；其次，应分析各项局部差额，了解各项局部差额对国际收支总差额的贡献度；再次，应逐项分析各项目，以便掌握各子项目对各局部项目的影响；最后，分析各项局部差额的平衡情况，如贸易差额与劳务，转移收支能否相抵，经常差额与长短期资本流动的关系等。

2.动态分析

动态分析又称纵向分析，是指将一国若干连续时期的国际收支平衡表并列在一起，以发展的眼光来分析国际收支的各个项目及总体的收支及差额的变化，分析其发展是否正常、均衡以及差距所在，从而研究进一步均衡、有效地发展国际经济交往的措施。

3.比较分析

比较分析也称横向分析，即将本国的国际收支平衡表的全部或某些项目与其他国家的国际收支平衡表的全部或相同项目相比较，分析异同所在，以借鉴其他国家的经验，为己所用。

4.个案分析

个案分析是指根据一国的具体国情及该国所处的不同经济发展阶段来分析一国的国际收支。例如，对于一个发展中国家来说，在经济发展初期，国际收支适度逆差是非常合理的。因为发展中国家在经济发展初期始终存在进口大于出口的"外贸缺口"和投资大于储蓄的"投资缺口"。如果要像发达国家一样要求发展中国家保持国际收支顺差或平衡的话，那么发展中国家就可能以牺牲经济发展速度为代价。

教学互动 8-1

分析国际收支平衡表

1.请阅读"中国国际收支平衡表"(见表8-2)，或到国家外汇管理局网站查找最新年度的"中国国际收支平衡表"；

2.以小组为单位分析我国国际收支变化情况。

表8-2 中国国际收支平衡表（概览表） 单位：亿SDR

项目	行次	2019年
1.经常账户	1	1 024
贷方	2	21 033
借方	3	−20 009
1.1　货物和服务	4	1 191
贷方	5	19 140
借方	6	−17 949

续表

项目	行次	2019年
1.1.1 货物	7	3 081
贷方	8	17 371
借方	9	-14 290
1.1.2 服务	10	-1 890
贷方	11	1 769
借方	12	-3 659
1.2 初次收入	13	-241
贷方	14	1 706
借方	15	-1 947
1.3 二次收入	16	74
贷方	17	188
借方	18	-113
2.资本与金融账户	19	409
2.1 资本账户	20	-2
贷方	21	2
借方	22	-4
2.2 金融账户	23	412
资产	24	-1 440
负债	25	1 852
2.2.1 非储备性质的金融账户	26	271
2.2.1.1 直接投资	27	420
资产	28	-707
负债	29	1 127
2.2.1.2 证券投资	30	420
资产	31	-648
负债	32	1 067
2.2.1.3 金融衍生工具	33	-17

续表

项目	行次	2019年
资产	34	10
负债	35	-27
2.2.1.4 其他投资	36	-551
资产	37	-236
负债	38	-315
2.2.2 储备资产	39	141
3.净误差与遗漏账户	40	-1 433

注：

1.本表计数采用四舍五入原则。

2.根据《国际收支和国际投资头寸手册》（第六版）编制，资本和金融账户中包含储备资产。

3.“贷方”按正值列示，“借方”按负值列示，差额等于“贷方”加上“借方”。本表除标注“贷方”和“借方”的项目外，其他项目均指差额。

4.金融账户下，对外金融资产的净增加用负值列示，净减少用正值列示；对外负债的净增加用正值列示，净减少用负值列示。

5.季度累计的SDR计值的国际收支平衡表由单季SDR计值数据累加得到。季度SDR计值的国际收支平衡表数据，由当季以美元计值的国际收支平衡表，通过当季SDR对美元季平均汇率折算得到。

资料来源：根据国家外汇管理局网站资料整理。

二、国际收支调节

国际收支不平衡的现象是经常的、绝对的，而平衡却是偶然的、相对的，因此国际收支的调节是无时无刻不在进行着的。造成国际收支失衡的原因多种多样，一般可概括为周期性、收入性、货币性、结构性不平衡这四种。周期性不平衡是指一国经济周期波动所引起的国际收支失衡。收入性不平衡是指由于国民收入的变化，一国的进出口贸易发生变动，从而造成国际收支的不平衡。货币性不平衡是指由于货币价值的变动而使一国国际收支出现的不平衡。结构性不平衡是指国内经济、产业结构不能适应世界市场的变化而发生的国际收支失衡。

（一）调节原则

国际收支失衡会对一国经济造成不同程度的影响。规模不大、持续时间较短的国际收支失衡对一国经济影响相对较小；但大规模、持续性的失衡则会引起一国经济的强烈震荡。

国际收支的持续顺差会加大本国通货膨胀压力，促使本币汇率上升，影响本国商品出口，加剧国际经济贸易关系的紧张程度。国际收支的持续逆差会促使本币汇率下降，减少本国国际储备，损害本国国际形象，增加国际筹资的难度和成本。

由于持续、巨额的国际收支失衡可能会给当事国造成一系列严重后果，一旦国际收支失衡超过某种限度，当事国就必须考虑进行必要的调节。在选择调节措施时，应注意以下原则：

1.针对性

国际收支失衡的原因是多方面的，既有周期性、收入性因素，又有货币性、结构性因素。因此，根据国际收支失衡的原因，对症下药、采取不同的调节措施十分重要。若国际收支失衡是周期性因素造成的，意味着这种失衡是短期的，因而可以动用本国的国际储备或通过从国外获得短期贷款来弥补；若是货币性失衡，则应考虑通过利率和汇率的调整，调节资金流出入的规模和商品进出口的规模；若是结构性失衡，应加速产业结构调整；如果国际收支的失衡是由于资本大量外逃或进口大量增加所致，则可采取对贸易、金融进行直接管制的措施，通过对商品的输出、输入和资本流动的限制，来恢复国际收支的平衡。

2.匹配性

一国经济要健康、稳步发展，就必须有内外均衡的良好经济环境。内部均衡指的是通货稳定、充分就业、经济增长。外部均衡指的是国际收支均衡。一般来说，一国要同时实现宏观经济四大目标，同时达到内外均衡是十分困难的。因此，必须按其轻重缓急，在不同的时期和经济发展的不同阶段分别做出抉择。在选择国际收支调节方式时，应充分考虑国内平衡，尽可能使其不发生矛盾。而要做到这一点，政策的搭配显得尤为重要。一般地，财政政策主内，货币政策主外。若一国国内经济衰退、国际收支逆差，则应采取松的财政政策和紧的货币政策；若国内经济衰退、国际收支顺差，则应采取“双松”政策；若国内经济繁荣、国际收支顺差，则应采取紧的财政政策和松的货币政策；若国内经济繁荣、国际收支逆差，则应采取“双紧”政策。罗伯特·蒙代尔的这一政策搭配理论，很好地解决了开放宏观经济中国内经济的均衡与国际收支的平衡的矛盾。

3.非他性

各国对本国国际收支失衡的调节自然首先从本国利益出发，各国利益的不同必然使调节国际收支的对策对不同国家产生不同的影响。有利于一国改善国际收支的调节方法，可能损害他国利益，造成他国收支的失衡，从而造成他国的反击措施，并激化两国间的矛盾。例如，一国贸易收支出现逆差时，采取提高关税、限制他国商品进口或降低本国货币汇率的对策，以达到本国贸易收支的平衡，但他国也可照样办理。这样做的后果是：一方面阻碍了国际贸易的发展；另一方面参与的贸易国都将蒙受损失。因此，在选择调节国际收支的方式时，应尽量避免过于损害他国利益的措施，以最大限度地降低来自他国的阻力。

（二）调节机制

国际收支失衡后，有时并不需要政府当局立即采取措施来加以消除。经济体系中存在着某些自动矫正机制，使国际收支自动达到平衡。在不同的货币制度下，其功效不一。

1.国际金本位制度下的国际收支自动调节机制

在国际上普遍实行金本位制的条件下，一个国家的国际收支可通过物价的涨落和黄金的输出输入自动恢复平衡。这一自动调节机制称为“物价-现金流动机制”。它是由古典经济学家大卫·休谟提出的，所以又称“休谟机制”。

“物价-现金流动机制”自动调节国际收支的具体过程如下：一国的国际收支（主

要为贸易收支）如果出现逆差，则迫使本国货币汇率下跌至黄金输出点，黄金外流。黄金外流导致本国银行准备金率降低，从而使货币流通量减少，物价下跌，而物价下跌提高了本国商品在国际市场上的竞争力，削弱了外国商品在本国市场上的竞争力，改善了本国的贸易条件，使本国出口增加，进口减少，于是国际收支渐趋平衡；反之亦然。

2.纸币本位的固定汇率制度下的国际收支自动调节机制

在纸币本位的固定汇率制度下，一国的货币当局通过外汇储备变动干预外汇市场，维持汇率不变。在这种制度下，一国国际收支出现不平衡时，仍有自动调节机制发生作用，但自动调节的过程较为复杂。国际收支失衡后，外汇储备、货币供应量发生变化，进而影响国民收入、物价和利率等变量，使国际收支趋于平衡（如图8-1所示）。

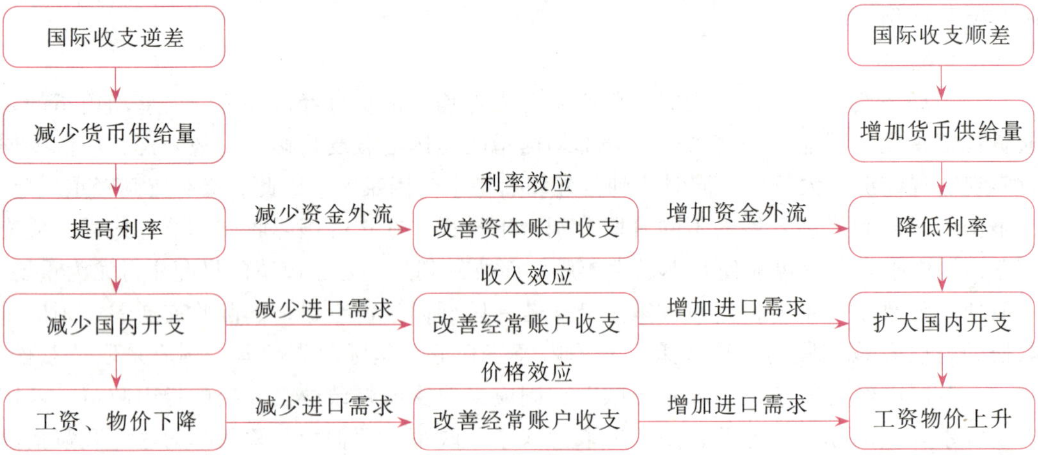

图8-1 固定汇率制度下的自动调节机制

资料来源：孙连铮．国际金融［M］．3版．北京：高等教育出版社，2013.

（1）收入机制。收入机制是指当国际收支逆差时，国民收入水平会下降。国民收入下降引起社会总需求下降，进口需求下降，从而使贸易收支得到改善。国民收入下降不仅能改善贸易收支，也能改善经常账户收支和资本项目收支。国民收入下降会使对外国劳务和金融资产的需求都不同程度地下降，从而使整个国际收支得到改善；反之亦然。

（2）利率机制。当国际收支发生逆差时，本国货币的存量（供应量）相对减少，利率上升；而利率上升，表明本国金融资产的收益率上升，从而对本国金融资产的需求相对上升，对外国金融资产的需求相对减少，资金外流减少或资金内流增加，国际收支改善；反之亦然。

（3）价格机制。当一国国际收支发生逆差时，引起国内信用紧缩、利率上升，投资和消费均趋减少，劳工失业率上升，闲置资源增多，工资率和其他要素价格均将下跌，逆差国以本币表示的价格也将下跌。物价下跌可刺激出口，出口增长的程度取决于国外买主对该国商品价格下降的反应程度，即取决于国外的需求弹性。该国商品价格的下降同样使其商品对本国居民有吸引力，本国居民将从购买进口商品转向购买本国生产的商品。这种转移的程度取决于该国进口需求的弹性。由于出口增加、进口抑制，国际收支逐渐平衡；反之亦然。

3.浮动汇率制度下的国际收支自动调节机制

在浮动汇率制度下，政府一般不对市场进行干预，即不通过储备增减来影响外汇供给需求，而任由市场的外汇供求关系来决定汇率的上升和下降。在这种制度下，如果一国国际收支出现赤字，外汇的需求就会大于外汇的供给，外汇的价格即汇率就会上升。反之，如果一国国际收支盈余，外汇需求就会小于外汇供给，外汇的价格就会下跌。汇率的上升即本币的贬值造成了本国商品相对价格的下降，外国商品相对价格的上升将带来出口数量的增加、进口数量的减少（如图8-2所示）。

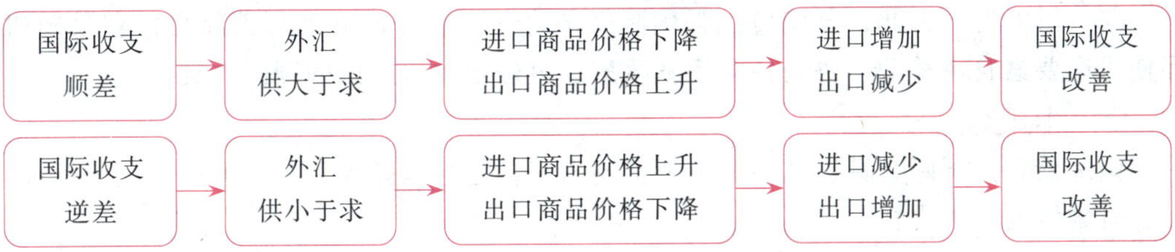

图8-2　浮动汇率制度下的自动调节机制

资料来源：孙连铮. 国际金融［M］. 3版. 北京：高等教育出版社，2013.

（三）调节方法

国际收支自动调节机制的正常运行是以国家对经济生活的不干预为前提的。当今世界的经济形势复杂多变，大多数国家都不同程度地加强了对经济的干预。由于国际收支失衡时，国际收支自动调节机制无法有效地发挥其作用，各国主要还是通过人为调节，使国际收支恢复平衡。国际收支的调节方法主要有三种。

1.运用经济政策

经济政策主要包括财政政策和货币政策。

财政政策主要是通过财政开支的增减和税率的高低来实现的。当一国因进口增加、出口减少而发生逆差时，政府可削减财政开支，或提高税率以增加税收，使社会上通货紧缩，迫使物价下降，从而刺激出口、抑制进口，逐步消灭逆差；反之亦然。

货币政策主要是通过中央银行的三大法宝（存款准备金、再贴现率、公开市场操作）来达到政策实施目标的。当一国国际收支出现逆差时，则可提高再贴现率及银行法定存款准备金率，在公开市场上，卖出国库券，回笼货币，所有这一切都向市场提供了一个紧缩的信号，于是利率上升，社会总需求受到抑制，物价下跌，出口增加，进口减少，资本也大量流入本国，从而使逆差逐渐消除，国际收支恢复平衡；反之亦然。

2.采取直接管制

直接管制是指一国政府以行政命令的办法，直接干预外汇自由买卖和对外贸易的自由输出入。另外，采取差别汇率的办法也可以达到管制外汇的目的。

直接管制的主要措施有：商品输出入管制，如采取进口许可证制、进口配额制、出口许可证制等；资本流动管制，如鼓励长期资本流入、限制资本外流等。

直接管制对平衡一国的国际收支效果较为迅速和显著，不像运用财政政策和货币政策那样，必须通过汇率的变化、价格的变化及对生产活动产生影响方能生效。因此，如果不平衡是局部性的，则直接管制更为有效，不必牵动整个经济的变化；而运用经济政策则不然，不管何种政策都会使整个经济发生变化，可谓“牵一发，动全身”。

但是，一国的外汇、外贸管制，必然要影响到有经济联系的其他国家，以致招来对方的相应报复，最终抵消预期的效果。

3.加强国际经济合作

动画微课 8-2

国际储备

上述各种调节方法是针对一个国家来说的，每个国家为解决逆差问题，可以选择采用各种对策。可是一国的逆差常为他国的顺差，反之亦然。每个国家出于自身利益考虑，采用一定的对策，必然会引起其他国家为保卫自身利益而采取相应的政策。这就可能扰乱国际经济合作的局面，使各国都蒙受损失。为此，各国应加强国际经济合作。合作的开展可消除自由贸易障碍，促使生产要素自由移动，协调各国经济政策，更好地改善一国的国际收支。

三、国际储备

国际储备是国际金融领域中的一个重要内容，它与国际收支、外汇汇率一起构成国际金融领域的三大支柱。

（一）国际储备及其构成

通常所讲的国际储备是狭义的国际储备，是指一国在对外收支发生逆差时，其金融当局能直接利用或通过同其他资产的转换来支持其货币汇率的一切资产。1965 年十国集团《创造性储备资产研究小组的报告》对国际储备定义所做的表述为“一国货币当局所持有的、当国际收支出现赤字时可直接或有保障地通过同其他资产的兑换，用来支持其汇率水平的所有资产”。表 8-3 显示了 2022 年 12 月 31 日国际储备与外币流动性数据。

表 8-3 国际储备与外币流动性数据 2022 年 12 月 31 日

官方储备资产和其他外币资产 official reserve assets and other foreign currency assets	近似市场价值 approximate market value	
	（亿美元） 100 million USD	（亿 SDR） 100 million SDR
a.官方储备资产 official reserve assets	33 065.30	24 845.35
（1）外汇储备（可兑换外币） foreign currency reserves （in convertible foreign currencies）	31 276.91	23 501.56
（a）证券 securities	31 219.19	23 458.18
其中：总部设在报告国但办事处位于国外的发行人 of which: issuer headquartered in reporting country but located abroad		
（b）货币和存款总额，存放于以下机构： total currency and deposits with:	57.72	43.38
（i）其他国家的中央银行、国际清算银行和国际货币基金组织 other national central banks, BIS and IMF	10.62	7.98

续表

官方储备资产和其他外币资产 official reserve assets and other foreign currency assets	近似市场价值 approximate market value	
	（亿美元） 100 million USD	（亿 SDR） 100 million SDR
(ii) 总部设在报告国的银行 banks headquartered in the reporting country	33.36	25.07
其中：办事处位于国外的银行 of which: located abroad	33.36	25.07
(iii) 总部设在报告国以外的银行 banks headquartered outside the reporting country	13.74	10.33
其中：办事处位于报告国的银行 of which: located in the reporting country		
（2）基金组织储备头寸 IMF reserve position	108.39	81.44
（3）特别提款权 SDRs	511.59	384.41
（4）黄金（包括黄金存款和适用情况下的黄金掉期） gold (including gold deposits and, if appropriate, gold swapped)	1 172.35	880.91
以盎司计算的纯金数量（百万盎司） volume in millions of fine troy ounces	64.64	64.64
（5）其他储备资产（请列明） other reserve assets (specify)	-3.95	-2.97
金融衍生产品 financial derivatives	-3.95	-2.97
对非银行非居民单位的贷款 loans to nonbank nonresidents		
其他 other		
b.其他外币资产（请列明） other foreign currency assets (specify)	1 602.21	1 203.90
未列入官方储备资产的证券 securities not included in official reserve assets	1 587.09	1 192.54

续表

官方储备资产和其他外币资产 official reserve assets and other foreign currency assets	近似市场价值 approximate market value	
	（亿美元） 100 million USD	（亿SDR） 100 million SDR
未列入官方储备资产的存款 deposits not included in official reserve assets		
未列入官方储备资产的贷款 loans not included in official reserve assets	15.12	11.36
未列入官方储备资产的金融衍生工具 financial derivatives not included in official reserve assets	0.00	0.00
未列入官方储备资产的黄金 gold not included in official reserve assets		
其他 other		

注：自2016年4月起，除按美元公布国际储备与外币流动性数据模板外，增加以国际货币基金组织特别提款权（SDR）公布的相关数据，折算汇率来源于国际货币基金组织网站，其中2022年12月USD/SDR=0.751403。

资料来源：中国人民银行国际储备与外币流动性数据模板（2022年）[EB/OL]. [2023-01-27]. http：//www.safe.gov.cn/safe/2021/0202/22325.html.

国际储备主要包括货币性黄金、外汇储备、在国际货币基金组织中的储备头寸和特别提款权四种类型。

1.货币性黄金

货币性黄金即一国货币当局作为金融资产持有的黄金。

2.外汇储备

外汇储备是一国货币当局作为金融资产持有的可兑换货币，它是当今国际储备中的主体。我国历年国家外汇储备规模（1950—2021年）见表8-4。

3.在国际货币基金组织中的储备头寸

在国际货币基金组织中的储备头寸，亦即普通提款权。根据国际货币基金组织的规定，会员国的份额决定它从国际货币基金组织获取贷款的限额，贷款分为黄金部分（后改为储备部分）和信贷部分。原黄金部分（会员国向国际货币基金组织缴纳份额中25%的黄金或外汇部分）的贷款是无条件的；信贷部分的贷款共分四档，均为有条件的，档次越高条件越好。当国际货币基金组织持有某会员国本国货币数额小于基金份额的75%时，其借款能力则相应增加，增加的部分称为超黄金部分，这部分的借款也是无条件的。所以，某会员国在国际货币基金组织的净储备头寸等于它的黄金部分贷款加上超黄金部分贷款。也就是说，等于它的份额减去国际货币基金组织持有该会员国本国货币的数额。各会员国都把它们在国际货币基金组织的净储备头寸列为它们的官方储备资产。

表 8-4　我国历年国家外汇储备规模（1950—2021 年）　单位：亿美元

年度	外汇储备	年度	外汇储备	年度	外汇储备
1950	1.57	1974	0.00	1998	1 449.59
1951	0.45	1975	1.83	1999	1 546.75
1952	1.08	1976	5.81	2000	1 655.74
1953	0.90	1977	9.52	2001	2 121.65
1954	0.88	1978	1.67	2002	2 864.07
1955	1.80	1979	8.40	2003	4 032.51
1956	1.17	1980	-12.96	2004	6 099.32
1957	1.23	1981	27.08	2005	8 188.72
1958	0.70	1982	69.86	2006	10 663.44
1959	1.05	1983	89.01	2007	15 282.49
1960	0.46	1984	82.20	2008	19 460.30
1961	0.89	1985	26.44	2009	23 991.52
1962	0.81	1986	20.72	2010	28 473.38
1963	1.19	1987	29.23	2011	31 811.48
1964	1.66	1988	33.72	2012	33 115.89
1965	1.05	1989	55.50	2013	38 213.15
1966	2.11	1990	110.93	2014	38 430.18
1967	2.15	1991	217.12	2015	33 303.62
1968	2.46	1992	194.43	2016	30 105.17
1969	4.83	1993	211.99	2017	31 399.49
1970	0.88	1994	516.20	2018	30 727.12
1971	0.37	1995	735.97	2019	31 079.24
1972	2.36	1996	1 050.29	2020	32 165.22
1973	-0.81	1997	1 398.90	2021	32 501.66

资料来源：根据国家外汇管理局网站相关资料整理。

4.特别提款权（SDRs）

特别提款权是由国际货币基金组织创设的一种记账单位，它是由国际货币基金组织分配给会员国的一种使用资金的权利，是对普通提款权的补充，可与黄金、外汇一起作为国际货币基金组织成员国的国际储备。一国国际储备中的特别提款权部分，是指该国在国际货币基金组织特别提款权账户上的贷方余额。特别提款权与普通提款权有以下区别：

（1）特别提款权是国际货币基金组织根据份额分给会员国的一种资产，会员国可自由支配和使用；普通提款权是国际货币基金组织根据会员国缴纳份额给予提款的权利，最大额度不超过所缴份额的125 %，其信用部分不能自由提取。

（2）使用特别提款权等于行使使用资金的权利，是一种支出，是资产的减少；使用普通提款权等于行使取得信贷的权利，是一种借入，是负债的增加。

（3）使用特别提款权后不用偿还；使用普通提款权通常需在3~5年后偿还。

知识链接 8-2　人民币成为国际储备货币　中国与世界双赢

习近平总书记强调，加强全球治理、推动全球治理体系变革是大势所趋。在2016年的G20杭州峰会上，中国和与会各方达成一系列共识，推动国际秩序朝着更加公正合理的方向发展。作为G20峰会的重要成果，2016年10月1日，人民币正式加入国际货币基金组织特别提款权，也就是SDR货币篮子，成为全球储备货币，这不仅是中国融入与完善世界金融体系的重要一步，更透射出随着国力不断增强，中国在全球治理中的话语权不断提升。

就在人民币加入SDR货币篮子之际，不少国际组织和投资机构已经开始行动，增加人民币资产配置。

国际清算银行亚太代表处首席代表埃里瑞蒙罗纳表示，这是我们喜欢持有的资产，国际清算银行最近几周将在中国市场再次进行更多的投资。

德意志银行的一项调查显示，国际基金经理们打算把对人民币计价债券的投资增加1倍。

人民币获得国际投资者的青睐，并非一日之功。能成为继美元、欧元、英镑、日元之后世界上又一种“硬通货”，依靠的是中国经济的稳步增长和与世界更紧密的对接。2015年中国外贸出口总值为2.28万亿美元，在全球占比上升到近14%。

哈佛商学院教授约翰·奎尔奇认为，人民币在现有的贸易中已不可或缺，而这种重要性在加入SDR后会得到提升，这不仅给中国和全球贸易带来好处，同时也有益于其他国家。

从更广阔的视角看，人民币加入SDR，只是中国深度参与全球经济治理的一个组成部分。近几年来，中国在多个层面推动国际货币基金组织、世界银行等机构的改革，加强新兴经济体和发展中国家的代表性和话语权，同时主动引领和参与创建亚洲基础设施投资银行。人民币加入SDR，就是我国从战略高度出发，在G20框架下运用议题和议程设置的主动权，抓住机遇，顺势而为，推动国际货币体系改革。

国际货币基金组织前副总裁朱民认为，G20峰会上讲的很重要的一点就是希望通过这个来推进国际货币和金融体制的改革。人民币加入SDR，对于帮助全球经济金融的稳定以及下一步推动全球金融治理机制的改革的意义是非常大的。

在G20杭州峰会最终达成的共识中明确提出：一个稳定、有韧性的国际金融架构对于促进强劲发展、可持续发展、平衡增长，以及金融稳定至关重要。此后不到一个月，人民币正式“入篮”，不但是对G20杭州峰会成果的进一步确认，更推动中国深度参与全球治理迈出新的一步。

世界银行东亚与太平洋地区副行长维多利亚·克瓦认为，人民币“入篮”体现的是中国经济为全球崛起带来的积极的、自然而然的发展。这也充分肯定了中国为完善现代化市场经济制度做出的重要贡献。

正如克瓦所言，人民币国际化得到稳步推进，凸显了世界对中国全面深化改革的肯定。尤其是2015年以来，在中央经济工作会议以及多次中央深化改革小组会议中，都将金融体制改革作为重点内容纳入其中，不断向纵深推进。这些实实在在的改革举措为市场和国际社会注入信心，使得人民币正式“入篮”在2016年“十一”如期而至。

资料来源：佚名．人民币成为国际储备货币 中国与世界双赢［EB/OL］.［2020-03-03］. http：//news.cctv.com/2016/10/02/ARTI6MeB8IVvSRHuLGA60PQK161002.shtml.

（二）国际储备作用

为保持一国经济的稳步发展、维持一国金融体系的良好运转，一国毫无例外地要保持一定数量的国际储备。国际储备的主要作用可体现在以下三个方面。

1.弥补国际收支逆差，平衡国际收支

一国在对外经济交往中不可避免地会发生国际收支逆差，如果这种国际收支逆差得不到及时纠正，会影响一国经济的稳步发展，因此，国际收支的逆差必须及时纠正。而国际储备是弥补国际收支逆差的有力保证。当国际收支逆差是暂时性的，则可通过使用国际储备予以解决，而不必采取影响整个宏观经济的财政政策和货币政策来调节；如果国际收支困难是长期的、巨额的或根本性的，则国际储备可以起到一种缓冲作用，它使政府有时间渐进地推进其财政、货币调节政策，避免猛烈的调节措施可能带来的社会震荡。

2.干预外汇市场，稳定本国货币汇率

国际储备可用于干预外汇市场，影响外汇供求，将汇率维持在一国政府所希望的水平上。在浮动汇率制下，汇率的波动是经常性的，汇率的频繁波动会严重影响有关国家的经济发展与稳定，因此，各国动用国际储备干预外汇市场就显得十分必要。通过出售储备购入本币，可使本国货币汇率上升；反之，通过购入储备抛出本币，可增加市场上本币的供应，从而使本国货币汇率下跌。由于各国货币金融当局持有的国际储备总额是有限的，因而外汇市场干预只能对汇率产生短期的影响。但是，由于汇率的波动在很多

情况下是由短期因素引起的，故外汇市场干预仍能对稳定汇率乃至稳定整个宏观金融和经济秩序起到积极作用。

3.增强本币信誉，提升国际地位

一国持有国际储备的多少表明了一国平衡国际收支、维持汇率稳定的实力。充足的国际储备，可以提高一国的信誉，支持本币汇率的稳步上升，从而提升一国在国际经济中的地位。

任务二　国际资本流动与国际金融市场

一、国际资本流动

（一）国际资本流动的定义

国际资本流动亦称国际资本移动，是指资本从一个国家或地区转移到另一个国家或地区。从本质上讲，国际资本流动不受国家或民族、地域的限制，它与商品贸易、劳动力输入输出所引起的货币流通有着本质区别。在商品或劳动力的交换中，货币所有权发生转移，然而，国际资本流动中发生转移的仅仅是使用权，具体包括贷款、援助、输出、输入、投资、债务的增加、债权的取得、利息收支、买方信贷、卖方信贷、外汇买卖、证券发行与流通等形式。

（二）国际资本流动的类型

1.按资本流动的期限或投资者的目的划分

按资本流动的期限或投资者的目的划分，国际资本流动可划分为长期资本流动和短期资本流动。

（1）长期资本流动

长期资本流动主要是指使用期限在一年以上或者未规定使用期限的资本流动。它是国际资本流动的重要方式，分为政府和私人的长期资本流动。引起长期资本流动的根本原因是世界生产力的发展与国际分工的不断深化。长期资本流动形成的基本条件是各国拥有的相对优势，如所有权优势、内部化优势和区位优势等。而长期资本流动的动机则是多样化的，包括利润驱动、生产要素驱动、市场驱动以及政治性投机等，主要包括直接投资、证券投资以及银行信贷等形式。

（2）短期资本流动

短期资本流动是指期限为一年或一年以内或即期支付资本的流入与流出。这种国际资本流动，一般都借助有关信用工具，并通过电话、电报、传真等通信方式来进行。这些信用工具包括短期政府债券、商业票据、银行承兑汇票、银行活期存款凭单、大额可转让定期存单等。由于通过信汇、票汇等方式进行国际资本转移相对来说周转较慢，面临的汇率风险也较大，因此，短期资本流动多通过电话、电报、传真等方式来实现。短期资本流动主要包括贸易资金的流动、套利性资金的流动、保值性资金的流动以及投机性资金的流动四种类型。短期资本流动的特点是复杂性、政策性、投机性和市场性。

2.按资本流动的方向划分

按资本流动的方向划分，国际资本流动可分为资本流入和资本流出。

（1）资本流入

资本流入，表现为本国对外国负债的增加或本国在外国资产的减少，或者说，外国在本国资产的增加或外国对本国负债的减少。

（2）资本流出

资本流出是指资本从国内流向国外。资本流出表现为本国对外国负债的减少或本国在外国资产的增加，或者说外国在本国资产的减少或外国对本国负债的增加。

3.按具体表现类型划分

按具体表现类型划分，国际资本流动可以分为国际直接投资、证券投资和其他投资。

（1）国际直接投资

国际直接投资是指为了获得长期的投资效益，并拥有对公司的控制权和企业经营管理权而进行的在国外直接建立企业或公司的投资活动。

从子公司与母公司的生产经营方向是否一致看，国际直接投资可分为三种类型：一是横向型投资，生产同样或相似的产品，一般运用于机械制造业、食品加工业；二是垂直型投资，可以生产同一行业处于不同流程中的产品，多见于汽车、电子行业，也可以为不同的行业生产有关联的产品，多见于资源开采、加工行业；三是混合型投资，生产完全不同的产品，目前只有少数巨型跨国公司采取这种方式。

从投资者是否新投资创办企业的角度看，国际直接投资可分为两种类型：一是创办新企业，又称绿地投资，分两种方式，即独资、合资；二是控制东道国企业股权，外国投资者通过一定程序、渠道，购买东道国企业的股票达到一定比例，从而达到控制企业的目的。

根据投资者对外投资参与方式的不同，国际直接投资分为合资企业、合作企业、独资企业三种投资参与方式。

（2）证券投资

证券投资是指投资者在国际证券市场上购买外币有价证券而进行的一种投资方式。对于一个国家来说，在国际证券市场上买进有关证券，就称投资，它意味着国际资本流出；反之，在国际证券市场上卖出有关证券，就称筹资，它意味着国际资本流入。国际证券市场，包括短期的证券市场和长期的资本市场。证券市场中的投资者和筹资者，可以是政府或企业，投资者也可以是个人，筹资者还可以是国际金融机构。证券投资包括股票投资和债券投资。

（3）其他投资

其他投资是指除了国际直接投资和证券投资之外的其他投资行为，如国际信贷。国际信贷是指各国政府、国际金融机构和国际银行等单方面或相互间提供的中长期贷款。国际信贷的主要特点是：它是单纯的借贷货币资本在国际上的转移，不像国际直接投资那样，涉及在他国设立企业实体或收购企业股权，也不像证券投资那样，涉及证券的发行与买卖。国际信贷的收益以利息及有关费用来体现，贷款风险主要由借款者承担。国际信贷的形式有政府贷款、国际金融机构贷款、国际银行贷款，其具体形式还有很多，如出口信贷、租赁信贷、补偿贸易信贷等。

（三）国际资本流动的原因

1.过剩资本的形成或国际收支大量顺差

过剩资本是指相对的过剩资本。随着资本主义生产方式的建立，资本主义劳动生产率和资本积累率的提高，资本积累迅速增加，在资本的特性和资本家唯利是图的本性的支配下，大量的过剩资本被输往国外，以追逐高额利润，早期的国际资本流动就由此产生了。随着资本主义的发展，资本在国外获得的利润也大量增加，反过来又加速了资本积累，加剧了资本过剩，进而导致资本对外输出规模的扩大，加剧了国际资本流动。近年来，国际经济关系发生了巨大变化，国际资本、金融、经济等一体化趋势有增无减，加之现代通信技术的发明与运用，资本流动方式的创新与多样化，使当今世界的国际资本流动频繁而快捷。总之，过剩资本的形成与国际收支大量顺差是早期也是现代国际资本流动的一个重要原因。

2.利用外资策略的实施

无论是发达国家还是发展中国家，都会不同程度地通过不同的政策和方式来吸引外资，以达到一定的经济目的。美国目前是全球最大的债务国，而大部分发展中国家经济比较落后，迫切需要资金来加速本国经济的发展，因此，往往通过开放市场、提供税收优惠、改善投资软硬环境等措施吸引外资的进入，从而增加对国际资本的需求，引起或加剧了国际资本流动。

3.利润的驱动

增值是资本运动的内在动力，利润驱动是各种资本输出的共有动力。当投资者预计一国的资本收益率高于他国时，资本就会从他国流向这一国；反之，资本就会从这一国流向他国。此外，当投资者在一国所获得的实际利润高于本国或他国时，该投资者就会增加对这一国的投资，以获取更多的国际超额利润或国际垄断利润，这些也会导致或加剧国际资本流动。在利润机制的驱动下，资本从利率低的国家或地区流向利率高的国家或地区，这是国际资本流动的又一重要原因。

4.汇率的变化

汇率的变化也会引起国际资本流动，尤其是20世纪70年代以来，随着浮动汇率制度的普遍建立，主要国家货币汇率经常波动，且幅度较大。如果一个国家货币汇率持续上升，则会产生兑换需求，从而导致国际资本流入；如果一个国家货币汇率不稳定或下降，资本持有者可能预计所持的资本实际价值会降低，则会把手中的资本或货币资产转换成他国资产，从而导致资本向汇率稳定或升高的国家或地区流动。

5.通货膨胀的发生

通货膨胀往往与一个国家的财政赤字有关系。如果一个国家出现了财政赤字，该赤字是以发行纸币来弥补的，这就必然加剧了通货膨胀，一旦发生了严重的通货膨胀，为减少损失，投资者会把国内资产转换成外国债权。如果一个国家发生了财政赤字，而该赤字以出售债券或向外借款来弥补，也可能会导致国际资本流动，因为当某个时期人们预期政府会通过印发纸币或额外征收赋税来偿付债务时，则又会把资产从国内转往国外。

6.政治、经济及战争风险的存在

政治、经济及战争风险的存在，也是影响一个国家资本流动的重要因素。政治风险

是指由于一国的投资气候恶化而可能使资本持有者所持有的资本遭受损失的风险。经济风险是指由于一国投资条件发生变化而可能给资本持有者带来损失的风险。战争风险是指可能爆发或已爆发的战争对资本流动造成影响的风险。例如，海湾战争就使国际资本流向发生重大变化，在战争期间许多资金流向以美国为主的几个发达国家（大多为军费）。战后大量资本涌入中东，尤其是科威特等国家。

7.国际炒家的恶性投机

所谓恶性投机，包含两层含义：第一，投机者基于对市场走势的判断，纯粹以追逐利润为目的，刻意打压某种货币而抢购另一种货币。这种行为的普遍发生，毫无疑问会导致有关国家货币汇率的大起大落，进而加剧投机，使得汇率进一步动荡，形成恶性循环，投机者则在"乱"中牟利。这是一种以经济利益为目的的恶性投机。第二，投机者不是以营利为目的，而是基于某种政治理念或对某种社会制度的偏见，动用大规模资金对某国货币进行刻意打压，由此阻碍、破坏该国经济的正常发展。但无论哪种投机，都会导致资本的大规模外逃，并会导致该国经济的衰退，如1997年7月爆发的亚洲金融危机。一国经济状况恶化→国际炒家恶性炒作→汇市、股市暴跌→资本加速外逃→政府官员下台→一国经济衰退，这几乎已成为当代国际货币危机的统一模式。

8.其他因素

其他因素如政治及新闻舆论、谣言、政府对资本市场和外汇市场的干预以及人们的心理预期等，都会对短期资本流动产生极大的影响。

案例探析 8-1

2022年国际资本流动态势

2022年，地缘政治风险和通胀压力攀升给世界经济增长带来严峻挑战。国际货币基金组织2022年10月公布的《世界经济展望报告》预测，2022年世界经济增长率约为3.2%，较2021年同比下降2.8个百分点。

发达经济体2022年的经济增长率预测为2.4%，同比下降2.8个百分点，主要发达经济体的经济增速均呈现放缓态势。具体来看，美国为降低通胀率而持续大幅加息，紧缩的货币政策抑制了经济增长，预计2022年经济增速仅为1.6%，同比下降4.1个百分点；欧洲发达经济体受俄乌冲突影响面临高通胀和能源危机，预计2022年欧元区发达经济体经济增速将由2021年的5.2%下滑至3.1%；日本为推进经济复苏继续维持超宽松货币政策，2022年经济增速预计和2021年持平，为1.7%。

2022年新兴市场与发展中经济体经济增速预计为3.7%，同比下降2.9个百分点，但代表性经济体的表现各异。具体来看，亚洲地区的新兴市场与发展中经济体中，中国受美联储加息等外部不利冲击及国内疫情多点暴发的影响，2022年经济增速降至3%，同比下降近5个百分点；印度2022年经济增速预计为6.8%，同比下降近2个百分点；东南亚联盟经济体放宽防疫政策提振了国内消费，加上出口的强劲，预计2022年经济增速可达5.3%，同比上升1.9个百分点。受俄乌冲突影响，预计欧洲地区的新兴与发展中经济体2022年经济增速由2021年的6.8%骤降至零，其中，俄罗斯2022年经济增速预计下降至-3.4%，同比收缩达8.1个百分点。中东和中亚地区的新兴与发展中经济体受益于油价上涨，经济增速预计回升至5%，同比上升0.5个百分点。拉美地区以及撒哈拉以南非洲地区的新兴与发展中经济体经济增速预计回落至3.5%左右。

在上述全球经济背景下，2022年国际资本流动呈现以下特点：整体来看，全球资本流动总规模将延续2021年的上升趋势，据测算，2022年全球资本流动总规模为1.93万亿美元，同比上升15.6%。

资料来源：中国科学院大学国际资本流动与金融稳定研究课题组. 国际资本流动态势分析［J］. 中国金融，2023（4）.

思考讨论：

请分析并归纳2022年国际资本流动的原因有哪些。

（四）国际资本流动对经济的影响

作为当今世界规模最大的国际经济交易活动，国际资本流动无论是对国际宏观经济，还是对资本输出国和资本输入国而言，都会产生巨大的影响。

1.对国际宏观经济的影响

一般情况下，国际资本流动对国际宏观经济的发展是有利的，它能促进国际贸易的扩大和世界生产力水平的提高。国际资本流动对国际宏观经济的影响主要表现为：①国际资本流动有利于资源在世界范围内得到合理有效的配置，形成全球利润最大化；②国际资本流动加速区域经济一体化和全球化发展；③国际资本流动对资本输入国的国际收支有一定的调节作用。

但国际资本流动也会对世界经济产生消极影响，主要包括：①国际资本流动尤其是短期资本流动会引起汇率的剧烈波动，从而引起各国利率的频繁调整；②投机性资本的流动会造成国际金融市场的动荡不安。

2.对资本输出国的经济影响

对资本净输出国来说，国际资本流动，特别是长期资本流动对经济发展有利的一面主要表现为：①资本输出为剩余资本找到出路，可以提高资本收益；②资本输出有利于带动本国商品的出口，刺激国内经济增长；③资本输出表明该国经济实力雄厚，能提高其在国际上的信誉和地位。

但输出资本也会产生一定的消极影响，主要包括：①承担政治、经济和业务等各种风险；②减少本国的就业机会，减少财政收入；③过多的资本输出可能会影响本国的投资，减缓经济的发展速度；④过多的对外直接投资可能形成潜在的竞争对手，影响本国未来的出口能力等。

3.对资本输入国的经济影响

对资本净输入国来说，国际资本流动对经济发展有利的一面主要表现为：①可以解决发展经济资金不足的问题，提高投资能力；②可以引进先进技术和经济管理经验；③可以开辟就业领域，增加就业机会和国家财政收入；④可以改善国际收支状况。

但如果资本流入不当，对资本输入国的消极影响也是不容忽视的：①盲目而过量的资本输入可能会使输入国的某些资源或产业受到外国资本的控制；②影响经济发展的自主性和民族经济的发展；③不适当地借用外债，会造成沉重的债务负担，甚至发生债务危机；④在某种意义上受到外国资本对本国自然资源和劳动力资源的剥夺等。

教学互动 8-2

1.观看纪录片《货币》第九集“跨越国界”。

2.说说自己对国际资本流动的理解。

二、国际金融市场

（一）国际金融市场的定义

国际金融市场的定义，有广义和狭义之分。广义的国际金融市场，是指进行各种国际金融业务活动的场所，包括货币市场、资本市场、外汇市场和黄金市场。这几类国际金融市场不是截然分离的，而是互相联系着的。例如，长短期资金的借贷，往往离不开外汇的买卖，外汇的买卖又会引起资金的借贷；黄金的买卖也离不开外汇的买卖，并引起资金的借贷。

狭义的国际金融市场，是指在各国家间经营借贷活动的市场，也叫国际资金市场。

动画微课 8-3

欧洲货币与欧洲货币市场

国际金融市场不同于国内金融市场，后者所涉及的借贷关系，仅限于本国居民之间，国际金融市场上的借贷关系则涉及其他国家的居民。

（二）国际金融市场的种类

国际金融市场可以按照不同的分类方法来划分。

拓展阅读 8-1

欧洲货币市场

1.按性质不同划分

国际金融市场按性质不同可划分为传统国际金融市场和离岸金融市场。

传统国际金融市场：从事市场所在国货币的国际信贷和国际债券业务，交易主要发生在市场所在国的居民与非居民之间，并受市场所在国政府的金融法律法规管辖。

离岸金融市场：其交易涉及所有可自由兑换的货币，大部分交易是在市场所在国的非居民之间进行的，业务活动也不受任何国家金融体系规章制度的管辖。

2.按资金融通期限的长短划分

国际金融市场按资金融通期限的长短可划分为国际货币市场和国际资本市场。

国际货币市场：指资金借贷期在1年以内（含1年）的交易市场，或称短期资金市场。

国际资本市场：指资金借贷期在1年以上的中长期信贷或证券发行市场，或称长期资金市场。

3.按经营业务的种类划分

国际金融市场按经营业务的种类可划分为国际资金市场、国际外汇市场、国际证券市场和国际黄金市场。

国际资金市场：是狭义上的国际金融市场，即国际资金借贷市场，按照借贷期限长短又可划分为短期借贷市场和长期借贷市场。

国际外汇市场：是由各类外汇提供者和需求者组成的，进行外汇买卖、外汇资金调拨、外汇资金清算等活动的场所。其主要业务包括外汇的即期交易、远期交易、期货交易和期权交易。伦敦外汇市场是世界最大的外汇交易市场，世界上比较重要的外汇交易市场还包括纽约、苏黎世、法兰克福、东京和新加坡外汇市场。

国际证券市场：是股票、公司债券和政府债券等有价证券发行和交易的市场，是长期资本投资人和需求者之间的有效中介，是金融市场的重要组成部分。

国际黄金市场：是指专门从事黄金交易的市场。

4.按金融资产交割的方式不同划分

国际金融市场按金融资产交割的方式不同可划分为国际现货市场、国际期货市场和国际期权市场。

国际现货市场：指现货交易活动及场所的总和。

国际期货市场：主要交易类型有外国货币期货、利率期货、股指期货和贵金属期货等。

国际期权市场：是投资者进行期权交易的场所。

（三）国际金融市场的作用

国际金融市场的形成和发展，无论是对西方发达国家，还是对发展中国家，乃至对整个世界经济都起着举足轻重的作用。

1.国际金融市场对世界经济的积极作用

（1）国际金融市场的发展为各国经济发展提供了资金

例如，亚洲美元市场对亚太地区经济建设起到了积极的促进作用，欧洲货币市场带动了日本和联邦德国的经济复兴。尤其对发展中国家来说，其经济发展中的大部分资金都是在金融市场上筹集的。

（2）调节各国的国际收支

国际金融市场形成后，各国调节国际收支除了动用国际储备外，还因此多了一条外汇资金来源的渠道。这对于国际收支逆差国来说，在规划其经济发展时有了更大的灵活性，同时也缓和了一些国家国际收支不平衡的状况。

（3）加速生产和资本国际化

国际金融市场能在国际范围内把大量的闲散资金聚集起来，以满足国际经济贸易发展的需要。通过国际金融市场，世界各国的资金可以充分发挥效用，从而加速生产和资本的国际化，并推动跨国公司的发展壮大。

（4）银行业务国际化

在国际金融市场进行业务活动的主要是世界各国经营外汇业务的银行及其他金融机构，它们为了发展国际金融业务，不断加强联系，互相代理业务，逐渐结合成有机的整体。不少大银行在外国设立分支机构，成为跨国银行，这样就使各国银行信用发展为国际银行信用，推动了银行信用国际化水平的进一步提高。

2.国际金融市场对世界经济的消极作用

国际金融市场的迅速发展产生了一定的消极作用，主要表现为：国际金融市场如果利用得不合理，各国不但不能发展国民经济，而且会因此背上沉重的债务负担；高度一体化的国际金融市场在经济衰退时期，会加速经济危机的传播，进而加速世界经济的动荡；巨额的国际资本流动，影响了有关国家货币政策的执行，造成外汇市场波动和国际储备规模难以控制；西方主要国家的资本大量流向国际金融市场，可能导致流入国家货币供应量的增加，引发通货膨胀等。因此，各国在金融自由化的同时，也应重视对本国金融市场的管理。

实践操作 8-1

请通过查找资料，了解中国-东盟这一有代表性的国际金融市场的发展，分析发展中国-东盟金融市场的意义，并在课堂上进行分享和讨论。

任务三 金融全球化

一、金融全球化的含义及特点

金融全球化是经济全球化的表现形式之一。经济全球化又被称为世界经济国际化，是指世界各国经济在生产、分配、交换和消费环节的全球趋同。金融全球化是指金融主体所从事的金融活动在全球范围内不断扩展和深化的过程。它主要有以下几个特点：

第一，发达国家及跨国金融机构在金融全球化进程中处于主导地位。这主要表现为：发达国家金融资本雄厚，金融体系成熟；调控手段完备，基础服务设施完善；以发达国家为基地的跨国金融机构规模庞大，金融创新层出不穷；与之对应，全球金融规则也主要来自发达国家，这些规则总体上有利于其金融资本在全球范围内实现利益最大化。

第二，信息技术的发展为金融全球化提供了技术通道。当代发达的电子计算机技术为全球性金融活动提供了前所未有的便利。特别是随着互联网技术的日益成熟、电子货币的普及，网络银行和网上交易将突破国界在全球展开，全球金融市场日益被连接成一个整体，金融市场的同质性进一步提高。

第三，金融创新层出不穷。为了适应新技术条件下竞争的需要，同时亦为规避限制性法规和风险，从20世纪六七十年代开始，在发达国家率先出现金融创新活动。这既包括制度的创新，又包括工具的创新，如信用制度的创新、股权衍生工具的创新等。在金融创新的推动下，一方面融资证券化趋势大大加强，另一方面也带来了新的金融风险和不确定性。

第四，金融资本规模不断扩大，短期游资与长期资本并存。在金融全球化进程中，随着参与全球化的金融主体越来越多，全球金融资本不断扩大。其中，既有长期投资的资本，也有短期投机的资本。长期资本的投入有利于一国经济的稳定和发展，而短期游资的逐利和投机，则易引发一国的金融动荡。

案例探析 8-2

金融全球化的发展方向

银保监会副主席周亮在2022金融街论坛年会平行论坛“RCEP开年：开启亚洲合作新进程”上表示，银保监会将深入学习贯彻中国共产党第二十次全国代表大会精神，坚定不移扩大金融业对外开放。同时，他指出，亚洲各国要坚持经济全球化正确方向，汇聚合作之力，共纾发展之困，齐聚创新之势，同谋共享之福，沿着长期健康稳定发展轨道继续前行。

周亮指出，2018年以来，中国先后推出50多项金融开放政策，有120多家外资银行、保险机构新落户中国。与10年前相比，在华外资银行、保险公司资本分别增长50%和130%。国际投资者对中国经济长期稳定健康发展充满信心。

“下一步，我们将深入学习贯彻中国共产党第二十次全国代表大会精神，坚定不移扩大金融业对外开放。”周亮说。具体来看，要展现更加主动的开放姿态。“新时代中国金融开放将以新发展理念为引领，主动服务经济高质量发展，以开放促改革、促创新，为经济发展注入动力、增添活力、拓展空间。”周亮表示，金融业将持续深化供给侧结构性改革，通过深化改革进一步提升对外开放水平，提高资源配置效率和市场竞争力，构建全方位、多层次的金融机构体系、市场体系、产品体系。

同时，要构建更加多元的开放局面。立足发挥我国超大规模市场优势，优化双循环金融链接机制，吸引全球高质量金融资源，服务构建新发展格局。在便利商品和要素流通的基础上，稳步扩大规则、规制、管理、标准等制度型开放，加快构建与国际相衔接的金融制度体系和监管模式。坚持“引进来”和“走出去”并重，深化中外金融市场互联互通、人才互动交流。

周亮还指出，要营造更加优质的开放环境。对内外资一视同仁、平等对待，为各类市场主体营造公平竞争的市场化、法治化、国际化一流营商环境。完善准入前国民待遇加负面清单管理模式，落实好《区域全面经济伙伴关系协定》（RCEP），鼓励中外资金融机构发挥各自资金、技术和经验优势，在产品、业务、管理和人才培养等方面广泛合作，互惠共赢。

此外，周亮表示，还应该健全更加安全的开放体系。加强宏观审慎管理，提升微观审慎监管水平，优化监管手段，不断提高开放条件下经济金融管理能力和防控风险能力。强化金融稳定保障体系，健全审慎监管体系，筑牢金融安全网，及时有效防范化解各类金融风险。加强与国际组织的沟通交流，推动多边和双边金融监管合作，促进形成更加公平透明的国际金融治理格局。

2022年1月，RCEP生效实施，标志着全球人口最多、经贸规模最大的自由贸易区正式落地。周亮指出，在RCEP实施的过程中，区域成员国积极利用关税减让、原产地累积规则、贸易便利化等开放红利，共同打造区域经贸一体化新范式，构建了更加开放广阔的区域市场、更加紧密稳定的产业链供应链伙伴关系和更加透明便利的投资环境，为区域乃至全球经济稳定发展做出了重要贡献。

资料来源：秦燕玲．周亮：坚定不移扩大金融业对外开放，亚洲各国要坚持经济全球化正确方向[N]．证券时报，2022-11-22．有删减。

思考讨论：

金融全球化将带来哪些变化？

二、金融全球化的影响

金融全球化是经济全球化的内在要求，同时又成为经济全球化的重要动力，将经济全球化推向前所未有的广度和深度。

（一）积极影响

1.促进资金在全球范围内进行有效配置

资金是经济发展中最重要的资源之一。金融全球化是经济全球化的组成部分，它的不断发展以及资本跨国界流动的增加，使有限的资金在全球范围内得到了更合理的分配，在世界经济高速增长时期，起到了及时调剂资金余缺的作用。金融全球化促进资金在全世界范围内重新配置，一方面使欧美等国的金融中心迅速发展，另一方面也使发展中国家特别是新兴市场经济国家获得了大量急需的经济发展启动资金，带动了地区经济和世界经济的增长。历史已经证明，国际资本流动带来的要素转移推动了经济的发展。

2.促进国际投资和贸易迅速发展

金融全球化消除了国际资本流动的障碍，并且极大地压缩了国际金融市场上的时空限制，使国际资本流动可以在全世界范围内瞬间完成，资金的迅速、方便调拨，资金交易成本的大幅度降低，为投融资和贸易提供了便利，极大地促进了国际投资和国际贸易的发展，为各国经济发展提供了有利条件。

3.促进全球金融体制与金融结构的整合

金融全球化促进全球金融体制的整合，有利于金融机构加速改革和重组，提高金融体系的效率。这种变化主要表现在两个方面：

第一，金融全球化促进了金融体制的整合，使一些国家的专业银行制度逐渐向全能银行制度转变。全能银行是指不受金融业务分工限制，经营所有的金融业务的金融中介机构。全能银行既可以经营商业银行的存款和贷款及结算业务、投资银行和保险公司的业务，又可以经营信托业务，并且持有非金融公司的股份。全能银行业务范围广泛，有利于形成规模经济和范围经济；全能银行的业务分散化和收入来源多元化，有利于风险分散化和降低替代风险；全能银行能够为客户提供全方位多元化的服务，密切了银行与客户的关系。全能银行在应对金融全球化和自由化带来的金融市场深刻变化的挑战中，表现出较高的应变能力和灵活性以及较强的竞争力。在金融全球化的推动之下，原先实行专业银行制度的美国、英国、日本等国都在向德国式的全能银行制度转变，促进了金融体制整合趋势的发展。

第二，金融全球化促进了金融结构的整合。在西方发达国家中，德国、日本等国的金融体系过去都是以间接金融为主，资金供求双方非常依赖银行。20世纪80年代以来，这些以间接金融为主导的国家的金融结构向以直接金融为主导的金融结构转变，在金融结构上出现了与美国、英国等国趋同的趋势。金融全球化促进各国金融结构的整合，还突出表现为金融证券化的发展。金融证券化的发展与金融创新、金融自由化和金融全球化交织在一起，使各国的金融结构和运行机制发生了根本性的变化。

案例探析 8-3

面向东盟的金融开放门户建设成效

2022年7月27日，广西举行面向东盟的金融开放门户建设成效新闻发布会。记者获悉，近年来，广西金融以建设面向东盟的金融开放门户为主线，改革、发展、稳定取得较好成效，金融业核心指标持续向好，金融改革推深向实，金融服务实体经济质效提升，金融集聚效应持续增强，金融生态环境不断优化。

金融业核心指标持续向好。据介绍，2022年6月末，广西本外币各项贷款余额4.3

万亿元，同比增长11.8%，高于全国同期1.03个百分点。2022年1—6月，广西原保险保费收入513.98亿元，同比增长4.76%。2021年广西新增3家上市挂牌企业。目前广西共有境内外IPO在审企业8家，辅导备案企业8家，重点拟上市企业20家，后备精选培育企业100家，企业上市后劲越来越充足。2022年上半年，广西跨境人民币结算量为1 187.35亿元，同比增长35%；累计总量已达1.5万亿元，在9个边境省（区）、12个西部省区中排第一。

金融改革推深向实。广西统筹推进跨境金融、绿色金融、直接融资、保险创新、期现结合等改革试点取得积极成效，形成案例成果180项，全国首创35项。推进跨境金融改革创新试点，中马钦州产业园区5项金融创新试点政策全部落地，业务金额145.8亿元，贸易外汇收支便利化业务试点实现增量扩面。支持桂林市申报国家级绿色金融改革创新试验区，建设绿色金融重大项目库，开展法人银行业金融机构绿色信贷评价，绿色贷款增速远高于各项贷款。充分发挥七大直接融资奖补作用，用好沪深京交易所广西基地。实施矩阵式项目管理制度，支持南宁、北海、防城港、崇左创建保险创新综合示范区，形成“一核多点”的保险创新格局，跨境保险、农业保险等走在全国前列。

金融服务实体经济质效提升。广西推出“桂惠贷”“桂惠保”“桂惠证”“桂惠担”“桂惠通”等地方政策性金融系列创新，投放优惠利率贷款4 383亿元，惠及实体企业15.6万户，直接降低融资成本86亿元。围绕工业高质量发展、乡村振兴、民营经济和西部陆海新通道等重大工程，完善金融服务政策体系，广西贷款利率自2021年1月起首次低于全国并始终保持。2022年上半年，成功举办全区政金企融资对接会、自治区政金企百色和北海专场推介会、“险资入桂共建金融开放门户”线上对接月活动、自治区重点拟上市企业路演活动。2019—2021年，广西年度新增直接融资规模累计增长107%。近两年，广西债券融资增速居全国前列。2021年直接融资占比达25%，比2017年提升16个百分点。广西险资运用余额由2019年年末的530亿元增长至2022年第一季度末的2 476亿元，增长了3.67倍。

资料来源：唐秋艳，黄舒麟. 广西面向东盟的金融开放门户建设取得较好成效　上半年跨境人民币结算量达1 187.35亿元［EB/OL］.［2022-07-27］. https：//new.qq.com/rain/a/20220727A0AGSY00.

思考讨论：

面向东盟的金融开放门户建设的意义有哪些？

（二）消极影响

1.导致金融与实体经济相脱离愈发严重

金融全球化使国际资本的流动越来越脱离实体经济运行，资本大规模无序流动，往往造成各国金融市场的动荡不安，而一国的金融动荡又极易“传染”给其他国家，引起全球金融危机。虽然金融全球化促进了虚拟金融资本对利润的追逐，加剧其投机性，但是虚拟金融资本和交易的膨胀易诱发金融泡沫，导致经济和金融体系的动荡。

2.导致金融体系和金融机构内在脆弱性的加深

由于信息不对称以及委托代理关系容易引起逆向选择和道德风险，金融机构具有内在脆弱性，金融全球化使各国的宏观经济政策趋同，使金融体系和金融机构的稳健性下降。金融全球化使金融政策关联化，使一些经济体部分地丧失宏观经济决策的独立性和宏观经济的控制能力。由于各国经济决策的独立性降低，因此减弱了政府的宏观调控能力，削弱了国别宏观经济政策效应。金融全球化还加大了各国金融监管的难度，金融混业经营向分业监管模式提出新的更高的要求，金融监管难以适应金融业务的发展，而且跨国界金融监管更加难以实施。金融全球化对银行体系和金融市场尚待完善的发展中国家会构成较大的冲击，是地区性金融危机发生频率加快的重要原因之一。

拓展阅读8-2

IMF总裁拉加德：“一带一路”倡议强化金融互联

3.拉大了发达国家和发展中国家之间的差距

金融全球化的发展使国际社会日益重视统一标准的制定与实施，由于发达国家掌握了金融全球化的主导权，按发达国家水平制定的标准必然不利于发展中国家，使其难以获得所需的发展资金，从而进一步扩大发展中国家与发达国家的差距。

【金融微课堂】

在中国共产党第二十次全国代表大会上，习近平总书记总结了党和国家在新时代取得的重大成就，其中提到了我国“外汇储备稳居世界第一”。根据国家外汇管理局统计数据，2022年12月，我国外汇储备余额为31 277亿美元。请思考：我国拥有如此巨额的外汇储备，可否分给大家呢？为什么？

项目小结

1.国际收支反映的正是一个国家或地区在一定时期内对外货币收支的综合状况，它是一定时期内一国居民与非居民间的所有交易的系统记录。国际收支反映的是一个国家或地区对外经济交往活动和交往的结果。

2.国际收支平衡表主要包括经常账户、资本与金融账户、储备资产、错误与遗漏等四个账户的内容。

3.国际收支不平衡的现象是经常的、绝对的，而平衡却是偶然的、相对的。

4.国际收支调节原则包括针对性、匹配性、非他性；调节方法主要有运用经济政策、采取直接管制和加强国际经济合作。

5.狭义的国际储备，是指一国在对外收支发生逆差时，其金融当局能直接利用或通过同其他资产的转换来支持其货币汇率的一切资产。

6.国际储备主要包括货币性黄金、外汇储备、在国际货币基金组织中的储备头寸和特别提款权四种类型。

7.国际储备具有弥补国际收支逆差、平衡国际收支、干预外汇市场、稳定本国货币汇率、增强本币信誉、提升国际地位等作用。

8.国际资本流动亦称国际资本移动，是指资本从一个国家或地区转移到另一个国家或地区。从本质上讲，国际资本流动与商品贸易、劳动力输入输出所引起的货币流通有着本质区别。

9.国际金融市场的概念有广义和狭义之分。广义的国际金融市场，是指进行各种国际金融业务活动的场所，包括货币市场、资本市场、外汇市场和黄金市场。狭义的国际金融市场，是指在各国经营借贷活动的市场，也叫国际资金市场。

关键概念

国际收支　国际收支平衡表　国际储备　特别提款权　国际资本流动　国际金融市场　金融全球化

项目训练

一、单项选择题

1.狭义的国际金融市场，即国际资金借贷市场，称为（　　）。

A.国际外汇市场　B.国际资金市场　C.国际现货市场　D.离岸金融市场

2.在（　）下，国际收支失衡后能自动调节恢复至平衡，被称为“休谟机制”。

A.固定汇率制度　B.浮动汇率制度

C.纸币本位的固定汇率制度　D.金本位制度

3.下列不属于经常账户的是（　　）。

A.直接投资　B.货物　C.服务　D.收益

二、多项选择题

1.按照性质的不同，国际金融市场分为（　　）。

A.国际货币市场　B.传统国际金融市场

C.国际资本市场　D.离岸金融市场

2.国际收支平衡表主要包括（　　）。

A.错误与遗漏账户　B.储备资产

C.资本与金融账户　D.经常账户

3.国际储备主要包括（　　）。

A.货币性黄金　B.外汇储备

C.SDRs　D.在国际货币基金组织中的储备头寸

4.国际资本流动包括（　　）。

A.单向资本流动　B.双向资本流动　C.长期资本流动　D.短期资本流动

5.按照资产交割的方式不同，国际金融市场分为（　　）。

A.国际现货市场　B.国际期货市场　C.国际期权市场　D.国际货币市场

三、简答题

1.国际金融市场具有哪些作用？

2.金融全球化的影响有哪些？

3.现代社会中，当一国国际收支失衡时，应如何进行调节？

四、实践应用题

阅读下列一则新闻，并回答相关问题。

金融全球化，中国仍需走自己的路

2017年4月，由中国与全球化智库（CCG）主办的第三届中国与全球化圆桌论坛在北京中国大饭店召开。CCG联席主席、香港恒隆地产董事长、亚洲协会联席主席陈启宗在论坛上发言。他说，金融的全球化千万要走自己的路，不能跟着国外走。要是跟着它们走，完全打开我们的金融市场，促进资本的开放，一定会带来极大的损害，对自己和世界均无益处。因为我们与西方世界不同，西方社会的资金充裕，科技的进步使西方世界慢慢地金融全球化。1986年英国“金融大爆炸”后，从伦敦开始，这个领域的主要趋势基本上就是去监管化，这给世界带来了极大的灾难。1997年的亚洲金融危机使整个亚洲市场都受到了极大的损害。那时候西方国家觉得我们监管得不好，但经过了10年的金融全球化之后，它们还是把自己打败了。2008年金融危机的全球化把西方经济体差不多打垮了，所以这方面中国一定要小心谨慎。

资料来源：陈启宗. 金融全球化，中国仍需走自己的路［EB/OL］.［2017-04-17］. http://www.ccg.org.cn/archives/31001.

问题：

1.什么是金融全球化？

2.查找相关资料了解1997年亚洲金融危机。

3.在你看来，中国“自己的路”该如何走？

项目九 金融科技

学习目标

1.知识目标

了解金融科技的起源，熟悉金融科技的定义及影响，掌握大数据、云计算、区块链和人工智能的概念、特征、相关应用及发展趋势。

2.能力目标

会分析金融科技的核心技术在金融行业的应用。

3.素质目标

在教师的引导下，完成对各金融科技应用场景中应用流程及业务特征的分析。

思维导图

- 项目九　金融科技
  - 任务一　金融科技概述
    - 金融科技的起源与内涵
    - 金融科技的基础技术
    - 金融科技发展现状
  - 任务二　大数据与金融
    - 大数据概述
    - 大数据在金融行业的应用
    - 金融大数据的机遇与未来
  - 任务三　云计算与金融
    - 云计算概述
    - 云计算在金融行业的应用
  - 任务四　区块链与金融
    - 区块链概述
    - 区块链在金融行业的应用
  - 任务五　人工智能与金融
    - 人工智能概述
    - 人工智能在金融行业的应用

案例导入

金融科技的兴起

传统金融机构在人们印象中有着“贵、繁、慢”的特点，由于其对组织形态和历史路径的过分依赖，服务效率低，服务质量差，客户体验不佳。这一痛点恰恰被金融科技公司捕捉，于是手机端“一键理财、一键借款”的简便应用广泛开展起来，并受到大众的追捧。整个办理过程从原本的奔波劳碌、四处询问到如今的足不出户，从原本的漫长等待和材料递送到如今的网络上传和极速通过，这样一种新兴的省力的金融服务模式作为科技的福利，很快融入人们的日常生活中，成为日常的服务。

科技公司直接以用户为导向，与客户交互频繁，赢得了广大客户的信任与好感。互联网巨头如 Apple、Amazon、微信、Facebook 等纷纷在坐拥全球上亿量级用户及粉丝的基础上，推出了一系列金融服务。例如，阿里巴巴的蚂蚁金服成为全球第三大资金交易市场，有 1 500 亿用户在平台上进行小额投资；Amazon 不仅销售书籍，还开展了学生贷款业务……

传统金融机构的劣势就在于缺少和客户的沟通和互动，这也正是金融创新转型的关键点。那些积极探索时代新需求、拥抱新科技并以客户为导向的金融机构抓住契机，发挥自身优势，开拓出一片新市场。

资料来源：佚名. 金融科技的兴起，谁是赢家？谁是输家？[EB/OL]. [2019-01-02]. https://www.sohu.com/a/285482331_100279060.

思考讨论：

如何理解金融科技对传统金融的冲击？

任务一　金融科技概述

一、金融科技的起源与内涵

（一）金融科技概念的起源

金融科技由英文单词FinTech翻译而来，而FinTech一词则是源于金融（Finance）和科技（Technology）两个英文单词，但又不是二者的简单组合。金融科技是指通过使用各类科技手段对传统金融行业所提供的产品和服务进行创新，从而达到提升效率并有效降低运营成本的目的。对于金融科技一词的起源众说纷纭。目前被人们普遍接受的是，FinTech是由花旗银行于20世纪90年代初首次提出的，当时发表于《美国银行家》的一篇文章中，花旗银行发布了一个叫FinTech的银行研究项目，这大概是FinTech最早在文献中出现。该篇文章认为，FinTech是指创新技术以及推动和改善金融服务的初创科技企业。但其实金融科技早已出现在我们的生活中，如20世纪50年代出现的信用卡以及20世纪60年代出现的ATM等。

教学互动 9-1

举例说明金融科技与互联网金融有哪些区别。

（二）金融科技的内涵

1.国际定义

金融科技的定义究竟是什么呢？答案林林总总，国际上几个有代表性的定义见表9-1。

表9-1 国际上有代表性的金融科技定义

沃顿商学院	2014年，宾夕法尼亚大学沃顿商学院的几位学生成立了Wharton FinTech Club（沃顿金融科技俱乐部）。值得一提的是，沃顿金融科技是第一个由学生主导的金融科技倡议。他们对金融科技给出的定义是“通过电子科学技术改造后的金融领域”
维基百科	按照维基百科的定义，金融科技是指一群企业运用科技手段使金融服务变得更有效率，因而形成的一种产业。这些金融科技企业通常在新创立时的目标就是瓦解眼前那些科技化不足的大型金融企业和体系
金融稳定理事会	作为全球金融治理的核心机构，金融稳定理事会（Financial Stability Board，FSB）将金融科技定义为：技术带动的金融创新，即利用新一代互联网信息技术对金融产品、业务流程、经营模式等进行创新和优化。金融科技主要是指由大数据、区块链、云计算和人工智能等新兴前沿技术带动，对金融市场以及金融服务业务供给产生重大影响的新兴业务模式、新技术应用和新产品服务等。这也是目前国际上公认的对金融科技的定义

2.国内定义

（1）中国人民银行科技司司长李伟对金融科技的定义。

中国人民银行科技司司长李伟在2017年12月第六届凤凰网财经峰会发表的主旨演讲中表示，金融科技是指科技推动金融进行创新，通过创新实现科技与金融的深度融合。他认为，金融科技发展势头迅猛，以大数据、云计算、人工智能、物联网和区块链为代表的新一代信息技术在金融业加速突破应用，全面渗透至诸多金融细分领域，正在改变金融生态格局。

众多学者对金融科技定义的侧重点与角度不同，使得其定义也有所不同，但大部分专家学者对科技与金融之间关系的看法基本一致，均认为二者关系密切，相辅相成，并认为金融科技的发展对金融的创新具有极大的推动作用。

（2）综合国内外专家学者对金融科技的定义。

金融科技是通过大数据的挖掘和利用，让科技应用于金融业，以此来提升金融服务效率并创造更多金融服务需求的金融创新。金融科技建立在大数据、云计算、区块链、人工智能等创新性技术基础之上，将这些创新性的技术应用于传统的金融行业，以降低运营成本、提高运营效率，最终实现传统金融行业的创新发展。凡是以数据和技术为核心驱动，为金融行业提供高质量服务、降低成本、提高效率的企业，都可以称之为金融科技企业。在新技术的推动下，金融科技必然会与传统金融体系融为一体。

二、金融科技的基础技术

金融科技涉及的技术具有更新迭代快、跨界、混业等特点，普遍的、主流的认定包括大数据、云计算、区块链和人工智能等前沿科技与金融业务场景相融合，下面对这4种技术进行简单介绍，具体内容还会在后续章节中详细介绍。

（一）云计算技术

云计算技术是指以分布式技术、虚拟化技术、平台管理技术为核心，将多个计算机乃至服务器的资源整合起来，以按需分配的方式提供给用户使用的技术。云计算技术以其易用性强、灵活性高、可用性高和编程便利等特征被广泛地运用于现代商业模式中，行业年均发展速度超过40%。以云计算为主导的新应用层出不穷，越来越多的产业名称上出现了“云”字，云物联、云安全、云存储、云游戏、云教育、云社交、云会议等，云计算作为这个时代的主流技术之一，正深刻改变着人类的社会结构，重新塑造我们的生产与生活。淘宝能在“双十一”支持每秒30万笔交易，12306能在一天卖出900万张火车票，百度能支持每天上百亿次搜索服务，这些都有云计算技术的功劳。

（二）大数据技术

大数据技术是指对与目标事物相关的一切数据集合，进行采集与预处理、存储与管理、计算分析与挖掘、可视化分析与应用、数据隐私与安全保障的一系列数据专业化处理行为。大数据重点关注金融大数据的获取、储存、处理分析与可视化。大数据技术有着可以存储巨量数据、可以抓取收集类型繁杂的数据、可以分析具有较高的商业价值和应用价值的数据、计算速度快的特点，被广泛运用于评估客户风险、股市行情预测、精准营销和交易欺诈识别等场景，大数据金融往往还致力于利用互联网技术和信息通信技术，探索资金融通、支付、投资和信息中介等新型金融业务模式的研发。

（三）人工智能技术

人工智能技术是利用数字计算机或者数字计算机控制的机器模拟、延伸和扩展人的智能来感知环境、获取知识，并使用知识获得最佳结果的理论、方法、技术及应用系统。人工智能技术的发展是以大数据技术、算力以及算法的发展为基础，是从人工知识表达到大数据驱动的知识学习技术，具有智能性和广泛性的特点。人工智能技术的应用范围非常广，包括医疗、诊断、金融贸易、运输、远程通信、法律、科学发现等领域。例如，在金融领域，有刷脸支付、智能理赔、智能投研、股票价格预测、评估消费者行为和支付意愿、信用评分、智能投顾与聊天机器人、保险业的承保与理赔、风险管理与压力测试、金融监管与识别监测等应用。

（四）区块链技术

区块链技术是利用链式数据结构来验证与存储数据，利用分布式节点共识算法来生成和更新数据，利用密码学的方式保证数据传输和访问的安全，利用由自动化脚本代码组成的智能合约来编程和操作数据的一种全新的分布式基础架构与计算方式。区块链技术具有去中心化、公开透明、自治性、匿名性、不可篡改性等特点，改变了传统的中心化的业务模式和交易真实性的问题。一旦成熟的区块链技术落地金融业，形成生态业务闭环，则金融交易可能会出现接近零成本的金融交易环境。我国在区块链领域进行了应用场景尝试，如生鲜电商“步步鸡”的可溯源及供应链金融基于加密数据的交易确权等，都运用了区块链技术，降低了交易风险。

实践操作 9-1

课后登录相关网站，兴趣性地学习并了解关于金融科技的最新知识及发展应用的基本情况。

三、金融科技发展现状

（一）金融科技在全球的发展概况

近年来，金融科技在全球范围内快速发展，具体表现为，产业规模迅速增长，成交数及投资额均呈快速发展态势。全球布局越来越广，从硅谷、纽约、伦敦等中心城市向全球各区域扩展，其中，亚太地区的发展尤为瞩目。2016年被称为金融科技元年，随着大数据、云计算、区块链、人工智能等一系列技术创新，科技和金融在支付清算、借贷融资、财富管理、零售银行、保险、交易结算等领域开启了深层次融合。2014年全球金融科技公司共获得122.1亿美元投资，增长率为201%。2016年累计投资额达460亿美元。大部分投资发生在美国和亚洲，这些地区的大型金融科技公司主要进入支付和借贷领域，新投资进入保险、分布式账户技术（DLT）和财富管理领域。由于基础设施以及市场发展历史等优势，美国、英国、新加坡等国家都是金融科技发展较为领先与集中的地区。从金融科技公司投资的地域来看，2014—2015年，投向北美的最为集中（32.36%），其次为欧洲（9.90%）和亚洲（6.67%），而在2016年，我国金融科技公司融资在全球的占比已增长到46%，中国带动亚洲替代北美成为全球金融科技投资第一目的地。

动画微课 9-1

金融科技发展史

目前，全球约有32 000家金融科技公司。2010—2020年，全球金融科技交易筹得股权资本的平均年增长率为45%，远高于非金融科技交易8%的增长率。2021年，全球金融科技投融资规模不断增长，总规模达到2 101亿美元；此时，大型金融科技公司PayPal、蚂蚁金服跻身全球市值前10名的金融服务公司之列。

根据浙江大学金融科技研究院司南研究室在2017年首发的“金融科技发展指数（简称FDI）”，2021年FDI城市指数第一梯队城市为北京、旧金山（硅谷）、纽约、上海、深圳、伦敦、杭州、新加坡、芝加哥。

（二）金融科技在中国的发展概况

中国金融科技市场潜力巨大，发展速度十分迅猛，可以大致划分为3个阶段：

1.政府主导科技和金融结合试点

1993年，《中华人民共和国科学技术进步法》颁布，中国科技金融促进会宣布成立。2001年，中华人民共和国科学技术部、中国人民银行等部门确定16个地区为首批促进科技和金融结合试点地区。互联网及数字技术的出现，使一些基础的金融业务得以升级，传统金融机构开始构建信息系统，成为中国金融科技的原始起点。2004年，支付业务的出现使金融科技从后台支撑开始走向前端。这一阶段仍以政策主导、产业基金扶持技术发展为主要特征。

2.技术驱动金融模式创新

2007年，拍拍贷成立，标志着金融科技真正深入到金融核心业务中，并结合互联网特征衍生出一系列风险评估的新模式。2013年，随着支付宝、积木盒子、点融网等新模式的出现，逐渐衍生出网络信贷、股权众筹等新金融服务，传统金融纷纷展开互联网化战略布局。2014—2016年，网络信贷成为创业和投资风口。以e租宝案为节点，多家网络信贷平台纷纷倒闭，中国人民银行、中国证券监督管理委员会、中国银行业监督管理委员会等部门介入互联网金融行业监管。这一阶段人工智能、大数据、区块链等技术逐渐渗透金融行业，驱动了金融服务模式的不断创新。

3.金融科技规模化创新升级

2016年以来，以大数据、云计算、区块链、人工智能等为代表的金融科技逐渐成为金融行业的热门话题。2016年至今，金融科技成为投资热点，出现了互联网银行、供应链金融、智能投顾、互联网保险等数十种新金融业态。金融业不再只专注于金融业务本身，金融业与科技资源要素进一步融合。这一阶段金融科技回归金融与科技本身，基于战略性新兴技术融合创新，推动新金融合规化、高效化、个性化等。英国《经济学人》杂志刊登的《金融科技，中国成为领导者》一文指出，从体量规模来看，中国已经是全球金融科技领域的绝对主导者。其中，中国的电子支付规模远远领先于其他国家，占全球总体规模的近一半；在互联网金融领域，中国市场规模占据全球市场规模的75%。目前，包括蚂蚁金服、腾讯、平安集团等在内的诸多企业，已经把人工智能深入到产品、服务等各个领域中。

实践操作 9-2

请以小组为单位，每个小组选取一个东盟国家，请通过查找书籍、网络等资源，了解该国发展金融科技采取了什么措施，有哪些是值得我们学习借鉴的，并在课堂上分享。

知识链接 9-1　中国金融科技生态体系

从最初的电子金融时代到如今综合运用各种互联网信息技术，促成“金融+互联网”深度融合的新阶段可以看出，智能化技术如大数据、云计算、人工智能、区块链等新兴技术并非是相互独立的，而是相互关联、相辅相成的，共同推动金融发展，这些新兴技术已经逐步从概念技术走向产品应用。目前大数据、云计算已经进入大规模商用阶段，而人工智能、区块链正在步入大规模商用阶段。在科技赋能金融，各细分金融领域兴起金融科技潮的发展进程中，国家也出台了一些监管和鼓励的配套政策，推动行业秩序不断完善。新一代信息技术不断融合，形成金融科技生态体系（如图9-1所示）。

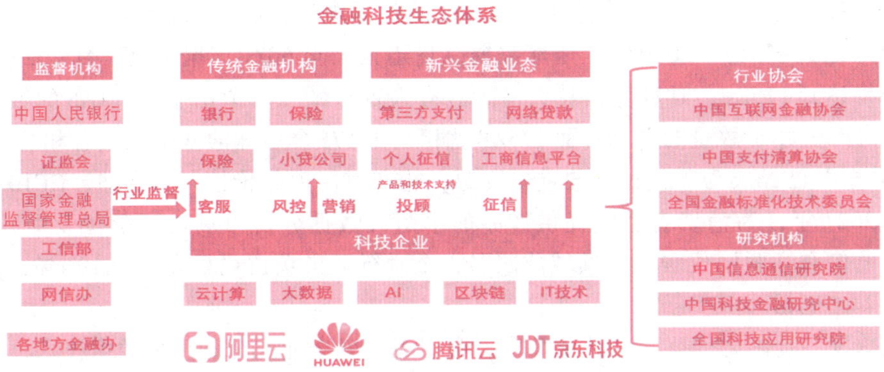

图9-1 金融科技新生态

资料来源：佚名. 齐领创金融科技的未来［EB/OL］.［2021-11-05］. https: //baijiahao.baidu.com/s?id=1715558337430548629&wfr=spider&for=pc.

任务二 大数据与金融

案例探析 9-1

《纸牌屋》背后的秘密武器：大数据分析

美剧《纸牌屋》的制作方是美国的Netflix公司。它是一家在线影片租赁提供商，在全球有3 300万订阅用户，其比谁都清楚大家喜欢看什么样的电影和电视剧。有研究表明，每天的高峰时段网络下载量都是出自Netflix的流媒体服务，每天用户在Netflix上产生3 000万多个行为（如在暂停、回放或者快进时，都会产生一个行为），Netflix的订阅用户每天还会给出400万个评分、300万次搜索请求，并询问剧集播放时间等。Netflix通过对这些数据的挖掘、分析，了解到用户很喜欢David Fincher（《社交网络》《七宗罪》的导演），也知道Kevin Spacey主演的片子表现都不错，还知道英剧版的《纸牌屋》很受欢迎，三者的交集告诉Netflix值得在这件事上赌一把，因此其投资了1亿美元，请来Fincher和Spacey，并买下英剧版权，拍下美剧《纸牌屋》。该剧首次进军原创剧集就一炮而红，成为美国及40多个国家的热门在线剧集。Netflix将大数据本身的威力演化为一款产品，迅速打动了亿万用户，将大数据的应用做到了极致。

资料来源：佚名.《纸牌屋》背后的秘密武器：大数据分析［EB/OL］.［2018-10-05］. https: //www.cnblogs.com/code-style/p/3042268.html.

思考讨论：

通过大数据分析，如何让《纸牌屋》营销获得巨大成功？

一、大数据概述

在我们的生活中，每时每刻都有海量数据信息产生，这是一个“数据爆炸”的时代。人类在过去10年记录的数据信息比之前几千年所记录的信息还要多，而且数据信息逐年增势迅猛。2010年，全球产生和存储的数据规模首次达到ZB级别（泽字节，也就是十万亿亿字节）；2020年，全球数据总量迅猛增至60ZB。据预测，到2025年，这一数据将达到175ZB。这究竟是什么概念？有人曾经做过一个比喻——1ZB的数量如同全世界海滩上沙子数量的总和；而175ZB就相当于175个地球的沙子数量总和。

"数据"已经成为现代社会的重要资源，能产生巨大的价值。据赛迪（CCID）公司统计，2021年，为消费者直接提供产品的中国大数据分析市场与下游行业中，金融、政府、电信和互联网位居应用领域前四名，金融行业市场占比最高，为19.1%，市场规模约为44.1亿元。

大数据与金融之间强大的价值关联，吸引着金融企业充分利用大数据技术，挖掘大数据产业潜力。而天生数据资源丰富的金融行业，在大数据技术的助推下，正经历着巨大变革。

随着金融企业数字化转型，金融对于大数据的需求越来越明显，场景也越来越具体化。虚拟化及电子化交易，成为大数据时代金融行业发展的特征。能否充分利用数据优势，将成为金融企业转型升级的关键。

知识链接 9-2　　大数据与数据的区别

数据很大程度上是指数字，如我们所说的客户量、业务量、营业收入额、利润额等，这些都是一个个数字或者是可以进行编码的简单文本，这些数据分析起来相对简单，过去传统的数据解决方案（如数据库或商业智能技术）就能轻松应对；大数据则不单纯指数字，还包括文本、图片、音频、视频等多种格式，其内容十分丰富，如博客、微博、通话录音、位置信息、点评信息、交易信息、互动信息等，包罗万象。

对于旧石器时代的原始人类来说，山洞中的一幅壁画就足以记录他们现存的知识库，壁画就是那个时期的大数据；后来记录的数据多了，承载数据的媒介由竹签发展到纸张，一堆纸、一房间的书就成了大数据；当今社会，数据需要用庞大的计算机群去存储。所以，大数据本身是一个相对的、抽象的概念。

资料来源：佚名．大数据与数据的区别［EB/OL］．［2019-07-12］．http：//blog.itpub.net/69936596/viewspace-2650359/.

二、大数据在金融行业的应用

大数据技术的应用提升了金融行业的资源配置效率，强化了风险管控能力，有效促进了金融业务的创新发展。金融大数据在银行业、证券业、保险业、支付清算业和互联网金融行业都得到广泛的应用。

（一）金融大数据在银行业的应用

1.信贷风险评估

大数据手段的介入使信贷风险评估更趋近事实。信贷风险评估的步骤如下：首先，以客户级大数据为基础，为存量客户建立画像，使银行能够向各管辖机构、各业务条线、各产品条线进行内容全面、形式友好、敏捷的客户级大数据集中供给；其次，建立专项集中的企业及个人风险名单库，统一“风险客户”等级标准，集中支持各专业条线、各金融产品对高风险客户的过滤工作；最后，统筹各专业条线、各业务环节对大数据增量信息的需求优先序列，对新客户、高等级客户、高时效业务、高风险业务实现大数据实时采集式更新，对存量一般业务、普通时效业务、低风险业务实现大数据集中、批量、排序、滚动更新。

2.供应链金融

供应链金融可以由核心企业做担保，以产品或应收账款做质押，帮助上下游企业获得资金。利用大数据技术，银行可以根据企业之间的投资、控股、借贷、担保以及股东和法人之间的关系，形成企业之间的关系图谱，利于关联企业分析及风险控制。知识图谱通过建立数据之间的关联链接，将碎片化的数据有机组织起来，让数据更加容易被人和机器理解和处理，并为搜索、挖掘、分析等工作提供便利。

（二）大数据在证券业的应用

1.股市行情预测

证券企业应用大数据对海量个人投资者样本进行持续性跟踪监测，对账本投资收益率、持仓率、资金流动情况等一系列指标进行统计、加权汇总，了解个人投资者交易行为的变化、投资信心的状态、风险偏好以及对市场的预期等，进而对市场行情进行预测。

2.智能投顾

智能投顾业务提供线上投资顾问服务，能够基于客户的风险偏好、交易行为等个性化数据，采用量化模型，为客户提供低门槛、低费率的个性化财富管理方案。随着线上投顾服务的成熟以及未来更多基于大数据技术的智能投资策略的应用，智能投顾有望从广度和深度上将证券行业带入财富管理的全新阶段，为未来政策放宽证券公司投资顾问从前端的佣金收费向后端的管理费收取模式转变进行探索和准备。

（三）大数据在保险业的应用

1.骗保识别

借助大数据手段，保险企业可以识别诈骗规律，显著提升骗保识别的准确性与及时性。保险企业可以通过建设保险欺诈识别模型，大规模地识别近年来发生的所有赔付事件。通过从数万条赔付信息中筛选出疑似诈骗索赔，保险企业再根据疑似诈骗索赔展开调查，会有效提高工作效率。此外，保险企业可以结合内部、第三方和社交媒体数据进行早期异常值检测，包括客户的健康状况、财产状况、理赔记录等，及时采取干预措施，减少先期赔付。

2.风险定价

保险公司通过大数据分析可以解决现有的风险管理问题。比如，通过智能监控装置收集驾驶者的行车数据，如行车频率、行车速度、急刹车和急加速频率等；通过社交媒体收集驾驶者的行为数据，如在网上吵架频率、性格情况等；通过医疗系统收集驾驶者的健康数据。以这些数据为出发点，如果一个人不经常开车，并且开车十分谨慎，那么他可以比大部分人节省30%~40%的保费，这将大大提高保险产品的竞争力。

案例探析 9-2

泰康在线大数据应用

泰康在线是国内第一家由传统保险集团发起的互联网保险公司，拥有过亿用户，可提供全程互联网保险服务。2015年8月，上线的大数据产品“泰健康”，已有650万会员，是行业内第一个将客户价值数字化、全面量化的评估体系。在“互联网+保险”的垂直行业，泰康在线可谓是大数据应用的先行者。

具体来说，“泰健康”评分体系是基于现有的百万用户，通过健康保障度、健康资料完整度、健康活跃度等五个维度给用户做评分画像，基于这样的体系给每个用户归类于不同的分数段以及推荐不同的服务。画像的结果可以增加用户的黏性，也可以作为未来决策的基础。在这些维度中，通过热数据，如用户在腾讯云上做了一些丰富的健康测试，基于这些行为，可以对其健康度进行评分，因为热数据更能体现健康行为和倾向的变化，从而为后续产品、服务定价和决策提供支撑。在“泰健康”评分体系下，通过客户价值和数字化评分完整地为用户提供健康画像，通过永洪BI（数据分析平台）的产品做后续的数据分析会发现，在“泰健康”会员中有23.4万人肠胃不适，可针对用户的实际情况，推荐一些有针对性的健康服务。通过数据分析对用户进行差异化分区和运营，给用户提供差异化的服务。

资料来源：佚名．泰康在线大数据应用［EB/OL］．［2016-12-26］．http：//www.cbdio，com/BigData/ content _5415210.htm.

思考讨论：

泰康在线的大数据应用有什么优点？

（四）大数据在互联网金融行业的应用

1.精准营销

利用大数据平台的模型分析结果，挖掘潜在客户，实现可持续的营销计划。银行业精准营销的技术流程包括客户信息整合及验证、客户及场景标签设定、客户类型初分、客户筛选、业务统一工作平台部署。

2.黑产防范

互联网金融企业追求服务体验，强调便捷高效，简化手续。而这一特点也易被不法分子利用，虚假注册、利用网络购买的身份信息与银行卡进行套现，“多头借贷”乃至开发电脑程序骗取贷款等，已经形成了一条“黑色”产业链。对互联网金融行业而言，欺诈风险高于信用风险。大数据能够帮助企业掌握互联网金融黑产的行为特点，如从业人员规模、团伙地域化分布以及专业化工具等情况，并制定有针对性的策略。

3.消费信贷

消费信贷和传统企业信贷截然不同。它拥有小额、分散、高频、无抵押和利息跨度极大的特点。消费信贷在贷款额度上可以小到100元人民币；一家机构一天放贷数量可能达到数万或数十万笔；90%以上是纯信用贷，只能依靠数据进行审批，大数据需要贯穿到客户全生命周期。基于大数据的自动评分模型、自动审批系统和催收系统都是消费信贷的基础。利用大量行为数据分析弥补信贷数据的缺失。

此外，大数据在支付清算行业的应用，主要是交易欺诈识别。大数据可以利用账户基本信息、交易历史、位置历史、历史行为模式、正在发生行为模式等，结合智能规则引擎进行实时的交易反欺诈分析。

三、金融大数据的机遇与未来

近年来，随着大数据、云计算、区块链、人工智能等新技术的快速发展，这些新技术与金融业务深度融合，释放出了金融创新活力和应用潜能，这大大推动了我国金融业转型升级，助力金融更好地服务实体经济。在这一发展过程中，又以大数据技术发展最为成熟、应用最为广泛。

金融大数据依托海量数据，通过云计算等信息化方式对数据进行专业的挖掘和分析，从而比传统金融模式更好地判断资产价格走势、评估机构及个人信用、分配资金流向、控制金融风险。金融大数据这一趋势既是现有技术进步的必然结果，又是未来金融发展的强劲动力。广度上，大数据金融重塑了银行业、保险业、证券投资业等金融行业的核心域；深度上，大数据金融不仅推动了金融实务的持续创新，还催生了金融模式的深刻变革。

（一）大数据应用水平成为金融业核心竞争力

目前，金融机构正加大在数据治理项目中的投入，结合大数据平台建设项目，构建企业内统一的数据池，实现数据的“穿透式”管理。在国内，金融机构对大数据的认知已经从探索阶段进入到认同阶段。普华永道研究显示，83%的中国金融机构表示希望在大数据上进行投资。金融行业对大数据的需求属于业务驱动型，迫切希望应用大数据技术使营销更精准、风险识别更准确、经营决策更具针对性、产品更具吸引力，从而降低企业成本，提高企业利润。

（二）金融行业数据整合、共享和开放成为趋势

大数据的发展需要所有组织和个人的共同协作，将个人私有、企业自有、政府自有的数据进行整合，把私有大数据变为公共大数据。一方面，国家带头着力推动政府数据公开。目前，金税、金关、金财、金审、金盾、金宏、金保、金土、金农、金水、金质等信息系统通过统一平台进行数据共享和交换。另一方面，国家通过推动建设各类大数据服务交易平台，为数据使用者提供更丰富的数据来源。

（三）金融数据与其他跨领域数据的融合应用不断强化

从2016年开始，大数据技术逐渐成熟，数据采集技术快速发展，通过图像识别、语音识别、语义理解等技术实现外部海量高价值数据收集，包括政府公开数据、企业官网数据、社交数据等。金融机构通过获取客户动态数据更深入地了解客户。未来，数据流通的市场会更健全，金融机构将可以方便地获取电信、电商、医疗、出行、教育等领域的数据。一方面，大数据技术会有力地促进金融数据和其他行业数据融合，使得金融机构的营销和风控模型更精准；另一方面，跨行业数据融合会催生出跨行业的应用，使金融行业得以设计出更多基于场景的金融产品，与其他行业进行更深入的融合。

（四）金融数据安全问题越来越受到重视

数据具有高价值、无限复制、可流动等特性，这些特性为数据安全管理带来了新的挑战。对于金融机构来说，网络恶意攻击成倍增长，组织数据被窃的事件层出不穷。数据泄露后还可能急速扩散，甚至出现更加严重的数据篡改和智能欺诈的情况。这对金融机构的数据安全管理能力提出了更高的要求。对于个人来说，金融信息的泄露会暴露出大量的个人基本信息和消费信息等，大数据技术可以便捷地大批量收集这些信息并进行画像，这使得公民更容易受到欺诈，造成经济损失。

任务三　云计算与金融

一、云计算概述

（一）云计算的含义与工作原理

1.云计算的含义

什么是金融云？其实就是我们熟知的云计算在金融领域的应用。金融云，是指专门为银行、券商、保险等金融机构的业务量身定制，集互联网、行业解决方案、弹性IT资源为一体的云计算服务。具体而言，金融云是指金融机构利用云计算的运算优势，将自身的数据、客户、流程及系统通过数据中心、客户端等技术手段发布到“云”端，以改善系统体验，提升运算能力、重组数据价值，降低运行成本，最终达到精简核心业务、扩充分散渠道的目的。

云计算定义中的“云”是一种比喻，实际上是指一个庞大的网络系统，可以包含成千上万台服务器。对用户（云计算服务需求方）而言，云服务商（云计算服务供应方）提供的服务所代表的网络元素（如服务器、存储空间、数据库、网络、软件和分析等）都是看不见的，仿佛被云掩盖。因此，云计算所依托的数据中心软硬件设施，即所谓的云。

教学互动 9-2

举例说明什么是云计算。

2.云计算的特点

（1）资源集成，弹性供给。

云计算依赖资源共享以达成规模经济。云服务商将资源（如计算资源、存储资源、网络资源等）集中池化（pool）提供给多个用户使用，这些物理的、虚拟的资源可以根据用户需求进行动态分配或重新分配，将暂时无人租用的资源重新租给其他用户，还可以根据总需求量的变化调整租金。

（2）按需自助服务。

云计算可按照多种计量方式（如按次付费或充值使用等）自动控制或量化资源，计量对象可以是存储空间、计算能力、网络带宽或账户数目等。用户可以根据需要快速、灵活、方便地获取和释放计算资源，如自主确定资源占用时间和数量等；用户可以便捷请求（租借）更多资源并随时调整使用量，将不需要的资源释放回整个架构，所以用户无须因短暂高峰需求购入大量资源，而仅需在高峰需求时提升租借量，在需求降低时退租。对于用户来讲，这种资源是“无限”的，可在任何时候获得所需资源量。

（3）方便灵活。

使用云计算时，用户只需连接网络，通过浏览器、桌面应用程序或移动应用程序来访问云服务，就能在任何时间、任何地点通过互联网获取计算、存储、网络资源，并按照使用时间或使用量付费。举例来说，如果用户需要新的计算服务，只需连接网络，就能即时获得所需资源，当不再需要时，可以马上释放，停止计费。而传统主机提供商，扩容则可能需要重新签订合同，需要人工参与，耗时数天甚至数个星期，计费周期至少以月计算。

（4）经济划算，稳健专业。

在云计算模式下，用户不需要购买和配置大量计算机、存储设备和应用软件等信息技术资源，可以将硬件和基础设施建设的资金投入转变为按需支付服务的资金投入。由于采用云计算不需要建设专门的信息系统，这有助于用户缩短业务建设周期，以专注于业务功能和创新，提升业务响应速度和服务质量，实现业务系统的快速部署。

云计算的资源池化和快速伸缩性特征，使部署在云计算平台上的用户业务系统可动态扩展，满足业务需求资源的迅速扩充与释放，避免因需求突增而导致客户业务系统的异常或中断。

知识链接 9-3　　深度了解云计算

如果每个用户都分配了5T甚至更大的空间，那么1亿用户的空间究竟有多大呢？

其实背后的机制是这样的：分配给你的空间，你可能只用了其中很少一点儿，好比分配给你5T，这么大的空间并非真的就给你了。你实际上只用了50G，那么真实给你的就是50G。随着文件的不断上传，分给你的空间也会越来越多。

当大家都上传，云平台发现快满了的时候（如用了70%），会采购更多的服务器，扩充背后的资源，这个用户是看不到的。

从感觉上来讲，这样就实现了云计算的弹性。其实这有点跟银行相似，给储户的感觉是什么时候取钱都有，只要不同时挤兑，银行就不会垮掉。

（二）云计算的服务模式与部署类型

1.云计算的服务模式

云平台的功能是提供云计算服务。云计算有基础设施即服务（IaaS）、平台即服务（PaaS）和软件即服务（SaaS）三种服务形式。因为三者互为构建基础，也称之为云计算堆栈或架构。

基础设施即服务是通过互联网配置和管理的即时计算基础结构。云计算“基础设施”是承载在数据中心上的，以高速网络（目前主要是以太网）连接各种物理资源（如服务器、存储设备、网络设备等）和虚拟资源（如虚拟机、虚拟存储空间等）。

基础结构由云计算服务提供商管理，用户无须购买和管理自己的实体服务器和其他数据中心基础结构，只需通过互联网就可以租用到完善的计算机基础设施层（如计算、存储和网络带宽等资源）。在使用时，用户以即用即付的方式从服务提供商处租用，如服务器和虚拟机（VM）、存储空间、网络和操作系统。每项资源作为单独服务组件提供，用户只需购买、安装、配置和管理自己的软件（如操作系统、中间件和应用程序），根据需要租用特定资源，只为所用内容付费，从而减少开支和简化操作。用户不用理会云系统底层的基础架构，可以在上面运行软件、存储数据和发布程序。

平台即服务是指云计算服务，它们可以按需提供开发、测试、交付和管理软件应用程序所需的环境。PaaS旨在让开发人员能够更轻松地快速创建网页或移动应用，而无须考虑对开发所必需的服务器、存储空间、网络和数据库基础结构进行设置或管理。平台通常是应用程序基础架构，如谷歌公司的Google App Engine就是这类架构。

软件即服务是通过互联网交付软件应用程序的方法，通常以订购为基础按需提供。使用SaaS时，云提供商托管并管理软件应用程序和基础结构，并负责软件升级和安全修补等维护工作。用户通过互联网连接到应用程序；服务供应商以租赁方式提供服务，比较常见的模式是提供一组账号密码，如Microsoft CRM与Sales-force.com；用户通过Internet租用网络软件来管理企业的经营活动。

2. 云计算的部署类型

这是指云计算资源的部署方法，可分为公共云、私有云、混合云三种类型。以即用即付（pay-as-you-go）方式提供给公众计算服务的称为公共云，而不对公众开放的企业或组织内部数据中心的资源称为私有云，公共云和私有云的组合称为混合云。

（1）公共云。

公共云（又称公有云），是由第三方提供商提供的云服务。公共云由云提供商完全承载和管理，用户无须购买硬件、软件或支持性基础架构，只需为其使用的资源付费即可，云提供商为用户提供价格合理的计算资源（如服务器和存储空间）和快速访问等云服务。在公共云中，所有硬件、软件和其他支持性基础结构均为云提供商所拥有和管理。用户使用网页浏览器访问这些服务和管理自己的账户。公共云并不表示用户数据可供任何人查看，云服务供应商通常会对用户实施使用访问控制机制。

公共云的主要优点是：用户无须支付硬件带宽费用，投入成本低；免费使用或者按照使用服务付费，减少资源浪费；满足需求的扩展性；公共云作为解决方案，既有弹性，又具备成本效益。公共云的主要缺点是：存在一定的数据安全隐患。

（2）私有云。

私有云是指专供一个企业或组织使用的云计算资源，由单个公司拥有和运营，该公司控制各个业务线和授权组自定义以及使用各种虚拟化资源和自动服务方式。

私有云的主要优点是：数据与程序皆在组织内管理，不会受到网络带宽、安全疑虑、法规限制的影响；保障虚拟化私有网络的安全；充分利用现有硬件资源和软件资源。私有云的主要缺点是：投入成本较高；用户不能掌控云基础架构、改善安全与弹性，因为用户与网络都受到特殊限制。

（3）混合云。

混合云是一种以私有云作为基础，同时结合了公共云的服务策略。在混合云的配置中，公共云和私有云是相互独立的元素，基础架构彼此独立运营，但通过加密连接进行通信，二者之间可以共享数据和应用程序。互操作性是混合云的基础。混合云包含多个接触点，由共享核心软件服务组成，允许工作负载、资源、平台和应用在各种环境之间迁移。

通常，企业选择公共云来访问计算实例、存储资源或其他服务，如大数据分析集群或无服务器计算功能。但是，企业无法直接控制公共云的体系结构，因此对于混合云的部署，企业必须构建私有云，以实现与所需公共云的兼容性。在混合云模式中，用户通常将非企业关键信息外包，并在公共云上处理，但同时掌控企业关键服务及数据。

混合云的主要优点是：通过允许数据和应用程序在私有云和公共云之间移动，为企业提供更大的灵活性和更多的部署选项；帮助企业降低信息技术成本，提高设备利用效率；提高数据安全性；可根据业务重要程度有选择性地安排工作负载是在公共云还是在私有云执行。混合云的主要缺点是：投入的硬件和软件资源成本较高。

二、云计算在金融行业的应用

云计算在金融行业中有着广泛的应用场景，如银行、保险、证券、互联网金融等不同细分领域，对云计算等技术的需求不尽相同。

动画微课9-2

金融云是一朵什么云？

（一）银行领域

银行领域对服务可用性和数据持久性要求较高，大型银行倾向私有云，中小银行倾向行业云。

1.构建以客户为中心的多元化产品体系

云银行依托新技术驱动商业银行底层架构转变为分布式、网络化的结构。云银行的金融服务布局在云端，通过万物互联，无缝嵌入各个生活和工作场景，不需要跑网点，不需要登录网银，在交易行为中自然享受“无感”金融服务。客户在哪里，金融服务就在哪里。

2.构建依托金融科技的云风控体系

一方面，云银行依托数字生态系统内的平台，积累、收集、整合众多真实的交易数据、经营数据和财务数据，提高客户调查、反欺诈识别、贷款审批、贷中批量监控等环节的效率；另一方面，云银行通过业务感知、规划以及针对性措施，将智能化分析和自动化运营相结合，如搭建知识图谱风控，使用结构化和非结构化数据治理工具，高效治理和整合全维度数据，构造知识图谱数据模型，并通过智能分析与计算，实现更加有效的风险评估。

3.构建基于数字生态的利益共享模式

云银行打破银行之间、企业之间的信息壁垒，构建与同业、科技公司、政府、核心企业之间的全链条、全平台，并基于真实场景实现金融业务的线上实时交易，为客户提供一站式金融解决方案。云银行从“利己”思维转向“利益共享”思维，感知客户的“痛点”，通过云化方式将资源共享，让客户低成本地获取金融服务，在利他过程中，形成银行良性的盈利模式，实现银企的共同成长。

（二）保险领域

保险行业系统开发迭代快，重视开发运维一体化，对私有云、行业云、公有云均有涉及。在保险领域，云计算主要应用于个性化定价和产品线上销售等方面。定制化云软件能够快速分析客户实时数据，提供个性化定价，还能够通过社交媒体为目标客户提供专门的保险服务。

（三）证券领域

证券行业与银行、保险行业有所不同，监管部门对证券行业上云有着非常严格的要求，特别是对其时延要求非常高（即对交易系统响应速度要求极高），交易系统在数据库、操作系统和小型机等方面对传统部署方式依赖较大，目前其核心交易系统尚未上云。但宜与大数据应用相结合的，诸如行情分析等对时延不敏感的业务，已经逐渐采用云计算架构或服务。

1.证券行业已使用的云计算平台有企业私有云和上证云行情

企业私有云，即主要是券商和交易所依托虚拟化技术自行构建的平台。

上证云行情，即上证所信息网络有限公司承建的面向证券公司开展的互联网行情服务云平台，于2014年4月1日起正式实行商业运作，其目标是为使用该服务的投资者带来更高品质、更高保障的实时行情数据服务，也为证券公司提供了传统方式部署行情服务之外的另一种选择。

2.证券基金领域通过业务系统整体上云

云计算主要应用于客户端行情查询和交易量峰值分配等方面。在数据库分库、分表的部署模式下，可实现相当于上千套清算系统和实时交易系统的并行运算。

知识链接 9-4　　解析云计算在金融领域的应用情况及价值

申银万国证券公司于2009年完成建设企业云计算平台项目，并带来了新的业务和良好的经济效益。该项目具有5个特点：第一，应用虚拟化技术构建共享数据中心，实现了资源的按需分配和海量数据的可靠处理；第二，构建了基于多点冗余和有效隔离原则的云计算可信网络平台；第三，提供了面向证券行业的标准化业务平台云服务；第四，架构了高性能应用基础平台云服务；第五，实现了多种网上应用系统的部署和运行，形成了以统一化、标准化和自动化为特征的企业云计算平台运维管理体系。

资料来源：佚名. 解析云计算在金融领域的应用情况及价值［EB/OL］.［2021-11-05］. http：//cloud.infosws.cn/20191216/29824.html.

任务四 区块链与金融

一、区块链概述

（一）区块链的含义

以区块链为代表的金融科技被认为是最有潜力触发颠覆性革命的核心技术。区块链与金融业务的结合，已实现由理念向产品的跨越，且正在深刻地影响金融业务的变革。我们对区块链及区块链在金融业务中的主要应用情况进行梳理和学习。

“区块链”是“chain of blocks”的直译，现已成为综合多种技术的分布式账本技术的统称。区块链在中国人民银行《金融分布式账本技术安全规范》中的定义是，分布式账本技术，是密码算法、共识机制、点对点通信协议、分布式存储等多种核心技术体系高度融合形成的一种分布式基础架构与计算范式。

（二）区块链的价值

区块链技术作为一种在不可信的竞争环境中低成本建立信任的新型计算范式和协作模式，具备多方参与、复杂交易、敏感信息传输和监管高度透明4大价值。

一是多方参与价值。区块链的全局互信机制，使得参与方越多，互信成本越低，可应用在支付体系和数字货币体系等方面。在国际贸易中，参与方有海关、国内物流、货轮、货运代理、保险公司、银行等，比较复杂，区块链技术可避免多方之间反复验证，借助物联网技术掌握贸易全流程，针对特定风险（如海上运输）实时承保，提高贸易效率。

二是复杂交易价值。区块链技术的分布式体系不可篡改，可通过自己的权限看到，如纳斯达克交易所在应用区块链技术前，一笔转账可能牵涉10多个中介，耗时3天左右，错误率高达20%，且需要手动更正，造成大量的后台对账与较高的处理成本；而在采用区块链技术后，因交易双方可共同读写数据库，节约了对账成本，计算机代码书写交易，降低了差错率，数据对机构可见，方便监管。

三是敏感信息传输价值。过去，传输敏感信息需要各种验证，信息可信度低、难以授权，导致信息使用的连续性很差。应用区块链技术后，所有的信息都是通过验证的，参与方开放互通互信，敏感信息更加真实可靠。以保险中的健康险自动核赔为例，区块链技术在参与方之间建立信任，解决了健康险自动理赔中的敏感数据互通难题。

四是监管高度透明价值。在监管上，如果监管方加入区块链技术，区块链的特性即等价值赋予监管方通用密钥，在保障安全的前提下可以看到更多交易信息，对于反洗钱和内部交易都有很大的震慑作用。

教学互动 9-3

请问：区块链就是比特币吗？

二、区块链在金融行业的应用

区块链在金融领域的应用主要有供应链金融、贸易融资、资金管理和数字资产4个方面。

（一）供应链金融：信息共享服务普惠

在数据方面，利用区块链难以篡改和分布式的特性，将供应链的四流（即信息流、商流、物流和资金流）数据与融资数据上链，解决信息割裂的痛点。在业务方面，利用区块链难篡改和可溯源的特性，将企业信用（如票据、授信额度或应付款项确权）转化为数字凭证，实现信用打通。通过智能合约实现数字凭证的多级拆分和流转，提高资金利用率，降低金融机构风控难度，解决中小企业融资难、融资成本高等问题。

典型案例：中国工商银行工银e信网络融资金融服务平台。

区块链记录工银e信从签发、签收、流转、到期清分的全生命周期的资金流、信息流，通过共识算法解决信任问题，通过智能合约自动执行防范履约风险，其不可篡改特性保障了各环节可追溯，实现核心企业信用沿供应链条多级传导，盘活供应链应收账款，降低供应商的融资成本。

（二）贸易融资：融资高效风控强化

基于区块链+物联网技术打造多机构参与的贸易融资（联盟）平台，连接商户、金融机构、仓储管理、物流公司、监管机构，将交易过程中的货物、单据、物流、监管信息等数据流上链，满足企业对在途和仓储实物商品融资的需要。

典型案例：联动优势科技跨境保理融资授信管理平台。

联动优势科技跨境保理融资授信管理平台根据供应商交易和资信等信息对供应商进行信用评级，定制优惠利率，提供灵活服务。解决跨境贸易中大额授信额度融资不灵活、保理公司订单真实性审核与信用评估流程复杂等痛点。

（三）资金管理：数据公开流转清晰

将资金管理流程中的预算、审批、支付、对账等核心信息上链。基于链上数据难以篡改的特性，让财务欺诈与数据造假难度提升，降低财务风险；利用区块链分布式存储和共识机制的特性，让多方机构实现数据可信共享，解决信息不对称的问题，节省资金申请方、资金审批方、资金托管方、资金监管方之间的大量对账时间；根据区块链数据可追溯的特性，让资金链路清晰可见，利于对资金进行透明高效的监督和统筹管理。

典型案例：贵州脱贫攻坚基金区块链管理平台。

2017年，中国工商银行与贵州省政府联合建立了基于区块链技术的数字化脱贫攻坚基金管理平台。该平台实现了脱贫工作精准、科学开展，以及扶贫资金高效、透明管理，开辟了银政合作深入推进精准扶贫的新路径。

（四）数字资产：安全可信有序流通

利用区块链技术构建去中心化的数字资产网络，允许机构多方参与并按照自身角色在链上开展业务，实现数字资产的登记、发行、流转和清算，银行、企业、个人都可以发行数字资产。利用区块链多方共享、难以篡改的特点，实现资产登记（即公示），通过交易的形式在区块链网络上完成数字资产的流转和清算，减少纠纷问题，保证安全，提高流转效率。

典型案例：招商银行信用卡中心ABS项目管理平台。

在数据方面，债券投资人能清晰查看项目从产生到发布的全过程，保证了资产的可信度。在流程方面，通过区块链联合多方参与者构建多中心的证券在线管理平台，实现高效的业务协作。在对账方面，优化对账流程，提高了资金清算效率。在监管方面，提升资产的穿透力，便于数据统计和监管审查。

任务五　人工智能与金融

一、人工智能概述

人工智能是关于研究机器智能程序的科学。经过半个多世纪的发展，人工智能已经度过了简单地模拟人类智能的阶段，发展成为研究人类智能活动的规律，构建具有一定智能的人工系统或硬件，使其能够处理需要人的智力才能进行的工作，并对人类智能进行拓展的边缘学科。

（一）人工智能的基本概念

人工智能也称机器智能，可以简要地定义为：研究智能程序的科学。"人工智能"一词是以达特茅斯学院助理教授麦卡锡为首的科学家1956年在达特茅斯学院举办的学术研讨会上首次提出的，用来指代可体现出智能行为的计算机硬件或软件。他们给出人工智能的定义：使一部机器的反应像一个人在行动时所依据的智能。这是一种"可以制造出智能的机器，尤其是智能的计算机程序的科学和工程"。比如，智能手机、智能家居、智能驾驶中的"智能"一般是指由计算机控制并具有某种智能行为的意思。

不过，要给出人工智能的严格定义并非如此简单。顾名思义，人工智能就是"人工"加"智能"。"人工"比较好理解，就是人力所能及的，争议性不大。但关于什么是"智能"，就不那么简单了。除了逻辑思维以外，人的智能还涉及诸如意识、自我、心灵、潜意识等问题。迄今为止，人类唯一了解的智能是人本身的智能，这是普遍认同的观点。但是，人类对自身智能的理解非常有限，对构成人的智能必要元素的了解也很有限，不知道人类大脑是如何运转的，所以就很难定义什么是"人工"制造的"智能"了。因此，人工智能的研究往往涉及对人的智能本身的研究，关于动物或其他人造系统的智能也普遍被认为是与人工智能相关的研究课题。

人工智能涉及的学科极为广泛，包括哲学和认知科学、数学、神经生理学、心理学、信息论、控制论、不确定性论，远非计算机科学所能概括。鉴于此，在学科范畴，人工智能被定义为一门边缘学科，属于自然科学和社会科学的交叉领域。

知识链接 9-5　　平安科技用人工智能加持业务场景

平安金融拥有大量的用户办理金融业务的数据，基于此，平安金融的人工智能产品经理协同人工智能算法工程师搭建了人工智能算法模型，即金融人工智能风控模型，利用计算机资源不停地进行训练。平安金融的人工智能+金融产品已经能够将原来用户需要到现场才能办理的业务转到线上，这就是通过数据（庞大的用户数据）+算法（生物识别算法等人工智能算法）+算力实现的人工智能产品。

资料来源：佚名．平安科技用AI加持业务场景，提升金融反欺诈技术［EB/OL］．［2020-06-21］．https：//www.sohu.com/a/302750674_724722.

（二）人工智能的发展趋势

近几年，各行业对自动化需求的提高，为人工智能带来了一次巨大的提升机会。随着深度学习的开放，人工智能快速发展，由尖端技术开始普及到各行业和家庭生活中。

1.大型语言模型（LLMs）

大型语言模型（LLMs）是在包含巨大数据量的大规模数据集上训练的。中国工程院院士王恩东表示："人工智能如何发展出像人类一样具备逻辑、意识和推理的认知能力，是人工智能研究一直探索的方向。目前，通过大规模数据训练超大参数量的巨量模型，被认为是非常有希望实现通用人工智能的一个重要方向。"随着巨量模型的兴起，巨量化已成为未来人工智能发展非常重要的一个趋势。

2.增强人类的劳动技能

随着科学技术的发展，机器越来越智能，在某些岗位已经能够替代人类进行独立工作。例如，在进行数据分析时，我们可以利用人工智能工具从大量数据中进行有效抓取，以获得所需信息。

3.促进网络安全领域持续创新

2022年1月，世界经济论坛发布2021年《全球风险报告》，认为网络安全风险是全世界今后将面临的一项重大风险。随着互联网技术的快速发展，黑客攻击、网络犯罪等问题层出不穷，网络安全也受到人们的持续关注。而人工智能可以更好地应对这一问题。通过分析网络流量、识别恶意应用，智能算法能够帮助人们应对网络安全的威胁。今后，人工智能或许能够从研究报告、博客、新闻报道中整理并即时发现威胁信息，从而加快响应速度。

4.促进元宇宙持续发展的关键

元宇宙是近年来科技和互联网行业最火的概念之一，它是一个虚拟的数字环境，类似于互联网，但其重点在于实现沉浸式体验。人工智能无疑将是元宇宙持续发展的关键。人工智能将有助于创造在线环境，让人们在元宇宙中体会宾至如归的感觉，培养他们的创作动力。人们可能很快就习惯于与人工智能生物共享元宇宙环境，如人们想要放松时就可以通过人工智能打网球或下国际象棋。

5.低代码和无代码人工智能

当前，很多采用人工智能驱动的企业面临的一大障碍便是缺乏能够开发所需工具和算法的熟练人工智能工程师，而低代码或无代码人工智能能够通过简单的接口来克服这一问题。低代码（low-code）是指利用很少的代码或几乎不需要写代码就可以快速开发应用，并可以快速配置和部署的一种技术和工具。无代码，并不是软件没有代码，软件的底层其实是由很多代码组成的。"无代码"指的是把传统需要写大量代码才能实现的东西组件化。

动画微课9-3

人工智能的应用类型

6.人工智能自动驾驶

数据显示，每年有130万人死于交通事故，其中90%是人为失误造成的。人工智能将成为自动驾驶汽车、船舶和飞机的"大脑"，正在改变这些行业。

二、人工智能在金融行业的应用

近年来，人工智能技术快速发展，与其他行业的结合也成为业界不断探索的方向。金融业凭借海量数据和多维度应用场景给人工智能的发展应用提供了优良的“土壤”。

（一）智能风控

在金融领域，风险作为金融行业的固有特性，与金融业务相伴而生，风险防控是传统金融机构面临的核心问题。智能风控可以通过大数据等获取到更多维度的外部数据，如客户行为、客户喜好、运营商数据、用户购物习惯等。

智能风控的应用包括以下三点：一是利用人脸识别、指纹识别等活体识别来确认用户身份；二是反欺诈，利用多维度、多特征的数据来预测用户的欺诈指数；三是对用户的还款能力及意愿进行评估。

（二）智能客服

智能客服是一种以构建知识管理体系为办法，为客户提供自然高效的交互体验方式。智能客服系统可以实现“应用—数据—训练”，从而形成闭环，以提供流程指引与问题决策方案，并通过运维服务层以文本、语音及机器人反馈动作等方式向客户传递。

但是，智能客服也有缺点，主要表现在：一是普通机器人无法判断客户的情绪，当客户生气时也难以有效安抚客户；二是语音识别技术可以分析海量录音，但只能通过是否包含禁词、语音速度、静音和音量来判断呼叫服务质量。

（三）智能投研

投研是对上市公司的基本情况，如产品、销售、产量、质量、定价、原料和公司资本运作进行调查研究，最终做出一个投资研究报告。当前，中国资产管理市场规模已超过150万亿元，发展前景广阔，但同时对投资研究、资产管理等金融服务的效率与质量提出了较高要求。智能投研是以数据为基础、算法逻辑为核心，利用人工智能技术由机器完成投资信息获取、数据处理、量化分析、研究报告撰写及风险提示，辅助金融分析师、投资人、基金经理等专业人员进行投资研究。

智能投研的优点有：一是能够构建百万级别的研究报告知识图谱体系，克服传统投研流程中数据获取不及时、研究稳定性差、报告呈现时间长等弊端，扩大信息渠道并提升知识提取及分析效率，在文本报告、资产管理、信息搜索等细分领域形成广泛应用；二是其终极目标是实现从信息收集到报告产出的投研全流程整合管理，基于更加高效优化的算法模型与行业认知水平，形成横跨不同金融细分领域的研究体系与咨询建议，并在金融产品创新设计方面提供服务支撑。

业界认为，人工智能技术的广泛应用，已成为商业银行服务实体经济、防控金融风险、深化金融改革的重要驱动力。

案例探析 9-3

人工智能应收账款解决方案

拥有大量客户的大公司通常会收到没有相关上下文信息的付款。比如，款项来自哪个客户，付款项目是什么，债务人是谁。不完整的汇款信息通常会导致艰巨而烦琐的对账流程，使对账成为一项漫长而资源密集的任务。

美林银行与供应商HighRadius合作，推出软件Fintech HighRadius，将智能应收账款添加到银行解决方案套件中，以加快银行大型业务客户的应收账款对账效率。

智能应收账款采用人工智能、机器学习和光学字符识别（OCR）来确认付款人，将付款人与非上下文付款相对照匹配，同时将其与应收账款相对照匹配。通过4个步骤实现直接对账：识别付款人并将其付款联系到单独收到的汇款；从电子邮件、电子邮件附件、电子数据交换（EDI）和付款人门户网站提取汇款数据；使用丰富的汇款数据来支付开立应收账款；创建客户端上传到其ERP系统的应收账款过账文件。此外，这个软件还可以向那些未偿还债务的客户发送自动提示。利用此解决方案，美银美林旨在降低其大型业务客户的成本。

资料来源：佚名. 人工智能应收账款解决方案［EB/OL］.［2019-10-25］. https：//blog.csdn.net/weixin_33910434/article/details/90335050.

思考讨论：

美林银行采用人工智能应收账款方案的优点是什么？

【金融微课堂】

党的二十大报告指出，“必须坚持科技是第一生产力”。近年来，金融领域的科技应用引起了行业巨变。请通过实际事例说明，金融科技的发展为我们的生活带来了怎样的改变。

项目小结

1.金融科技是指通过使用各类科技手段创新于传统金融行业所提供的产品和服务，从而达到提升效率并有效降低运营成本的目的。

2.大数据金融具有以下八个特征——第一，金融产品和服务的网络化呈现；第二，风险管理理念与工具的革新；第三，业务与运行的更高效率；第四，金融服务的更大边界；第五，金融产品与风险的可控、可受；第六，信息不对称性大幅度降低；第七，普惠金融；第八，更好的金融形态。

3.金融云，是指专门为银行、券商、保险等金融机构的业务量身定制，集互联网、行业解决方案、弹性IT资源为一体的云计算服务。

4.区块链在中国人民银行《金融分布式账本技术安全规范》中的定义——分布式账本技术，是密码算法、共识机制、点对点通信协议、分布式存储等多种核心技术体系高度融合形成的一种分布式基础架构与计算范式。

5.人工智能也称机器智能，可以简要地定义为：研究智能程序的科学。人工智能在金融领域中的应用包括智能风控、智能客服、智能投研等。

关键概念

金融科技　大数据　云计算　区块链　人工智能　数字货币　智能投顾　智能风控

项目训练

一、单项选择题

1.金融科技的本质特征是（　　）。

A.强调金融中介的重要性

B.金融价值的创造、传递、交换

C.试错、快速迭代金融产品、高频率推陈出新

D.科技

2.以下说法中，错误的是（　　）。

A.传统金融注重金融服务维度

B.金融科技注重技术服务维度

C.互联网金融注重技术服务维度

D.金融科技是由技术带来的金融创新

3.金融科技3.0的业务特点是（　　）。

A.数据驱动　　B.业务驱动　　C.场景驱动　　D.服务驱动

4.传统金融服务偏向“二八定律”，即20%的高端客户给银行带来80%的利润，所以传统金融市场或机构重点关注高端客户，而金融科技可以服务另外80%的大众或中小企业，以消费需求驱动金融服务模式转型，将长尾客户纳入服务对象，其本质是（　　）。

A.降低信息不对称　　B.普惠金融

C.减少交易成本　　D.科技金融

5.在互联网经济背景下，传统的交易成本的变化为（　　）。

A.大幅度降低　　B.大幅度升高　　C.保持不变　　D.不确定

6.“人工智能（AI）”这一术语是以麦卡锡为首的一批年轻科学家（　　）年在美国达特茅斯学院举办的学术研讨会上首次提出的。

A.1956　　B.1964　　C.1960　　D.1966

二、多项选择题

1.平台经济的特征是（　　）。

A.多边性　　B.规模效应　　C.网络效应　　D.单一性

2.金融科技3.0的技术驱动力有（　　）。

A.大数据　　B.云计算　　C.人工智能　　D.区块链

3.金融科技的机构主体包括（　　）。

A.金融机构 B.互联网企业

C.监管机构和新兴科技公司 D.通信机构

4.区块链技术包含了多种技术，如（ ）。

A.P2P网络 B.加密技术 C.智能合约 D.共识机制

5.云计算的服务层次包括（ ）。

A.IaaS——基础设施即服务 B.PaaS——平台即服务

C.SaaS——软件即服务 D.云上的一切皆是服务

三、判断题

1.大数据、云计算、人工智能、区块链等新兴技术是金融科技的重要后端支撑。（ ）

2.大数据不仅指数据的量大，而且要求数据维度丰富，信息范围广泛。（ ）

3.金融科技脱胎于传统金融和互联网金融，但与二者并无本质的区别。（ ）

4.金融科技能有效降低信息不对称，帮助中小微企业解决融资难的问题。（ ）

5.互联网降低了界定和保护知识产权的交易成本、监管成本、安全成本。（ ）

6.云计算只是一种分布式计算。（ ）

7.大数据与云计算是互惠互利、共同发展的关系。（ ）

8.人工智能是对人的意识、思维的信息过程的模拟。（ ）

四、简答题

1.请简要描述金融科技的发展历程。

2.分别从技术发展、业务发展的角度阐述金融科技带来的影响。

项目十 金融风险与金融监管

学习目标

1.知识目标

掌握金融风险的含义和种类；了解金融风险的危害；掌握金融监管的含义和必要性；掌握风险管理和金融监管的基本要求。

2.能力目标

具备金融风险意识，具有对金融危机危害性的认识能力；理解金融监管的意义，具备政策理解能力和服从国家利益的能力。

3.素质目标

学会通过各种渠道收集金融风险的事件、危害、防范应对等信息；学会通过分析案例，领会和配合政府的监管手段和化解风险的措施，并通过对案例的经验汲取，指导自己的日常生产生活实践，同时感染和影响自己周围的群体。

思维导图

- 项目十　金融风险与金融监管
  - 任务一　金融风险
    - 金融风险的定义与特征
    - 金融风险的种类
    - 金融风险的表现形式及成因
    - 金融风险的危害及管理
  - 任务二　金融监管
    - 金融监管的定义
    - 金融监管的目标与意义
    - 金融监管的基本原则
    - 金融监管的方法及手段
    - 金融监管的协调与合作

案例导入

美股 4 次熔断，原油期货现雪崩式下跌

2020 年 3 月，美股创下了 10 天 4 次熔断的历史纪录，而美股历史上总共有 5 次熔断。股神巴菲特也感到难以置信。

而在美国当地时间 2020 年 4 月 20 日，纽约商品交易所上演了历史性的一幕：5 月交货的轻质原油期货价格崩盘，暴跌 55.90 美元，收于每桶 -37.63 美元，跌幅为 305.97%。原油期货价格首次跌为负值（意味着卖家必须付钱给买家，让买家从他们手中拿走石油），这将成为标志性历史事件，载入国际能源发展史。

资料来源：佚名．美股 4 次熔断，原油期货现雪崩式下跌［EB/OL］．［2020-04-21］．https：//cj.sina.com.cn/articles/view/1642471052/61e61e8c02000uz9h？from=finance. 有删减。

思考讨论：

证券投资风险有哪些？

任务一　金融风险

动画微课 10-1

不一样的金融风险

金融创新和各种金融衍生工具的出现，金融投资技术的不断发展，金融投资的方式日益灵活和多样，为金融投资者获取丰厚的回报提供了机会，同时也增加了投资的风险。纵观历史，发生在各国的金融风险为经济带来的冲击是巨大的。我们不禁要问，什么是金融风险？金融风险给金融机构和投资者带来怎样的影响？

一、金融风险的定义与特征

现代经济词典中，对金融风险做出如下定义：金融风险是指由金融市场的不确定性所引致的金融资产及其收益损失的可能性。在市场经济体系中，金融风险是客观存在的，难以完全避免的。金融风险的要素包括：①金融风险的风险因素是有关主体从事了金融活动；②金融风险的风险事故是某些因素发生意外的变动；③金融风险中损失的可能性是经济损失的可能性。

教学互动 10-1

金融风险的承受主体有哪些？

金融风险具有以下基本特征：

1. 不确定性

影响金融风险的因素非常复杂，各种因素相互交织，难以事前完全把握。

2. 相关性

尽管金融机构主观的经营和决策行为会造成一定的金融风险，但是金融机构所经营的商品——货币的特殊性决定了金融机构同经济和社会是紧密相关的。

3. 高杠杆性

与工商企业相比，金融企业负债率明显偏高，财务杠杆大，导致负外部性大。此外，金融工具创新日新月异，衍生金融工具有以小博大的高杠杆效应，也伴随着高度的金融风险。一旦预测有误，便可能出现巨额亏损，投资者将受到严重损失，甚至危及整个金融市场的稳定。

4.传染性

金融机构承担着中介机构的职能，割裂了原始借贷的对应关系。处于这一中介网络的任何一方出现风险，都有可能对其他方产生影响，甚至发生行业的、区域的金融风险，导致金融危机。

上述四个特征是一般性的，我国的金融风险还存在不少特性。例如，金融结构失衡与融资形式畸形发展，使风险集中于银行；金融风险与财政风险相互传染放大；非正规金融规模庞大成为金融安全隐患等。

知识链接 10-1　　金融危机

金融危机又称金融风暴，是指一个国家或几个国家与地区的全部或大部分金融指标，如短期利率，资产（证券、房地产、土地）价格，企业破产数和金融机构倒闭数的急剧、快速且超周期恶化。

根据金融危机爆发的领域不同，金融危机可以划分为货币危机、银行危机、外债危机和系统性危机四种类型。

根据金融危机爆发的地理范围不同，金融危机可以划分为本土性危机、区域性危机和全球性危机三种类型。

资料来源：作者根据相关资料整理。

教学互动 10-2

说说你知道的那些金融危机。

实践操作 10-1

请通过查找资料，深入了解亚洲金融危机的始末，分析亚洲金融危机给我们带来哪些启示，并在课堂上进行分享和讨论。

二、金融风险的种类

教学互动 10-2
答案提示

在金融领域中，有着多种不同类型的风险。金融风险按照性质划分，分为信用风险、国家风险、市场风险、流动性风险、操作风险、法律风险和声誉风险；按照产生的根源划分，可分为静态金融风险和动态金融风险；按照涉及的范围划分，可分为微观金融风险和宏观金融风险；按照金融机构的类别划分，可分为银行风险、证券风险、保险风险、信托风险等。在此仅对金融机构在业务经营中普遍存在的、影响较大的主要风险加以概括性介绍。

（一）信用风险

信用风险又称违约风险，是指在信用活动中由于存在不确定性而使本金和收益遭受损失的可能性。例如，在银行业务中，贷款是一项主要的资产业务，它要求银行对借款人的信用水平做出判断。但由于信息不对称，这些判断并非总是正确的，而且借款人的信用水平可能会因各种原因而下降。因此，银行面临的主要风险就是借款人不能履约的风险，即信用风险。信用风险是金融活动中最普遍也是最重要的一种风险，是银行从业者重点关注的风险。随着债券业务和融资融券业务以及交易对手风险的日渐突出，信用风险也引起证券行业的高度关注，成为证券经营机构和投资者所面临的重要风险。信用风险的一个显著特征是在任何情况下都不可能产生额外收益，风险后果只能是损失。

案例探析 10-1

债券违约

自2014年3月“11超日债”发生实质性违约以来，截至2018年7月底，我国债券市场违约金额达1 179亿元，涉及违约主体71家。

2018年1月至7月，我国债券市场共有15家发行主体出现债券违约，违约金额为363.90亿元。从新增违约主体来看，2018年1月至7月，新增违约主体12家，其违约主体特征及触发违约的因素较以往有所不同。

从违约主体的行业属性来看，违约主体所属行业由此前的煤炭、钢铁、化工等产业链中上游的重资产行业开始向机械制造、工程服务、电子信息、贸易等产业链中下游行业蔓延。从违约主体的企业性质来看，2018年12家新增违约主体中10家为民营企业，6家为上市公司。债券违约向民营企业及上市公司转移。从违约主体的级别分布看，新增违约主体前一年的公开市场评级普遍在AA及以上水平。

资料来源：中债资信工商企业信用品质研究团队. 2018年信用债市场违约回顾：向民营企业及上市公司转移［EB/OL］.［2018-08-31］. http: //finance. sina. com. cn/money/bond/2018-08-31/doc-ihinpmnq 8345092.shtml.

思考讨论：

结合中国债券市场违约的情况，说说债券违约呈现哪些特点。

（二）市场风险

因金融市场价格发生意外变动而蒙受经济损失的可能性，就是市场风险。市场风险的风险因素是有关主体在金融市场上从事货币资金借贷、金融产品或金融衍生产品交易。市场风险的风险事故是金融市场价格发生意外变动。市场风险包括汇率风险、利率风险和投资风险三种类型。

1. 汇率风险

汇率风险是指有关主体在不同币别货币的相互兑换或折算中，因汇率在一定时间内发生意外变动而蒙受经济损失的可能性。汇率风险分为交易风险、折算风险和经济风险三种类型。

（1）交易风险：有关主体在因实质性经济交易而引致的不同货币的相互兑换中，因汇率在一定时间内发生意外变动而蒙受实际经济损失的可能性。其主要包括以下几种情况：

①在以外币结算的对外贸易中，如果外币对本币升值，进口商会多支付本币；如果

外币对本币贬值，出口商会少收入本币。

②在外币借贷中，如果外币对本币升值，外币债务人会多支付本币；如果外币对本币贬值，外币债权人会少收入本币。

③在外币投资中，如果外币对本币贬值，投资者会少收入本币。

④在外汇买卖中，如果外币对本币升值，空头方会在补进外汇时多支付本币；如果外币对本币贬值，多头方会在抛出外汇时少收入本币。

（2）折算风险（会计风险）：有关主体（跨国公司）在因合并财务报表而引致的不同货币的相互折算中，因汇率在一定时间内发生意外变动而蒙受账面经济损失的可能性。

（3）经济风险：由于未来现金流入和流出在货币上的不匹配，因汇率的意外变化而导致经济损失的可能性。

教学互动 10-3

我国某企业在出口收汇时正逢人民币升值，结果收入的外汇兑换到的人民币的金额减少。此种情形说明该企业承受了汇率风险中的哪种风险？

2. 利率风险

利率风险是指有关主体在货币资金借贷中，因利率在借贷有效期发生意外变动而蒙受经济损失的可能性。在货币资金借贷中，利率是借方的成本，贷方的收益。如果利率发生意外变动，借方的损失是借入资金的成本提高，贷方的损失是贷出资金的收益减少。借贷双方的利率风险各有三种情形，见表10-1。

表10-1 借贷双方的利率风险

利率风险	固定利率借贷	浮动利率借贷	连续不断借入/贷出短期资金
借方	利率下降带来的多付利息损失	利率上升带来的多付利息损失	利率不断上升带来的多付利息损失
贷方	利率上升带来的少收利息损失	利率下降带来的少收利息损失	利率不断下降带来的少收利息损失

3. 投资风险

投资风险是指有关主体在股票市场、金融衍生产品市场投资中，因股票价格、金融衍生产品价格发生意外变动而蒙受经济损失的可能性。

（三）流动性风险

流动性风险是指金融机构（特别是商业银行）所掌握的现金资产、以合理价格变现资产所获得的资金，或以合理成本所筹集的资金，不足以满足即时支付的需要从而蒙受经济损失的可能性。

流动性风险表现为流动性短缺，主要现象是金融机构所持有的现金资产不足，其他资产不能在不蒙受损失的情况下迅速变现，不能以合理成本迅速借入资金等。

（四）操作风险

在不同国家和巴塞尔银行监管委员会的层面上，对操作风险存在不同的认识和界定，主要有以下的角度和分类。

1.狭义的操作风险与广义的操作风险

（1）狭义的操作风险是指金融机构的运营部门在运营的过程中，因内部控制的缺失或疏忽、系统的错误等而蒙受经济损失的可能性。

（2）广义的操作风险是指金融机构信用风险和市场风险以外的所有风险。

巴塞尔银行监管委员会在《巴塞尔资本协议Ⅱ》中定义的操作风险包括法律风险，不包括战略风险、声誉风险。巴塞尔银行监管委员会进一步明确了操作风险的七种类型：内部欺诈、外部欺诈、雇员活动和工作场所安全性风险、客户和产品及业务活动中的操作性风险、实物资产损坏、营业中断或信息技术系统瘫痪、执行交割和流程管理中的操作性风险。

2.操作性杠杆风险与操作性失误风险

（1）操作性杠杆风险主要是指由金融机构外部因素变化所导致的操作风险。例如，由于外部冲击导致金融机构的收入减少。这些外部冲击包括税制和政治方面的变动、法律和监管环境的调整、竞争者的行为和特性的变化等。

（2）操作性失误风险主要是指由金融机构内部因素变化所导致的操作风险。这些内部因素主要包括处理流程、信息系统、人事等方面的失误。

（五）法律风险与合规风险

法律风险：金融机构与雇员或客户签署的合同等文件，违反有关法律法规，或有关条款在法律上不具备可实施性，或其未能适当地对客户履行法律或法规上的职责，从而蒙受经济损失的可能性。

合规风险：银行因未能遵循法律、监管规定、规则、自律性组织制定的有关准则，以及适用于银行自身业务活动的行为准则而可能遭受法律制裁或监管处罚、发生重大财务损失或声誉损失的风险。

（六）国家风险

1.狭义的国家风险与广义的国家风险

按风险的范围分，国家风险可分为狭义的国家风险与广义的国家风险。

从狭义来看，国家风险是指一国居民在与他国居民进行经济金融交易中，因他国经济、政治或社会等政策性或环境性因素发生意外变动，而使自己不能如期、足额收回有关资金，从而蒙受经济损失的可能性。

从广义来看，国家风险是指一国居民在与他国居民进行经济金融交易中，因他国各种政策性或环境性因素发生意外变动，而使自己蒙受各种损失的可能性。

2.主权风险与转移风险

按风险产生的主体分，国家风险可分为主权风险与转移风险。

主权风险：如果与一国居民发生经济金融交易的他国居民为政府或货币当局，政府或货币当局为债务人，不能如期足额清偿债务，而使该国居民蒙受经济损失，这种可能性就是主权风险。

转移风险：如果与一国居民发生经济金融交易的他国居民为民间主体，国家通过外汇管制、罚没或国有化等政策法规限制民间主体的资金转移，使之不能正常履行其商业义务，从而使该国居民蒙受经济损失，这种可能性就是转移风险。

3.经济风险、政治风险与社会风险

按风险产生的原因分，国家风险可分为经济风险、政治风险和社会风险。

经济风险在于他国因经济状况、国际收支状况、国际储备状况、外债状况等经济因素恶化，出现外汇短缺而实行外汇管制，限制对外支付等。

政治风险在于他国因政权更迭、政局动荡、战争等政治因素恶化而拒绝或无力对外支付等。

社会风险在于他国因社会矛盾、民族矛盾、宗教矛盾等社会环境恶化而不能正常实施经济政策，导致无力或拒绝对外支付等。

（七）声誉风险

声誉风险是指金融机构因受公众的负面评价，而出现客户流失、股东流失、业务机遇丧失、业务成本提高等情况，从而蒙受相应经济损失的可能性。公众对金融机构的负面评价或来自金融机构的操作失误或违反有关法律法规，或由于金融机构外部的恶意中伤而产生的误导。

（八）系统风险

系统风险是指金融机构从事金融活动或交易所在的整个系统因外部性因素的冲击或内部性因素的牵连而发生剧烈波动、危机或瘫痪，使单个金融机构不能幸免，从而蒙受经济损失的可能性。

如果一起金融事件确实引起了金融体系的系统性危机，那么其必要的过程可能包括以下几步：第一，它可能开始于金融产品市场价格的下跌或者某个金融机构一次交易行为的失败；第二，金融产品市场价格的下跌迅速波及其他市场和其他国家；第三，金融市场价格的下跌引起一家或多家金融机构倒闭；第四，金融机构倒闭引起银行和支付体系的危机；第五，如果危机无法控制，最终会严重影响实体经济。这几个过程可能循序渐进地发生，也可能彼此交叉出现。[①]

三、金融风险的表现形式及成因

（一）金融风险的主要表现

（1）金融风险可能来自借款人不履行约定的还款承诺；

（2）金融风险可能来自金融机构支付能力的不足；

（3）金融风险可能来自市场利率的变动；

（4）金融风险可能来自汇率的变化；

（5）金融风险可能来自国家宏观经济金融决策的不合时宜或失误；

（6）金融风险可能来自金融机构重要人员的违规经营；

（7）金融风险可能来自其他国家或地区的政治经济形势变化；

（8）金融风险可能来自金融衍生产品的过度使用；

（9）金融风险可能来自金融机构的过快发展。

① 中央党校（国家行政学院）习近平新时代中国特色社会主义思想研究中心．以系统性策略防范系统性金融风险［N］．经济日报，2019-04-30.

（二）金融风险的成因

导致金融风险的因素很复杂，是多种因素积累爆发的结果，有可能是自然灾害、经济因素、政治因素、科学技术的发展等一系列客观因素所带来的金融风险，也有可能是资金借贷与经营者受到因其自身经营不善或投机等因素的干扰，或因自己心理预期的失误等引起的金融风险。结合世界各国的经验教训和我国的实际情况，导致金融风险的主要因素可归纳为以下几个方面：

1.宏观经济政策不当或失误

在现代市场经济条件下，政府的宏观调控对于弥补市场缺陷、保证经济健康运行是必要的。但是，政府对经济干预不当，特别是政府决策失误也会导致经济秩序混乱。政策不当或失误导致的金融风险主要表现为：①政府决策失误、内在的扩张冲动、寻租行为和干预不当，会增大货币供给量、恶化存量，导致金融机构资产质量下降，呆账坏账增加，金融风险加大；②政府对中央银行活动的过度干预，会削弱中央银行的独立性，扭曲政策，使货币政策不能完全符合经济发展的实际要求，导致金融体系运行不稳定；③政府对信用活动的直接参与和对信贷活动的行政干预可能带来金融机构经营行为的非自主性、资金非商业化经营和信贷软约束的后果，从而可能促成或扩大金融风险。

2.金融监管体制不健全

这表现为金融监管机构目标模糊，监管无的放矢，职责不清，责任不明。我国金融监管不力的原因有：我国金融监管工作在具体的实施过程中并没有具体量化的指标，监管操作规范也并不是十分到位；监管人员素质不高，有些人无法胜任金融监管工作；监管手段落后。目前，我国金融监管的主要手段是直接监督，采取的监管方法是行政监督，而在国外运用得较为娴熟的法律金融监管手段与经济监管手段，在我国的金融监管中运用得较少。目前，我国对金融机构的检查、评价与管理，还缺乏统一的、行之有效的具体量化指标，这直接影响了我国金融监管的效率。

3.金融体系自身的脆弱性

金融系统本身高负债经营的特点决定了其极易出现失败的内在属性。金融体系天然的内在不稳定性，使金融风险积聚到一定程度后便会引发金融危机。中国金融业发展较为迅速，金融风险也随之逐步增大。为了增强处理风险的能力，金融业进行了多方面的创新。然而，金融创新在促进金融业快速发展的同时也给金融业带来了新的风险。系统性金融风险因场外交易增多而增大，影子银行的高杠杆操作、期限结构极端错配、过度创新、依赖批发市场融资等特征使其在内外力量的共同作用下产生系统性金融风险。

4.信息不对称

单个储户的理性行为或银行经营者的道德风险等会导致风险积累，各利益相关者间的信息不对称使得金融有效配置无法实现，个体风险进而扩大为系统性金融风险，个人的理性选择行为最终导致集体困境产生。由于银行体系的脆弱性，理性存款人的集体行为会导致银行挤兑的出现，同样银行之间的信息不对称也会引起挤兑的发生，最终产生系统性金融风险。道德风险和逆向选择的信息不对称也会引发金融风险。由于银行之间存在强外部关联性，因此，当多数银行产生道德风险时，银行体系会因逆向选择而变得异常脆弱，从而增加了危机发生的可能性。

5.经济一体化和金融国际化的传导

随着经济全球化程度的深化，金融国际化日益强劲，由此使各国金融业之间及国内金融业与国际金融业之间相互融合、相互依赖、相互作用，资本流动迅速、量大而频繁，这进一步加大了金融风险。

知识链接 10-2　当前我国面临的主要金融风险

我国经济发展进入新常态，“三期叠加”使得企业和家庭的资产负债表恶化，产生债务违约风险并向金融体系传导。具体而言，一是部分企业盲目扩张、过度负债等问题的后遗症逐步显现，加之受资源与环境制约、担保圈“连坐”等因素影响，经营陷入困境，导致不良贷款和债券违约多发。同时，“僵尸企业”市场出清迟缓也导致经济与社会成本向金融业转化和积累。二是房地产市场形成了高价格、高库存、高杠杆、高度金融化和高度关联性等特征，具有巨大的资金虹吸效应，且很大一部分通过影子银行体系获得，强化了房地产与金融的风险传导。三是一些地方政府以各类“名股实债”和购买服务等方式加杠杆，部分政府性债务偿还缺乏实际保障。四是居民部门杠杆率增长较快。五是输入性风险上升，国际政治经济环境变化形成的外溢效应影响经济金融稳定。

风险防控主攻方向是围绕解决高杠杆、产能过剩、房地产、政府隐性债务、影子银行和交叉业务、金融资源供需失衡等积弊深重的结构性体制性问题，从制度层面形成有力举措和长效机制，在推动高质量发展中防范化解风险。

习近平总书记指出，“防范化解金融风险特别是防止发生系统性金融风险，是金融工作的根本性任务”。当前，我国金融风险总体可控，但风险隐患依然不少，金融体系脆弱性有所上升。要把主动防控金融风险放在更加重要的位置，并与服务经济高质量发展、深化金融供给侧结构性改革相结合，全力维护金融稳定。

资料来源：田继敏．如何防范化解我国当前面临的主要金融风险［EB/OL］．［2019-06-11］．http：//www.rcbda.cn/news/1467.html.有删减。

四、金融风险的危害及管理

（一）金融风险的危害

金融风险的特征决定了其带来的危害程度远远超过其他行业，不仅破坏金融秩序和金融系统，还有可能危及国家的经济安全和社会稳定。

一家金融机构发生的风险所带来的后果，往往超过对其自身的影响。金融机构在具体的金融交易活动中出现的风险，有可能对该金融机构的生存构成威胁；一家金融机构因经营不善而出现危机，有可能对整个金融体系的稳健运行构成威胁；一旦发生系统风险，金融体系运转失灵，必然会导致全社会经济秩序的混乱，甚至引发严重的政治危机。

案例探析 10-2

冰岛的“国家破产”

因为自然资源贫乏，冰岛人明白靠捕鱼为生是没有可能令国家富有的，所以他们便大力发展金融业，以高利率与低管制的开放金融环境，吸引海外资金。社会经济资源开始向扶植金融产业方向倾斜，冰岛的银行开始了无节制的借贷，用5.45%的利息吸引整个欧洲的储户，构成了几乎整个冰岛银行系统的三大银行在宽松信贷的基础上迅速扩张，其联合资产5年之间增长了10倍。金融业的过度扩张，导致冰岛的虚拟经济规模远远超过实体经济，经济结构呈倒金字塔形。冰岛的净外部负债超过了GDP 2.2倍，为其经常账户收入的3.7倍。

冰岛的银行业并不是一个胆大的“赌徒”，它只是众多“赌徒”中的一员，而且是很守规矩的一员。它率先倒下的原因不是玩得过火了，而仅仅是因为冰岛金融业在国内经济的比重过大，而国家实体经济太过脆弱，政府无法承担虚拟经济所遭遇的重创，最终导致“国家破产”。

资料来源：佚名．冰岛：国家破产（2）［EB/OL］．［2020-04-15］．http：//www.chinavalue.net/Media/Article.aspx？ArticleID=37257&PageID=2.有删减。

思考讨论：

导致冰岛出现金融风险的根本原因是什么？

分析提示：席卷全球的金融危机给冰岛的货币带来流动性危机，政府没有进行有效的金融监管，反而鼓励银行进行投机行为，这是导致风险出现的根本原因。

（二）金融风险的管理

金融风险管理是指以消除或减少金融风险及其不利影响为目的，通过实施一系列的政策和措施来控制金融风险的行为。风险管理不等于损失管理，其本质特征是事前管理。风险管理的目标是创造价值，而不是减少损失或降低风险。金融机构是经营风险的企业，其本质和基本使命就在于承担和管理风险，并实现风险换收益。对于金融机构而言，风险可以被视为一种商业经营的资源，风险管理则是金融机构的核心竞争力。无论是从防范损失、避免危机和破产，还是从获取盈利、追求创新和发展的角度看，风险管理都发挥着至关重要的作用。以内部控制为主要内容的传统风险管理已经发展到包含风险对冲、限额、定价以及风险业绩调整等更加全面的现代风险管理阶段，风险管理也进入了金融机构战略管理的层面。

1.风险管理的流程

在一般情况下，风险管理的流程主要包括：风险识别、风险评估、风险评价、风险控制、风险监督、风险报告。

（1）风险识别：金融机构对所面临的以及潜在的风险加以判断、归类整理，并对风险的性质进行鉴定的过程。它是风险管理的第一步，包括感知风险和分析风险两个环节。感知风险是通过系统化的方法发现金融活动主体所面临的风险种类和性质；分析风险是深入理解和分析各类风险的成因和变化规律。

（2）风险评估：采用定量分析的方法，旨在风险识别的基础上，对风险进行量化，度量和评价所面临的风险在量上的大小。

（3）风险评价：根据风险识别和评估的结果，按照所面临的风险发生的频率和严重性，将风险分为严重并经常发生、严重但不经常发生、不严重也不经常发生和不严重但经常发生四级。

（4）风险控制：根据风险分类的结果、风险策略和对收益与成本的权衡，针对确需管理的风险，在诸多的风险管理的政策措施中做出选择，并具体实施与之相应的管理方法。

（5）风险监督：按照风险政策和程序，对风险控制的动作进行监督和控制，包括对风险政策的建议、对是否超过经济资本限额的监督。

（6）风险报告：定期通过管理信息系统，将风险及其管理情况报告给董事会、股东和监管当局。

2.风险管理的策略

风险管理的策略，是指金融机构面临风险时可以选择采用的应对方法，主要包括风险规避、风险控制、风险分散、风险对冲、风险转移、风险补偿与准备金等策略。

（1）风险规避，是指金融机构通过拒绝或退出某一业务或市场来消除本机构对该业务或市场的风险暴露。风险规避策略的应用对象往往是金融机构不擅长承担和管理的非目标风险、超过金融机构资本金承受范围的过度风险或不具有适当风险溢价的不当风险。在现代金融机构风险管理实践中，风险规避主要通过经济资本配置来实现。风险规避策略的实施成本主要在于风险分析和经济资本配置方面的成本支出，此外，由于没有风险就没有收益，规避风险的同时自然失去了在这一风险和业务方面获得收益的机会和可能。风险规避策略的局限性在于它是一种消极策略，不能成为金融机构主导的风险管理策略。

（2）风险控制，是指金融机构采取内部控制手段降低风险事件发生的可能性和严重程度。金融机构在损失发生之前，对所面临的风险种类和性质、风险产生的原因、损失发生的过程、风险事件对本机构可能产生的影响及其程度等各方面进行深入具体的分析，并在此基础上，预先采取防范性措施，以防止损失的实际发生，或降低发生损失的可能性和严重性，将损失和风险控制在可以承受的范围之内。对于难以量化管理，而且也不容易通过市场进行转移或对冲的风险，风险控制策略显得尤为重要。与其他风险管理策略相比，风险控制策略最突出的特征是控制措施的目的是降低风险本身，即降低损失发生的可能性或者严重程度，而不是将风险转嫁给外部或从外部获得补偿。因此，实施风险控制策略的成本主要在于控制费用的支出。

（3）风险分散，是指通过多样化投资来分散和降低风险的办法。在金融投资领域最出名的一句话就是“不要把鸡蛋放在同一个篮子里”。一个篮子烂了，放在其他篮子里的鸡蛋还能保住。只要分散投资的不同资产不是完全正相关的，分散投资就有降低风险的作用。对于由互相独立的多种资产组成的资产组合，只要组成资产的个数足够多，其非系统性风险就可以通过这种分散化的投资完全消除。

（4）风险对冲，是指通过投资或购买与标的资产收益波动负相关的某种资产或衍生产品，来冲销标的资产潜在损失的一种策略性选择。风险对冲是管理利率风险、汇率风险、股票风险等市场风险的非常有效的办法。与风险分散策略不同，风险对冲可以管理系统性风险和非系统性风险，还可以根据投资者的风险承受能力和偏好，通过对对冲比率的调节，将风险降低到预期水平。为了防范和化解系统性风险，人们需要借助金融衍生工具进行风险对冲。常见的风险对冲手段是套期保值，是以规避现货风险为目的的期货交易行为，其含义是指与现货市场相关的经营者或交易者在现货市场上买进或卖出一定数量的现货品种的同时，在期货市场上卖出或买进与现货品种相同、数值相当但方向相反的期货合约，以期在未来某一时间，通过同时将现货和期货市场上的头寸平仓后，以一个市场的盈利弥补另一个市场的亏损，从而达到规避风险的目的。

（5）风险转移，是指通过购买某种金融产品或采取其他合法的经济措施将风险转移给愿意和有能力承接的主体的一种风险管理办法。风险转移可分为保险转移和非保险转移。保险转移是通过向保险公司支付保费的方式，将风险转移给保险公司。非保险转移通常采用担保和备用信用证等方式将风险转移给第三方。例如，当金融机构提供信用贷款时，需要通过借款人提供第三方担保，如不能到期偿还贷款，由担保方代为偿还。另外，金融机构还会借助衍生产品（如期权合约等）作为特殊保单来转移利率、汇率、股票和商品价格风险。

（6）风险补偿与准备金。风险补偿主要是指事前（损失发生以前）的价格补偿。对于那些无法通过分散或转嫁等方法进行管理，而且又无法规避不得不承担的风险，投资者可以采取在交易价格上加进风险因素，即风险回报的方式，获得承担风险的价格补偿。风险是有价值的，承担风险就要获得风险回报，转嫁或减少风险就要付出成本。风险准备金策略，是指金融机构针对风险事件发生的可能性提取足够的准备性资金，以保证损失发生之后能够很快被吸收，从而保障金融机构仍然能够正常运行。该策略的成本主要表现为利润的扣减和持有资本金而付出的资本投资机会成本。风险准备金策略与风险补偿策略密切联系，因为持有风险准备金的成本是通过风险定价机制来获得合理补偿的，风险补偿的内容中既要包括预期损失，也要包括资本成本。

知识链接 10-3　　我国金融风险管理的演进与阶段性特征

我国在20世纪80年代中期，开始关注和研究金融风险管理问题。最初的关注来源于人民币汇率的几次贬值所带来的汇率风险问题。当时的主要举措是中国银行为客户推出了代做不同外币之间的远期交易的中间业务。

20世纪90年代中期以后，伴随我国经济金融改革的全面深化，各种金融风险逐步全面显现和突出，在金融机构和一般企业层面逐步建立和强化了金融风险管理意识，开始着手构建金融风险管理的基本框架；在国家层面开始制定和出台有关金融风险监管的法规，要求金融机构和企业加强风险管理，导入内部控制的理念，建立内部控制制度，建立资本充足率管理机制。

进入21世纪以来，我国不同层面、不同部门共同跟踪国际上金融风险管理的最新进展，共同推进金融风险的定性分析和定量分析，按照《巴塞尔资本协议Ⅱ》的要求导入银行业和国有大中型企业全面风险管理体系的建设规范，按照全面风险管理理念推出新的风险监管法规。

资料来源：作者根据相关资料整理。

任务二 金融监管

案例探析 10-3

强金融监管下，网贷良性退出

近年来，网络借贷（以下简称“网贷”）行业在我国一度快速扩张，相应地，风险也不断暴露。复盘网贷行业近年来的发展可以看到，2015年是行业的一个转折年。这一年，网贷机构频繁被曝出问题，一年新增近1 300家问题平台，是2014年及以前总和的近3倍。

随着近年来金融监管力度的加强，国内网贷存量风险明显下降。在互联网金融和网络借贷专项整治工作的推进下，截至2020年3月31日，全国实际在运营网络借贷机构139家，比2019年年初下降86%，借贷余额下降75%，出借人数下降80%，借款人数下降62%。机构数量、借贷规模及参与人数连续21个月下降。自整治工作开展以来，累计已有近5 000家机构退出。

分析近年来的整治情况可以发现，对网贷行业的整改绝非易事。实际上，对网贷的监管也经历了从无到有再到体系化的过程。2015年发布的《关于促进互联网金融健康发展的指导意见》，是网贷行业的第一份纲领性指引。很快，专项整治启动后，“一个办法三个指引”正式出台，从机构定位、业务边界、信息披露、投资者保护及行业管理体制等多个角度确立了网贷行业规范，也为后续的风险防控做出了方向上的指引。

结合2020年以来监管释放出的多个信号可以看出，2020年是国内网贷行业退场的最后期限。2020年4月底，互联网金融整治领导小组和网贷整治领导小组联合召开电视电话会议指出，争取2020年基本完成互联网金融和网贷风险专项整治的主要目标任务。此前，中央银行电视电话会议部署2020年六大重点工作安排时也明确指出，年内要彻底化解互联网金融风险，建立完善互联网金融监管长效机制。

资料来源：钱箐旎．网贷整治以来已有近5 000家机构退出［EB/OL］．［2020-05-13］．http：//yuqing.people.com.cn/n1/2020/0513/c209043-31707089.html.

思考讨论：

通过案例解读，谈谈你对金融监管的理解。

一、金融监管的定义

动画微课10-2

金融监管概述

金融监管是金融监督和金融管理的总称。金融监管属于管制的范畴。金融监管有狭义和广义之分。狭义的金融监管是指中央银行或其他金融监管当局依据国家法律规定对整个金融业（包括金融机构和金融业务）实施的监督管理。广义的金融监管在上述含义之外，还包括金融机构的内部控制和稽核、同业自律性组织的监管、社会中介组织的监管等内容。金融监管在市场经济中具有三个基本特征：法治性、系统性和社会性。下面从金融监管的对象、金融监管的内容方面进行深入理解。

金融监管的传统对象是国内银行业和非银行金融机构，但随着金融工具的不断创新，金融监管的对象逐步扩大到那些业务性质与银行类似的准金融机构，如集体投资机构、贷款协会、银行附属公司或银行持股公司所开展的准银行业务等，甚至包括对债券市场业务有关的出票人、经纪人的监管等。如今，一国的整个金融体系都可视为金融监管的对象。

实践操作10-2
答案提示

金融监管的主要内容包括：对金融机构设立的监管；对金融机构资产负债业务的监管；对金融市场的监管，如市场准入、市场融资、市场利率、市场规则等；对会计结算的监管；对外汇外债的监管；对黄金生产、进口、加工、销售活动的监管；对证券业的监管；对保险业的监管；对信托业的监管；对投资黄金、典当、融资租赁等活动的监管。

实践操作 10-2

请了解中国现行的金融监管制度体系。

二、金融监管的目标与意义

金融监管的目标是指对金融业实施监管所要达到的目的。它是实现金融有效监管的前提和实施具体金融监管措施的依据。我国社会主义市场经济新时期金融监管的基本目标包括：①贯彻执行国家的金融法令和政策；②维护金融业的安全与稳定；③调整银行业和非银行金融机构内部之间的关系，维护高效、具有竞争性金融体系的运行；④维护公众在金融业的正当利益；⑤维持货币稳定，促进国民经济稳定增长。

金融是现代经济的核心，具有特殊的公共性和全局性。金融业是一个存在诸多风险的特殊行业，关系到千家万户和国民经济的方方面面。进行有效的金融监管，有利于实现金融业经营活动与国家金融货币政策的统一；有利于减少金融风险，确保经营的安全；有利于实现公平有效的竞争，促进金融业的健康发展。

三、金融监管的基本原则

所谓金融监管原则，即在政府金融监管机构以及金融机构内部监管部门的金融监管活动中，始终应当遵循的价值追求和最低行为准则。

（一）监管主体独立性原则

监管主体的独立性是金融监管机构实施有效金融监管的基本前提。监管主体的独立性是指金融监管机构及从事监管工作的人员依法履行监督管理职责，受法律保护，地方政府、各级政府部门、社会团体和个人不得干涉。在一个有效的金融监管体系下，参与金融监管的各个机构要有明确的责任和目标，并应享有操作上的自主权和充分的资源。在我国，中国人民银行专注于制定和执行货币政策，以实现对国民经济的宏观调控，而金融监管的职能主要由国家金融监督管理总局（在原银保监会基础上建立）、证监会来执行。

（二）依法监管原则

金融监管机构依法监管是确保金融体系正常运行的保证。金融依法监管包含三层含义：一是国家必须以法律的形式确定金融监管机构的法定地位和职责等；二是金融监管机构必须依据有关法律、法规和规定实施金融监管，即金融监管必须有明确的法律授权，通过立法赋予监管机构必要的监管权力，并为其提供有效行使这些权力的法律保证，从而体现银行监管的公正性、权威性、强制性；三是金融机构应合法经营，依法接受监管当局的监督，确保监管的有效性。

（三）外部监管与自律并重原则

这是指自我约束和外部强制相结合。通常来说，内因是变化的根本，外因是变化的条件，要实现监管的及时和高效，既不能完全依靠外部强制管理，也不能完全寄希望于金融机构自身自觉的自我约束。因为外部强制管理无论多么缜密严格，如果监管对象不配合、不协作，那么外部监管也难以收到预期效果；反之，如果将全部希望寄托在被监管对象自身的“内控”上，利益的驱动还是难以避免一些金融机构的冒险行为，以及由此带来的金融风险。因此，外部监管的有效性需要内部控制的严密配合。

（四）安全稳健与经营效率结合原则

保证金融机构安全稳健经营与发展是金融监管的基本目标。为此所设置的金融法规和一系列指标体系都是着眼于金融业的安全稳健及风险防范。但金融业的发展在于满足社会经济发展的需要，追求发展就必须讲求效率。因此，金融监管不应是消极地单纯防范风险，而应是积极地把防范风险同提高金融效率这个最基本的要求协调起来。

（五）适度竞争原则

竞争是市场经济条件下的一条基本规律。金融监管当局的监管重心应放在保护、维持、培育、创造一个公平、高效、适度、有序的竞争环境上，既要避免造成金融高度垄断，排斥竞争，从而丧失效率与活力，又要防止出现过度竞争、破坏性竞争，从而波及金融业的安全和稳定。

（六）统一性原则

统一性原则是指金融监管要做到使微观金融和宏观金融相统一，以及国内金融和国际金融相统一。

四、金融监管的方法及手段

一般而言，金融监管是为了降低金融市场的成本，维持正常合理的金融秩序，提升公众对金融的信心。因此，监管是一种公共物品，由政府公共部门提供的旨在提高公众金融信心的监管，是对金融市场缺陷的有效和必要补充。

（一）政府金融监管的主要方法

1.依法实施金融监管

金融机构必须接受国家金融管理当局的监管，金融监管必须依法进行，这是金融监管的基本点。要保证监管的权威性、严肃性、强制性和一贯性，才能保证它的有效性。而要做到这一点，金融法规的完善和依法监管是绝对不可少的。

2.运用金融稽核手段实施金融监管

金融稽核，是中央银行或监管当局根据国家规定履行稽核职责，对金融业务活动进行的监督和检查。金融稽核、监督检查的主要内容包括：业务经营的合法性、资本金的充足性、资产质量、负债的清偿能力、盈利情况、经营管理状况等。

3.“四结合”监管方法

“四结合”的监管方法包括现场稽核与非现场稽核相结合，定期检查与随机抽查相结合，全面监管与重点监管相结合，外部监管与内部自律相结合。

（二）金融监管的主要手段

金融监管的基础在于微观经济治理，主要依靠带有强制性的法律法规来规范金融机构的行为，明确金融机构对实体经济服务的标准与要求，进而影响到微观经济主体的经济行为。

1.公告监管

公告监管是指政府对金融业的经营不作直接监督，只规定各金融企业必须依照政府规定的格式及内容定期将营业结果呈报政府的主管机关并予以公告，至于金融业的组织形式、金融企业的规范、金融资金的运用，都由金融企业自我管理，政府不对其多加干预。

公告监管的内容包括：公告财务报表、最低资本金与保证金规定、偿付能力标准规定。在公告监管下金融企业经营的好坏由其自身及一般大众自行判断，这种将政府和大众结合起来的监管方式，有利于金融机构在较为宽松的市场环境中自由发展。但是由于信息不对称，金融企业和公众很难评判金融企业经营的优劣，对金融企业的不正当经营行为也无能为力。因此，公告监管是金融监管中最宽松的监管方式。

2.规范监管

规范监管又称准则监管，是指国家对金融业的经营制定一定的准则，要求其遵守的一种监管方式。在规范监管下，政府对金融企业经营的若干重大事项，如金融企业最低资本金、资产负债表的审核、资本金的运用、违反法律的处罚等，都有明确的规范，但对金融企业的业务经营、财务管理、人事等方面不加干预。这种监管方式强调金融企业经营形式上的合法性，比公告监管方式具有较大的可操作性，但由于未触及金融企业经营的实体，仅是一些基本准则，故难以起到严格有效的监管作用。

3.实体监管

实体监管是指国家订立完善的金融监督管理规则，金融监管机构根据法律赋予的权力，对整个金融市场，尤其是金融企业进行全方位、全过程有效的监督和管理。实体监管过程分为三个阶段：

第一阶段是金融企业设立时的监管，即金融许可证监管；

第二阶段是金融企业经营期间的监管，这是实体监管的核心；

第三阶段是金融企业破产和清算的监管。

实体监管是国家在立法的基础上通过行政手段对金融企业进行的强有力的管理，比公告监管和规范监管更为严格、具体和有效。

知识链接 10-4 金融科技助力金融监管

中国人民银行成立金融科技委员会，提出旨在加强金融科技工作的研究规划和统筹协调，这也意味着将强化金融监管科技，积极利用大数据、人工智能、云计算等新科技来丰富金融监管手段，提升对跨行业、跨市场交叉性金融风险的甄别、防范和化解能力。

随着金融向网络化、数字化趋势发展，我国金融监管也随着金融发展的变化而有所改变。业内人士普遍认为，利用数字技术手段提升金融监管能力是当前金融科技发展的一个最新动向。大数据技术给金融监管提供了更多便利，也直接促进金融信息披露的阳光化和透明化。

资料来源：作者根据相关资料整理.

五、金融监管的协调与合作

之所以强调协调监管的重要性，既因为银行、证券、保险的边界变得更加模糊，也由于交叉监管领域的所谓“新金融”的蓬勃发展，以及各种“影子银行”或“银行的影子”所带来的挑战，这特别体现在现在的各种互联网金融创新上。在历次市场动荡和风险积累中，我们都看到某些“失控的创新”往往发生在监管部门的职能重叠或空白区，使得资金流向和产品创新都超出了原有机构业务边界，监管者很难预判风险点。因此，迫切需要强化更高层面的常设性监管协调机制。

（一）金融监管的国内协调

2018年3月13日公布的国务院机构改革方案中，将中国银行业监督管理委员会和中国保险监督管理委员会的职责整合，组建中国银行保险监督管理委员会；同时将中国银行业监督管理委员会和中国保险监督管理委员会拟定银行业、保险业重要性法律法规草案和审慎监管基本制度的职责划入中国人民银行，这实质上进一步整合了我国现有的金融监管职能，强化了中央银行宏观审慎监管与系统性风险防范的职责，在金融监管协调框架中进一步提升了中央银行的地位。2023年3月，中共中央、国务院印发了《党和国家机构改革方案》，决定在中国银行保险监督管理委员会基础上组建国家金融监督管理总局，不再保留中国银行保险监督管理委员会。

从总体上看，有效的金融监管取决于两方面的因素：一是金融监管与货币政策的关系，金融监管必须能够有效地配合货币政策从而服务于经济发展；二是金融监管体系内部各种关系的协调配合，包括金融监管总局和证监会之间的分工和协调机制，这直接关系到金融监管的总体效果。

1.金融监管与货币政策的相互协调

（1）金融监管与货币政策之间的关系

将金融监管职能和货币政策职能相分离，是为了提高货币政策的独立性和金融监管的专业性。从根本上讲，二者是相辅相成的。

拓展阅读10-1

我国货币政策与金融监管之间的冲突

首先，货币政策与金融监管的最终目标一致，货币政策的目标是保持人民币币值稳定，以此为宏观经济发展创造一个良好的货币金融环境，而作为货币创造主体的金融机构的稳定又是币值稳定的前提，因此，从这个角度来说，金融稳定促进币值稳定，进而促进经济发展，二者的目标是高度一致的。

其次，金融监管是贯彻落实货币政策、实现货币政策目标的重要保证，有效的金融监管是货币政策传导机制顺畅、市场预期稳定的基础和保证。

最后，金融监管信息的准确反馈又可以促进货币政策的制定和执行。金融监管如果不得力，金融机构和金融市场的风险和不稳定性就会加大，货币政策的传导机制就会滞后和扭曲，货币政策的中间目标比如信贷总量、货币供应量甚至可能失真，货币政策对于最终目标的控制就会被弱化而无法保证。这反过来也不利于金融系统的稳定发展。

因此，货币政策与金融监管的辩证关系决定了二者需要相互协调和配合，以实现金融业稳定、币值稳定、经济增长稳定的目标。

（2）金融监管与货币政策的协调内容

第一，对商业银行监管和微观传导机制运行的协调。货币政策工具实施后，在金融机构和金融市场中如何传导，传导时滞的长短，中央银行对此可控性有限，需要通过对金融业的发展和现状进行动态的把握和认识，对可能出现的新情况有前瞻性的认识。

第二，统计数据和信息的协调。应进一步完善信息共享制度，组建统一的信息平台，实现监管数据的网络化、电子化共享。

第三，危机机构处理措施的协调。应急机制在发挥作用的时候，需要金融机构救助政策的协调配合。在救助政策的配合上，对于仅出现流动性不足问题的金融机构，可由中国人民银行提供一定的流动性支持，同时由金融监管机构介入，督促金融机构提高自身的流动性；对于资不抵债的金融机构，中国人民银行要行使最后贷款人的职责，监管机构要对该金融机构采取接管或破产的措施。

2.不同金融监管机构之间的协调

（1）分业监管体制下综合经营带来的挑战

近年来，混业经营与分业监管的矛盾较为突出，造成分业监管模式对金融机构混业经营“无可奈何”的主要问题有两点，即监管部门的沟通成本与监管真空。就监管部门的沟通成本来说，中国人民银行、证监会等行政级别相同，各部门对其他部门只具有建议权而无行政命令权，部门间的协调沟通与联合执法涉及众多的法律法规，时间成本、人力成本巨大，效率低下，监管信息无法及时共享。随着包括商业银行在内的多数金融机构的业务经营呈现多元化与综合化的特征，跨行业、跨市场投融资业务链条增加，而分业监管下，监管部门无法监测资金的真实流向，从而形成监管真空，极易引发金融风险的跨行业、跨市场传播，以及引发系统性风险。例如，近年来，我国金融控股公司和金融集团发展较快，其所属的从事金融各行业的子公司虽仍归在分业监管的框架之内，但是在这些集团内部，由股权的联系所带动的金融各行业之间资金的流动、风险的转移和财务状况的变化等更加复杂。尽管我国有关法律严格限定分业经营和分业监管，但是从一定程度上讲，这些公司或集团还是具备了混业经营的雏形。这就使我国金融领域出现“宏观分业，微观混业”的局面，给监管带来了挑战。

（2）分业监管体制下金融监管机构的协调

①增强联席会议制度的权威性，强化主监管方的权力。统一的监管制度相比分业监管最大的好处在于，把不同部门之间的监管协调变为监管部门内部的协调，协调的权威性和正式性都得到了强化和保障，减少了监管协调成本。

目前，我国三大监管机构签署了合作备忘录，在明确各自分工的基础上，建立了定期信息交流制度、经常联系机制和联席会议机制。但是，监管联席会议制度的实际运行和效果还不尽如人意，原因之一在于这种协调机制的制度性和权威性有待加强。建议进一步通过法律法规的强制力保证其运作，明确规定联席会议的运行机制、各方的分工和合作等。

②加强金融监管机构操作层面上的协调。除高层协调外，金融监管机构下属的职能部门应加强日常交流和协作。具体部门可加强沟通，共享信息，互相提供服务，联合进行检查，合作处理有问题的金融机构，促进监管机构之间的协调。

③监管协作的具体内容：首先是信息共享，可建立统一的信息收集和处理中心，专门进行信息的收集、处理和提供，提高信息获取效率。其次是对混业经营中出现的监管真空和监管重复进行协调清理。鉴于目前金融监管法律框架仍然停留在分业经营的层面，三大监管机构可以根据出现的新情况、新问题联合制定规范文件，消除法律的空白地带。最后是金融控股集团的监管，要统一监管规范，共同制定金融控股集团资本规模、风险资产暴露、业务和信息防火墙设置等具体监管措施。

近几年来，金融各子行业之间交叉经营和跨业经营快速发展，一些金融机构过度追求多元化扩张和高利润目标，金融交叉或混业领域的监管法规政策落后于市场创新实践，致使金融风险在行业之间传递演变，区域性和系统性风险正在生成之中。对此，只有加强金融监管协调，完善金融监管法规政策，才能维护金融业依法规范发展，守住不发生区域性和系统性金融风险的底线。

知识链接 10-5　　我国金融监管体系：从分业监管到监管协调

1.1986—1991年：混业监管时期

1986年颁布的《中华人民共和国银行管理暂行条例》，使中国人民银行作为中央银行和金融监管当局的职责在法律上成立，自此中国人民银行开始行使中央银行职能，同时也肩负着对银行、证券、保险、信托在内的整个中国金融业的监管职责。

2.1992—2003年：“一行三会”监管体系形成

1992年，证券交易所成立，证券公司及股份公司数目上升，中国人民银行的监管难度加大。在此基础上，国务院证券委员会和证监会相继成立，1995年中国人民银行不再负责对证券公司的监管，交由证监会行使监管职权。1998年，在亚洲金融危机之后，防范和化解金融风险的重要性日益凸显，中央召开首次全国金融工作会议，强调要从根本上解决金融领域存在的问题，并决定对金融业实行分业监管。在该背景之下，中国保险监督管理委员会成立，中国人民银行不再肩负保险业的监管职责。2003年，在党的十六届二中全会和十届全国人大一次会议的国务院机构改革方案中，提出将中国人民银行对银行、金融资产管理公司、信托投资公司及其他存款类金融机构的监管职能分离出来，和中央金融工委的相关职能进行整合，成立中国银行业监督管理委员会，自此，中国银监会成立，履行银行业的监管职责。在2003年中国人民银行“三定”方案中提出，维护金融稳定与制定和执行货币政策是央行最重要的两大职责。自此，正式形成了由中国人民银行负责货币政策和金融稳定，银监会、证监会和保监会实施分业监管的“一行三会”格局，开启了金融监管专业分工的监管阶段。

3.2004—2017年：“一行三会”监管体系的实施及监管协调推进

一行三会”监管体系的实施：在分业监管的体系下，银监会逐渐形成了以资本监管为主的审慎监管框架，设置资本充足率、资产质量、信用风险、市场风险等审慎监管指标，在公司治理、内部控制、合规风险等方面形成了较为健全的管理制度。保监会成立后，前期高回报率保单带来的利差损失逐渐修复，保险资金运用管理体制改革也取得了突破，并在“国十条”的推动下，扩大资产配置到股票等资产类别。但是随着险资投资范围不断拓展，按机构分业监管存在监管漏洞，保险行业内的乱象也逐渐凸显。近年来，由于金融创新的过度表外化和融资业务的过度同业化，金融业的交叉风险一步步加剧，资管通道业务急剧增加，资金过度运用杠杆，增加了整个金融业的系统性风险。

监管协调逐步推进：从央行下属金融稳定局到金融稳定发展委员会成立。自分业监管以来，对混业经营与分业监管间矛盾的补救措施一直在推进之中。2003年，中国人民银行设立金融稳定局，其重要职能之一就是综合分析和评估系统性金融风险，提出防范和化解系统性金融风险的政策建议，下设科室负责银行业、证券业、保险业的风险监测与评估。2013年8月，国务院曾批准建立由中国人民银行牵头的金融监管协调部际联席会议制度，负责“一行三会”间监管政策的协调。2016年年初，国务院办公厅在其经济局六处的基础上设立金融事务局，专门负责“一行三会”间的行政事务协调。2017年7月，全国金融工作会议宣布设立国家金融稳定发展委员会；在随后召开的中国人民银行党委扩大会议中，国务院确定将在中国人民银行设立金融稳定发展委员会。

4.2018—2023年：由协调监管到混业监管：银监会、保监会合并

在2017年第五次全国金融工作会议上，“维护金融安全”和“防范金融风险”被提到了前所未有的高度。2018年3月，国务院机构改革报告提出，将中国银行业监督管理委员会和中国保险监督管理委员会的职责整合，组建中国银行保险监督管理委员会，作为国务院直属事业单位。同时，还将中国银行业监督管理委员

会和中国保险监督管理委员会拟订银行业、保险业重要法律法规草案和审慎监管基本制度的职责划入中国人民银行，这意味着银行和保险业再度重启混业监管模式。

5. 2023年：组建国家金融监督管理总局

2023年3月，中共中央、国务院印发了《党和国家机构改革方案》，决定在中国银行保险监督管理委员会基础上组建国家金融监督管理总局，不再保留中国银行保险监督管理委员会；5月18日，国家金融监督管理总局揭牌。

资料来源：作者根据相关资料整理.

（二）金融监管国际协调的背景、方式与机制

1. 金融监管国际协调的背景

（1）金融全球化迅速发展

其主要表现在三个方面：第一，金融机构的跨国经营和规模的迅速扩张；第二，金融市场的全球联动；第三，金融资本的频繁跨国流动。

（2）金融自由化程度加深

许多国家加快开放资本账户和金融市场，放松了对跨国金融机构的各种限制，跨国银行得到了全面发展和迅速扩张，其触角已经伸到了几乎每一个新兴市场。1997年12月，WTO达成了《金融服务贸易协定》，开始介入全球金融服务领域。该协定规定WTO成员有义务对外开放银行、证券、保险等金融市场。WTO的一般性原则——自由竞争原则、最惠国待遇原则、国民待遇原则、逐渐开放市场原则和透明度原则将同样适用于WTO成员方的金融行业。跨国金融机构得到了前所未有的扩张机遇。

在金融全球化过程中，通过日益频繁的并购活动，金融资本的相互渗透和竞争，金融机构呈现出大型化、业务交叉、国际化等特征。

（3）金融风险的全球性

这主要表现在以下几个方面：第一，外汇市场风险；第二，国际银行业的风险；第三，国际证券市场的风险；第四，金融衍生工具的风险。

国际证券委员会组织和巴塞尔银行监管委员会认为衍生工具至少涉及6种风险，即市场风险、信用风险、流动性风险、操作风险、结算风险和法律风险。

2. 金融监管国际协调的方式

金融监管的国际协调主要是指国际经济组织、金融组织与各国以及各国之间，在金融政策、金融行动等方面采取共同步骤和措施，通过相互的协调与合作，达到协同干预、管理与调节金融运行并提高其运行效率的目的。金融监管国际协调的主体主要是各国政府监管当局以及国际社会成立的各种机构，比如IMF、WB、BIS、WTO、巴塞尔银行监管委员会、国际证券委员会组织、国际保险监管者协会等。

从形式上看，金融监管的国际协调有规则性协调和相机性协调；从地域上看，又分为全球性的国际协调、区域性的国际协调；从协调所涵盖的内容看，分为综合性的国际协调、专门化的国际协调；从协调频率上看，可分为经常性的国际协调和临时性的国际

协调。

其中，规则性协调主要由全球性的经济金融组织通过制定明确的规则来指导各国采取政策措施从而达到国际协调。其优点是具有权威性、连续性，缺点是规则一旦确定就不能随意更改，要延续一段时间，可能与实际情况脱节。

相机性协调是针对某一特定情况各国采取的政策组合和共同行动措施。其优点是灵活性、时效性、针对性比较强，缺点是协调成本高、约束力较弱。

3.金融监管国际协调的机制

（1）信息交换。两国或者多国之间的信息交换是国际协调最基本的内容之一。

（2）政策的相互协调。

（3）危机管理。

（4）联合行动。

从根本上说，在当今全球化趋势下，金融合作往往是跨行业、跨国界的，而行业监管部门或者一国的金融监管机构往往从本行业、本国利益出发，并没有真正的监管动力，因此，金融监管应超越国家利益，唯有金融监管的国际合作机制才有可能真正实施有效监管。

金融监管的国际合作除了在组织上建立合作机构外，还在建立双边或多边协调机制方面进行了积极的尝试：①建立双边协调机制；②建立区域性协调机制；③纳入国际贸易规范体系。

【金融微课堂】

习近平总书记多次强调，中国开放的大门永远不会关上，只会越开越大。面对充满风险与不确定性的世界环境，我国在积极构建新发展格局，进一步敞开大门。与此同时，中国共产党第二十次代表大会报告指出，要“加强和完善现代金融监管，强化金融稳定保障体系，依法将各类金融活动全部纳入监管，守住不发生系统性风险底线”。请问这如何理解？

项目小结

1.金融风险是指由金融市场的不确定性所引致的金融资产及其收益损失的可能性。在市场经济体系中，金融风险是客观存在的、难以完全避免的。

2.金融风险具有以下基本特征：①不确定性；②相关性；③高杠杆性；④传染性。

3.在金融领域中，有多种不同类型的风险。金融风险按照性质划分，分为信用风险、国家风险、市场风险、流动性风险、操作风险、法律风险和声誉风险；按照金融风险产生的根源划分，分为静态金融风险和动态金融风险；按照金融风险涉及的范围划分，分为微观金融风险和宏观金融风险；按照金融机构的类别划分，分为银行风险、证券风险、保险风险、信托风险等。

4.金融风险的主要表现：①风险可能来自借款人不履行约定的还款承诺；②风险

可能来自金融机构支付能力的不足；③风险可能来自市场利率的变动；④风险可能来自汇率的变化；⑤风险可能来自国家宏观经济金融决策的不适时宜或失误；⑥风险可能来自金融机构重要人员的违规经营；⑦风险可能来自其他国家或地区的政治经济形势变化；⑧风险可能来自金融衍生产品的过度使用；⑨风险可能来自金融机构的过快发展。

5.金融风险管理的流程主要包括：风险识别、风险评估、风险评价、风险控制、风险监督、风险报告。金融风险管理的策略包括：风险规避、风险控制、风险分散、风险对冲、风险转移、风险补偿与准备金。

6.金融风险的特征决定了其带来的危害程度远远超过其他行业，不仅可能破坏金融秩序和金融系统，还有可能危及国家经济安全和社会稳定。

7.金融风险防范与控制：①要进一步建立健全金融法律法规体系，完善金融主体法律机制，依法实施对金融机构的设立审批和市场退出管理；②加强对各类金融机构和金融业务的风险监管；③加大风险教育力度；④打击犯罪，抑制道德风险；⑤加强行业自律组织和市场中介组织的建设。

8.金融监管是金融监督和金融管理的总称。金融监管属于管制的范畴。金融监管有狭义和广义之分。狭义的金融监管是指中央银行或其他金融监管当局依据国家法律规定对整个金融业（包括金融机构和金融业务）实施的监督管理。广义的金融监管在上述含义之外，还包括金融机构的内部控制和稽核、同业自律性组织的监管、社会中介组织的监管等内容。金融监管在市场经济中具有三个基本特征：法治性、系统性和社会性。

9.金融监管目标是指对金融业实施监管所要达到的目的。它是实现金融有效监管的前提和实施具体金融监管措施的依据。我国社会主义市场经济新时期金融监管的基本目标包括：①贯彻执行国家的金融法令和政策；②维护金融业的安全与稳定；③调整银行业和非银行金融机构内部之间的关系，维护高效具有竞争性金融体系的运行；④维护公众在金融业中的正当利益；⑤维持货币稳定，促进国民经济稳定增长。

10.金融监管原则，即在政府金融监管机构以及金融机构内部监管机构的金融监管活动中，始终应当遵循的价值追求和最低行为准则。

11.政府金融监管的主要方法有：①依法实施金融监管；②运用金融稽核手段实施金融监管；③“四结合”的监管方法。金融监管的手段主要有公告监管、规范监管、实体监管。

12.有效的金融监管取决于两方面的因素：一是金融监管与货币政策的关系，金融监管必须能够有效地配合货币政策从而服务于经济发展；二是金融监管体系内部各种关系的协调配合，包括国家金融监督管理总局、证监会之间的分工和协调机制，这直接关系到金融监管的总体效果。

13.金融监管的国际协调主要是指国际经济组织、金融组织与各国，以及各国之间，在金融政策、金融行动等方面采取共同步骤和措施，通过相互间的协调与合作，达到协同干预、管理与调节金融运行并提高其运行效率的目的。

关键概念

金融风险　信用风险　汇率风险　利率风险　投资风险　流动性风险　系统性风险　金融监管

项目训练

一、单项选择题

1.金融风险是有关主体蒙受（　　）。

A.经济损失的可能性　　B.经济损失的确定性

C.名誉损失的可能性　　D.政治损失的可能性

2.某商业银行的信贷人员在收受某房地产开发商的贿赂以后，向该房地产开发商提供的虚假借款人发放了购买该房地产开发商的商品房的按揭贷款，则该商业银行承受了（　　）。

A.信用风险　　B.法律风险

C.流动性风险　　D.操作风险

3.如果与一国居民发生经济金融交易的他国居民为政府或货币当局，政府或货币当局为债务人，不能如期足额清偿债务，而使该国居民蒙受经济损失，这种可能性就是（　　）。

A.主权风险　　B.政治风险

C.转移风险　　D.社会风险

4.由于金融机构的交易系统不完善，管理失误所导致的风险属于（　　）。

A.市场风险　　B.信用风险

C.流动性风险　　D.操作风险

5.通过监管当局的实地作业来评估银行机构经营稳健性和安全性的监管方法是（　　）。

A.现场检查　　B.并表监管

C.实证检查　　D.非现场检查

二、多项选择题

1.金融监管是指一国的金融管理部门为达到稳定货币、维护金融业正常秩序的目的，依照国家法律、行政法规的规定，对金融机构及其经营活动采取一系列行为，主要包括（　　）。

A.外部监督　　B.稽核

C.检查　　D.对违法违规行为进行处罚

E.内部审计

2.我国金融监管原则包括（　　）。

A.依法监管原则　　B.监管主体独立性原则

C.充分原则　　D.适度竞争原则

E.统一性原则

3.金融监管国际协调的机制包括（　　）。

A.信息交换

B.政策的相互协调

C.危机管理

D.对商业银行监管和微观传导机制运行的协调

E.联合行动

4.我国现阶段金融监管的具体目标有（　　）。

A.维护金融业安全与稳定　　B.保护公众利益

C.维护金融业的公平竞争　　D.提高金融机构体系的保密性

三、判断题

1.如果商业银行在外汇交易中以美元兑换客户的欧元，而客户未履行将欧元划到银行指定账户的义务，这种可能性就是商业银行承担的信用风险。（　　）

2.我国目前的金融监管体制是独立于中央银行的混业监管体制。（　　）

3.金融风险最终一定导致金融危机。（　　）

4.自2003年4月起，中国人民银行专门从事银行监管职能。（　　）

四、实践应用题

资本市场迎“最强监管”

证监会公布了2019年证监稽查的20起典型案例，涉及财务造假、信息披露违规、操纵市场、内幕交易等多个资本市场违法违规类型。

为维护良好的金融市场环境，保护投资者权益，2020年以来，国务院金融稳定发展委员会（以下简称“金融委”）多次聚焦资本市场，明确表态“坚决打击各种造假和欺诈行为”“对造假、诈欺等行为严肃处理”。2020年5月4日，金融委召开的第二十八次会议强调，必须坚决维护投资者利益、严肃市场纪律，对资本市场造假行为“零容忍”，要坚持市场化、法治化原则，完善信息披露制度，坚决打击财务造假、内幕交易、操纵市场等违法违规行为，对造假的上市公司、中介机构和个人坚决彻查，严肃处理。

金融委严厉的措辞以及证监会稽查执法积极推进的背后，折射出的是监管层对市场化、法治化的重视。

在证监会公布的2019年证监稽查20起典型违法违规案例中，有一起私募基金“老鼠仓”的典型案例——上海熙玥利用未公开信息交易案。经上海熙玥投资管理有限公司投资委员会集体决策，2015年1月至3月，上海熙玥实际控制人邓二勇使用“竺某英”证券账户与公司担任咨询顾问的“熙玥1号”资管计划趋同交易，获利495万元。

这起典型案例突出反映了证监会对扰乱资本市场的行为加大查处力度，让资本市场回归本源，避免陷入劣币驱逐良币的投机中。而对私募基金“老鼠仓”的处罚更是纳入刑法处理，对维护市场秩序具有重要的警示作用。

资料来源：佚名. 先有金融委发声“零容忍”，后有证监会通报20起违规案例，资本市场迎“最强监管”[EB/OL].[2020-05-01]. https://baijiahao.baidu.com/s?id=1666356401777715969&wfr=spider&for=pc.

问题：在分业监管体制下如何进行金融监管协调？谈谈你的看法。

［1］黄达，张杰．金融学［M］．4版．北京：中国人民大学出版社，2017.

［2］黄达．金融学［M］．3版．北京：中国人民大学出版社，2013.

［3］朱新蓉．货币金融学［M］．4版．北京：中国金融出版社，2015.

［4］戴国强．货币银行学［M］．4版．北京：高等教育出版社，2015.

［5］张会丽．金融学基础［M］．大连：大连理工大学出版社，2014.

［6］中国银行业专业人员职业资格考试办公室．银行业法律法规与综合能力［M］．北京：中国金融出版社，2015.

［7］人力资源和社会保障部人事考试中心．金融专业知识与实务［M］．．北京：中国人事出版社，2016.

［8］杨长富，荆菊．货币银行学［M］．北京：国家行政学院出版社，2014.

［9］郝军．货币金融学［M］．北京：北京理工大学出版社，2012.

［10］魏宁．金融学［M］．重庆：重庆大学出版社，2015.

［11］刘澄，曹辉，李锋．金融学教程［M］．北京：中国人民大学出版社，2011.

［12］博迪．金融学［M］．2版．北京：中国人民大学出版社，2011.

［13］曹龙骐．金融学［M］．5版．北京：高等教育出版社，2016.

［14］冯瑞河．金融学［M］．北京：中国金融出版社，2011.

［15］倪成伟．财政与金融［M］．3版．北京：高等教育出版社，2014.

［16］贺瑛．金融概论［M］．5版．北京：高等教育出版社，2014.

［17］陈星，徐桂华．金融概论［M］．北京：高等教育出版社，2014.

［18］高建侠．金融基础［M］．北京：中国人民大学出版社，2012.

［19］岳高社，董雷光．金融基础［M］．北京：人民邮电出版社，2014.

［20］卜小玲．金融学基础［M］．北京：清华大学出版社，2014.

［21］原宇，夏慧．金融学基础［M］．北京：科学出版社，2009.

［22］孙连铮．国际金融［M］．3版．北京：高等教育出版社，2013.

［23］林志吟．险资频频举牌上市公司［N］．金融时报，2016-12-17.

［24］张勤峰．净回笼加码　政策中性取向不改［N］．中国证券报，2017-06-23.

［25］闫立良．央行放量逆回购　打消货币政策收紧疑虑［N］．证券日报，2017-06-17.

［26］李湛．准确理解“金融去杠杆”的监管定位［N］．证券时报，2017-06-20.

［27］马爽．OMO净投放500亿元资金面维持宽松［N］．中国证券报，2017-06-14.

［28］金嘉捷．本周共2 100亿元逆回购到期　央行货币政策操作保持“不松不紧”［N］．上海证券报，2017-06-13.

[29] 孙璐璐. 央行：货币政策寻求不松不紧 [N]. 证券时报，2017-06-05.

[30] 刘金全，于洋，解瑶姝. “新常态”时期货币政策的调控模式选择 [J]. 经济问题探索，2017 (6).

[31] 谭志娟. 资金利率惊现连续“倒挂” 央行公开市场“收长放短”稳预期 [N]. 中国经营报，2017-05-29.

[32] 王俊岭. 中国货币政策将“稳健灵活”[N]. 人民日报（海外版），2017-06-20.

[33] 崔秀梅. 国际经济失衡、FDI优势、货币政策和双向资本流动——浦山世界经济学优秀论文奖（2016）颁奖会观点综述 [J]. 国际经济评论，2017 (3).

[34] 武丽. 中国法定存款准备金政策效应评析 [D]. 沈阳：辽宁大学，2016.

[35] 闫瑾，刘双霞. 央行加码逆回购缓和收紧预期 [N]. 北京商报，2017-06-20.

[36] 柳欣，吕元祥，赵雷. 货币均衡视角的凯恩斯经济学解读 [J]. 中国物价，2014 (2).

[37] 李国辉. 央行发布2017年第一季度中国货币政策大事记 [N]. 金融时报，2017-05-24.

[38] 赵洋. 把握好金融去杠杆与稳增长的平衡 [N]. 金融时报，2017-06-19.

[39] 张奇. 央行释疑“缩表” 4月末总资产环比扩张3 943.17亿元 [N]. 21世纪经济报道，2017-05-16.

[40] 薛立. 由CPI、PPI的分化现象研究中国政策走向 [J]. 中国管理信息化，2017 (10).

[41] 金嘉捷. 央行公开市场单日净投放量创5个月最高 [N]. 上海证券报，2017-06-17.

[42] 徐昭. 4月新增贷款超预期 M2同比增速回落 [N]. 中国证券报，2017-05-13.

[43] 刘金全，张都. 新常态下CPI与PPI背离的货币成因分析 [J]. 经济经纬，2017 (3).

[44] 郭子睿，张明. 货币政策与宏观审慎政策的协调使用 [J]. 经济学家，2017 (5).

[45] 吴黎华. 中性偏紧的货币政策或将继续 [N]. 经济参考报，2017-05-05.

[46] 王媛. 央行逆回购“加码”短期资金投放 [N]. 上海证券报，2017-05-04.

[47] 武琪，苏剑. 新供给经济学：理论与实践 [J]. 财经界，2017 (5).

[48] 程世勇. 瑞典学派货币经济理论比较分析 [J]. 商业时代，2010 (19).

[49] 钟源. 2 345亿元MLF到期 央行重启逆回购800亿元 [N]. 经济参考报，2017-04-19.

[50] 曾繁荣. 中央银行非常规货币政策述评 [J]. 国际金融，2017 (4).

[51] 李东荣. 货币均衡新解 [J]. 中国外汇，2011 (1).

[52] 汪蛟. 中国的流动性问题研究 [D]. 天津：天津商业大学，2015.

［53］中央党校（国家行政学院）习近平新时代中国特色社会主义思想研究中心．以系统性策略防范系统性金融风险［N］．经济日报，2019-04-30．

［54］荀小菊．金融科技概论［M］．北京：中国人民大学出版社，2021．

［55］韩宗英，朱钰．金融科技概论［M］．北京：清华大学出版社，2021．

［56］管同伟．金融科技概论［M］．北京：中国金融出版社，2020．

［57］北京金融科技产业联盟．中国金融科技发展报告［M］．北京：社会科学文献出版社，2022．

［58］希尔．金融科技16讲：从发明数字货币到重塑金融机构［M］．曾子轩，等译．北京：机械工业出版社，2022．

［59］唐勇，黄志刚，朱鹏飞，等．金融科技概论［M］．北京：清华大学出版社，2022．

［60］金融科技理论与应用研究小组．金融科技知识图谱［M］．北京：中信出版集团，2021．

［61］靖研．科技金融：金融促进科技创新［M］．北京：中国金融出版社，2022．